Niggli
Didaktische Inszenierung
binnendifferenzierter Lernumgebungen

Alois Niggli

Didaktische Inszenierung binnendifferenzierter Lernumgebungen

Theorie - Empirie – Konzepte - Praxis

VERLAG JULIUS KLINKHARDT
BAD HEILBRUNN 2013

k

Dieser Titel wurde in das Programm des Verlages mittels eines Peer-Review-Verfahrens
aufgenommen. Für weitere Informationen siehe www.klinkhardt.de.

Bibliografische Information der Deutschen Nationalbibliothek
Die Deutsche Nationalbibliothek verzeichnet diese Publikation
in der Deutschen Nationalbibliografie; detaillierte bibliografische Daten
sind im Internet abrufbar über http://dnb.d-nb.de.

2013.r. © by Julius Klinkhardt.

Bildnachweis Coverfoto: © contrastwerkstatt - Fotolia.com
Druck und Bindung: AZ Druck und Datentechnik, Kempten.
Printed in Germany 2013.
Gedruckt auf chlorfrei gebleichtem alterungsbeständigem Papier.

ISBN 978-3-7815-1942-8

Inhalt

1 Einleitung

Unterrichten ist eine hoch komplexe Angelegenheit und eignet sich kaum als Thema für den „small talk" wie beispielsweise über gutes oder schlechtes Wetter. So ist es eine Sache, Parolen wie „allen Kindern gerecht werden" oder „jede Schülerin und jeden Schüler dort abholen, wo sie oder er sich befindet" als plakative Wendungen gutzuheissen. Eine ganz andere Sache ist es, wenn solche unterkomplexen Werturteile das sprachliche Denken klischieren und durch ihre Simplizität eine Einfachheit der Problemlage vortäuschen.

Diese Feststellung betrifft die Problematik der inneren Differenzierung oder Binnendifferenzierung in besonderem Masse, denn der Umgang mit unterschiedlichen Voraussetzungen von Schülerinnen und Schülern gehört seit jeher zu den Kernthemen der Schulpädagogik. Hinzu kommt ein in den letzten Jahrzehnten gestiegenes Bewusstsein sozialer Heterogenität, so dass auch die gesellschaftliche Relevanz des Themas überaus hoch ist. Individualisierung ist deshalb zu einem aktuellen Modewort geworden.

Was als Sollensforderung dermassen breit akzeptiert ist, das sollte folglich auch getan werden. Da es aber in Klassen von 20 und mehr Schülerinnen und Schülern unmöglich ist, „allen gerecht zu werden" bzw. „alle dort abzuholen, wo sie sind", ist eine weitgehende Individualisierung und Differenzierung in unserem Schulsystem unrealistisch (vgl. Felten & Stern, 2012, 84). Es ist eine Sache, einen pädagogischen Jargon des Richtigen und Guten zu pflegen, eine andere ist es, Massnahmen zu kennen, dem Gesollten nachzukommen. Es ist deshalb ein Anliegen des Buches, in dieser widersprüchlichen und unübersichtlichen Situation einen didaktisch fundierten, realistischen Orientierungsrahmen zu schaffen und diesen im Austausch mit der Praxis zu konkretisieren. Diese beiden Anliegen werden unten näher erläutert. Zum gleichen Zweck wird anschliessend auch Stellung zu zentralen Begriffen genommen.

In der pädagogischen und didaktischen Literatur existiert geradezu ein Überangebot an methodisch-didaktischen Individualisierungsoptionen (Wischer, 2009). Aber aus einem Bazar von kumulativen und fragmentarisch geordneten methodischen Anregungen und Ideen entsteht noch kein Orientierungsrahmen, der die meist fach-, bzw. inhaltsspezifischen Empfehlungen auf grundsätzliche Prinzipien reduzieren würde. Dies ist jedoch notwendig, wenn Unterricht generell eine individualisierte Ausdifferenzierung erfahren soll. Die reformpädagogische Tradition, an die man sich dabei häufig anlehnt (z.B. Offener Unterricht, Wochenplanunterricht), hat den empirischen Nachweis bis anhin nicht erbringen können, die Ziele, die sie für sich reklamiert, auch tatsächlich erreicht zu haben (vgl. dazu Kap. 2). Erforderlich wären somit aktuellere Modelle zur Gestaltung differenzierter Lernumwelten.

Ursprünglich war es der Anspruch der Allgemeinen Didaktik gewesen, einen für theoretische und praktische Probleme des Lehrens und Lernens tauglichen Orientierungsrahmen bereitzustellen. Ihre Entwicklung hat in den letzten Jahrzenten jedoch stagniert. Insbesondere Erkenntnisse der empirischen Unterrichtsforschung wurden nur partiell in bestehende oder neue Modelle aufgenommen. Im vorliegenden Buch sollen dennoch einige Hauptlinien aus einer allgemeindidaktischen Perspektive gezeichnet werden. Es sollen grundsätzliche Prinzipien zur Planung und Durchführung binnendifferenzierter Lernumwelten erarbeitet werden, die über isolierte Empfehlungen hinausgehen. Diesem Anliegen scheint auch Grunder (2009, 2) verpflichtet zu sein, der innere Differenzierung als zentrales Desiderat der Unterrichtsvorbereitung erachtet: „Bei der Unterrichtsplanung geht es nicht primär um den Einsatz von Arbeits- und Unterrichtsformen, sondern um das Einsetzen des Konzepts der Inneren Differenzierung als eines didaktischen Instruments, aufgrund dessen sich die Wahl von Arbeits- und Unterrichtsformen erst ergibt."

Wegleitend bei der Konzeptualisierung entsprechender Modelle sind für die in diesem Band verfolgten Absichten Überlegungen zu einer empirisch fundierten Allgemeinen Didaktik, so wie sie u.a. Reusser (2008) skizziert hat. Dieses Didaktikverständnis stützt sich auf valide Erkenntnisse der psychologisch und erziehungswissenschaftlich fundierten Unterrichtsforschung, verkennt aber keineswegs normative Anteile der Disziplin, die sie als Theorie für Lernende erst auszeichnen kann.

Ein weiteres Anliegen des Buches ist es, theoretische und konzeptionelle Inhalte neben praktische Beispiele zu stellen. Weil Theorie und Praxis keine Einheit bilden, kann wissenschaftliches Wissen in der Praxis nicht direkt zur Anwendung gelangen. „Kein Wissenschaftler hat Recht, nur weil er Wissenschaftler ist" (von Matt, 2012, 128). Ideen und Anregungen dürfen deshalb nicht als rezepthafte Wirkungsgewissheiten, sondern nur als begründete Entwicklungsvorschläge kommuniziert werden. Behauptete Wirkungs-Beziehungen können noch so plausibel kommuniziert, noch so zweifelsfrei nachgewiesen sein; sie werden erst dann wirksam, wenn Lehrerinnen und Lehrer die angebotenen Massnahmen auf ihre eigene Weise in die Tat umsetzen. Die eingestreuten Beispiele sind somit in deutlicher Distanz zu expertokratischen Vorstellungen zwischen Theorie und Praxis zustande gekommen und als sog. *Entwurfsmuster* zu verstehen, die keinen Anspruch auf eine durchgängige Gültigkeit erheben. Praktisch tätige Lehrpersonen haben sich mit den theoretischen Konzepten vertraut gemacht und ihre Lernumgebungen auf eigenständige Weise umgestaltet. Warum wird in diesem Zusammenhang und im Titel des vorliegenden Bandes von der Gestaltung von *Lernumgebungen* gesprochen? Wenn Lernen eine Leistung des Subjektes ist, dann kann sie von aussen nicht direkt gesteuert, hingegen durch Lerngelegenheiten angeregt werden. Lernumgebungen sind somit für Zwecke des Lernens gestaltete oder ausgewählte Umwelten. Dazu gehört nicht allein die Interaktion zwischen Lehrenden und Lernenden, auf die sich der Begriff des Unterrichts bezieht, sondern der gesamte Kontext, in dem Lernen stattfindet, d.h.: die Mitlernenden, die verfügbaren Räumlichkeiten, die Kultur der Schule, etc.. Der Autor hat sich seinerseits von solchen Lernumgebungen inspirieren lassen und theoretische Annahmen dort, wo es angebracht erschien, auf praktische Problemfragen ausgerichtet. Wissenschaftliche Kommunikation und die Schulpraxis haben sich in diesem Prozess gewissermassen gegenseitig beobachtet. Dieser Austausch hat in diesem Buch seinen Niederschlag gefunden.

Neben den Vorstellungen zum Verhältnis zwischen Theorie und Praxis ist es im Weiteren notwendig, wegleitende Begrifflichkeiten zu klären. Im Schulalltag wird häufig recht vage von Individualisierung besprochen, wenn man den verschiedenen Bedürfnissen der Lernenden gerecht werden möchte. An diesen Begriff lassen sich jedoch die unterschiedlichsten Massnahmen koppeln, wie Vorgehen nach einem individuellen Programm, Freie Arbeit, Tagesplan- oder Wochenplanarbeit, Selbstbestimmung, Umgang mit Heterogenität, Wahlfreiheiten oder Leistungsgruppierungen. Im Titel des Buches wird hingegen der Anspruch vertreten, Anregungen zur Inszenierung differenzierter Lernumwelten bereitzustellen. Infolgedessen ist der Begriff der inneren Differenzierung oder der Binnendifferenzierung genauer zu bestimmen, denn unklare Begrifflichkeiten können zu falschen Vorstellungen führen.

Unter innerer Differenzierung oder Binnendifferenzierung werden von Kaiser (1991) Massnahmen verstanden, die innerhalb einer heterogen zusammengesetzten Lerngruppe zeitlich begrenzte Schülergruppierungen nach Leistungsstand und Interessenschwerpunkten einschliessen. Bräu (2005, 129f.) präzisiert diese Vorstellungen. Sie betont ebenfalls den temporären Charakter der eingeleiteten Massnahmen und legt Wert darauf, dass die zeitweilige Teilung der Schülerinnen und Schüler einer Klasse in Untergruppen aber weiterhin in einem Raum zu erfolgen habe. Die einzelnen Gruppen, Partner oder Einzelpersonen könnten dann je nach ihren Voraussetzungen unterschiedliche Aufgaben bearbeiten, in einem unterschiedlichen Lerntempo vorangehen oder auch in den Zielen und Anforderungen differieren. Diese Vorgehensweise bringe es mit sich, dass die Ziele, Methoden, Hilfen oder Aufgaben für jeden einzelnen in der Klasse verschieden sein können. Eine Strukturierung in Folgeschritten hat der Begriff durch Schittko (1984, 23) erfahren. Nach ihm meint Differenzierung „die Bemühungen, (1) angesichts der unterschiedlichen Lernvoraussetzungen der Schüler und unterschiedlicher gesellschaftlicher Anforderungen (2) durch eine Gruppierung nach bestimmten Kriterien und (3) durch didaktische Massnahmen den Unterricht so zu gestalten, dass (4) die für das schulische Lernen gesetzten Ziele möglichst weitgehend erreicht werden können."

Diesen Angaben ist zu entnehmen, dass es sich bei der inneren Differenzierung um einen Sammelbegriff handelt, der alle organisatorischen Massnahmen vereinigt, mit denen versucht wird, gleichschrittigen Unterricht mit der Klasse durch flexible Gruppierungen von Schülerinnen und Schülern mit unterschiedlichen Lernbedürfnissen wenigstens partiell abzulösen. Vor allem Schittko (1984) weist in seinem Punkt 3 auf notwendige Kernbestandteile der inneren Differenzierung hin, die über Gruppenbildungen hinausgehen. So hat beispielsweise Klafki (1994) zwei didaktische Grundformen unterschieden, die miteinander kombinierbar sind. Er spricht einerseits von der Differenzierung von Methoden und Medien (bei gleichen Lernzielen und –inhalten) und andererseits von der Differenzierung der Lernziele und Lerninhalte und argumentiert, dass es „gewiss optimal wäre" (ebd., 182) lediglich mit der ersten Grundform auszukommen, damit alle Lernenden die gleichen Zielsetzungen der jeweiligen Schul- oder Klassenstufe erreichen könnten. Allerdings räumt er aber auch ein, dass dies gleichzeitig „unrealistisch" (ebd.) sei. Auch Schittko (1984) tangiert diesen Zielkonflikt in seiner Definition, indem er hervorhebt, dass die gesetzten Lernziele „möglichst weitgehend" erreicht werden sollten. Es ist somit ein Anliegen des vorliegenden Bandes, diese Spannung aufzunehmen. Es wäre kaum bildungsgerecht, wenn in einer Lerngruppe aufgrund individueller Bedürfnisse nicht mehr gemeinsam gelernt würde und sich die ungleichen Ausgangslagen der Schülerinnen und Schüler reproduzieren bzw. noch vergrössern würden (Rauin, 1987).

Der möglichen Gefahr, Differenzen zwischen den Schülerinnen und Schülern durch problematische Differenzierungsmassnahmen zu verstärken, ist man sich insbesondere in der angloamerikanischen Literatur bewusst geworden. Als kontraproduktiv werden vor allem fixe Zuordnungen in Leistungsgruppen erachtet und auch die Tatsache, dass für unterschiedliche Schülerinnen und Schüler individuelle Anforderungen gelten. In solchen Fällen kann Differenz zwischen den Schülerinnen und Schüler verstärkt oder gar erst erzeugt werden. Im Zentrum steht vielmehr die Auffassung, dass für alle Schülerinnen und Schüler bestmögliche Lernergebnisse erreicht werden sollten (Tomlinson, 2003).

Aus diesen und anderen Gründen hat sich in der angloamerikanischen Tradition neben dem Differenzierungsbegriff auch der Begriff des *adaptiven Unterrichts* etablieren können. In diesen Konzepten werden in vermehrtem Masse Wechselwirkung zwischen Unterrichtsmethoden und Schülermerkmalen betont (Trautmann & Wischer, 2011). Man entwickelte empirisch fundierte Modelle (vgl. Corno & Snow, 1986), in denen die Passung zwischen Schülervoraussetzungen und Unterricht im Zentrum steht. Stärker als im deutschsprachigen Raum orientierte man sich dabei am instruktionspsychologischen Paradigma (vgl. z.B. das zielerreichende Lernen nach Bloom). In der angelsächsischen Variante können Individualisierungsmassnahmen somit auch in einem eher lehrerzentrierten Unterricht realisiert werden. Wang (1982, 3f.) grenzt adaptiven Unterricht wie folgt von anderen Ansätzen ab, die vorgeben, ähnliche Zielsetzungen zu verfolgen: (1) Adaptiver Unterricht darf nicht mit traditionell verstandenen Differenzierungsversuchen wie offenem Unterricht („open education approach") oder Formen von Gruppenunterricht („group-based, direct instruction approach) gleichgesetzt werden. Es können methodisch bei allen Unterrichtskonzepten Anleihen gemacht werden. (2) Obwohl der Fokus auf dem Lernerfolg des einzelnen Schülers und der einzelnen Schülerin liegt und das Konzept auch individuelle Lernpläne beinhaltet, sollten solche Lehrpläne nicht zur alleinigen Grundlage des Unterrichts werden. Adaptiver Unterricht zeichnet sich durch eine Kombination von Klassenunterricht und individuellem Unterricht im Hinblick auf die offiziellen Lernziele aus.

Die Begriffe „Innere Differenzierung" und „Adaptive Instruktion" (Hasselhorn & Gold, 2006) überschneiden sich in weiten Teilen. Letzterer hat eher in der internationalen Lehr-Lern-Forschung Verbreitung gefunden. In der Tradition der Allgemeinen Pädagogik und Didaktik im deutschsprachigen Raum ist der Differenzierungsbegriff hingegen stärker verankert. Infolgedessen wird er primär auch im vorliegenden Buch beibehalten. Daneben werden auch Anliegen aufgenommen, die sich auf den adaptiven Unterricht beziehen. Eine gewisse Distanz wird hingegen zum Individualisierungsbegriff gewahrt, und zwar aus folgenden Gründen: Vielfach wird der Fokus dabei auf einzelne Schülerinnen und Schüler gelegt, was vor allem in der angloamerikanischen Literatur angesichts der schulischen Rahmenbedingungen als wenig praxistauglich erachtet wird (Schratz & Westfall-Greiter, 2010). Heymann (2010, 8) warnt in diesem Zusammenhang sogar vor einer „Überforderungsfalle". Andererseits wird Individualisierung zum „Containerbegriff, der alles Mögliche transportieren soll" (Rolff 2010, 68). So moniert dieser Autor, dass der Begriff kein erziehungswissenschaftliches Fundament aufweise, mit unterschiedlichsten Zielsetzungen in Verbindung gebracht werden könne, nicht alltagstauglich und letztlich aus pädagogischer Warte nicht vertretbar sei. Er eignet sich, wie einleitend angetönt, möglicherweise eher für eine gehobene Förderrhetorik.

Die einzelnen Schritte zu einer systematischeren Betrachtungsweise sind in den folgenden Kapiteln wie folgt festgelegt. In Kap. 2 wird die Ausgangsposition für die Thematik herausgearbeitet. Vorgebracht werden einerseits Argumente, die für eine Binnendifferenzierung sprechen. Diese Gründe werden mit empirischen Fakten konfrontiert. Aufgrund dieser Analyse wird gefolgert, dass die Behandlung der Thematik unter zwei Perspektiven geschehen soll. Differenzierung soll einerseits nach dem *Kompensationsprinzip*, andererseits nach dem *Profilprinzip* erfolgen. In Kap. 3 wurden Erkenntnisse der Unterrichtsforschung aufgearbeitet, die für das Kompensationsprinzip bedeutsam sind. Daraus wird ein Modell für die Planung entsprechender Lernumwelten abgeleitet. In den Kap. 4 bis 6 werden einzelne Komponenten dieses Modells ausdifferenziert. Kap. 4 befasst sich mit der Diagnose der Lernvoraussetzungen. Kap. 5 thematisiert curriculare Herausforderungen, die bei innerer Differenzierung im Speziellen zu beachten sind. Im umfangreichen Kap. 6 werden Hilfen zum Design entsprechender Lernumgebungen vermittelt und an Praxisbeispielen zugänglich gemacht. In den Kap. 7 und 8 werden zwei wenig praktizierte kooperative Lernarrangements detailliert dargestellt, die zur Differenzierung nach dem Kompensationsprinzip genutzt werden können: die Gruppenrallye und das Gruppenturnier. In Kap. 9 wird der Fokus verschoben. Im Zentrum stehen Differenzierungsanliegen nach dem Profilprinzip, bei dem Interessen der Schülerinnen und Schüler vermehrt Rechnung getragen werden soll. Wiederum werden Fragen zu Voraussetzungen der Schülerinnen und Schüler, zum Curriculum und zum Design der Lernumwelten angesprochen. Schliesslich ergänzt Kapitel 10 das Profilprinzip mit der damit kompatiblen kooperativen Grossform der Gruppenrecherche.

Der Autor dankt an dieser Stelle den Lehrpersonen *Marcel Aebischer, Corinne Käser, Norbert Schwaller, Jasmin Willisegger und Armin Weingartner* für ihren unverzichtbaren Beitrag und den konstruktiven Austausch, die sie zum Zustandekommen dieser Publikation geleistet haben.

2 Normative Forderungen zur Öffnung, bzw. Differenzierung des Unterrichts und empirische Datenlage

2.1 Begründungsmuster für die Öffnung des Unterrichts

Im ersten Teil dieses Kapitels werden Gründe für die Reformerwartungen an die Schule genannt. Sie hat sich vermehrt mit der Heterogenität der Schülerinnen und Schüler auseinanderzusetzen. Anschliessend wird im empirischen Teil der Frage nachgegangen, ob geleistet wird oder geleistet werden kann, was geleistet werden soll.

Die Forderung, den einzelnen Schülerinnen und Schülern mehr gerecht zu werden, ist kein neues Thema in der Pädagogik. Sie durchzieht die Schulkritik des ganzen letzten Jahrhunderts. Man meinte, dies nicht zuletzt durch eine Öffnung des Unterrichts erreichen zu können. Die Zurücknahme direkter Steuerung durch die Lehrperson, so die Annahme, sollte gewährleisten, dass Schülerinnen und Schüler vermehrt als Lernsubjekte im Zentrum stehen und auch nach ihren eigenen Bedürfnissen lernen können. Propagiert wurden deshalb Lernformen, die als selbstständig, schüleraktiv und lebensnah gelten konnten. Diese Massnahmen werden häufig auch als geeignet erachtet, Forderungen nach individueller Förderung oder innerer Differenzierung (Binnendifferenzierung) nachzukommen. Individualisierung und Differenzierung scheinen in jüngerer Zeit erneut zu aktuellen Schlagworten der didaktischen Diskussion geworden zu sein (Trautmann & Wischer, 2007). Gibt es Gründe für das Wiederaufleben der Diskussion? Im Folgenden werden die hauptsächlichsten genannt.

1. Gesellschaftlicher Wandel in der Erziehung: Mit Terhart (1997, 12) wird davon ausgegangen, dass neue didaktische Strömungen in einem direkten Zusammenhang mit gesellschaftlichen Veränderungen stehen. Insbesondere kann man feststellen, dass Individualisierung, Diskursivität und Partizipation gesamtgesellschaftlich generell gestiegen sind (Reichenbach, 1998). Der Zeitgeist bevorzugt das Ideal einer symmetrischen Kommunikation. Autorität, paternalistische Beziehungsformen haben an Bedeutung eingebüsst. In den Familien werden den Kindern grosse Freiräume zugestanden, in denen sie weitgehend selbst über ihre Aktivitäten bestimmen können. Reichenbach (1998) spricht im Weiteren davon, dass ein Wechsel von der Anordnungs- zur Verhandlungsfamilie stattgefunden habe. Infolgedessen wurde auch die Schule mehr und mehr herausgefordert, Umgangsformen zu pflegen, die durch informelle und weniger standardisierte Interaktionsmuster gekennzeichnet sind. Demgegenüber wurde der direktive, lehrerzentrierte Unterricht bis ca. 1980 generell als sehr praktikabel angesehen. Zu dieser Feststellung gelangt Cuban (1993) in seinem geschichtlichen Abriss über den Lehrerberuf in den USA von 1890 bis 1980. Vor allem in der Phase der frühen Adoleszenz verlaufen die Entwicklungsbedingungen und die Bedingungen der schulischen Lernumwelt seither jedoch zunehmend asynchron (vgl. Eccles et al., 1993, „stage-environment fit"). Die Schule reagiert nicht mehr adäquat auf den Entwicklungsstand ihrer Schülerinnen und Schüler, der sich unter den Bedingungen einer veränderten familiären Sozialisation herausbilden konnte. Diese wünschen mehr Autonomie und Partizipation, während Schule jedoch meist noch stark fremdgesteuert funktioniert.

2. Heterogenität der Schülerschaft: Das Aufwachsen von Kindern und Jugendlichen hat sich in offenen Gesellschaften im Weiteren zunehmend ausdifferenziert. Unterschiedliche Herkunftsmilieus mit je unterschiedlichen Lebensstilen haben sich herausgebildet. Diese entsprechen nicht mehr in jedem Fall den universalistischen Normen der Schule. Kinder erhalten somit unterschiedliche Hilfen für den Eintritt in die Schulkultur. So ist beispielsweise das Vorlesen im Kleinkindalter ein Indikator für ein milieuspezifisch ungleiches kulturelles Startkapital (Hurrelmann, 2004). Wenn Eltern in der Primarschule Interesse an schulischen Angelegenheiten zeigten, liessen sich Lerneffekte sogar bis in die High School feststellen (Barnard, 2004). Dazu kommt, dass menschliche Individuen auch von Geburt an keine unbeschriebenen Blätter sind. Zusammen mit sozial bedingten motivationalen und emotionalen Voraussetzungen führen interindividuelle Fähigkeits- und Leistungsunterschiede zu einer Heterogenität innerhalb der Schülerschaft, die das Selbstverständnis der allgemeinen Bildung zunehmend in Frage stellt. Die traditionelle Maxime, allen die gleiche Bildung zukommen zu lassen, wird somit niemals einlösbar sein. Bedeutung erhält auch eine unterscheidende Gerechtigkeit, die jedem das Seine zugestehen möchte. Zwischen diesen beiden Polen wird sich schulischer Unterricht vermehrt einzupendeln haben. Diese Balancierung verlangt eine Flexibilität, die ein Eingehen auf Besonderheiten einzelner Schülerinnen und Schüler gestattet.

3. Wissenschaftliche Vorstellungen über das Lernen: Ein weiterer wichtiger Grund, der für eine Öffnung des Unterrichts häufig vorgetragen wird, liegt im wissenschaftlichen Verständnis von Lernen, das sich seit den 90er Jahren fundamental verändert hat. Der National Research Council definiert dies wie folgt: „In ihrer allgemeinsten Bedeutung betont die heutige Sichtweise des Lernens die Tatsache, dass Menschen neues Wissen und Verstehen selbst konstruieren; und zwar basierend auf bereits vorhandenem Wissen und vorhandenen Überzeugungen" (Brown, Cocking & Bransford, 2000, 10; Übers. durch den Verfasser). Diese Definition unterstreicht zuerst den Charakter des Wissenserwerbs als Prozess einer

Konstruktion. Zweitens betont sie, dass dieser Konstruktionsprozess immer selbst vorgenommen wird. Lernende entscheiden selbst, was von dem, was ihnen angeboten wird, in das eigene Kompetenzsystem aufgenommen wird. Wissen ist somit kein Stoff, den man weitergeben kann. Wissen ist ein Konstrukt, das man als Lernender nur für sich selbst aufbauen kann. Ist dies der Fall, dann kann das Lernen von aussen nicht direkt gesteuert werden. Es erfolgt nicht mehr im Gleichschritt und orientiert sich nicht mehr entlang einer detaillierten Unterrichtsplanung. Leistungen des Subjektes können von geeigneten Lernumgebungen auf mehr oder weniger erfolgreiche Weise lediglich angeregt werden (Scheunpflug, 2001). Es handelt sich dabei um für Zwecke des Lernens gestaltete Umwelten. Diese Sichtweise gibt gewissermassen theoretischen Flankenschutz für eine Öffnung gängiger Unterrichtsstrukturen, in denen den einzelnen Subjekten mehr Freiheitsgrade zugestanden werden. Man erachtet diese als zweckmässiger, neue Vorstellungen über das Lernen in die Tat umzusetzen.

4. Unerwünschte Nebenwirkungen häufigen Frontalunterrichts für Schülerinnen und Schüler mit Lernschwierigkeiten: Häufiger Frontalunterricht, der primär durch Richtig-Falsch-Frage-Antwort-Sequenzen oder bei jüngeren Schülerinnen und Schülern durch lautes Lesen im Plenum gekennzeichnet ist, kann für schwächere Schülerinnen und Schüler mit deutlich mehr Risiken behaftet sein. Die Wahrscheinlichkeit ist für sie höher, dass sie im Plenum falsche Antworten geben oder beim Lesen korrigiert werden müssen. Umgekehrt können gute Schülerinnen und Schüler aufgrund ihrer Leistungen von den anderen als erfolgreich wahrgenommen werden. Die Sichtbarkeit permanenter Richtig-Falsch-Beurteilung ist in solchen Unterrichtsphasen überdeutlich. Rosenholtz und Rosenholtz (1981) haben diese Form von Unterricht als „eindimensional" charakterisiert, weil der Output keine Alternative zulässt. Diese Grundbedingung hat negative Konsequenzen für das motivationale Klima in einer Schulklasse. Finn (1989) hat dazu zwei theoretische Erklärungsansätze geliefert: Das Frustrations-Selbstwertmodell und das Partizipations-Identifikationsmodell. Im Frustrations-Selbstwertmodell unterminieren Misserfolgserlebnisse im Plenum das Selbstwertgefühl der Lernenden. Dies ist der Fall, weil sie offen und wiederholt der Situation ausgesetzt sind, dass ihre subjektiven Fähigkeiten den Anforderungen, die an sie gestellt werden, nicht genügen. Die Partizipations-Identifikationshypothese besagt, dass diese Misserfolge auch die Identifikation mit der Schule reduziere (Zugehörigkeit und Bewertung), was zu sinkendem Engagement führen könne.

5. Selbstständigkeit als Erziehungsziel: Ein fünfter Grund betrifft die Selbstständigkeit, die als normativer Fluchtpunkt jeglicher Bildung gelten kann. Termini mit der Vorsilbe „Selbst-" sind im Reformmilieu deshalb grundsätzlich positiv konnotiert (Drieschner, 2007, 113). Diese Feststellung gilt im Besonderen für den Begriff der Selbstständigkeit. Im Grunde kann man ihm nur zustimmen. Gleichzeitig steckt in diesem Begriff jedoch eine der folgenreichsten Aporien (= Unmöglichkeit, für ein Problem eine passende Lösung zu finden) der Erziehung. In der erzieherischen Logik ist Selbstständigkeit nämlich keine schlechthin spontan aus dem „Selbst" kommende Aktivität. Sie ist etwas, das erzieherisch geweckt und entwickelt werden soll, aber gleichzeitig vorausgesetzt werden muss (Gaudig 1963). Schülerinnen und Schüler beispielsweise, die es nicht schaffen, auch die Hausaufgaben in ihren Tagesablauf einzuplanen, benötigen steuernde Impulse. Es geht somit nicht ohne Lenkung wie ermutigen, korrigieren, motivieren, ja bis zum systematischen Unterrichten. Aber Lenkung ist im Grunde genommen gegenpolig zu selbstständigem Handeln. Kann man jemanden tatsächlich planmässig zur Selbstständigkeit anleiten, ohne ihn gleichzeitig unselbstständig zu machen? Lernen Schülerinnen und Schüler, ihre Hausaufgaben tatsächlich selbstständig zu erledigen, wenn sie immer wieder kontrolliert werden? Man kann dagegen einwenden, dass erzieherische Einwirkung in der Regel „mesotisch" ist, das heisst, meistens gilt es, einen optimalen Mittelweg zu finden zwischen „je mehr, desto besser" und „je weniger, desto besser". Mesotisch bedeutet dann „nicht zu viel und nicht zu wenig" Einflussnahme (Patry & Klaghofer, 1988). Man hat sich in der Pädagogik deshalb immer wieder bemüht, dieser Problematik auch mit dem Hinweis auf den Autonomiebegriff beizukommen. Unterschieden werden innere und äussere Autonomie (Giesinger, 2006). Innere Autonomie meint den überlegten Willen, der es der Person gestattet, bedeutsame Ziele selbst zu wählen. Notwendig ist die Kompetenz zu erkennen, durch welche Mittel bestimmte Ziele erreichbar sind. Der hohe Anspruch, der damit verbunden ist, hat auch die empirische Forschung zu Aspekten der Selbstregulation während Jahrzehnten beschäftigt (Zimmermann, 2008). Äussere Autonomie sieht dagegen eine Handlung als Repräsentation des eigenen Selbst. Das Subjekt erfährt sich als Verursacher von etwas. Es will etwas selbst machen. Notwendig ist, dass ihm dabei Spielräume gewährt werden. Dieser Autonomieanspruch trifft hingegen immer auf den Autonomieanspruch des erziehungsberechtigten Interaktionspartners. Sowohl innere als auch äussere Autonomie können somit als soziale Koppelung gesehen werden (Speck, 1991). Beide Seiten in einer pädagogischen Beziehung stellen Ansprüche an den andern und erwarten, dass diese respektiert werden. Die Nichthintergehbarkeit der damit einhergehenden Paradoxien wird von der pädagogischen Kultur jedoch oftmals ignoriert, beispielsweise dann, wenn eine Pädagogik vertreten wird, die sich nahezu ausschliesslich am Kinde orientiert. Auch mit der Anerkennung gegenseitiger Autonomieansprüche wäre ein transitives, direktes Verändern im Dispositionsgefüge des zu Erziehenden jedoch eine irrige Vorstellung. Unterrichtliche Arrangements, die Lernen indirekt über die Bereitstellung von Aufgaben und Lerngelegenheiten herbeiführen möchten, erhalten somit auch aus dieser Sicht einiges an Unterstützung, aber die jeweiligen Autonomieansprüche sind wechselseitig und nicht einseitig zu verstehen.

6. *Wandel in der Arbeitswelt:* Neue Vorstellungen zum Lernen und die Forderung, Schülerinnen und Schüler auch als eigenständig, bzw. autonom Lernende zu betrachten, stimmen auch mit Anforderungen überein, die die heutige Arbeitswelt an die Menschen stellt. Neben soliden fachlichen und inhaltlichen Kenntnissen und Fertigkeiten sind Qualifikationen in formalen Bereichen wie Denken in komplexen Zusammenhängen, Problemlösefähigkeit und Abstraktionsfähigkeit ebenso grundlegend wie im personalen Bereich Zielstrebigkeit, Verantwortlichkeit, Zuverlässigkeit und Teamfähigkeit. Gudjons (2006) argumentiert, dass sich solche Kompetenzen in der Schule nicht mit einer Methodik vermitteln liessen, die sich auf eine einfache, rezeptive Wissens- und Fertigkeitsvermittlung stütze. Den Lernenden müsse vielmehr gezeigt werden, wie sie selbstorganisiert und eigenverantwortlich Neues erarbeiten könnten.

7. *Problematik von Separierungsansätzen*: Mit dem Eintritt in die Sekundarstufe I versuchte man dem Heterogenitätsproblem traditionell durch ein gegliedertes Schulsystem beizukommen. Es ist durchaus nachvollziehbar, dass Kinder und Jugendliche, die sich am oberen bzw. unteren Ende der IQ-Skala befinden, nicht optimal gefördert werden können, wenn sie während der ganzen Schulzeit gemeinsam die Schulbank drücken würden. Schülerinnen und Schüler werden deshalb in sogenannte „tracks" mit unterschiedlichen Vorwissen (Noten, Tests) eingeteilt. Daneben existieren Modelle, in denen je nach Fach stabile Niveaugruppen gebildet werden. Mit diesen Vorkehrungen, so die Annahme, soll eine möglichst optimale Passung zwischen individuellen Voraussetzungen der Schülerinnen und Schüler und schulischen Unterrichtsmassnahmen erreicht werden. Trotz dieser Massnahmen ist die Leistungsstreuung in „tracks" oder auch in Niveaugruppen jedoch nach wie vor sehr beträchtlich. Zwischen den Leistungen in den verschiedenen Niveaus existieren zudem erhebliche fachspezifische Überlappungen (Moser, 2006; Zutavern, Brühwiler & Biedermann, 2002). Auch eine gegliederte Sekundarstufe I löst das Problem grosser individueller Unterschiede zwischen den Schülerinnen und Schülern somit nicht. Eine erste Erklärung vermittelt die untenstehende Abb. 2-1 aus der hervorgeht, dass das obere und das untere Drittel der Schülerschaft als Gruppe heterogener zusammengesetzt sind als die mittleren 50 % (vgl. Neubauer & Stern, 2007, 250).

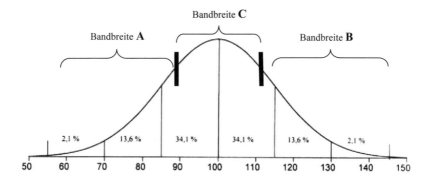

Abb. 2-1: Heterogenitätsspanne zwischen Extremgruppen A und B und Lernenden mit durchschnittlichen Kenntnissen (Gruppe C).

In Abb. 2-1 werden je 25 % der Schülerinnen und Schüler des unteren bzw. oberen Leistungsbereichs abgeschnitten. Die beiden Schnitte sind durch einen dicken Strich markiert. In der Mitte, zwischen den beiden Schnitten, liegen 50 % der Schülerinnen und Schüler mit einer durchschnittlichen Leistungsfähigkeit. Es ist offensichtlich, dass die Bandbreite C der Leistungsunterschiede (s. geschwungene Klammer) innerhalb der mittleren Leistungsgruppe deutlich geringer ausfällt als diejenige der beiden Extremgruppen A und B. Weil die Bandbreite an den Rändern so gross ist, sind viele Progymnasiastinnen und Progymnasiasten oder auch Realschülerinnen und Realschüler (Schweiz) bzw. Hauptschülerinnen und Hauptschüler in Deutschland unter- oder überfordert. Mit einer homogeneren Schülerschaft sind möglicherweise Lehrpersonen konfrontiert, die Schulklassen im mittleren Leistungsspektrum unterrichten. Doch auch die mittlere Leistungspopulation ist in der Praxis weniger homogen, als man vorerst annehmen könnte. Die Erklärung für diesen Befund hängt mit den erwähnten Überlappungen zwischen den jeweiligen „tracks" zusammen. Schülerinnen und Schüler erbringen in Vergleichstests vielfach Leistungen, die teilweise weit in das benachbarte Niveau hinein reichen. Möglich ist auch, dass Angehörige der obersten Leistungsgruppe lediglich Leistungen erbringen, die dem untersten Niveau entsprechen. Dasselbe gilt selbstverständlich auch im entgegengesetzten Fall. Der Grund für diesen Sachverhalt liegt in der gängigen Praxis der Separierung, die in der Regel in einem Bereich vollzogen wird, wo sich die Schülerinnen und Schüler sehr ähnlich sind (Neubauer & Stern, 2007). Leicht oberhalb oder unterhalb der Abtrennungsstelle befinden sich nämlich relativ viele Schülerinnen und Schüler, deren Leistungen sich auf der X-Achse nur unwesentlich unterscheiden. Insgesamt lässt sich eine dreigliedrige Separierung aus der Normalverteilung nicht rechtfertigen. Sie ist untauglich, um die Schülerinnen und Schüler bedarfsgerecht zu fördern.

2.2 Verbreitung offener Unterrichtsformen

Jeder der sieben aufgeführten Gründe enthält den Kern der eingangs erwähnten Forderung, dass individuelle Voraussetzungen von Schülerinnen und Schülern im Unterricht vermehrt zu beachten wären. Sie schliessen somit immer auch eine Anweisung mit ein, wie unterrichtet werden sollte. Obwohl seit den 90er Jahren in den Schulen ein Methodenpluralismus eingesetzt hat (Götz, Lohrmann, Ganser & Haag, 2005), sind in der Praxis bislang jedoch nur sehr wenige Massnahmen zur individuellen Förderung verankert worden (Kunze & Solzbacher, 2008; Lüders & Rauin, 2004). Auch Gruehn (2000, 139) kam zum Schluss, dass in den Fächern Mathematik, Biologie und Physik differenzierende Massnahmen „ein gleichermassen seltenes Ereignis" seien. Individualisierende Massnahmen variieren auch je nach Klassengrösse. In kleineren oder grösseren Klassen gehen sie zurück (Pong & Pallas, 2001). Interviews, die Roeder (1997) mit Lehrpersonen geführt hat, zeigten, dass sie voraussetzungsvolle Arrangements zur Binnendifferenzierung grösstenteils nicht für machbar hielten. Als Gründe wurden organisatorische Rahmenbedingungen (zu grosse und zu heterogene Kerngruppen) und die aufwändige Vorbereitung genannt, die zu grossen Belastungen der Lehrkräfte führe. Schliesslich fehlten auch bei einem Teil der Schülerinnen und Schüler wesentliche Voraussetzungen für einen solchen Unterricht, nämlich die Bereitschaft, selbstständig und wenigstens zeitweise unabhängig von der Führung durch die Lehrperson in Gruppen partnerschaftlich und diszipliniert zu arbeiten. Lehrpersonen sind, so scheint es, an der Aufrechterhaltung der Sicherheit ablaufender Prozesse interessiert. Dieses Sicherheitsdenken kann das Entstehen kognitiver Beharrung fördern. Aus Versagensangst oder dem Verlust der Selbstwirksamkeit wird das Vorliegen eines Problems entschärft. Reh (2005, 79) identifizierte dabei ein Argumentationsmuster – „etwas wäre gut, wenn es denn ginge, aber es gehe in der Schule aufgrund verschiedener Rahmenbedingungen leider nicht" – das in den Schulen ein immer wieder anzutreffendes Rechtfertigungsmuster sei. Möglicherweise handelt es sich dabei um Mentalitätsbarrieren, die auch die Wissenschaft herausfordert, sich der Frage zu stellen, wie solche Denkweisen zustande kommen und auf welche Weise sie zu transformieren wären. Meist geht die Feststellung der erwähnten Ist-Soll-Diskrepanzen aber nahezu mühelos zur Moralpredigt über. Indem das Neue gegen das Alte ausgespielt und das Neue gleichzeitig idealisiert wird, gerät die pädagogische Programmatik in eine sogenannte „Idealisierungs- und Polarisierungsfalle" (Wischer, 2007, 430). Für den Umgang mit Heterogenität wird das Idealbild von innerer Differenzierung gezeichnet, „ohne zu problematisieren, dass dieses Idealbild aus unterschiedlichen Gründen so offensichtlich nur selten erreichbar ist" (a.a.O., 430f.). Es dürfte sich deshalb lohnen, sich vorerst mit empirischen Zusammenhängen zu befassen, die, wie sich zeigen wird, keinesfalls immer zu den erwünschten Wirkungen führen.

2.3 Empirische Befunde zu offenen Lernsituationen

Effekte von Differenzierungsmassnahmen werden wie einleitend bereits angesprochen, meist im Kontext offener Unterrichtsformen empirisch untersucht. Befasst man sich mit der Öffnung des Unterrichts, dann ist vorerst eine begriffliche Klärung vorzunehmen: Sie betrifft die *Unschärfe* des Begriffs des offenen Unterrichts. Lehrerinnen und Lehrer, aber auch Wissenschafterinnen und Wissenschafter haben nämlich unterschiedliche Vorstellungen davon, was unter offenem Unterricht zu verstehen ist, obgleich sich mit verschiedenen offenen Lernsituationen wie Freier Arbeit, Wochenplanarbeit, Projektunterricht, Lerntheke, Lernzirkel, Werkstattunterricht bzw. Stationenlernen differenzierte Termini durchgesetzt haben, „die jedoch in der Praxis ebenfalls unterschiedliche Realisierungen erfahren" (vgl. Lipowsky, 2002, 127).

2.3.1 Systematisierungsversuche für offene Lernsituationen

Merkmale von offenen Unterrichtssituationen systematisiert Hartinger (2005) unter sieben Aspekten. Es geht um die Auswahl (1) der Lerninhalte, (2) der zu bearbeitenden Aufgaben, (3) der Lernwege, (4) der Lernpartner und/oder der Sozialform, (5) der Zeiteinteilung, (6) der Raumnutzung im Klassenzimmer und (7) Formen der Selbstkorrektur. In den bislang vorliegenden empirischen Studien zur Öffnung von Unterricht würden jedoch häufig verschiedene Merkmale konfundiert. Beispielsweise ist in einem Wochenplan eine Liste von Pflichtaufgaben abzuarbeiten. Die Schülerinnen und Schüler lösen Lernaufgaben, bei denen sie die Sozialform (4), die Zeiteinteilung (5) sowie die Raumnutzung (6) wählen können. In dieselbe Untersuchung können auch Wochenpläne eingehen, bei denen auch eigene Inhalte (1) und zu bearbeitende Aufgaben (2) individuell gewählt werden können. Das pädagogische Konzept unterscheidet sich im zweiten Fall jedoch deutlich vom erstgenannten Wochenplankonzept. Trotzdem könnten sie gemeinsam in eine Untersuchung zum Wochenplanunterricht eingehen. Die präzise Bestimmung der jeweiligen Öffnung des Unterrichts wäre deshalb ein wichtiges Desiderat für empirische Untersuchungen in diesem Feld.

Der Forderung nach klareren Bestimmungskategorien sind Pauli, Reusser, Waldis und Grob (2003) für den in der Schweiz vielfach anstelle des Offenen Unterrichts verwendeten Begriff der *Erweiterten Lernformen* nachgekommen. Auf faktorenanalytischem Wege konnten die Unterschiede zwischen verwendeten Lernformen auf drei Dimensionen reduziert werden. Tab. 2-1 zeigt die Resultate der Analyse.

Tab. 2-1: Dimensionen des Konzeptes Erweiterter Lernformen nach Pauli et al. (2003)

	Faktoren		
	1	2	3
Lerntagebuch	.848		
Lernverträge	.843		
Wochenplan	.537		
Posten		.828	
Werkstätten		.732	
Projektarbeit			.860
Freiwahlarbeit			.695
Lernberatungen	.418	-.312	.527

Faktorladungen unter 0.25 sind nicht abgebildet.

„Der erste Faktor vereint jene Indikatoren unter sich, welche die Initiierung und Steuerung des individuellen Lernens fokussieren. Dazu gehören das Führen eines Lerntagebuchs durch die Lernenden, das Treffen von Lernzielvereinbarungen und der Wochenplanunterricht. Der zweite Faktor beinhaltet zwei methodische Ansätze, bei denen es um die Wahlmöglichkeit in Bezug auf Zeitpunkt, Reihenfolge und Bearbeitungsdauer von Lernaufgaben geht, wobei die Auswahl der Inhalte und Lernziele in der Regel von der Lehrperson vorgegeben wird (Werkstattunterricht und Postenarbeit). Der dritte Faktor integriert die beiden Lehrmethoden Projektarbeit und Freiwahlarbeit. Hier geht es um weitergehende Wahlmöglichkeiten für Schülerinnen und Schüler bezüglich der persönlichen Lernaktivität und (zum Teil) bezüglich der Lerninhalte. Das Item Lernberatung kann keinem Faktor eindeutig zugewiesen werden" (a.a.O., 305). Die Autoren ziehen das Fazit, dass in den Köpfen der Lehrpersonen kein einheitliches Konzept von „Erweiterten Lernformen" existiere. Dieses könne vielmehr mit unterschiedlichen Akzentuierungen der Unterrichtsgestaltung verbunden sein.

Neben solchen deskriptiven Analysen, was in Schulen der Fall ist, lassen sich auch grundsätzliche Prinzipien unterscheiden. Die verschiedenen Varianten an Wahlmöglichkeiten und die Steuerungsstrategien des individuellen Vorgehens können sich nach Lüders und Rauin (2004) grundsätzlich auf zwei Prinzipien konzentrieren:

a. Beim *Kompensationsprinzip* wird versucht, Lernvoraussetzungen zwischen den Schülerinnen und Schülern auszugleichen. Orientierungspunkt sind allgemeine Basisanforderungen im Lehrplan. Langsamer Lernende können die Lernzeit so wählen, dass sie sich länger mit den grundlegenden Inhalten beschäftigen können. Weinert (1997) spricht in diesem Zusammenhang von remedialer Instruktion.

b. Mit der *Profilbildung* wird beabsichtigt, individuelle Stärken und Interessen zur Geltung zu bringen. Orientierungspunkt sind subjektive Potenziale. Das Spektrum der Wahlmöglichkeiten ist hier breiter. Leutner (1992) bezeichnet ein ähnliches Vorgehen als Präferenzmodell.

Für die Analyse der Wirksamkeit von schulischen Massnahmen ist es nicht unerheblich, ob es sich infolgedessen um Effekte kompensatorischer Arrangements handelt, bei denen ein bestimmter Grad an Grundqualifikationen von allen zu erfüllen ist oder ob es um Aspekte geht, die sich an den individuellen Interessen orientieren, die nicht für alle Schülerinnen und Schüler gelten können.

2.3.2 Ergebnisse zur Wirksamkeit

Die folgende Zusammenstellung der bisherigen Forschungsarbeiten zum geöffneten Unterricht orientiert sich in weiten Teilen an der Übersicht, die Lipowsky (2002, 132ff.) erstellt hat. Nach der Art der untersuchten abhängigen Variablen ordnet er Effekte zum offenen Unterricht drei Kategorien zu. Eine erste Gruppe betrifft Arbeiten, die *Merkmale der Persönlichkeit* und *Einstellungen* zur Schule und zum Lernen untersuchten wie Selbstständigkeit, Motivation, Ängstlichkeit, Kooperationsfähigkeit oder Kreativität. Dabei handelt es sich weitgehend um fachunabhängige Qualifikationen. Empirische Studien bestätigen zu einem grossen Teil die Annahme, dass sich der geöffnete Unterricht günstig auf diese übergreifenden Merkmale von Kindern und Jugendlichen auswirke. Bei dieser Beurteilung stützt man sich in der Regel immer noch auf die inzwischen etwas angejahrte Metaanalyse von Giacona und Hedges (1982), die allerdings eher geringe bis mässig hohe Effekte hervorbrachte. In einer Einzelstudie von Petillon und Flor (1995) hatten 2. und 4. Klassen einer „Lern- und Spielschule" mit Wochenstrukturplan und Rhythmisierung des Vormittags ebenfalls signifikant höhere Werte in den Bereichen Kreativität, Selbstständigkeit, Sozialverhalten erreicht als vergleichbare Kontrollklassen. Im Hinblick auf das Fachinteresse und das Selbstvertrauen fanden Pauli et al. (2003) für das Fach Mathematik bei 8.-Klässlern hingegen keine Unterschiede zwischen Schulklassen, die eher traditionell oder nach den so genannten „Erweiterten Lernformen" unterrichtet worden sind. Auch Niggli und Kersten (1999) fanden keine nennenswerten Zusammenhänge zwischen Wochenplanunterricht und motivationalen Orientierungen, Kontrollüberzeugungen und Lerntechniken. Auf die Leistungsmotivation wirkte sich der geöffnete Unterricht in der Studie von Giacona und Hedges (1982) sogar eher negativ aus. Günstiger waren die Befunde zur Ängstlichkeit. Einen gegenteiligen Befund lieferten Hancock-Dawson, Nichols, Jones, Mayring & Glaeser-Zikunda (2000) für hoch ängstliche Schülerinnen und Schüler des achten Schuljahres, die im lehrerzentrierten Unterricht mehr lernten als in einer schülerzentrierten Lernumgebung. Lipowsky (2002, 133) interpretiert diese widersprüchlichen Befunde wie folgt:

Schülerinnen und Schüler, denen es schwer fällt, ihre Lernprozesse zu steuern, nehmen offene Lernsituationen vermutlich diffuser wahr als Unterricht mit einer klaren Prozessstruktur. Das offene Arrangement irritiert sie, weil sie Mühe haben, zu erkennen, wo sie sich im Lernprozess befinden, was sie erreicht haben und was noch zu erledigen ist. Für die Entwicklung der Leistungsmotivation und des Selbstkonzeptes spielen das Gefühl, Kompetenz zu erleben und autonom agieren zu können, jedoch eine entscheidende Rolle (Deci & Ryan, 1993). Dies ist mit Ziel- und Leistungsanforderungen, die eher als unklar empfundenen werden, weniger verträglich. Hinzu kommt, dass sich, insbesondere bei umfangreichen Aufgabenlisten wie sie beispielsweise in Wochenplänen recht häufig anzutreffen sind, ein so genannter „Deadlineffekt" einstellen kann (Brophy 2004). Primär geht es den Lernenden darum, in der verfügbaren Zeit alle Aufgaben erledigt zu haben, bzw. eine Deadline zu erreichen. Das Motiv, eine qualitativ gute Leistung zu erbringen, kann dabei korrumpiert werden.

Eine weitere Forschungslinie untersucht als abhängige Variable die *Lernzeitnutzung* der Schülerinnen und Schüler in offenen Lernsituationen. Der Zusammenhang zwischen der aktiv genutzten, aufgabenbezogenen Lernzeit (*time on task*) und der Leistung ist empirisch mehrfach abgesichert worden. Studien, die sich der Lernzeitnutzung im offenen oder traditionellen Unterricht gewidmet haben, gelangten einhellig zum Ergebnis, dass leistungsstärkere Schülerinnen und Schüler die Lernzeit effektiver nutzten als diejenigen mit einem geringeren Leistungsvermögen (Bennet, 1979; Laus & Schöll, 1995). Ferner konnte Lipowsky (1999) aufzeigen, dass diese Gesetzmässigkeit auch für konzentrationsschwächere Schülerinnen und Schüler gilt. Auch sie nutzten die Lernzeit in offenen Unterrichtssituationen weniger effektiv. Bei den Konzentrationsstärkeren konnte während ca. 80 % der Lernzeit anforderungsbezogenes Verhalten gemessen werden. Diese Rate sank bei den Konzentrationsschwächeren auf ca. 60 % der Lernzeit. Diese Unterschiede verschwanden aber nahezu, sobald sich die Schülerinnen und Schüler für eine Aufgabe entschieden hatten. Es kann angenommen werden, dass Kinder mit ungünstigen Lernvoraussetzungen durch den Planungsaufwand teilweise kognitiv überlastet werden. Sie sollten aber möglichst freie Ressourcen für das Lernen haben. Um ihnen dies zu ermöglichen, wären Bedingungen zu schaffen, die es ihnen gestatten, den Planungsaufwand auf ein für sie erträgliches Mass zu reduzieren. Eine angemessene Begleitung durch die Lehrperson könnte dazu förderlich sein (s. oben Paradoxie der Selbstständigkeit), ebenso die Vorstrukturierung durch klare Arbeitsmaterialien. Negativ auf die Zeitnutzung kann sich beim individualisierten Unterricht auch zu langes Anstehen in „Warteschlangen" auswirken, wenn Schülerinnen und Schüler Aufgaben vorzeigen, Hilfestellungen erbitten oder Fragen besprechen möchten (Dorow, Breidenstein, Menzel & Rademacher, 2012). Es ist demnach nicht zutreffend, offene Lernsituationen vorschnell mit schüleraktivem Lernen gleichzusetzen. Man vermischt bei dieser Argumentation das

Wünschbare mit der Methode. Vorerst wäre zu prüfen, ob beim Einsatz dieser methodischen Verfahren schüleraktives Lernen überhaupt stattfindet. Auch im direkten Unterricht in der Klasse ist es nämlich möglich, dass neue Informationen in die bestehenden Wissensstrukturen integriert und diese modifiziert werden. Der dritte Bereich umfasst Forschungsarbeiten über Unterschiede zur *Leistungs-entwicklung* von Lernenden im offenen und im traditionellen Unterricht. Vorerst werden Befunde aus *Metaanalysen* berichtet. Giacona und Hedges (1982) gelangen in der bereits erwähnten Metaanalyse zum Schluss, dass Merkmale des offenen Unterrichts eher mit negativen Effekten im Leistungsbereich einhergingen. Die negativen Effektstärken erwiesen sich jedoch als eher gering. Bedingt durch diese Befunde zogen die Autoren das Fazit, dass sich eine gleichzeitige optimale Förderung nicht-fachlicher, persönlicher Merkmale und fachlicher Leistungen ausschlössen. Auf einer Rangliste wirksamer Unterrichtsvariablen führt Hattie (2012) die „Individualized Instruction" mit einer Effektstärke von .22 auf Rang 109 von insgesamt 150 Positionen auf. Bleibt es bei der Zuweisung individualisierter Arbeitsblätter, dann bleiben die Effekte gering (Hattie, 2009). Der Vergleich auf der Organisationsebene zwischen offenem und traditionellem Unterricht erwies sich mit einer Effektstärke von 0.01 generell als unbedeutend (Rang 145 von 150 Rangpositionen). Auch Leistungsgruppierungen innerhalb der Klasse wiesen mit einer Effektstärke 0.18 eine geringe Wirksamkeit auf. Dies änderte sich jedoch, wenn diese Massnahme nach dem Prinzip des *Mastery Learning* vorgenommen worden war. Dann stieg die Effektstärke durchschnittliche auf 0.58, was dem 31. Rang von 150 Rängen entspricht.

Unter den *einzelnen Studien*, die im deutschsprachigen Raum durchgeführt worden sind, berichten Petillon und Flor (1997) allerdings vergleichbare Leistungen von Kindern, die in einem differenzierten Unterricht lernten und Kindern, die einem herkömmlichen Unterricht folgten. Gruehn (2000) stellte in ihrer Untersuchung zur Unterrichtsqualität in Mathematik und Physik jedoch wiederum einen negativen Zusammenhang fest zwischen schülerorientierten Unterrichtsmethoden sowie binnendifferenzierten Massnahmen einerseits und fachlichen Lernfortschritten andererseits. Ebenfalls für das Fach Mathematik fanden Pauli et al. (2003) keine signifikanten Zusammenhänge zwischen „Erweiterten Lernformen" im Unterricht und Fachleistungen, Fachinteresse und Selbstvertrauen. Klassen mit erweiterten Ansprüchen, die einem traditionell geführten Unterricht folgten, zeigten sogar eher etwas höhere Mathematikleistungen. Die Effektstärke (Cohens d) lag mit .37 innerhalb des Intervalls, das als klein bis mittel erachtet wird. Auch Stebler und Reusser (2000) hatten keine Unterschiede zwischen den beiden Unterrichtsformen im Fach Mathematik gefunden. In der Grundschulstudie VERA – Gute Unterrichtspraxis (Schrader & Helmke; 2008, Helmke, 2009) zeigte der Vergleich zwischen erfolgreichen und erfolglosen Klassen, dass das Ausmass der Leistungsdifferenzierung weder für das Leseverstehen noch für die

Leistungen im Fach Mathematik eine Rolle spielte. Einen negativen Einfluss von häufigem Wochenplanunterricht auf die Mathematikleistungen berichteten dagegen Niggli & Kersten (1999). Ein signifikanter positiver Zusammenhang konnte innerhalb derselben Stichprobe jedoch zum Textverstehen festgestellt werden (Niggli, 2003). Eingesetzt wurde ein curricularer Test. Bertschi-Kaufmann und Schneider (2007) fanden sowohl bei 4.-Klässlern als auch bei 8.-Klässlern hingegen keine Unterschiede beim kognitiven Textverstehen zwischen herkömmlichem und offenem Leseunterricht (Elfe-Test, Lenhard & Schneider, 2006). Messungen zu Fortschritten bei den Basisfertigkeiten (z.B. in vorgegebenen Sätzen unter Zeitdruck ein falsches Wort erkennen) zeitigten widersprüchliche Ergebnisse. Bei den 4.-Klässlern wurden signifikant höhere Zuwächse bei den Kindern festgestellt, die nach der herkömmlichen Methode unterrichtet worden sind. Achtklässler erzielten statistisch signifikante Fortschritte jedoch beim offenen Leseunterricht. Einen kleinen, aber nicht signifikanten positiven Effekt (d = .28) fand Niggli (2007) für den Fremdsprachenunterricht im Fach Französisch. Es handelte sich dabei aber lediglich um 12 Schulklassen, in denen mindestens während zwei Lektionen Wochenplanunterricht durchgeführt worden war. Sie gehörten einer grösseren Stichprobe von insgesamt 77 Schulklassen des achten Schuljahres an, deren Französischleistungen untersucht worden sind. Im Kontext zu den Erkenntnissen zur ATI-Forschung sind im Weiteren Befunde von Bedeutung, die zeigen, dass die Wirkung offenen Unterrichts in Wechselwirkung mit den Voraussetzungen der Lernenden stehen kann. In der Untersuchung von Poerschke (1999), die in 15 Grundschulklassen durchgeführt worden ist, erzielten Kinder mit unterdurchschnittlichen Lernvoraussetzungen in frontal geplantem Unterricht mit Lesefibel bessere Leistungen als beim offenen Unterricht ohne Lesefibel. Bei durchschnittlichen Schülerinnen und Schülern zeigten sich keine Unterschiede zwischen den verschiedenen Unterrichtsformen. Schülerinnen und Schüler mit eher unterdurchschnittlichen Leistungen scheinen auch mehr auf einfühlendes Verständnis („warmth") und laufende, sie ermutigende Bestätigungen angewiesen zu sein (Muijs, Campbell, Kyriakides & Robinson, 2005).

Ein *experimenteller Befund* zur Bedeutung des Vorwissens beim Lernen stammt von Tuovinen & Sweller (1999). Die unstrukturierte, individualisierte Methode erwies sich bei niedrigem Vorwissen als unwirksam. Daraus lässt sich folgern, dass Schülerinnen und Schüler mit niedrigem Vorwissen durch wenig strukturierten Unterricht benachteiligt werden können. Darüber hinausgehende Erkenntnisse liefert eine weitere experimentelle Studie von Hardy, Jonen, Möller und Stern (2006). Untersucht wurden zwei unterschiedlich geöffnete Lernumgebungen zum Thema „Schwimmen und Sinken" bei Grundschulkindern. In der höher (HIGH) strukturierten Lernumgebung gaben die Lehrpersonen häufiger Hinweise, um den Konzeptaufbau der Kinder zu fördern. Das Lernangebot war stärker sequenziert und durch gezielt ausgewählte Lernmaterialien unterstützt. In der geringer (LOW) strukturierten Lernumgebung hielt sich die Lehrperson mit gezielten Hinweisen zurück. Den Schülerinnen und Schülern standen Materialien zur Verfügung, mit denen sie freier experimentieren konnten. Eine Reihenfolge war nicht vorgegeben. Untersucht wurde auch eine Kontrollgruppe, in der das Thema nicht behandelt worden war. Durchgeführt wurde ein Vortest, ein Nachtest unmittelbar nach der durchgeführten Unterrichtseinheit und ein Follow-up-test ein Jahr später. Die beiden Experimentalgruppen unterschieden sich im Lernzuwachs zwischen dem Vor- und dem Nachtest erwartungsgemäss von der Kontrollgruppe; aber nicht untereinander. Ein signifikanter Unterschied zwischen der HIGH- und der LOW-Gruppe entstand jedoch, wenn man den Vortest und den Follow-up-test verglich. Längerfristig betrachtet war die moderat geöffnete Lernumgebung der wenig strukturierten Vorgehensweise somit deutlich überlegen. Das bedeutet, dass bei der LOW-Gruppe nach dem Nachtest ein Rückgang im konzeptionellen Verständnis eingetreten ist. Eine didaktisch gezielt eingesetzte Unterstützung der Lehrperson auf der Mikroebene hatte längerfristig eine positive Wirkung. Dass geführtes Lernen zu tieferer Verarbeitung führen kann als offenes, entdecken-lassendes Lernen, zeigt auch die Übersicht von Moreno (2004).

Versucht man, vor dem Hintergrund dieser doch etwas widersprüchlichen empirischen Befundlage eine erste Bilanz zu ziehen, dann kann nicht uneingeschränkt behauptet werden, dass sich der offene Unterricht als ausgesprochen erfolgreich im Lernerfolg von Kindern und Jugendlichen niederschlagen würde. Zu diesem Urteil gelangt auch Chall (2000) in einer differenzierten Aufarbeitung der amerikanischen Forschungsliteratur des letzten Jahrhunderts. Optimistischer veranschlagt werden können Effekte auf nicht fachliche Merkmale der Persönlichkeit (Kreativität, Selbstständigkeit, Ängstlichkeit), wobei zu berücksichtigen ist, dass die Ergebnisse der erwähnten Metaanalyse auch negative Einflüsse auf die Leistungsmotivation berichten. In ihrer Gesamtheit sprechen sie dafür, „dass eine hohe Effektivität des Unterrichts im Hinblick auf nicht fachliche Ziele die optimale Förderung von fachlichen Lernergebnissen unwahrscheinlicher werden lässt" (Lüders & Rauin, 2004, 711). Nach den aufgeführten Einzelanalysen zu schliessen scheint der offene Unterricht vor allem für schulschwache Kinder und Jugendliche eine nicht immer optimale Veranstaltung zu sein. Dies gilt ebenfalls für Kinder und Jugendliche mit niedrigerem sozioökonomischem Status (Gruehn, 2000). Für leistungsschwache Migrantenkinder stellt Eckhart (2008, 106) fest, dass Wochenplan und Gruppenarbeit für sie hinderlich zu sein scheinen. Der Autor vermutet, dass sprachgebundene und unzureichend strukturierte schriftliche Aufträge diese Kinder überfordern würden. Dabei handelt es sich um Erkenntnisse, die bereits Good und Brophy (1987) geäussert hatten: Schülerinnen und Schüler mit günstigen Lernvoraussetzungen können in schülerzentrierten Settings durchaus erfolgreich arbeiten. Schulschwachen Kindern und Jugendlichen kommt ein Unterricht der direkten Instruktion jedoch mehr entgegen. Diese Feststellung trifft insbesondere auf impulsive Kinder zu, die sich nur schwer konzentrieren können. Ethnographische Studien im Klassenzimmer (vgl. Lipowsky 1999; Huf 2002) deckten denn auch auf, dass Kinder mit eher ungünstigen Lernvoraussetzungen mit der selbst gesteuerten Entfaltung und Erfüllung anspruchsvoller Aufgaben überfordert sein können. Auch Kammermeyer und Kohlert (2002) konnten beim Lernen an Stationen beobachten, dass leistungsschwächere Schülerinnen und Schüler weniger zielorientiert vorgehen und mehr Zeit für aufgabenfremde Nebentätigkeiten aufwenden. Hänze, Schmidt-Weigand und Blum (2007) zeigten, dass lernschwächere Kinder ihre Leistung in schülerorientierten Phasen steigern konnten, wenn sie über gestufte Lernhilfen mehr angeleitet worden waren. Ebenfalls fanden Moser und Rhyn (2000), dass es im Unterricht bestimmter Schulklassen möglich war, fremdsprachige Schülerinnen und Schüler und diejenigen der Unterschicht so gut zu fördern wie die Deutschsprachigen und diejenigen der höheren Schichten. Das war vor allem in Klassen mit hohen Anforderungen und sehr guten Leistungen der Fall. Solche Optimalklassen weisen nach der inzwischen geradezu als klassisch zu bezeichnenden Studie von Weinert und Helmke (1996) folgende Eigenschaften auf: Klarheit/Strukturiertheit, effiziente Klassenführung, Aktivitätsniveau und Variabilität in den Unterrichtsformen. Anscheinend benötigen schulschwache Kinder und Jugendliche einen Klassenunterricht im Sinne eines stimulierenden Lernkontextes mit Sogwirkung, damit sie nicht von anspruchsvollen Aufgabenbehandlungen abgeschnitten bleiben (Einsiedler 1997). Dass dies aber auch im offenen Unterricht durchaus realisiert werden kann, zeigen die Ergebnisse von Pauli et al. (2003) für den Mathematikunterricht. Sowohl von den Schülerinnen und Schülern als auch von aussen stehenden Experten wurde der offen organisierte Unterricht qualitativ eher höher eingeschätzt als derjenige von traditionell unterrichtenden Lehrpersonen. Ähnliche Befunde berichten auch Bauer und Kanders (2000). Zusammenfassend lässt sich festhalten (vgl. Scherer & Moser Opitz, 2010, 52f):

• Offener Unterricht kann im Vergleich zum traditionellen Unterricht zu etwas schlechteren Resultaten führen.
• Im Vergleich zum traditionellen Unterricht bewirkt offener Unterricht im nicht leistungsbezogenen Bereich (Einstellungen zur Schule, Kreativität, Selbstständigkeit) etwas günstigere Ergebnisse.
• Lernschwächere Kinder und Jugendliche weisen im offenen Unterricht eine tiefere aktive Lernzeit auf.
• Für leistungsschwächere Schülerinnen und Schüler scheinen strukturierende Lernhilfen (angepasste Materialien, klare Instruktionen) unabdingbar zu sein. Förderlich sind Elemente des *Mastery Learning*.

2.3.3 Öffnung des Unterricht als nicht hinreichende Bedingung für den Lernerfolg

Proponenten des offenen Unterrichts halten problematischen empirischen Befunden entgegen, dass in den entsprechenden Tests vielfach eher rezeptive Lernleistungen gemessen würden, die nicht typisch für offenen Unterricht seien. Mc Caffrey et al. (2001) konnten diesen Vorbehalt in ihrer Studie zum Mathematikunterricht bestätigen. Sie fordern, dass Änderungen in der Unterrichtspraxis an curriculare Reformen gekoppelt sein sollten. Teilweise wird aber auch von der meist nicht sehr systematisch untersuchen Vorannahme ausgegangen, das kognitive Niveau im offenen Unterricht sei generell höher als im traditionellen Unterricht. Das Erwartete wird fälschlicherweise für das Verwirklichte gehalten. Lipowsky (2002, 142) erwähnt in diesem Zusammenhang die qualitativen Studien von Galton, Simon und Croll (1980) sowie von Huschke (1982), die belegen, das geöffneter Unterricht offenbar auf einem vergleichsweise relativ niedrigen kognitiven Niveau verläuft. Überraschenderweise zeigte sich, dass Fragen und Anregungen der Lehrerinnen und Lehrer im gemeinsamen Klassenunterricht sogar anspruchsvoller und herausfordernder waren als in den individualisierten Unterrichtsphasen. Generelle Schüleraktivität bedeutet nicht, dass der Unterricht zugleich kognitiv aktivierend verläuft. Sie kann sich auch als gelenkte Beschäftigung entpuppen. Mayer (2004) unterscheidet in dieser Hinsicht zwischen „behavioral activity per se" und „cognitive activity". Es ist deshalb zu vermuten, dass für die Qualität des offenen Unterrichts Prozesse auf der Mikroebene verantwortlich sind (Lipowsky, 2002, 139), die die Tiefenstruktur des Unterrichts und nicht lediglich die Oberflächenstruktur der Inszenierungsformen des Unterrichts betreffen (Reusser, 1999). Die Oberflächen-, bzw. Sichtstruktur bezieht sich auf das sichtbare methodische Handeln, die Tiefenstruktur auf die grundlegenden Lernprozesse. Auch Seidel und Shavelson (2007) haben in ihrem Modell darauf hingewiesen, dass es vor allem proximale Faktoren des Lernens (Orientierung, konkrete Tätigkeiten, Interaktionen, Lernaufgaben) sind, die den Lernerfolg am ehesten beeinflussen können. Bei den distalen Aspekten auf der Makroebene (Organisation, Zeit, etc.) handelt es sich dagegen eher um Bedingungen der Möglichkeit, die konkrete Lerntätigkeit zu optimieren. Empirisch bleibt jedoch ungeklärt, wie die beiden Ebenen zusammenhängen. Insofern lässt sich nicht erklären, welche tieferen Lernprozesse durch offenen oder direkten Unterricht im Einzelnen ausgelöst werden. Einen positiven Beitrag zu kognitiven und motivatonalen Merkmalen der Lernwirksamkeit leisten auf der Sichtebene etwa die Zielorientiertheit und die Struktur des Unterrichts, transparenter Stoffaufbau, kognitive Herausforderungen, Formen der Selbststeuerung und die Qualität der inhaltlichen und didaktisch-methodischen Impulse (vgl. dazu auch Helmke, 2003; Meyer, 2004). Öffnung allein schliesst individuelle Förderung zwangsläufig aber nicht ein (Graumann, 2008). Diese Behauptung konnten Hanke, Brockmann und Schwippert (2001) am Beispiel des

Schriftsprachenerwerbs von Grundschülern auf nachdrückliche Weise bestätigen. Die Variable „Unterrichtsform" (5 Stufen, von „überwiegend lehrergebunden" bis „überwiegend offen") konnte lediglich 3 % der Leistungen zwischen den Schülerinnen und Schülern aufklären. Der Klasseneffekt lag mit 20 % deutlich höher, d.h.: Die Zusammensetzung in der Klasse sowie die Unterrichtsbedingungen bestimmen die Qualität des Unterrichts und nicht, ob einzelne Aufträge frei gewählt und mit zeitlichen Spielräumen im Wochenverlauf eingeplant werden können. Eine vergleichbare Gesetzmässigkeit fand Hartinger (2006) für das Interesse als abhängiger Variable. Die Pfade in Abb. 2-2 verdeutlichen die Zusammenhänge.

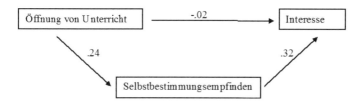

Abb. 2-2: Pfadmodell zur Beschreibung der Auswirkungen der Öffnung von Unterricht auf das Interesse der Schülerinnen und Schüler im Unterricht.

Der Zusammenhang zwischen Öffnung und Interesse wird indirekt über die Selbstbestimmung vermittelt. Nur wenn subjektiv wahrgenommene Selbstbestimmung gewährt wird, steigt auch das Interesse am Unterricht an. Dieses korreliert nicht mit den angebotenen Freiräumen. Textor (2010) gelangt aus ähnlichen Überlegungen zum Schluss, dass Öffnung von Unterricht in erster Linie am Grad der Mitentscheidungsmöglichkeiten der Schülerinnen und Schüler zu bemessen sei.

Auf die interaktionelle Komponente von Unterricht auf der Mikroebene stützt sich auch die Kategorisierung von Lehrpersonen, die Brophy und Good (1976) hinsichtlich der alltäglichen Behandlung von Schülerinnen und Schülern vorgenommen haben. Analytisch unterscheiden sie drei Stereotype (vgl. van Buer & Zlatkin-Troitschanskaia, 2009).

Proaktiven Lehrpersonen gelingt es durchaus, Leistungsunterschiede in der Klasse zu verringern. Dies geschieht durch dem Schüler angemessene, ihn aber auch fordernde Zuweisung von Inhalten und durch entsprechendes Feedback, ohne dabei die leistungsstarken entscheidend zu vernachlässigen. Dies geschieht jenseits der üblichen didaktischen Organisationsmodelle und Sozialformen von Unterricht. *Reaktive Lehrpersonen* stabilisieren die vorhandenen Unterschiede in einer Klasse. Sie lassen sich quasi vom unterrichtlichen Geschehen treiben und passen sich stark dem individuellen Lernstand der Schülerinnen und Schüler an.

Überreaktive Lehrpersonen vergrössern bewusst oder unbewusst die Leistungsunterschiede zwischen den Schülerinnen und Schülern. Die Lernzeit wird durch rigide, stereotype Annahmen über die Begabung bestimmter Schülergruppen gesteuert. Damit kommt es zu einer unheilvollen Verbindung von geringer diagnostischer Expertise und unterrichtlichem Handeln, das bestimmte Schüler nicht mehr herausfordert.

Man kann vermuten, dass offene Lernphasen reaktives oder überreaktives Verhalten von Lehrpersonen begünstigen können. Dies ist dann der Fall, wenn Offenheit auf Seiten der Lehrperson einseitig als Zurücknahme ihres Einflusses praktiziert wird oder wenn Schülerinnen und Schüler rigide in homogene Leistungsgruppen eingeteilt werden, deren Entwicklung als wenig beeinflussbar erachtet wird.

Aus den genannten Gründen ist es somit nicht evident, dass aus der Organisationsform allein ein Leistungsgewinn zu erwarten wäre. Dieser ist vielmehr abhängig von basalen Lernprozessen, wie sie für das jeweils einzelne Fach in Gang gebracht werden können. Lernfortschritte dürften sich deshalb vielmehr auf der Mikroebene, im konkreten Umgang mit diesen Aufträgen einstellen. Dabei werden Fragen wie die folgenden relevant:

• Kommt eine kognitiv anregende Lehrer-Schüler-Interaktion zustande? Können alle Schülerinnen und Schüler gleichermassen an der Schüler-Lehrer-Interaktion teilnehmen?
• Wie wird die Kooperation unter den Schülerinnen und Schülern gesteuert?
• Wie wird mit der Lernzeit umgegangen? Bemüht man sich, bis man das Problem verstanden hat, oder ist man froh, das Pensum erledigt zu haben?
• Sind die Lernmaterialien ausreichend und hilfreich?
• Wie werden die Aufträge mit den bestehenden Vorkenntnissen aus dem vorangegangen Unterricht verknüpft?
• Wie können sich die Schülerinnen und Schüler Hilfen beschaffen, wenn sie nicht weiterkommen?
• Verfügen die Schülerinnen und Schüler über ein ausreichendes Repertoire von Fähigkeiten zur Selbststeuerung?
• Wird einseitig individuelles Arbeiten eingesetzt, so dass soziale Konstruktionen vernachlässigt werden (Scherer & Moser Opitz, 2010, 52).

Die Fragen zu den Lernchancen auf der Mikroebene gelten gleichermassen für den traditionellen wie für den offenen Unterricht. Entscheidend ist jedoch, in welcher der beiden Unterrichtsformen günstigere Gelegenheiten gegeben sind, den genannten Anliegen eher gerecht zu werden. Erschwerend kann im offenen Unterricht (z. B. in Wochenplänen) die Vielfalt der stofflichen Angebote ins Gewicht fallen. Einigen Schülerinnen und Schülern dürfte es möglicherweise Schwierigkeiten bereiten, sich auf für sie bedeutsame individuelle Lernchancen und -schwierigkeiten zu konzentrieren. Möglicherweise besteht für sie die von Huf & Breidenstein (2009) geäusserte Gefahr, dass der Wochenplan zu einer

Verselbständigung und zur Dominanz der „Planerfüllung" führen kann. Brophy (2004) erwähnt in vergleichbaren Zusammenhängen den sog. „Deadlineffekt", der dazu führe, sich nicht auf das Lernen, sondern auf die Abarbeitung von Aufgaben zu konzentrieren, die bis zu einem gewissen Zeitpunkt zu erledigen sind. Dieser Tendenz kann beim Wochenplanunterricht durch kognitiv wenig herausfordernde Aufgaben (vgl. Bohl, 2009) noch Vorschub geleistet werden, indem z. B. eine Serie von einfachen Übungsblättern abgegeben wird (Scherer & Moser Opitz, 2010, 52). Insbesondere im Sprachunterricht kann diese Grundstruktur vorherrschend sein, wenn durch ein Überangebot an formalen Routineaufgaben nur geringe Denkleistungen zu erbringen sind.

2.4 Vorgehen beim Bemühen, Wissen für die Praxis zur Verfügung zu stellen

Zieht man ein Fazit, dann sprechen gute Gründe dafür, Unterricht vermehrt zu öffnen, bzw. zu differenzieren. Multi-heterogene Schulklassen verlangen eine Unterrichtsgestaltung, die Rücksicht auf die Lernmöglichkeiten der einzelnen Schülerinnen und Schüler nimmt. Dazu sind einerseits Arbeitspläne und ein Coaching der Schülerinnen und Schüler notwendig. Entsprechende Realisierungsversuche scheinen bis anhin jedoch nicht überall den erwarteten Erfolg gebracht zu haben. Zum einen sind Vorbehalte der Lehrkräfte zu respektieren, die eine vermehrte Arbeitsbelastung befürchten und bezweifeln, ob einzelne Schülergruppen über die notwendigen Voraussetzungen für selbstständiges Arbeiten verfügen. Auf Seiten der Wissenschaft sieht man sich mit definitorischen Schwierigkeiten konfrontiert, die es erschweren, vergleichbare Effekte nachzuweisen. Widersprüchliche Befunde sind deshalb wenig erstaunlich. Einiges spricht auch dafür, dass sich Versuche einer Öffnung bzw. Differenzierung des Unterrichts eher auf die organisatorische Ebene beschränkt haben. Dabei ging man von der Annahme aus, dass durch schülerorientierte Massnahmen auf der organisatorischen Makroebene das Lernen notwendigerweise auch auf der Mikroebene günstig beeinflusst würde. Dies kann eine Erklärung dafür sein, dass sich die Erwartungen, die an offen organisierten Unterrichtsformen gestellt worden sind, nicht oder nur teilweise erfüllt zu haben scheinen und dass neues Wissen erforderlich ist. Diesen Eindruck bestätigen indirekt auch Schülerfeedbacks, die Ditton & Arnoldt (2004), zum Fachunterricht eingeholt haben. Für ein positives Abschneiden einer Lehrperson waren durchgeführte Differenzierungsmassnahmen relativ unbedeutend.

Die Weiterverfolgung des Anliegens wird in den anschliessenden Kapiteln deshalb unter den folgenden Grundannahmen weiter entwickelt:

„Nach einer metaethischen Regel muss Sollen Können implizieren. Was nicht gekonnt wird, kann letztlich auch nicht gesollt sein" (Reichenbach, 2008, 57). Angesichts dieser Feststellung lassen sich gegenüber der oben ermittelten Diskrepanz zwischen Ansprüchen, die an die Schule gestellt werden und der fehlenden bzw. widersprüchlichen Umsetzung durch die Lehrpersonen zwei Thesen formulieren: (1) Die Differenzen zwischen Sollen und Wollen, bzw. Können lassen sich auf Defizite in der Aus- und Weiterbildung von Lehrerinnen und Lehrern zurückführen. Weil sie nicht ausreichend mit tauglichen Konzepten ausgerüstet worden sind, verfügen sie über zu wenig Expertenwissen, wie offene Unterrichtsformen ökonomisch und lernwirksam praktiziert werden können. (2) Sollensforderungen und Bedenken der Lehrpersonen gegenüber entsprechenden Umsetzungsversuchen lassen sich auch im Lichte von Defizitleistungen der Erziehungswissenschaft thematisieren. Die Wissenschaft könnte bisher nicht in der Lage gewesen sein, in ausreichendem Masse „Wissen für die Praxis" (Messner & Reusser, 2000) bereitzustellen, das eine Verbindung zwischen theoretischen Sätzen und praktischen Erfordernissen herstellt. Weil Lehrerinnen und Lehrer nicht darauf warten können, dass Wissenschaftlerinnen und Wissenschaftler ihnen mitteilen, was wirkt und welcher Anteil von Varianz damit erklärt werden kann, scheint man in der Praxis nach wie vor an überliefertem „Wissen über die Praxis" festzuhalten. Dieses Wissen lehnt sich meist an historische Vorbilder der Reformpädagogik an (Vaupel, 1999) und dürfte den heutigen Anforderungen nur bedingt genügen. In dieser Tradition vertraut man primär darauf, dass die Lernenden den Lernprozess weitgehend selbst steuern. Der Lehrperson wird eher eine moderierende oder begleitende Funktion zugewiesen.

Die in den folgenden Kapiteln vertretenen Ansätze beanspruchen, Unterricht hingegen primär durch die Lehr- Lernforschung zu fundieren. Es handelt sich um Grundlagenwissen, mit dem anschliessend über die in Abb. 2-3 skizzierten drei Verbindungslinien eine Brücke zur Praxis geschlagen werden soll (vgl. Ifentaler, Pirnay-Dummer & Spector, 2008).

Abb. 2-3: Theoretische Verbindungslinien.

Ruthven, Laborde, Leach und Tiberghien (2009) erwähnen einen ähnlichen Dreischritt mit grand theories – intermediate theoretical framework – design tools. Theorien, Begriffe und Modelle zur Erhellung der Problematik können somit auf drei Abstraktionsebenen erarbeitet werden. Zuerst werden Bezugstheorien ausgewählt, die es erlauben, fundamentale Variablen für Differenzierungsmassnahmen zu isolieren. Handlungsleitendes Orientierungswissen leitet dazu über, zentrale Anforderungen für didaktisches Handeln zu systematisieren. Damit stehen Grundlagen zur Verfügung, die als Leitvorstellungen beim Design konkreter Modelle genutzt werden können. Es handelt sich dabei um Strategien zur „Lösung von Gestaltungsproblemen", die für die Praxis bereitgestellt werden (Staub, 2004, 119). Mit dieser 3-Schritt-Strategie wird versucht, den oben genannten Forderungen nachzukommen: (1) Konzepte für praktisches Handeln bereitzustellen und (2) der Defizitthese der Erziehungswissenschaften entgegenzutreten. Es soll ein Pool von Berufswissen zur Verfügung stehen, der als Reflexionsrahmen für das berufspraktische Handeln in der Aus- und Weiterbildung genutzt werden kann. Um dies zu erreichen, wären auch ko-konstruktive Prozesse zwischen Akteuren aus Wissenschaft und Praxis nutzbringend, etwa in der Art, wie dies Staub (2004) vorgeschlagen hat.

2.5 Konsequenzen für den Fortgang der Modellkonstruktion

Aufgrund der oben genannten definitorischen Schwierigkeiten bei offenen Unterrichtsformen sollen dabei zwei Hauptlinien verfolgt werden. Wissen für das *Kompensations-* und für das *Profilprinzip* wird in den folgenden Kapiteln getrennt dargestellt. Die Vielfalt unterschiedlicher Zielsetzungen und Lernbedingungen sowie die unterschiedlichen Effekte bei individualisierten Lernformen lassen sich auf diese Weise in zwei unterschiedliche Hauptkategorien fassen, die den praktischen Einsatz strukturieren können.

Bei alldem ist in Rechnung zu stellen: In der Praxis ist die Pädagogik keine Maschine, die aufgrund theoretischer Annahmen die erwarteten Ergebnisse liefert. Zusammenhänge in der Erziehung sind sehr komplex, die Handlungsweisen der Beteiligten oftmals unberechenbar und Betrachtungen über den Durchschnitt verdecken meist die grossen Unterschiede, die zwischen den konkreten Fällen bestehen. Trotzdem vermögen die theoretischen Annahmen auf den drei Abstraktionsebenen Denkanstösse für das gestalterische Handeln von Lehrpersonen im- und die Reflexion über Unterricht zu geben.

3 Studien über Lernumgebungen zum Ausgleich unterschiedlicher Lernvoraussetzungen (Kompensationsprinzip)

In differenzierten oder adaptiv gestalteten Lernumgebungen treten anstelle der gesamten Schulklasse vermehrt einzelne Schülerinnen und Schüler oder Schülergruppen als Adressaten in den Vordergrund. Diese Forderung impliziert einschneidende Änderungen der Lehrerinnen- und Lehrerrolle. Neben dem Lehren haben Lehrpersonen den Umgang mit Heterogenität zu organisieren, bzw. zu managen (vgl. Merkens, 2010). Im Folgenden sollen dazu, wie von Grunder (2009) kritisch angemahnt worden ist, weder euphorische Wirkungserwartungen geschürt, noch Idealbeschreibungen mit überzeugungsmächtiger Legitimationsrhetorik geliefert werden. Allzu schnell könnte man ansonsten auf Frontlinien stossen, die nur der Eifer zieht. Daher werden auch „Realisierungsvoraussetzungen, Widersprüche und Risiken der Inneren Differenzierung" (a.a.O. 118) aufgegriffen. Primär interessieren Massnahmen, mit denen ein Ausgleich von unterschiedlichen Lernvoraussetzungen wahrscheinlicher wird (Kompensationsprinzip). Die Differenzierung nach dem Profilprinzip wird in Kap. 9 behandelt.

Gemäss den drei theoretischen Verbindungslinien in Abb. 2-3 wird die Notwendigkeit von kompensatorischen Differenzierungsmassnahmen einleitend mit drei grundlegenden psychologischen Ansätzen untermauert. Aus diesen Angaben lassen sich erste Orientierungen gewinnen. Man weiss danach aber noch nicht, was man konkret unternehmen kann, um diese Erkenntnisse in der Praxis zu nutzen. Dieses Anliegen soll anschliessend auf einer mittleren theoretischen Abstraktionsebene eingelöst werden. Dokumentiert werden handlungsleitende empirische und theoretische Befunde, die für die Gestaltung von differenzierten, bzw. adaptiven Lernumwelten relevant sind. Die Elemente, die aus unterschiedlichen Perspektiven beigezogen worden sind, münden im Schlussteil dieses Kapitels in ein Modell zum Design von Lernumwelten. In Kap. 6 werden schliesslich konkrete Designbeispiele, bzw. Entwurfsmuster vorgelegt, mit denen ein illustrativer Blick in die Praxis geworfen werden soll. Die Leitfrage lautet dabei: Wie kann man es machen?

3.1 Fundamentale Bezugstheorien (Theorien auf einer höheren Abstraktionsebene)

Auf allgemeintheoretischer Ebene werden vorerst drei erprobte theoretische Ansätze präsentiert, auf die bei Differenzierungskonzepten immer wieder Bezug genommen wird. Dies geschieht nicht nur in der Absicht, allfällige Massnahmen zu legitimieren. Vielmehr haben diese theoretischen Ansätze auch als Fundamente gedient, auf denen Praxisversuche entwickelt worden sind. Im vorliegenden Fall können sie auf die strategische Richtung des Vorgehens hinweisen.

Theorieansatz I: Einige Schülerinnen und Schüler schaffen es leicht, eine Aufgabe zu lösen, andere haben Schwierigkeiten, wiederum andere scheitern. Das *Schwellenkonzept* (Snow, 1989) geht von der Annahme aus, dass für jede Lernerin und jeden Lerner eine kritische Schwelle hinsichtlich der Schwierigkeit und Komplexität einzelner Aufgaben existiert (vgl. Abb. 3-1). Bei Aufgaben *unterhalb dieser Schwelle* können Lernende auf bereits erlernte Routinen und Abläufe zurückgreifen, so dass die Lernhandlung weitgehend automatisch ablaufen kann. Fehler auf dieser Ebene entstehen weniger aufgrund von Verständnislücken als durch Flüchtigkeit. *Oberhalb dieser Schwelle* werden zur Lösung einer Aufgabe jedoch neue, noch nicht erlernte Abläufe bzw. Algorithmen benötigt. Lernende müssen Lösungsstrategien entwerfen, improvisieren und überprüfen sowie ein Mindestmass an Ausdauer und Motivation aufbringen. Je höher die Aufgabe oberhalb der individuellen kritischen Schwelle bzw. der *zone of tolerable problematicity* liegt, desto grösser ist die Gefahr, dass die individuell verfügbaren kognitiven Strategien nicht ausreichen und die Aufgabe als nicht bewältigbar und bedrohlich erscheint. In Abb. 3-1 ist die Lösungswahrscheinlichkeit innerhalb der Zone der Lösbarkeit von 0 bis 1 numerisch angegeben. In der Mitte der Schwelle ist die Aufgabe mit einer 50-prozentigen Wahrscheinlichkeit lösbar. Das Ziel des Unterrichts besteht darin, die individuell kritische Schwelle im Laufe der Zeit zu erhöhen. Im rechten Teil von Abb. 3-1 ist diese Erhöhung idealtypisch dargestellt. Aufgabe 6 und 7 können zu Beginn mit einer etwas über 50-prozentigen Wahrscheinlichkeit nicht gelöst werden. Nach dem Durcharbeiten der vorangehenden 5 Aufgaben, die sich auf zwei Schwellenniveaus bewegen, sollten auch die letzten beiden Aufgaben 6 und 7 gelöst werden können.

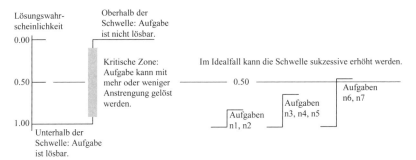

Abb. 3-1: Das Konzept der kritischen Schwelle und Beispiel für ihre schrittweise Erhöhung.

Mit der Zeit können immer komplexere Aufgaben gelöst werden. Die Schwelle wird individuell erhöht. Langsamer Lernende benötigen dabei mehr Zeit zur Bearbeitung der jeweiligen Grundlagen. Wenn diese Grundlagen sitzen, können auch sie sich anspruchsvolleren Aufgaben zuwenden. Schneller Lernende können schwierigere Aufgaben je nach ihrer kritischen Schwelle schon früher angehen. Im Beispiel, das in Abb. 3-1 dargestellt wird, könnten einzelne Schülerinnen und Schüler beispielsweise bereits bei Aufgabe 4 oder 6 in den Lernprozess einsteigen. Dies gilt insbesondere für erfolgsmotivierte Schülerinnen und Schüler, die mittlere oder sogar höhere Schwierigkeitsgrade bevorzugen (Atkinson, 1964, Heckhausen, 1965). Ängstliche Schülerinnen und Schüler sind dagegen vor allem auf Erfolgserlebnisse angewiesen.

Theorieansatz II: Einige Kinder und Jugendliche benötigen mehr Zeit zum Lernen, andere weniger. Wie wichtig ist es, genügend Zeit für das Lernen zu haben? Mit dem Zeitfaktor wird eine geradezu klassische Variable der Unterrichtsforschung ins Spiel gebracht. Bereits *Carrolls* (1963, deutsch 1972) *Modell schulischen Lernens* beruht auf der Grundannahme, dass der Grad des Lernerfolgs eine Funktion der Zeit ist, die benötigt wird und derjenigen die im Unterricht tatsächlich aufgewendet wird (s. Abb. 3-2). Schülerinnen und Schüler lernen mehr, wenn die aufgewendete Lernzeit gegenüber der benötigten Lernzeit überwiegt. Es hat als Grundidee zahlreiche Modelle schulischen Lernens inspiriert, die seither entwickelt worden sind.

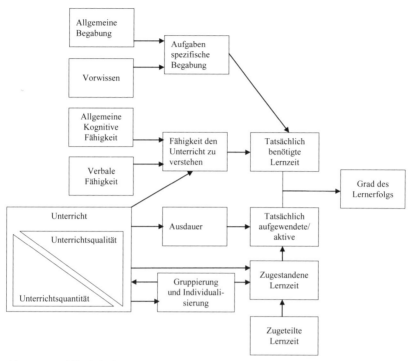

Abb. 3-2: Modell schulischen Lernens nach Carroll (1963) in Anlehnung an Brunner (2005) und Gruehn (2000).

Die benötigte Lernzeit ist abhängig von der aufgabenspezifischen Begabung einer Schülerin oder eines Schülers. Je höher diese Begabung ist, desto geringer ist die Lernzeit für die Lösung einer bestimmten Aufgabe. Die aufgabenspezifische Begabung ihrerseits ist eine Funktion der allgemeinen kognitiven Fähigkeiten sowie der Vorkenntnisse, die eine Schülerin oder ein Schüler für einen spezifischen Lernstoff mitbringt. Im Weiteren ist die benötigte Lernzeit abhängig von der Fähigkeit, dem Unterricht mehr oder weniger gut folgen zu können. Kinder und Jugendliche mit höheren kognitiven und verbalen Fähigkeiten können dem Unterricht besser folgen als diejenigen mit geringer ausgeprägten Voraussetzungen. Beispielsweise können Kinder von Migrantenfamilien, die Probleme mit der deutschen Sprache haben, dem Unterricht weniger gut folgen als Kinder und Jugendliche mit deutscher Muttersprache. Dies ist insbesondere dann der Fall, wenn die sprachlichen Anforderungen im Unterricht anspruchsvoll sind. Der Einfluss der allgemeinen kognitiven Fähigkeiten ist besonders ausgeprägt, je mehr die Schülerinnen und Schüler den Lernstoff selbstständig erschliessen müssen und je weniger die Lehrpersonen sie durch Erklärungen unterstützen (vgl. empirische

Befunde zum offenen Unterricht in Kap. 2). Die Fähigkeit, den Unterricht zu verstehen, steht im Übrigen auch in Wechselwirkung zur Unterrichtsqualität. *Die Zeit, die aufgewendet wird,* ist abhängig von der Ausdauer und der Motivation, die Lernende mitbringen und der Lernzeit, die ihnen von der Lehrperson für die Aufgabe zugestanden wird. Die Ausdauer oder die Lernmotivation einer Schülerin oder eines Schülers konzipiert Carroll als die Zeit, die sie oder er bereit ist, aktiv und aufmerksam etwas zu lernen. Sie kann dabei sowohl durch extrinsische (z.B. Noten) als auch durch intrinsischen (z.B. interessante Inhalte) Anreize beeinflusst werden.

Die zugestandene Lernzeit ist die Zeit, die zum Lernen zur Verfügung steht. Sie kann durch das Lerntempo, durch unterschiedliche Lerninhalte oder durch die Variation der Stoffmenge an die Schülereigenschaften angepasst werden. Dazu ist es notwendig, Unterricht zu individualisieren und Lernende mit ähnlichen Lernvoraussetzungen zu gruppieren. Wenn stattdessen aber allen Schülerinnen einer Schulklasse dieselbe Menge an Zeit für das Lernen zugestanden wird, dann werden die schnelleren das gesteckt Ziel wohl erreichen. Die langsameren hingegen werden überfordert sein. Nach den Angaben in Abb. 3-2 ist es am erfolgversprechendsten, wenn ein Ausgleich vor allem über den Hebel der zugestandenen Lernzeit erfolgt (Hasselhorn & Gold, 2006, 260). Auf diese Grundannahme stützte sich im Übrigen auch das sogenannte Konzept des *Mastery Learning oder des zielerreichenden Lernens,* mit dem beabsichtigt worden war, dass fast alle Schülerinnen und Schüler die im Curriculum vorgegebenen Ziele durch individuelle Unterstützungsmassnahem erreichen sollten. Zeit ist von Lehrerinnen und Lehrern nämlich direkt beeinflussbar. Die Fähigkeiten der Lernenden sind dagegen kurzfristig kaum veränderbar. Es ist aber nicht die Zeit allein, die entscheidet, „sondern das, was in der Zeit geschieht" (Weinert, 1998, 206). Ziel der Lehrerinnen und Lehrer sollte es daher sein, die zur Verfügung stehende Zeit auf der Mikroebene möglichst effektiv zum Schaffen von Lerngelegenheiten zu verwenden und die aktive Auseinandersetzung der Schülerinnen und Schüler mit dem Lernstoff zu fördern. Sie wählen die Unterrichtsmaterialien aus und beeinflussen die Ausdauer der Lernenden (z.B. durch motivationale Anreize). Durch die Qualität der Instruktion können sie zudem die Anforderungen an die Fähigkeit der Schülerinnen und Schüler, den Unterricht zu verstehen, tiefer halten.

Die *zugeteilte Lernzeit* ist abhängig von den im Stundenplan festgelegten Unterrichtsstunden und der von der Lehrkraft für das Lernen genutzten Lernzeit. Im Unterricht wird nicht nur gelernt, sondern es wird auch Zeit für andere Aktivitäten aufgewendet (z.B. Besprechungen mit der Klasse, Veranstaltungen, etc.). Ein weiteres Element der zugeteilten Lernzeit sind auch die Hausaufgaben, die eine Lehrperson aufgibt.

Fazit aus dem Modell von Carroll für Lehrpersonen: Die zugestandene Lernzeit sollte möglichst optimal zum Lernen verwendet werden. Durch Gruppierung und Individualisierung kann die zugestandene Lernzeit den Bedürfnissen unterschiedlicher Schülergruppen angepasst werden. Durch motivationale Anreize oder durch erzieherische Massnahmen zur Förderung der Selbststeuerung kann die Ausdauer beeinflusst werden. Schliesslich können Unterrichtsmaterialien und Unterrichtsmethoden so gewählt werden, dass sie den Fähigkeiten der Schülerinnen und Schüler entsprechen, den Unterricht zu verstehen.

Theorieansatz 3: Nicht alle Formen des Unterrichts bekommen allen Schülerinnen und Schülern gleich gut. Eine häufig beigezogene theoretische Referenz für die Forderung nach unterrichtsdifferenzierenden Maßnahmen ist das sogenannte *ATI-Modell* (ATI = Aptitude-Treatment-Interaction, vgl. Cronbach & Snow (1977)). Dieses Modell basiert auf der Annahme, dass zwischen individuellen Lernvoraussetzungen (aptitudes) der Lernenden einerseits und der Unterrichts- bzw. Erziehungsmethode (treatment) andererseits spezifische Wechselwirkungen (interactions) bestehen. Demnach wären nicht alle Unterrichtsmethoden gleichermaßen für jeden Schüler und jede Schülerin geeignet. Allerdings ist die Befundlage, die das Modell stützen kann, eher uneinheitlich. Festhalten lassen sich die folgenden Tendenzen: Auf Seite der Schülerinnen und Schüler scheinen im Wesentlichen drei Merkmale mit den Unterrichtsmethoden in Wechselwirkung zu stehen: *Ängstlichkeit, sozioökonomischer Status, Intelligenz* bzw. *Vorkenntnisniveau*. Schülerinnen und Schüler mit ungünstigeren Ausprägungen dieser Merkmale, scheinen von hoch strukturiertem Unterricht mehr zu profitieren (Gruehn, 2000, 58). Beispielsweise ist für jüngere und/oder ängstlichere oder auch weniger intelligente Schülerinnen und Schüler eine stärker strukturierte Unterrichtsform effektiver, während sich für selbstsicherere und/oder kreativere Schüler eine offene Unterrichtsform, die Gelegenheiten zum entdeckenden Lernen bietet, als vorteilhaft erweist (Swanson, 1999). Sie können sehr gute Fortschritte auch dann erzielen, wenn ihnen nicht ständig jemand sagt, was sie tun sollen. Auch Befunde über *gewissheitsorientierte* bzw. *ungewissheitsorientierte* Schülerinnen und Schüler (Sorrentino, Roney & Hanna, 1992) untermauern diese Sichtweise. Gewissheitsorientierte schneiden in hoch strukturierten Lernumgebungen besser ab. Ungewissheitsorientierte leisten in Situationen mehr, die ihnen Freiheitsgrade zugestehen. Ähnliche Effekte berichtet Noelle Parks (2010) für das Frageverhalten von Lehrpersonen im Mathematikunterricht. „Explizite Fragen" sind in einen stofflichen Kontext eingebettet, aus dem das Kind die Antwort ableiten kann (z.B. Sag mir, warum du 32 und 33 addierst?). Solche Fragen können von Kindern mit sehr unterschiedlichen Voraussetzungen beantwortet werden. „Implizite Fragen" hingegen setzen voraus, dass die Antwortenden auch den Kontext lokalisieren können, der für ihre Antwort relevant ist (z.B. Welche Voraussage kannst du darüber machen? Was denkst du darüber?). Solche Fragen können vor allem von Schülerinnen und Schülern beantwortet werden, deren kulturell-sprachliches Umfeld demjenigen der Lehrperson ähnlich ist. Wie erklärt man sich diese Befunde der ATI-Forschung? Leistungsschwächere Schülerinnen und Schüler können eintreffende Informationen offensichtlich besser verarbeiten, wenn sie durch passende äussere Leitplanken unterstützt werden. Äussere Vorgaben kompensieren ihre defizitären Lernvoraussetzungen. Lernende mit günstigen Lernvoraussetzungen profitieren hingegen von offenen Situationen, weil sie ihre Kompetenzen selbst einsetzen und perfektionieren können. Daraus lässt sich ableiten, dass die Methoden auch den Voraussetzungen der Lernenden angepasst werden sollten.

Im Kern gelangt man über die drei theoretischen Ansätze zu folgenden Feststellungen, die für die Praxis bedeutsam sind:

a. Für jeden Lerner und jede Lernerin existiert eine kritische Schwelle hinsichtlich der Aufgabenschwierigkeit. Aufgrund ihrer individuellen Voraussetzungen *können zu einem bestimmten Zeitpunkt nicht alle alles lernen.*

b. Bei der Erhöhung der kritischen Schwelle spielt der Faktor Zeit eine bedeutende Rolle. *Nicht alle können alles in derselben Zeitspanne lernen.*

c. Die eingesetzten Methoden interagieren mit den Voraussetzungen der Lernenden. *Nicht alle können alles in derselben Zeit auf gleiche Weise lernen.*

Eine optimale Passung bestünde darin, die drei Komponenten den individuellen Voraussetzungen der Lernenden anzugleichen. Doch schon auf den ersten Blick wird ersichtlich, dass eine ideale Lösung wohl ein schwieriges, wenn nicht gar aussichtloses Unterfangen sein dürfte. Dennoch ergeben sich daraus drei Herausforderungen, denen man sich bei der Konzeption entsprechender Lerndesigns wenigstens annäherungsweise stellen kann:

(1 – nicht alle alles): Wie lassen sich die Lernziele bzw. die individuelle kritische Schwelle der Lernaufgaben für das Lernen von Schülerinnen und Schülern, die mehr Zeit benötigen, und erweiterte Angebote für die leistungsstärkeren Schülerinnen und Schüler optimal ausgleichen (vgl. Achtenhagen, Bendorf, Getsch & Reinkensmeier, 2000)?

(2 – nicht in derselben Zeit): Welches Mass an zusätzlicher Zeit und Betreuung kann den Leistungsschwächeren für remediales Lernen (verstanden als Kompensation von Leistungsdefiziten oder als Förderung bei vorhandenen defizitären Lernvoraussetzungen) zugestanden werden, ohne dass die leistungsstärkeren Schülerinnen und Schüler benachteiligt werden?

(3 – nicht alle gleichartig): Wenn die Wirkung der Methode von den individuellen Voraussetzungen der Lernenden abhängt, dann ist die Suche nach dem besten Unterrichtsform oder der besten Methode unergiebig (vgl. Hasselhorn & Gold, 2006, 255). Die Entwicklung tauglicher Praxismodelle verlangt deshalb, nach Möglichkeiten der Vereinbarkeit von Instruktion und Konstruktion, von Unterricht mit der Klasse und offenen Formen zu suchen (a.a.O. 232f.). Für beide Sichtweisen gibt es eine Fülle von „Beweisen" und Begründungen. Oft sind es

jedoch eher Behauptungen und Beschwörungen. Es ist deshalb wohl eine Kombination von vermittelndem Unterricht und selbstverantwortetem Lernen, die den heterogenen Voraussetzungen am ehesten gerecht wird (vgl. Grunder, 2009). Gesteht man langsamer Lernenden somit mehr Lernzeit und eine intensivere Begleitung zu, dann ist zu entscheiden, was mit den leistungsstärkeren Schülerinnen und Schülern während dieser Zeit geschieht und wie diese Herausforderung organisatorisch und methodisch zu bewerkstelligen ist. Förderung setzt immer auch Forderung voraus. Wenn der Fokus einseitig auf Schülerinnen und Schüler mit Lerndefiziten gesetzt würde, dann würden die anderen Schülerinnen und Schüler zu wenig gefordert. In diesem Fall würden „Robin-Hood-Effekte" in Kauf genommen, bei denen entweder ein „ausgleichendes Umverteilen der pädagogischen Bemühungen auf die Leistungsschwächeren" (a.a.O., 261) einkalkuliert würde oder die Leistungsanforderungen spürbar gesenkt würden.

3.2 Theoretische Hinweise zur handlungsleitenden Orientierung von Lehrpersonen (Theorien auf einer mittleren Abstraktionsebene)

Die folgenden Hinweise sind auf einer mittleren Abstraktionsebene formuliert worden. Ihre Bezüge zum praktischen Handeln sind offensichtlicher als dies bei grundlegenden Theorien der Fall ist. Unterschieden werden drei Bereiche. (1) Formen innerer Differenzierung verlangen eine flexible Organisation im Umgang mit verschiedenen Gruppen von Schülerinnen und Schülern. (2) Die Öffnung des Unterrichts für Anliegen der Binnendifferenzierung sollte didaktischen Gesetzmässigkeiten gehorchen. (3) Innerhalb dieser Rahmenbedingungen kann dann auf der Mikroebene auf unterschiedliche Weise pädagogisch und didaktisch gehandelt werden (Paradies & Linser, 2006; Rossbach & Wellenreuther, 2002, 52). Dazu werden Hinweise aus Einzelprojekten präsentiert.

3.2.1 Organisatorischer Rahmen für Differenzierungsmassnahmen durch Gruppenbildung

Nach Rossbach und Wellenreuther (2002, 50) werden in Studien, die sich mit innerer Differenzierung beschäftigt haben, auf der *Makroebene* einer Lerneinheit in der Regel zwei Phasen unterschieden:

Phase I: Unterricht mit der ganzen Klasse: Es dürfte sich dabei in der Regel um Lernphasen handeln, in denen neuer Stoff so erarbeitet wird, bis er sitzt. Sie können knapp oder auch länger ausfallen. Auch in dieser Phase besteht die Möglichkeit, bereits adaptiv zu arbeiten, indem auf Schülerinnen und Schüler mit besonderen Bedürfnissen speziell Rücksicht genommen wird. Vorherrschend ist *direkte Instruktion* durch die Lehrperson. Es handelt sich dabei um traditonellen Unterricht; aber „in guter Ausgestaltung" (Renkl, 2008, 121), d.h. methodisch variierten Unterricht mit der Klasse, der keineswegs mit einseitigem Frontalunterricht zu verwechseln ist. Typische Komponenten nach Renkl (2008, 122) sind:

- *Lernziele und Orientierung zu Beginn der Stunde.*
- *Wiederholung von Lernvoraussetzungen.*
- *Kleinschrittige Einführung neuen Stoffes mit jeweils unmittelbarer Übung:* Bei den ersten Übungen sind alle Schülerinnen und Schüler zu unterstützen, so dass möglichst alle eine hohe Erfolgsrate haben.
- Überprüfung des Verständnisses: Geeignet sind Verständnisfragen. Missverständnisse und Lücken sind sofort zu beheben.
- *Reichlich Übungsgelegenheiten:* Auch hier sollte überprüft werden, ob noch Fehler gemacht werden oder Missverständnisse vorhanden sind.
- *Verteiltes Üben und Rückschau:* Wissen sollte immer wieder angewandt werden.

Die letzten beiden Punkte können auch in Phasen selbstständigen Lernens in der Klasse übergeben.

Phase II: Selbstständiges Lernen in der Klasse: Es geschieht in Einzelarbeit oder in mehreren Subgruppen, die von der Lehrperson unterstützt und angeleitet werden. Es handelt sich dabei um offenen Unterricht mit aktiven Lehrpersonen, die ihre Schülerinnen und Schüler bei Bedarf betreuen.

Slavin (1987, 296) bezeichnet dieses Vorgehen als „group-paced mastery learning" (GPML). Auf der Basis eines formativen Tests werden die Schülerinnen und Schüler nach einer bestimmten Unterrichtseinheit von einer oder mehrerer Lektionen Dauer in „masters", die den Stoff beherrschen, und „nonmasters" eingeteilt, die noch Lücken zu schliessen oder generell noch Schwierigkeiten mit dem Lernstoff haben. Letztere erhalten remediale Unterstützung, während sich die schneller Lernenden mit herausfordernderen Angeboten („enrichment activities") beschäftigen können. Die Schülerinnen und Schüler mit grösseren Lernfortschritten können in dieser Phase auch als Tutoren eingesetzt werden. Die mittlere Effektstärke (ES) für dieses Vorgehen versprach mit ES = .65 deutliche Vorteile für die langsamer lernenden Schülerinnen und Schüler (a.a.O., 325). Der Wert für Lernende im mittleren Leistungsspektrum lag bei ES = .27, derjenige für die Leistungsstärkeren bei ES = .41. Damit dieses Vorgehen lernwirksam wird, sollten drei Kriterien erfüllt sein (a.a.O., 322):

(1) Das Gruppierungskonzept muss auf spezifische Inhalte und Fertigkeiten ausgerichtet sein, die der aktuelle Stoff verlangt. Eine Einteilung nach der generellen Leistungsfähigkeit, wie beispielsweise dem IQ, wäre nicht wirksam.

(2) Einteilungen müssen temporär flexibel gehandhabt werden können. Auch innerhalb eines Faches müssen Lernende bei neuen Inhalten je nach ihrem

aktuellen Lernstand die Gruppe wechseln können. Ansonsten würden negative Wirkungen auf das fachbezogene Selbstkonzept wahrscheinlich. Auch können auf diese Weise inadäquate Zuweisungen behoben werden. Dennoch dürfte eine gewisse Stabilität der Zuweisungen feststellbar sein (Huf, 2010).
(3) Die Lehrpersonen müssen das Lerntempo den jeweiligen Bedürfnissen der Lernenden anpassen können. Ihre Instruktion und ihre Betreuung müssen sie entsprechend differenzieren (Kulik & Kulik, 1992).

Die beiden Phasen sind verträglich mit der in der Erörterung zum ATI-Konzept erwähnten Notwendigkeit, instruktive- und offen gestaltete Unterrichtsphasen zu kombinieren. Konsequent zu Ende gedacht würde selbstständiges Lernen ansonsten auf eine weitgehende Individualisierung des Unterrichts hinauslaufen. Dies hätte zur Folge, dass gemeinsames Lernen unterbleiben würde. Der soziale Fähigkeitsbereich des Menschen würde in einem solchen Fall weitgehend ausgeblendet. Deshalb wird auch das Arbeiten in der heterogenen Klassengruppe bei individualpädagogischen Konzeptionen wie z.B. in der Montessoripädagogik nicht vernachlässigt (vgl. dazu Feige, 2005).

Vor allem in Phase II (Selbstständiges Lernen) sind Gruppierungen notwendig, in denen die Lernenden gemäss ihrem momentanen Lernstand auch selbstständig weiter lernen können. Grundsätzlich können *homogene* oder *heterogene* Subgruppen gebildet werden, die jeweils mit speziellen Betreuungsformen konfundiert sind (Rossbach & Wellenreuther, 2002, 50).

- Bei der *Bildung heterogener Gruppen* können die Lehrpersonen Schülerinnen und Schüler, die den Stoff bereits beherrschen, dazu anleiten und motivieren, den schwächeren Schülerinnen und Schülern zu helfen.
- Sind *homogene Gruppen* vorgesehen, können Lehrpersonen den im vorgängigen Klassenunterricht erarbeiteten Lernstoff in diesen Teilgruppen nochmals wiederholen. Sie können Gruppen bilden mit Schülerinnen und Schülern, die bei bestimmten Fragen noch grosse oder nur noch gewisse Lücken haben. Ihre Instruktion können sie dem Leistungsniveau der jeweiligen Subgruppe anpassen. Manchmal sind zusätzliche Erklärungen notwendig, manchmal ist es ausreichend, wenn die Schülerinnen und Schüler unter Anleitung ihr erworbenes Wissen selbstständig rekonstruieren (a.a.O., 50).

Durch die Bildung von Subgruppen ergeben sich zusätzliche Vorteile, indem soziale Aspekte der kognitiven Entwicklung gefördert werden und die Schülerinnen und Schüler kommunikative Fertigkeiten erwerben können. Diese Effekte sind jedoch in Frage gestellt, wenn Partner oder Gruppenmitglieder vollkommen frei gewählt werden können. Wahlen werden i. d. R. innerhalb bestehender sozialer Beziehungen getroffen und tragen kaum etwas zu einer besseren sozialen Integration bei. Eher werden bestehende Subgruppen und Hierarchien verfestigt (Johnson,

Johnson & Maruyama, 1983). Infolgedessen ist eine Steuerung der Einteilung in heterogene oder homogene Gruppen durch die Lehrperson zweckdienlich. Offen bleibt jedoch die Hauptfrage, ob es günstiger sei, eher homogene oder heterogene Gruppen zu bilden.

Ein erster Vergleich kann angestellt werden, wenn Effekte von Schulklassen mit homogener oder heterogene Gruppenbildung und Schulklassen ohne binnendifferenzierten Unterricht (Lou et al. 1996) untersucht werden. Eine Binnendifferenzierung mit homogenen Gruppen führte zu einer mittleren Effektgrösse von ES = 0.16. Für die Binnendifferenzierung mit heterogenen Gruppen wurde eine Effektgrösse von ES = 0.19 ermittelt. Die beiden Effekte sind sich somit nahezu identisch ausgefallen. Im Übrigen sind sie recht klein. Eine Gruppengrösse von 3-4 Schülerinnen und Schüler schien am effektivsten zu sein. In den Klassen 4-6 fielen die Effekte höher aus als auf der Sekundarstufe I. In den Klassen 1-3 wurden keine Effekte gefunden.

Mögliche Differenzen können auch untersucht werden, wenn Klassen, in denen leistungshomogenen oder leistungsheterogenen Gruppen gebildet worden sind, direkt miteinander verglichen werden. Dabei ergab sich mit ES = 0.12 eine leichte Überlegenheit für die Bildung homogener Subgruppen. Eine detaillierte Betrachtung ergab, dass sich in 13 Studien Vorteile für homogene Gruppen ergaben. Eine Studie zeitigte keinen Effekt. In sechs Studien waren heterogene den homogenen Gruppen überlegen. Vor allem beim Leseunterricht scheint eine Differenzierung mit homogener Gruppenbildung derjenigen mit heterogenen Subgruppen überlegen zu sein (a.a.O., 445). Die Kooperation beim Lesen ist wirksam, wenn Paare, 3er- oder höchstens 4er-Gruppen gebildet werden (Vaughn et al., 2003). Von heterogenen Subgruppen schienen vor allem schwächere Schülerinnen und Schüler zu profitieren. Nachteile hatten sie demgegenüber in homogenen Gruppen. Dieser Effekt für die schwächeren Schülerinnen und Schüler wurde auch in den späteren Studien von Meijnen und Guldemond (2002) sowie von Saleh, Lazonder und De Jong (2005) bestätigt. Von einer homogenen Binnendifferenzierung profitierten dagegen Schülerinnen und Schüler mit einem mittleren Leistungsniveau. Leistungsstärkere lernten in beiden Settings gleich viel. Bei schwächeren Schülerinnen und Schüler sinkt in homogenen Gruppen auch die Motivation. Bei mittleren und leistungsstärkeren Schülern stiegen dagegen die motivationalen Überzeugungen, wenn sie in homogenen Gruppen lernten (Saleh et al., 2005).

Die Ergebnisse sind somit nicht eindeutig. Weder die eine noch die andere Variante ist günstiger. Auch sind die durchschnittlichen Effektgrössen recht klein. Dies hängt damit zusammen, dass die Effekte innerhalb der Metaanalyse stark variieren. So wurden Studien mit mehr oder weniger grossen positiven Effekten gefunden, aber auch solche, die gleichermassen negativ ausgefallen sind. Dieser Befund lässt sich mit der bereits getroffenen Erklärungslinie verknüpfen, dass es nicht in erster Linie darum gehen kann, bestimmte organisatorische Massnahmen zu treffen wie die Bildung homogener oder heterogener Gruppen. Zentral ist, wie die Lehrperson mit diesen Gruppen auf der Mikroebene didaktisch und pädagogisch umgeht, d.h.: wie sie ihren Einfluss und ihre Materialien auf die Bedürfnisse der jeweiligen Gruppen abstimmen kann.

Effekte, die für homogenen Gruppen berichtet werden, deuten Rossbach und Wellenreuther (2002, 51) deshalb wie folgt: Der entscheidende Faktor sei nicht die Homogenisierung an sich. Er bestehe eher in dem zusätzlichen Rekonstruieren und Erklären in kleineren Gruppen unter Anleitung der Lehrperson. Entscheidend für die didaktische Wirksamkeit wäre dann nicht, ob die spezifische Förderung in homogenen oder heterogenen Gruppen erfolge, sondern die dahinter stehende, nochmalige lehrergestützte Behandlung, die Wiederholung und Vertiefung von Unterrichtsinhalten. Wenn Kinder und Jugendliche zudem an den gleichen Aufgaben arbeiten können, ist das helfende Kind beim Erklären nicht gezwungen, seine Arbeit dauernd zu unterbrechen (Huf, 2010). Der Grad an Wechselseitigkeit ist höher.

Ähnliches lässt sich für die Prozesse behaupten, die sich in heterogenen Gruppen einstellen. Ihre Wirksamkeit ist mit derjenigen von homogenen Gruppen wie erwähnt vergleichbar. Das entscheidende Element scheinen hier die zusätzlichen Erklär- und Konstruktionsbemühungen durch die Schülerinnen und Schüler in kleinen Gruppen zu sein, die von der Lehrperson zur Kooperation angeleitet werden. Bei der gemeinsamen Arbeit an einem Unterrichtsgegenstand können schwächere Schülerinnen und Schüler von den leistungsstärkeren profitieren. Sie sollten deshalb explizit dazu aufgefordert werden, sich immer dann um Hilfe zu bemühen, wenn sie alleine nicht mehr weiterkommen (Bohl & Kuchartz, 2010, 130). Helfende Schülerinnen und Schüler profitieren aber auch für sich selbst, indem sie durch das Geben von Erklärungen und das Aufspüren von Lernproblemen bei den schwächeren Schülerinnen und Schülern, den Lerngegenstand für sich noch einmal erschliessen und rekapitulieren müssen (Rossbach & Wellenreuther, 2002, 52). Günstigenfalls können auf der einen Seite eine Angleichung der Lernstände entstehen und zugleich eine Win-Win-Situation, weil die Tutoren eine lehrende Tätigkeit ausüben. Zentral ist, dass den Tutoren diese Vorteile erläutert werden. Dies kann dadurch geschehen, dass durch die Einführung von Helfersystemen eine Kultur gegenseitiger Unterstützung entsteht. Innerhalb eines Themenbereichs können Ansprechpartner oder Experten bezeichnet werden (Bohl & Kuchartz, 2010).

> Beispielsweise stehen die zu lösenden Aufgaben an der Tafel. Wer eine Frage hat, heftet sein Namensschild daneben. Damit werden unnötige Suchbewegungen minimiert. Bei jüngeren Kindern hat sich die folgende Verfahrensweise bewährt: Kinder, die nicht mehr weiter kommen, auch nachdem sie Mitschülerinnen und Mitschüler gefragt haben, heften ein magnetisches Kärtchen in ein rotes, wer der Lehrperson lediglich etwas zeigen möchte, in ein grünes Quadrat. Ihre Hilfe kann sie somit nach Relevanz und Dringlichkeit ausrichten. Kinder, die sich im grünen Quadrat eintragen, lösen eine weitere Aufgabe, bevor sich die Lehrperson ihnen zuwendet.

Solche Verfahrensweisen können die Gefahr der Bildung überlanger „Warteschlangen", die in individualisierten Lernphasen notwendigerweise vorkommen, mildern (Dorow, Breidenstein, Menzel & Rademacher, 2012). Die Qualität von entlastenden Helferdialogen kann sich an der Forschung zum Tutoring orientieren. Fünf Schritte haben sich als erfolgreich herausgestellt (O'Donnel, 2006, 788):

1. Der Tutorhelfer stellt eine Frage zum Problem, das der Tutee hat („Wo hast du die Null multipliziert?").
2. Tutee antwortet („Hier bei der zweithintersten Zahl").
3. Tutor gibt zur Antwort ein Feedback („ja, bei der Zweithintersten").
4. Gemeinsam wird die Qualität der Antwort verbessert oder verfeinert („Wo hast du das Resultat hingeschrieben?")
5. Der Tutor vergewissert sich, ob die Lösung verstanden worden ist („Siehst du, was wir herausgefunden haben?")

Wichtig ist, dass beide Fragen stellen können und dass Ergebnisse nicht einfach abgeschrieben werden.

Gewisse Besonderheiten sind auch beim Lesetutoring zu beachten, wo Schülerinnen und Schüler, die beim Lesen Schwierigkeiten haben, von Stärkeren unterstützt werden können. Dies kann wie folgt geschehen:

- Der stärkere Schüler liest einen Abschnitt vor. Der schwächere liest anschliessend denselben Abschnitt. Manchmal können auch Abschnitte gemeinsam gelesen und dann vom schwächeren nochmals wiederholt werden. Eine elaborierte Variante dieses wechselseitigen Lesens findet man bei Rosebrock, Nix, Rieckmann und Gold (2011).
- Schüler, die beim Lesen Schwierigkeiten haben, können jüngere Kinder beim Lesen unterstützen.
- Nach den obigen Regeln zum Tutoring können auch Verständnisfragen zu zweit beantwortet werden.

Diese Empfehlungen stützen sich auf die Metaanalyse von Elbaum, Vaugh, Huges und Moody (1999). Die Studie erbrachte folgende Resultate: Wenn relativ schwache Leserinnen und Leser jüngere Kinder beim Lesen unterstützen (crossage tutoring), dann profitieren sie als Tutoren selbst, die jüngeren Kinder jedoch nicht. Es entsteht keine Win-Win-Situation. Jüngere Kinder hatten jedoch auch keine Nachteile in Kauf zu nehmen. Dennoch stellt sich die Frage nach der Angemessenheit dieser Massnahme, wenn über eine längere Zeitspanne nur ein Partner profitiert. Daneben können jedoch auch soziale Effekte eintreten, die sehr erwünscht sind, etwa wenn Ältere gegenüber Jüngeren Verantwortung übernehmen und eine positive Beziehung zwischen älteren und jüngeren Schülerinnen und Schülern gefördert werden kann. Beim Lesetutoring zwischen Gleichaltrigen (peer tutoring) profitieren hingegen diejenigen, die von einem Mitschüler/einer Mitschülerin in der Rolle als Tutor betreut werden. Im Gegensatz zu anderen Fächern, und zum cross-age tutoring waren es die Tutoren, die im Vergleich zu einer Vergleichspopulation jedoch keine Leistungsvorteile erzielten. Wirkungen wechselseitigen Tutorings (Rollenwechsel als Tutor und Tutee) sind beim Lesen generell gering ausgefallen.

Wenn für Schülerinnen und Schüler mit deutlichen Defiziten Tutoringmassnahmen getroffen werden, dann sind gleichzeitig diejenigen zu beschäftigen, die davon ausgenommen sind. Damit erhöht sich der Planungs- und Betreuungsaufwand, wenn im Sinne einer inneren Differenzierung auch für diese Gruppen herausfordernde Lernaufgaben bereitgestellt werden sollen.

3.2.2 Hinweise zur Kombination von Lernphasen mit der Klasse und selbstgesteuertem Unterricht

Aus den vorangehenden Überlegungen geht hervor, dass Differenzierungsmassnahmen auf der *Makroebene* durch einen Wechsel des organisatorischen Rahmens zwischen Klassen- und offenem Unterricht in homogenen oder heterogenen Gruppen in die Tat umgesetzt werden können. Im Folgenden wird näher auf didaktische Problemfragen eingegangen, die bei einem Wechsel des organisatorischen Rahmens zu beachten sind. Vor allem Rossbach und Wellenreuther (2002, 49f.) bemängeln, dass aus den jeweiligen Untersuchungen nicht hervorgehe, ob der organisatorische Wechsel zwischen dem Unterricht mit der ganzen Klassen und selbstständigen Phasen auch auf bestimmte Lern- oder Unterrichtsschritte abzustimmen sei. Auch Bohl (2009) weist darauf hin, dass die Strukturierung der Aufgaben organisatorisch zwar gelinge. Gleichzeitig bemängelt er jedoch das Fehlen inhaltlicher Strukturierungsmassnahmen, die entscheidend seien für eine lernförderliche Tiefenstruktur des Lernens. Diese Forderung ist nicht neueren Datums. Bereits im Orientierungsrahmen zur Unterrichtsdifferenzierung, den Klafki und Stöcker (1985) entwickelt hatten, waren Differenzierungsaspekte explizit mit aufeinanderfolgenden Lernphasen kombiniert worden. Dies würde bedeuten, dass die Aufeinanderfolge der beiden organisatorischen Phasen auf den methodischen Gang des Unterrichts abzustimmen wäre. Diese Abstimmung hängt zum einen mit dem Lernverständnis zusammen, das dem Lernprozess zugrunde liegt.

> Beispiel 1: Geht es beispielsweise darum, Vorstellungen von Bruchzahlen zu entwickeln, wird die Lehrkraft den Lehrgang systematisch aufbauen. Mit Kreismodellen können Teile und das Ganze dargestellt werden. Man kann die verschiedenen Lösungen vergleichen und tabellarisch dokumentieren und dann weiter zu Rechentrainings übergehen.

> Beispiel 2: Können die Schülerinnen und Schüler hingegen Texte, zu denen sie Fragen beantworten sollen, selbst auswählen, dann geht es darum, bestehende Lesefertigkeiten weiter zu entwickeln. Eine einleitende Sequenz, die an bekannte Lesestrategien erinnert, mag als lehrergesteuerte Sequenz ausreichend sein. Anschliessend ist es möglich, Texte nach Interesse und Schwierigkeitsgrad auszuwählen, selbstständig zu bearbeiten und bei Bedarf Hilfen in Anspruch zu nehmen.

Im ersten Fall handelt es sich um einen Fall von vertikalem, im zweiten Fall, beim Lesen um ein Beispiel für horizontalen Lerntransfer. Die Beispiele verdeutlichen, dass die Form des Lerntransfers Einfluss darauf hat, wie offene und lehrergesteuerte Phasen miteinander kombiniert werden können. Im Folgenden werden die beiden Konzepte erläutert.

Kombinationen beim vertikalen Lerntransfer
Der vertikale Lerntransfer setzt einen systematischen Aufbau des Lernens voraus. Dieser Lernlogik sind auch gängige didaktische Artikulationsmodelle verpflichtet. Für die Planung des Unterrichts können infolgedessen die folgenden Leitfragen hilfreich sein:
1. Welcher Art von Lerntransfer entspricht das Lernziel?
2. Wie werden die Lernphasen aufgebaut?
3. Wann sind direkt gesteuerte, wann offene Lernphasen passend?

Zur Beantwortung von *Frage 1* ist es notwendig, zu wissen, was unter vertikalem Lerntransfer verstanden wird. Systematische Lernphasen sind notwendig, wenn es sich um den Erwerb intelligenten Wissens handelt (s. oben Beispiel 1). Darunter versteht man ein wohl organisiertes, disziplinär, interdisziplinär und lebenspraktisch vernetztes System von Fähigkeiten, Fertigkeiten, Kenntnissen und metakognitiven Kompetenzen (vgl. Weinert, 2001b). Voraussetzung dafür ist ein Lernen, das sachlogisch, systematisch und inhaltsbezogen aufgebaut ist und das grundlegende Kenntnislücken, Verständnisdefizite und falsche Wissenselemente vermeidet. Die zweckmässigste Unterrichtsform dafür ist die *direkte Instruktion*. Sie wird von den Lehrpersonen strukturiert, aktiviert aber auch die Schülerinnen und Schüler durch geeignete methodische Arrangements. Der kognitive Mechanismus dieser Lernform ist der erwähnte *vertikale Lerntransfer*. Das Wissen wird in einem systematischen, verständnisorientierten Unterricht wie in Abb. 3-3 vertikal aufbauend erworben.

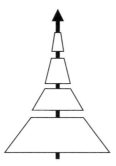

Abb. 3-3: Aufbau von Lernphasen beim vertikalen Lerntransfer als sachlogischer Aufbau.

Frage 2 meint, dass die Lehrperson den Unterricht nach dem Verständnis des vertikalen Lerntransfers in aufeinanderfolgenden, sinnvollen Phasen zu gliedern habe. Mit der Formulierung von sogenannten Artikulationsmodellen hat die Allgemeine Didaktik seit Herbart (1776-1841) eine Tradition weiter entwickelt, die von ihr geradezu als klassisches Instrument der Unterrichtplanung begriffen, aber auch immer wieder kritisch hinterfragt worden ist. Als Formalstufen wurden allgemeine Regeln formuliert, die beim Unterrichten zu beachten seien.
Breite Wirkung hatten etwa das Lernmodell von Roth (1968) mit den Stufen der „Motivation", der „Schwierigkeit", der „Lösung", des „Tuns" und des „Ausführens", oder die Formalstufen von Aebli (1961): „Problemlösender Aufbau", „Durcharbeiten", „Üben" und „Anwenden" (PADUA). Solche Vorstellungen können als allgemeinpsychologische Modelle, wie Lernen stattfindet, verstanden werden. Die erwähnten Phasen sind auf den ersten Blick durchaus plausibel. Besitzen sie auch eine empirische Basis? Zur Grundlegung der Prozessschritte wird im Folgenden ein empirisch fundiertes Phasenmodell des Fertigkeitserwerbs vorgestellt, das neueren Datums ist, aber dennoch Parallelen zu den genannten Konzepten aufweist. Die folgenden Erläuterungen der Vorstellungen von Ackermann (1988) orientieren sich an Brunner (2005), der dazu detaillierte Angaben geliefert hat. Ackermann (1988) geht davon aus, dass der Fertigkeitserwerb beim Lernen in drei Phasen verläuft.

• In der kognitiven Phase sind Gedächtnisprozesse und insbesondere logisches Denken notwendig. Die Bearbeitung von Aufgaben in dieser Phase ist noch langsam und fehleranfällig. Die gesamte Aufmerksamkeit eines Lerners ist notwendig, um die Aufgabe zu verstehen und auszuführen. Die Aufgabeninstruktion und die Ziele müssen verstanden und Strategien müssen ausgewählt werden. In dieser Phase werden hohe Anforderungen an die Aufmerksamkeitskontrolle und das Arbeitsgedächtnis gestellt.

• Sobald Lernende eine adäquate mentale Repräsentation der Aufgabe gebildet haben, geht der Prozess in die assoziative Phase über. Während der assoziativen Phase fügen Lernende kognitive und psychomotorische Prozesse, die zur Aufgabenbearbeitung notwendig sind, zusammen (Kompilierung). Das Vorgehen wird prozeduralisiert. Gleichzeitig wird die assoziative Verbindung zwischen Bedingungen, die die Handlungen erlauben und den konkreten Handlungen fester. Mit zunehmender Übung erhöhen sich die Bearbeitungsgeschwindigkeit und die Akkuratheit der Bearbeitung. Allmählich reduzieren sich die Anforderungen an die Aufmerksamkeitskontrolle und an das Arbeitsgedächtnis.

• In der autonomen Phase ist die Aufgabenbearbeitung weitestgehend automatisiert und kann so ohne große Aufmerksamkeitsanforderungen ausgeführt werden. Während dieser Phase wird die zu lernende Fertigkeit internalisiert, sodass bei der Präsentation des Stimulus die Antwort ohne bewusste Kontrolle des Lernenden abgerufen werden kann.

Dieses Dreiphasenmodell gilt für Aufgaben mit konsistenten Anforderungen. Zentrales Ergebnis ist, dass Personen beim Bearbeiten von Aufgaben zuerst viel Aufmerksamkeit aufwenden müssen und mit zunehmender Übung schneller und genauer werden. Jedoch ist die so verstandene Automatisierung bei sehr unterschiedlichen Aufgabenanforderungen nicht mehr möglich. In diesen Fällen besteht wiederum eine relativ hohe Belastung im Arbeitsgedächtnis. (Diese Gefahr besteht beispielsweise, wenn in offenen Unterrichtsphasen unterschiedlich anspruchsvolle Aufgaben unsystematisch ausgewählt werden können.) Es leuchtet ein, dass Lernende in Phasen, die für das Arbeitsgedächtnis belastender sind, nicht einfach sich selbst überlassen werden können. Auch benötigen Lernende, die in der assoziativen Phase noch Schwierigkeiten haben, kompensatorische Unterstützung. Bei Kindern und Jugendlichen spielen dabei anlagebedingte Merkmale wie Intelligenz und Begabung eine grössere Rolle als bei Erwachsenen. Die Kapazität des Arbeitsgedächtnisses korreliert bei ihnen stärker mit allgemeinen kognitiven Fähigkeiten. Erwachsene können dagegen vermehrt auf bereits vorhandene Erfahrungen zurückgreifen.

Didaktische Phasenmodelle unterscheiden sich von den Vorstellungen, wie sie Ackermann (1988) entwickelt hat, durch ihren heuristischen Charakter (s. unten). Sie erheben ebenfalls den Anspruch, aufeinanderfolgende, funktional unterschiedliche Phasen schlüssig miteinander zu verknüpfen. Bezeichnend ist, dass auch sie von Anfangsphasen ausgehen, die ein hohes Mass an Aufmerksamkeit verlangen. Lehrerseitige Stützmassnahmen werden deshalb als erforderlich angesehen. Daran anschliessend werden ebenfalls mehr oder weniger angeleitete

Übungssequenzen empfohlen, die im günstigsten Fall in eine autonome Beherrschung der erlernten Fertigkeiten übergehen. Im Folgenden soll nun gezeigt werden, dass diesen Artikulationsmodellen entnommen werden kann, in welchen
Phasen des Lernprozesses eher selbstständig gelernt werden kann und wo in der
assoziativen Phase direkte Unterstützung notwendig ist.

Für den organisatorischen Wechsel zwischen dem Unterricht mit der Klasse und
offenen Phasen, der in *Frage 3* angesprochen wird, lassen sich aus diesen Überlegungen grundsätzliche Schlussfolgerungen ziehen. Aufgrund der grösseren Feh-
leranfälligkeit und der höheren Belastung an die kognitive Verarbeitung dürfte
es zweckmässig sein, in den ersten Phasen direkten Unterricht mit der Klasse zu
bevorzugen. Für den Erwerb von Grundwissen kann die traditionelle Form von
Unterricht mit der Lehrperson als Vermittlerin von Wissen und Kenntnissen
nach wie vor als erfolgreich angesehen werden (Reinmann & Mandl, 2006). Dieser wird nun keinesfalls als direktiver Frontalunterricht verstanden, sondern als
methodisch variierte Aktivitätssteuerung im Unterricht mit der Klasse (s. unten
Artikulation von Alton-Lee, 2006). Im Folgenden werden gängige Artikulations-
schemata aufgeführt. Grau gerastert werden Schritte, in denen organisatorische
Phasen direkten Unterrichts in selbst gesteuerte Organisationsphasen übergehen
können.

Einleitend wird das Schema der Artikulation nach Alton-Lee (2006) dargestellt.
Den didaktischen Funktionen hat die Autorin passende methodische Massnahmen zugeordnet. Damit ist ersichtlich, dass es sich beim direkten Unterricht nicht
um einseitigen Frontalunterricht handelt. Die ersten drei Phasen sind mit den
Grundannahmen von Ackermann vergleichbar. Bei den beiden Folgephasen handelt sich um differenzierte Schritte zur Prüfung des Gelernten. Zusammen mit
den didaktischen Funktionen machen die methodischen Massnahmen deutlich,
dass jeweils genau geklärt werden muss, inwieweit diese Vorkehrungen mit der
ganzen Klasse oder im offenen Unterricht durchgeführt werden können.

Tab. 3-1: Artikulationsschema mit zugeordneten methodischen Massnahmen (Alton-Lee, 2006).

Prozessstruktur	Passende methodische Massnahmen	
1. Informationserwerb	• Demonstrationen • Erfahrungen im Feld • Brainstorming • Lehrer-Schüler-Diskussion • Erklärungen der Lehrperson • Schüler in Interaktion mit Diagrammen, visuellen Quellen, Texten, Gegenständen, Internet • Informanten/Erzählungen • Dialoge • Schülerfragen nutzen, um Schüler darauf aufmerksam zu machen, was sie wissen bzw. noch nicht wissen und noch wissen sollten • Verfahrensweisen für Schüler, nach Antworten zu suchen	
2. Assoziative Verknüpfungen herstellen	Alle obigen Massnahmen, insbesondere: • Brainstorming • Lehrer-Schüler-Diskussion in Bezug auf vorhandene Erfahrungen und Wissen im thematischen Feld • Interaktion zwischen den Schülern • Visuelle, textliche, mündliche, handlungsmässige Repräsentationen/Interpretationen der Schülerinnen und Schüler	
3. Inhalte vertiefen (elaborieren)	• Lehrer-Schüler-Diskussion (passende Beispiele, Klärungen nicht angemessener Beispiele) • Individuelle- oder Gruppenarbeiten • Visuelle, textliche, mündliche, handlungsmässige Repräsentationen/Interpretationen der Schülerinnen und Schüler • Interaktion zwischen den Schülern	
4. Kontrolle struktureller Zusammenhänge / Überprüfbarkeit der Information	Klima für kritisches Denken herstellen: • Lehrer ist Modell für kritisches Denken • Lehrer-Schüler-Diskussion • Schülergespräche untereinander (argumentieren und debattieren) • Erworbene Fertigkeiten prüfen	
5. Metakognitive Bewusstheit des neu erworbenen Wissens erlangen	• Durch Lehrperson modelliertes lautes Denken • Schülerfragen nutzen, um Schüler darauf aufmerksam zu machen, was sie wissen bzw. noch nicht wissen • Aufgaben anhand derer Schüler ihr Verständnis des Lehrstoffes transparent machen können • Strukturierte Reflexion mittels Aufgaben und Dialogen • Überlegungen zu Prüfungen	

Die letzte Kolonne zeigt an, an welchen Stellen in eine offene, selbstständige Organisationsform gewechselt werden kann. Es handelt sich dabei um Plausibilitätsannahmen. Eine hälftige Schattierung deutet an, dass einzelne Aktivitäten auch im Klassenunterricht stattfinden könnten.

In den ersten beiden Spalten von Tab. 3-2 sind zwei allgemeine Funktionsmodelle I und II aufgeführt, die für offenen Unterricht anschlussfähig sind. Ihre Grundannahmen werden dann durch spezifisch fachdidaktische Erfordernisse ergänzt.

Tab. 3-2: Allgemeine und fachdidaktische Artikulationsmodelle zur Kombination von Unterricht mit der Klasse und offenen Formen.

Allgemeines Funktionsmodell I (vgl. Helmke, 2007)	Allgemeines Funktionsmodell II (vgl. Klingberg, 1995; Klippert, 2001)	Variante für den fremdsprachlichen Unterricht	Variante für den Mathematikunterricht
1. Ausgangsorientierung: Information über Unterrichtsziele / Prüfung Lernvoraussetzungen / Aktivierung Vorwissen	1. Vorwissen Vorsteinstellungen aktivieren	1. Ausgangsorientierung: Information über Unterrichtsziele / Prüfung Lernvoraussetzungen / Aktivierung Vorwissen	1. Ausgangsorientierung: Information über Unterrichtsziele / Prüfung Lernvoraussetzungen / Aktivierung Vorwissen
2. Darstellende Präsentation	2. Neue Kenntnisse Verfahrensweisen erarbeiten	2. Sprachlicher Input / Erste imitative Anwendung	2. Aktiv entdeckende, problemorientierte Auseinandersetzung mit dem Lernstoff und Präsentation der Überlegungen
3. Angeleitete Übung und Verstehensprüfung	3. Konsolidieren	3. Bewusstmachen und Internalisierung der Information durch angeleitetes Üben	3. Angeleitete Übung und Verstehensprüfung
4. Selbstständiges Üben	4. Komplexere Anwendungs- und Transferaufgaben	4. Aktivierung und Internalisierung durch selbstständiges Üben	4. Produktives Üben
5. Evaluieren	5. Kontrolle	5. Aktivierung durch kommunikative Aufgabe und sprachlichen Output	5. Evaluieren
		6. Evaluieren	
	Anmerkung: Das Modell von Klippert wurde durch die Konsolidierungs- und Kontrollphase erweitert.	Anmerkung: Phasen 2 – 4 können mehrmals durchlaufen werden, bevor zu Phase 5 gewechselt wird.	Anmerkung: Aktiv-entdeckende Methoden orientieren sich an Wittmann (1998). „Natürliche Differenzierung" ist danach im Klassen- und im offenen Unterricht möglich.

In der schmalen Kolonne rechts neben den Konzepten ist wiederum vermerkt, in welchen Phasen der Unterricht schwerpunktmässig offen-selbst gesteuert organisiert werden kann. Wenn nicht die Gesamtbreite gerastert ist, bedeutet dies wiederum, dass ein Teil der Aktivitäten auch mit der Klasse durchgeführt werden kann.

Artikulationsmodelle unterscheiden in der Regel nicht zwischen der Rolle der Lehrperson und derjenigen der Schülerinnen und Schüler. In den folgenden beiden Modellen (SAMBA und KAFKA, vgl. Reusser 1999) wird diese Forderung eingelöst.

Tab. 3-3: Artikulation nach Reusser (1999) und Opportunitäten für offenen Unterricht.

Lehrperson	Schüler
S Situieren • Lernumgebung schaffen • Konstruktion von Lernaufgaben • Ziel bestimmen	**K** Kontakt herstellen • Ein Problem erfahren • Konfrontation mit einem Gegenstand
A Anstossen • Vorwissen aktivieren • Aufmerksamkeit wecken • Motivieren	**A** Aufbauen • Strukturbildung / Konstruktion • Wissens- und Könnensaufbau • Verstehen, verknüpfen
M Modellieren • Vorzeigen / Modellieren • Strukturbildung initiieren	**F** Flexibilisieren • Vernetzen, Vertiefen • Durcharbeiten • Vorwissen integrieren • Systembildung
B Begleiten / Beraten • Unterstützung, adaptive Hilfe • Coaching, Scaffolding • Lernberatung	**K** Konsolidieren • Einüben, Einprägen • Festigen, Wiederholen
A Auswerten • Artikulation von Lernergebnissen • Erfolge auswerten, Defizite feststellen • Arbeitsrückschau	**A** Anwenden • Transfer, Lernübertragung • Wissensnutzung • Ausführung

Die Begleit-, bzw. Konsolidierungsphase ist wohl am ehesten für offene Organisationsformen geeignet. Denkbar wäre auch, dass Schülerinnen und Schüler, die noch Probleme haben (sog. nonmasters), während der Konsolidierungsphase von der Lehrperson erneut modellhafte Impulse erhalten, damit auch bei ihnen Strukturbildungsprozesse gesichert werden können. Transfer- und Ausführungsaufgaben können je nach Lernstand im Klassen- oder offenen Unterricht gelöst werden. Andere Autoren streichen heraus, dass diese Steuerungsmassnahmen nicht ausreichend sind. So gibt es beispielsweise Überlegungen, Abfolgen nach spezifischen inhaltlichen Anforderungen zu orchestrieren (Oser & Baeriswyl, 2001). Planungsüberlegungen, wie sie in den Artikulationsmodellen, angestossen werden, können auf der Mikroebene im Übrigen auch durch unterschiedliche „Linienführungen"(vgl. Meyer 2007, 207ff.) strukturiert werden, wie beispielsweise ein Vorgehen, das sich vom Konkreten zum Abstrakten hinbewegt, vom Einfachen zum Komplizierten oder von Induktiven zum Deduktiven. Lehrpersonen lassen sich möglicherweise von solchen stoffbezogenen Erfordernissen eher leiten als von generellen Artikulationsschritten. Die Orientierung an Linienführungen kann für die Bestimmung offener Phasen allerdings eine nicht geringe Herausforderung darstellen. Ein Vorgehen, das beispielsweise vom Konkreten zum Abstrakten oder vom Einfachen zum Komplizierten verläuft, erschwert die Fundierung offener Phasen. Man kann beispielsweise nur schwer argumentieren: Einfache, konkrete Probleme werden zu Beginn im Klassenunterricht gelöst, anschliessend können die Schülerinnen und Schüler die nachfolgenden Abstrahierungsaufgaben selbstständig bewältigen. Man wird somit nicht darum herumkommen, Phasen weitgehender Selbststeuerung auf der Basis plausibler Lernschritte, wie dies oben vorgeschlagen worden ist, einzuplanen. Gesamthaft gesehen wird die Sequenzierung von Lernphasen im direkten Unterricht und offenen Übungsphasen im Einzelfall immer wieder Probleme bereiten (Merkens 2010, 101).

Wiederholtes Konsolidieren: Trainings als Spezialfall des Übens

Bestimmte Lerninhalte, die bereits einmal systematisch durchgenommen worden sind, müssen oftmals erneut trainiert werden. Es handelt sich dabei um „Beherrschen von Welt" (vgl. Kratochwil, 1992), d.h. im Zentrum stehen Kompetenzen und Fertigkeiten, die im Alltag immer wieder gefordert sind. Man kann dabei von zeitlich versetzten Konsolidierungsphasen für Lernstoff ausgehen, der zwar behandelt worden ist, aber nicht von allen Schülerinnen und Schüler in der geforderten Weise beherrscht wird. Dies kann z.B. Anforderungen der Orthographie betreffen oder bestimmte Verfahren beim Rechnen, etwa das Einmaleins oder Operationen beim Prozentrechnen. Abb. 3-4 veranschaulicht das schematische Vorgehen.

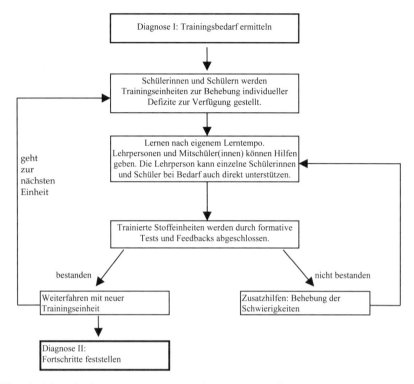

Abb. 3-4: Schema für den Einsatz von Trainingseinheiten im Unterricht.

Gemäss Abb. 3-4 ist folgendes Vorgehen empfehlenswert. Durch diagnostische Tests wird für jede Schülerin und jeden Schüler der individuelle Trainingsbedarf festgelegt. Bei Lernenden mit umfangreichen Defiziten wird man nicht umhin kommen, Prioritäten zu setzen. Dies dürfte vor allem die Fächer Deutsch und Mathematik betreffen. Der Stoff wird in übersichtliche Einheiten aufgeteilt, schriftlich vorbereitet, mit Fragen und Aufgaben versehen, die einzeln oder in kleineren Gruppen bearbeitet werden können. Ein Training in Orthographie kann z.B. Einheiten über Gross- und Kleinschreibung, Dehnungen Schärfungen, Hart – Weich (tz, ck) oder auch über ähnliche Wörter (das/dass, viel/fiel) enthalten. Es gibt zahlreiche kleine Tests, die erfüllt werden müssen, bevor eine neue Lerneinheit in Angriff genommen werden kann. Zum Beispiel muss die Gross- und Kleinschreibung sitzen, bevor zu den Schärfungen gewechselt wird. Zu beachten ist, dass für bestimmte Inhaltsbereiche inzwischen ausgearbeitete Programme existieren, die online zur Verfügung stehen und ausgewertet oder auch als Trainingsmaterialien angeschafft werden können (s. Kap. 4). Die erbrachten Leistungen sollten über

Verfahren der Selbstkontrolle laufend überprüft werden können. Am Schluss sollte ein Test absolviert werden, der Rückmeldung gibt, ob Lernfortschritte tatsächlich erreicht worden sind.

Schulfachliche Fähigkeiten lassen sich durch solche Trainings verbessern, wenn die Massnahmen der Lehrpersonen wie oben dargestellt strategisch ausgerichtet sind. Sie sollten häufiges Feedback beinhalten, gut strukturiert und übungsbetont durchgeführt werden (Klieme & Warwas, 2011, 808). Entsprechende Übungsgelegenheiten wären im Stundenplan zu organisieren. Schülerinnen und Schüler mit wenig Trainingsbedarf können sich in diesen Zeitgefässen anspruchsvolleren Aufgaben zuwenden.

Kombinationen beim horizontalen Lerntransfer

Der horizontale Lerntransfer wird an dieser Stelle als Abgrenzung zum vertikalen Lerntransfer aufgeführt. Seine didaktischen Konsequenzen werden in Kap. 9 erläutert.

Bei Inhalten, für die der horizontale Lerntransfer geeignet ist, handelt es sich um Weiterlernen im gleichen Inhaltsgebiet und um das persönliche Aneignen von subjektiv als relevant erachtetem Wissen. Das Erlernen damit einhergehender lebenspraktischer Recherchen oder der Einsatz variabler Übungs- und Anwendungsaufgaben in sinnvollen Kontexten erfolgen meist situiert. Es geht darum, intelligentes Wissen, das bereits erworben worden ist, nunmehr flexibel zu nutzen und weiter zu entwickeln. Wenn man weiss, was ein Säugetier auszeichnet und wie man eine entsprechende Dokumentation zusammenstellt, dann kann dieses Wissen für andere Aufgaben genutzt werden, ohne dass eine systematische Heranführung notwendig wird. Ein Coaching durch die Lehrperson ist in solchen Fällen ausreichend. Den kognitiven Mechanismus für dieses Lernen bezeichnet (Weinert, 2001b) als *horizontalen Lerntransfer*. Gelerntes wird in verschiedenen Anwendungssituationen flexibel genutzt.

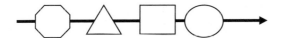

Abb. 3-5: Nutzen bestehenden Wissens in unterschiedlichen Anwendungssituationen beim horizontalen Lerntransfer.

Es geht darum, im Rahmen der Profilbildung eigenes Können unter Beweis zu stellen oder lernend eigene Interessen zu verfolgen. Durch den horizontalen Lerntransfer lassen sich infolgedessen bestehende Kompetenzen weiter entwickeln. Die relevanten Leistungen werden im Wesentlichen in Anforderungssituationen, bzw. durch situiertes Lernen erbracht. Damit erhöht sich die Wahrscheinlichkeit, dass sie in künftigen lebenspraktischen Kontexten weiterhin angewendet werden. Geeignete Unterrichtsformen sind Projektarbeit, Gruppenarbeiten, lebenspraktische Recherchen, gestalterische Aktivitäten, originelle Übungs- und Anwendungsaufgaben.

Für die Abfolge zwischen Klassen- und Planunterricht mag es beim horizontalen Lerntransfer in der Regel ausreichen, die Aufmerksamkeit der Lernenden in der kognitiven Phase (vgl. obiges Konzept von Ackermann) gemeinsam zu unterstützen. Diese Massnahmen gestatten es, die Aufgabe besser zu verstehen und auszuführen. In der assoziativen Phase kann man sich dann mit punktuellen Hilfen begnügen. Insofern ist es ausreichend, eine einführende Phase zu planen und dann die Schülerinnen und Schüler aufgrund ihrer Voraussetzungen in einer offenen Lernumgebung selbstständig weiter lernen zu lassen.

Die Wirksamkeit von Differenzierungspraktiken kann somit auch davon abhängen, wie die notwendigen Lernschritte und passende offene Planphasen miteinander kombiniert werden. Dabei ist in Rechnung zu stellen, dass nicht in jedem Fall eindeutig festzulegen ist, ob es sich bei einem Lernziel um vertikales oder horizontales Lernen handelt. Denkbar sind auch Mischformen. Im Weiteren kann auch die Lehrperson selbst festlegen, mit welchem übergeordneten Lernkonzept sie den jeweiligen Gegenstand erarbeiten lassen möchte.

Beispiel für festgelegte Lerntransfers:	
Multiplikation und Division natürlicher Zahlen:	vertikaler Lerntransfer
Bedingungssätze im Fremdsprachenunterricht:	vertikaler Lerntransfer
Verschiedene Lesestrategien anwenden können:	vertikaler und horizontaler Lerntransfer
Kurzgeschichten verfassen	horizontaler Lerntransfer

Ist der Lerntransfer bestimmt, kann man die Aufgaben unterschiedlichen Phasen zuordnen und auch die selbstgesteuerten Anteile festlegen.

3.2.3 Einzelstudien über adaptive Massnahmen im Unterricht

Konkretes pädagogisch-didaktisches Handeln der Lehrpersonen scheint sich, wie bereits im Kommentar zu den empirischen Ergebnissen im Kap. 2 angedeutet worden ist, gegenüber rein organisatorischen Arrangements als wirksamerer „Hebel" zu bestätigen. Angemessenes didaktisches Handeln auf der *Mikroebene* differenzierter Lernumwelten lässt sich im Wesentlichen auf sogenannte *adaptive Strategien* zurückführen (vgl. Beck et al. 2008). Es geht dabei darum, die Bedingungen der Lernumwelt bzw. die Interaktion mit der Lehrperson so zu arrangieren, dass sie zu den Voraussetzungen der Lernenden passen. Die Wirksamkeit derartiger Massnahmen konnten Kyriakides und Creemers (2008) anhand von Beobachtungsdaten für die beiden unterschiedlichen Fächer Muttersprache und

Mathematik relativ deutlich belegen. Differenzierte Fragen und Aufträge, die auf bestimmte Schülervoraussetzungen bezogen waren sowie gezielte Zusatzerklärungen und Modellierungen vermochten die Wirksamkeit unterrichtlicher Merkmale unter Kontrolle ihrer qualitativen Beschaffenheit zusätzlich zu steigern. Dies bedeutet: Der Einsatz an sich anregender und variierter Fragen und Aufträge lässt sich optimieren, wenn er darüber hinaus auf die Voraussetzungen der Lernenden abgestimmt ist. In dem Masse, wie die Lernenden dabei Fortschritte machen, muss die Lehrperson ihren Einfluss jedoch zurücknehmen (Corno & Snow, 1986). Dies wiederum verlangt von ihr ausreichende leistungs- und sozialdiagnostische Fertigkeiten. Dabei kann sie sich an zentralen Merkmalen orientieren, die im Kontext zu den ATI-Ergebnissen erwähnt worden sind. Vorab geht es dabei um Aspekte der Ängstlichkeit (die sich wie erwähnt auch als Ungewissheitsorientierung äussern kann) und um das Vorkenntnisniveau im betreffenden Stoffgebiet.

Im Folgenden werden neun Studien vorgestellt, in denen adaptive Massnahmen von Lehrpersonen untersucht worden sind. Es handelt es sich um methodische Vorkehrungen, die sowohl in eher traditionell als auch im offen organisierten Unterricht praktiziert werden können. Zuerst werden Studien genannt, die für unterschiedliche Fächer gültig sind. Anschliessend werden eher fachspezifische Programme aufgeführt.

Studie 1: Beck et al. (2008) sowie Rogalla und Vogt (2008, 20) bündeln diese Anforderungen in ihrer Studie im Begriff der „Adaptiven Lehrkompetenz", die sie als Zusammenspiel von vier Teilkompetenzen konzeptualisieren:

- der inhaltlichen Anforderungen des Unterrichtsinhaltes (*Sachkompetenz*);
- der Vielfalt der Wissens- und Lernvoraussetzungen und der Lernverläufe der Schülerinnen und Schüler sowie der situativen Aspekte des Lernens *(diagnostische Kompetenz)*; diese Kompetenz lässt sich in drei Teilhandlungen unterteilen:
  - Erkennen von subjektiven Abweichungen von einer erwarteten Leistung,
  - Durchführen von Diagnosehandlungen mit dem Ziel, das nicht optimale Lernverhalten zu analysieren,
  - Ableiten von unterstützenden Massnahmen;
- der Möglichkeiten und Chancen der didaktischen Gestaltung der Lernsituation *(didaktische Kompetenz);*
- der pädagogischen Massnahmen zur Steuerung, Führung und Begleitung der Schülergruppe oder Klasse *(Klassenführung)*.

Das spezifisch Adaptive im Rahmen dieser Kompetenzfelder bedeutet dann, Unterschiede bei den Lernenden wahrzunehmen und mit angemessenen Massnahmen darauf zu reagieren. Zudem beinhaltet dieser Begriff die Vorstellung, dass in der Unterrichtsplanung und auch während des Unterrichts Handlungsalternativen antizipiert werden und dass passend reagiert wird, wenn die Situation dies verlangt. Man kann die Konzeption von Beck et al. (2008) als erste Grundorientierung für adaptives Handeln auf der *Mikroebene* beiziehen. Ihre Annahmen konnten sie in der Interventionsstudie von Rogalla und Vogt (2008) bestätigen. Darüber hinaus liesse sich weiter fragen, welche erfolgversprechenden adaptiven Massnahmen Lehrkräfte im Einzelnen konkret ergreifen können.

Studie 2: Wang, Rubenstein und Reynolds (1985, 63) beschränken sich auf spezifische „Highlights", die nicht in ihrer Summe, sondern auch als Einzelaspekt adaptiven Unterricht charakterisieren können. Es sind dies:
• Unterricht basiert auf erhobenen Vorkenntnissen jedes Schülers und jeder Schülerin;
• Lernende arbeiten in ihrem eigenen Lerntempo;
• Schülerinnen und Schüler erhalten periodisch Rückmeldung über ihre Lernfortschritte;
• Schülerinnen und Schüler können ihr eigenes Lernen mitplanen und evaluieren;
• Es stehen alternative Materialien und Lernaktivitäten zur Verfügung;
• Schülerinnen und Schüler können unter bestimmten Zielen und Lernaktivitäten auswählen;
• Schülerinnen und Schüler helfen einander, individuelle oder Gruppenziele zu erreichen.
Die Autoren betonen, dass adaptive Programme die Leistung positiv beeinflusst hätten. Die gemessenen Effekte auf Einstellungen und Verhalten seien jedoch höher ausgefallen.

Studie 3: Hugener, Krammer und Pauli (2008) untersuchten Bedingungen der Möglichkeit, *selbstständige Schülerarbeitsphasen* zu initiieren, die die Selbsttätigkeit der Lernenden frei setzen, so dass sie eigene Lern- und Denkwege gehen können. Erwähnt werden die folgenden Massnahmen:
• *Tempodifferenzierung* ermöglicht es, dass die Verweildauer pro Aufgabe zwischen den Schülerinnen und Schülern unterschiedlich sein kann. Voraussetzung ist, dass der Umfang der Lernaufgaben variiert wird. Nicht jede Schülerin und jeder Schüler muss gleich viele Aufgaben bewältigen.
• Die *Schwierigkeitsdifferenzierung* ist den Fähigkeiten und dem Vorwissen der Schülerinnen und Schüler angepasst. Lernstarken Schülerinnen und Schülern werden spruchsvollere Aufgaben zugewiesen.
• Die Bereitstellung von *Kooperationsmöglichkeiten* gestattet es, dass sich die Schülerinnen und Schüler gegenseitig anregen und helfen können. Die Lehrperson kann Lernpaare und Gruppen dabei gezielt unterstützen (vgl. obige Bemerkungen zu heterogenen Gruppen und Tutoren).

- Unabhängig von ihrem Lerntempo erhalten Schülerinnen und Schüler durch die *Selbstkontrolle der Resultate* kontinuierlich individuelle Rückmeldungen über ihren Leistungsstand. Sie können auf diese Weise Verantwortung für das eigene Lernen übernehmen.

Die vorgeschlagenen Massnahmen betreffen den Mathematikunterricht, können aber auch für andere Fächer beansprucht werden. Anpassungen sind vor allem bei den Selbstkontrollmechanismen erforderlich. Handelt es sich beispielsweise um komplexe sprachliche Leistungen, wird nicht selten eine Prozessbegleitung durch die Lehrperson notwendig sein.

Studie 4: Die Ausrichtung auf Differenzierungsaspekte gilt insbesondere für die Literaturrecherche, die Tomlinson et al. (2003) erstellt haben. Neben den oben genannten Angaben zur Bildung flexibler Kleingruppen und der Variation der Lernzeit erwähnen sie die folgenden adaptiven Schwerpunkte, die bei innerer Differenzierung praktiziert werden können und die sich als wirksam herausgestellt haben:

- Adaptives Handeln ist dann effektiv, wenn sie es *proaktiv* gehandhabt wird. Das bedeutet, erfolgreiche Lehrpersonen ziehen bereits bei der Planung individuelle Unterschiede in Betracht und passen Lernziele, Inhalte und Methode diesen Bedürfnissen an. Es ist nicht hinreichend, eine Lektion zu planen und dann lediglich spontan auf Signale von Lernenden zu reagieren, die noch Schwierigkeiten haben.
- *Lernmaterialien* sollten auf die unterschiedlichen Lernziele, die in den jeweiligen Gruppen bearbeitet werden, *abgestimmt* sein. Flexible Gruppen sollten nicht denselben Aufgabenpool bearbeiten.
- Die Massnahmen sind auf den Kenntniserwerb ausgerichtet. Die Präferenzen des Lernens müssen auf *fundamentale Kernelemente* des Lernstoffes ausgerichtet werden.
- Eine auf die *Lernenden zentrierte Haltung* zeigt sich durch folgende Massnahmen:
  - Ausgehen vom Vorwissen, das die Lernenden für eine Aufgabe einbringen;
  - Laufende Lernkontrollen durchführen und sie als Hilfe für das weitere Lehren und Lernen nutzen;
  - Aufgaben stellen, die Sinn machen, damit die Lernenden Zusammenhänge erkennen;
  - Die Schülerinnen und Schüler darauf aufmerksam machen, warum der Lernstoff wichtig ist und wozu er ihnen nützen kann;
  - Den Schülerinnen und Schülern in einem von der Lehrperson gesetzten Rahmen auch Wahlmöglichkeiten anbieten;
  - Gemeinsame Steuerung des Lernens praktizieren;

– Eine aktive Rolle der Schülerinnen und Schüler beim Lernen betonen;
– Eine breite Palette von Stützstrategien verwenden, die Gewähr bieten, dass die Schülerinnen und Schüler sich auf eine nachhaltige Weise notwendiges Grundwissen und Können aneignen.

Die adaptiven Beispiele, die nach der Sichtweise der Autoren eine schülerzentrierte Haltung indizieren, vermitteln den Eindruck, dass sie grösstenteils auch in einem Unterricht praktiziert werden könnten, der nicht ausdrücklich differenziert organisiert worden ist. Damit bestätigt sich erneut, dass adaptive Handlungsformen sowohl in einem klassischen als auch einem offenen Unterricht praktiziert werden können. Dies entspricht durchaus der Logik, die besagt, dass sich organisatorische Vorkehrungen im Wesentlichen auf der Makroebene abspielen.

Studie 5: Houtveen, Booij, de Jong und van de Grift (1999) sehen adaptive Unterrichtsmerkmale primär im Rahmen einer Koppelung von direktem Unterricht und eher offen organisierten Formen. In ihrer empirischen Studie listen sie die folgenden Merkmale auf:
• Verschiedene Formen direkter Instruktion kommen zum Einsatz, d.h.:
  – Überprüfen und aktivieren der vorausgehenden Fachkenntnisse;
  – Erklären und präsentieren des neuen Stoffes durch die Lehrperson;
  – Angeleitete Einarbeitung in das soeben Gelernte und Coaching durch die Lehrperson: Die Schülerinnen und Schüler erhalten häufiges Feedback, Fehler werden korrigiert;
  – Selbstständiges Weiterarbeiten der Schülerinnen und Schüler von der Integration des neuen Wissens bis hin zu seiner Automatisierung;
  – Periodische Repetition des gelernten Stoffes;
• Überwachen bzw. begleiten der Lernergebnisse und auf die entsprechenden Bedürfnisse der Lernenden eingehen. Dazu sind drei diagnostische Fertigkeiten der Lehrpersonen erforderlich:
  – Spezielle Lernangebote basieren auf Testergebnissen von Schülerleistungen;
  – Spezielle Lernangebote sind in einem Plan festgelegt. Pläne können separat für individuelle Schülerinnen und Schüler oder für bestimmte Gruppen erstellt werden;
  – Ein zyklischer Prozess setzt ein: Testen und die anschliessende Bestimmung der passenden Lernaktivitäten müssen sich regelmässig ablösen;
• Die Lernenden anregen, ihren eigenen Lernprozess zu kontrollieren;
• Die Schülerinnen und Schüler in die Planung und Steuerung des eigenen Lernprozesses einbeziehen.

Bei dieser Liste fällt wie einleitend erwähnt auf, dass adaptive Massnahmen explizit auch Aspekte direkter Instruktion mit einschliessen. Auf den ersten Blick mag dieses Vorgehen erstaunen. Direkte Instruktion wird in der Regel nicht mit dem Umgang mit Heterogenität in Verbindung gebracht. Es ist deshalb zu klären, welches adaptive Potenzial direkter Unterricht in sich birgt. Zu nennen wäre vor allen Dingen die Möglichkeit der Lehrperson, Sachverhalte gründlich erklären zu können. Schülerinnen und Schüler können sich dabei auf die Punkte konzentrieren, die sie noch nicht verstanden haben. Ein erklärender Unterricht trägt den Grenzen des Arbeitsgedächtnissen daher mehr Rechnung als ein entdeckendes, konstruktivistisches Vorgehen (vgl. Wellenreuther, 2008; Kirschner, Sweller & Clark, 2006).

Studie 6: Kobarg und Seidel (2007, 157) haben adaptive Einzelmassnahmen anhand von Videoanalysen im Fach Physik konkretisiert. Grösstenteils gelten Sie auch für andere Fächer. Unterschieden werden dabei prozessorientierte Lernbegleitungen im Klassengespräch und in Schülerarbeitsphasen. Vor allem Verhaltensweisen der Schülerarbeitsphasen können auch im offenen Unterricht eingesetzt werden. Die beiden Autorinnen betonen, dass das Potential dieser prozessorientierten Lernbegleitung im Umgang mit heterogenen Lerngruppen jedoch oftmals ungenutzt bleibe.

Tab. 3-4: Prozessbegleitendes Verhalten der Lehrperson im Klassengespräch und in Schülerarbeitsphasen.

Lernbegleitendes Verhalten der Lehrperson	
... im Klassengespräch	**... in den Schülerarbeitsphasen**
- Die Lehrperson „denkt laut" und macht dadurch Problemlösungsprozesse transparent.	- Die Lehrperson geht herum und beobachtet.
- Die Lehrperson gibt sachlich-konstruktive Rückmeldungen.	- Die Lehrperson steht für Fragen zur Verfügung.
- Die Lehrperson bezieht das Vorwissen der Schülerinnen und Schüler mit ein.	- Die Lehrperson gibt auf Nachfrage Anregungen zur Lösung.
- Die vorhandenen Anwendungsbezüge sind an der Lebenswelt der Schülerinnen und Schüler orientiert.	- Die Lehrperson führt Gespräche mit Schülergruppen.
- Die Lehrperson gibt Schülerinnen und Schülern Denkanstösse.	- Die Lehrperson gibt sachlich konstruktive Rückmeldungen.
- Die Lehrperson geht auf Fragen und Probleme ein und versucht, sie zu klären.	- Die Lehrperson bietet ausser sich selbst andere Informationsquellen an.
- Die Lehrperson wirft ein Problem auf und knüpft im Unterricht wiederholt daran an.	- Die Lehrperson gibt den Schülerinnen und Schülern Denkanstösse.
- Die Lehrperson plant die Lösung mit den Aufgaben gemeinsam mit den Schülerinnen und Schülern.	- Die Lehrperson geht auf Fragen und Probleme ein und hilft, sie zu klären.
- Die Lehrperson regt die Schülerinnen und Schüler an, Lösungsansätze kritisch zu prüfen.	- Die Lehrperson regt die Schülerinnen und Schüler an, Lösungsansätze kritisch zu prüfen.
- Die Lehrperson fasst Ergebnisse gemeinsam mit den Schülerinnen und Schülern zusammen.	- Die vorhandenen Anwendungsbezüge sind an der Lebenswelt der Schülerinnen und Schüler orientiert.
- Die Lehrperson regt die Schülerinnen und Schüler an, ihre Lösungsansätze zu verbalisieren.	- Die Aufgabenstellung bietet viele Freiräume.
	- Die Aufgabenstellung wird schriftlich gegeben
	- Die Schülerarbeitsphase ist schlüssig in den Unterricht eingebettet.

Im Klassengespräch kann zudem adaptiv reagiert werden, indem die Lehrpersonen möglichst alle Schülerinnen und Schüler in das Unterrichtsgespräch einbeziehen oder wenn sie sich beim Drannehmen an der Gruppe der leistungsdurchschnittlichen Schülerinnen und Schüler orientieren (Lipowsky, Rakoczy, Pauli, Reusser & Klieme, 2007). Der positive Effekt der durchschnittlichen Schülerinnen und Schüler dürfte darauf zurückzuführen sein, dass ihre Beiträge auf einem mittleren Niveau angesiedelt sind. Daher können sie mit einer höheren Wahrscheinlichkeit sowohl die schwächeren als auch die stärkeren Schülerinnen und Schüler erreichen. Ein Mix zwischen egalisierenden Massnahmen, wo möglichst alle Schülerinnen und Schüler einbezogen werden und einer gelegentlicher Konzentration auf das mittlere Leistungsspektrum könnten daher am erfolgversprechendsten sein. Einerseits ist dadurch gewährleistet, dass ein grosser Teil der Lernenden kognitiv angeregt werden kann, zudem werden keine Schülerinnen und Schüler vom Klassengespräch ausgeschlossen.

Studie 7: Schrader und Helmke (2008) haben im Rahmen der Grundschulstudie „VERA – Gute Unterrichtspraxis" erste Ergebnisse über Differenzierungsmassnahmen für den Deutschunterricht erhoben. Die folgende Tab. 3-5 stellt die prozentuale Vorkommenshäufigkeit der Massnahmen dar, und zwar nach den zusammengefassten Kategorien „oft" und „sehr oft" (a.a.O., 4).

Tab. 3-5: Prozentuale Häufigkeit von Differenzierungsmassnahmen aus Lehrersicht im Fach Deutsch (Schwerpunkt war das Lesen).

Wie häufig setzen Sie die folgenden Maßnahmen ein, um Schülerinnen und Schüler nach ihren individuellen Lernvoraussetzungen zu fördern?	nie	selten	manch-mal	oft	sehr oft
Zusätzliche Unterstützung im Unterricht für schwache Schülerinnen und Schüler anbieten	0	2	20	49	29
Schnellere Schüler schon zum Nächsten übergehen lassen, wenn ich mit den Langsameren noch übe oder wiederhole	2	3	20	46	29
Gezielte Zusatzaufgaben verteilen, wenn Schülerinnen und Schüler etwas nicht verstanden haben	5	5	20	56	15
Extraaufgaben für leistungsstärkere Schülerinnen und Schüler bereithalten, durch die sie gefordert werden	0	3	26	39	32
Einzelnen freie Wahl von Lesetexten lassen (z. B. aus der Klassenbücherei, von zu Hause)	0	9	22	33	36
Kleingruppen von Schülerinnen und Schülern mit unterschiedlichem Leistungsniveau bilden	2	9	25	49	15
Von Schülerinnen und Schülern mit guten Leistungen deutlich mehr verlangen	0	3	36	44	17
Bei Stillarbeit die Aufgabenstellungen variieren, um unterschiedlichen Leistungsstärken gerecht zu werden	3	11	39	39	9
Kleingruppen von Schülerinnen und Schülern mit ähnlichem Leistungsniveau bilden	3	11	55	25	6
Bei Gruppenarbeit verschiedene Leistungsgruppen unterscheiden und ihnen jeweils gesonderte Aufgaben geben	11	29	36	21	3
Unterschiedliche Lesetexte für Mädchen und Jungen gemäss ihren geschlechtsspezifischen Interessen austeilen	52	32	12	5	0

Die Autoren kommentieren ihre Ergebnisse wie folgt: „Im Vordergrund stehen Massnahmen, die sich gezielt an leistungsschwächere und langsamere Schülerinnen und Schüler wenden, vermutlich für Lehrkräfte das dringlichste Problem. Auch das Bereitstellen von Extraaufgaben für leistungsstarke Schülerinnen und Schüler könnte neben der gezielten Förderung den Nebeneffekt haben, dass Lehrkräfte freie Kapazität für die Arbeit mit den Schwächeren gewinnen. Es folgen eher allgemeine und im Hinblick auf ihre Umsetzung offen gehaltene Massnahmen, während aufwändigere und vorbereitungsintensivere Massnahmen wie leistungsdifferenzierte Gruppenarbeit mit jeweils gesonderten Aufgaben und leistungshomogene Kleingruppen deutlich seltener eingesetzt werden. Interessant ist, dass heterogene Kleingruppen häufiger gebildet werden als homogene. Ob die Bildung heterogener Gruppen als nützlicher oder nur als weniger aufwändig angesehen wird als die Bildung homogener Gruppen, muss offenbleiben. Am wenigsten verbreitet ist der Einsatz geschlechtsspezifischer Lesetexte" (a.a.O., 5).

Studie 8: Reis, McCoach, Little, Muller und Kaniskan (2011) haben differenzierte Methoden zur Leseförderung in ihrem *schoolwide enrichment model-reading* (SEM-R) eingesetzt. Sie unterscheiden drei Förderungsphasen, denen Sie entsprechende Kriterien adaptiven Lehrerverhaltens zuordnen.

Tab. 3-6: Phasen und Kriterien des binnendifferenzierten SEM-R Leseprogramms.

Phase 1 Aufzeigen	• Mögliche Bücher vorstellen und besprechen • Aus Büchern vorlesen, die ausgewählt werden können • An ausgewählten Stellen Fragen aufwerfen und Lesestrategien integrieren
Phase 2 Differenziertes Training von Lesefertigkeiten und Vorgehensstrategien	• Zeit für unterstütztes selbstständiges Lesen zulassen • Eine Umgebung gestalten in der Schülerinnen und Schüler selbst gesteuert und unterstützt lesen können • Individuell zuhören wie Schülerinnen und Schüler lesen • Differenziert Lesestrategien anbieten und/oder Inhalte besprechen
Phase 3 Recherche eigener Themen	• Kleine Gruppen können eigene Themen auswählen • Schüler erhalten Wahlmöglichkeiten individuelle Lektüre zu verarbeiten für das Lesen mit Kollegen, etc.

Das Vorgehen war nicht an allen Schulen erfolgreich, in denen es durchgeführt worden ist. Vor allem Schulen in sozialen Brennpunkten scheinen davon zu profitieren.

Andere Lese-Programme wie beispielsweise PALS von Fuchs, Fuchs, Mathes und Simmons (1997) versuchen, heterogenen Bedingungen in der Klasse mit Tutoring zu begegnen. Ein stärkerer arbeitet mit einem schwächeren Schüler bzw. einer Schülerin zusammen. Über das Vorgehen werden die Lernenden genau instruiert.

Im Zentrum stehen, wechselseitiges Lesen und Nacherzählen, abschnittweises Zusammenfassen und Voraussagen zum nachfolgenden Textinhalt machen.

Studie 9: IMPROVE ist ein Programm, das in Israel von Mevarech und Kramarski (1997) konzipiert worden ist. Es kombiniert kooperative Elemente, metakognitive Förderung und Mastery-Phasen (s. oben). Schülerinnen und Schüler arbeiten in heterogenen Kleingruppen.

Die Lehrperson gibt jeweils eine Einführung in das Konzept. Anschliessend arbeiten die Schülerinnen und Schüler in ihren Gruppen und stellen Fragen, die auf einer metakognitiven Ebene angesiedelt sind. Unterschieden werden vier Perspektiven:

a) *Das Problem begreifen:* Um welches Problem geht es?

b) *Beziehungen zu früherem Wissen herstellen*: Welches sind Gemeinsamkeiten und Unterschiede zwischen der Aufgabe, die ich jetzt lösen muss und Aufgaben, die ich früher gelöst habe. Warum gibt es Unterschiede?

c) *Geeignete* Lösungsstrategien *anwenden:* Welches sind die geeigneten Vorgehensweisen oder Techniken zum Lösen der Aufgaben? Warum sind sie geeignet?

d) *Das Vorgehen und die* Lösung *reflektieren:* Was habe ich hier falsch gemacht? Macht die Lösung Sinn?

Nach ca. 10 Lektionen wird eine Lernkontrolle durchgeführt. Diejenigen, die nicht 80 % der Punkte erreicht haben, erhalten zusätzliche Instruktionen. Die anderen Schülerinnen und Schüler lösen weiterführende Aufgaben. Die Schülerinnen und Schüler, die einen zusätzlichen Unterricht erhalten haben, lösen am Schluss einen Paralleltest.

Das Beispiel kombiniert organisatorische Prinzipien (Unterricht mit der Klasse und in Kleingruppen) mit gezielten Massnahmen auf der Mikroebene (metakognitive Anregungen). Seine Wirksamkeit ist wiederholt festgestellt worden.

3.2.4 Hinweise zum adaptiven Betreuungsverhalten der Lehrpersonen

Wie oben erwähnt ist es im Laufe des Unterrichts notwendig, das Vorgehen zu überwachen und wenn angezeigt, dem Lernprozess der Schülerinnen und Schüler anzupassen. Die Schülerinnen und Schüler müssen dabei den Eindruck haben, dass sie durch die Lehrperson unterstützt werden (Bosch, 2006). Diese Begleitung, bzw. das adaptive Betreuungsverhalten der Lehrperson, kann sich auch an theoretischen Kriterien orientieren. Dabei geht es im Wesentlichen darum, passende Grade der äusseren Anleitung und Stütze zu bestimmen. Für diesen Zweck wird als theoretisches Gerüst der Ansatz der kognitiven Lehre („cognitive apprenticeship") von Collins, Brown und Newman (1989) beigezogen. Umgesetzt wird nicht das gesamte Grundprinzip dieses Ansatzes. Verwendung findet das Methodenrepertoire des Konzeptes. Es kann die unterschiedlichen Grade der äusseren Betreuung strukturieren. Im Folgenden werden die erwähnten Methoden erläutert.

Modeling: Beim kognitiven Modellieren macht die Lehrkraft ihr Vorgehen zunächst einmal vor und demonstriert durch lautes Denken, was sie macht und denkt. Auf diese Weise werden internal ablaufende kognitive Prozesse für die Lernenden beobachtbar.

> Beispiel: Die Lehrkraft macht vor, wie sie eine historische Karikatur interpretiert. Sie verbalisiert dabei ihre Vorgehensschritte und ihre inneren Überlegungen. Dieses Verhalten zeigt die Lehrperson typischerweise in bestimmten Phasen des Unterrichts mit der Klasse oder mit Kleingruppen von Lernenden, die noch Probleme haben.

Coaching (systematische Anleitung): Die Lernenden befassen sich selbstständig mit einem Problem und werden dabei durch die Lehrkraft systematisch angeleitet und bei Bedarf gezielt unterstützt.

> Beispiel: Die Schülerinnen und Schüler versuchen zu zweit eine Karikatur nach den gelernten Prinzipien zu interpretieren.
> – Dabei werden sie durch die Lehrkraft systematisch angeleitet. Man spricht in diesem Fall von helfendem Modellieren. Die Lehrkraft unterstützt die Lernenden bei Schwierigkeiten, die auftreten.
> – Sie identifiziert im Weiteren intelligente Verhaltensweisen, die bei der Erledigung der Aufgabe von den Schülerinnen und Schülern gezeigt werden. „Deine Idee, Gesichter, die einen ähnlichen Ausdruck haben, einzukreisen, finde ich sehr einfallsreich".
> – Die Lehrkraft weist auch auf Bearbeitungsstrategien hin, die verwendet werden können. „Du schreibt am besten zuerst den Gesamteindruck auf, dann gehst du in die Details."
> Im Anschluss daran erfolgt ein gemeinsamer Austausch.

Die drei erwähnten kommunikativen Verhaltensmuster „Helfendes Modellieren", „Identifikation von Bearbeitungselementen", „Strategienverweis" sind Hauptmerkmale, die Coaching vom nachfolgend beschriebenen Scaffolding unterscheiden. Die Abgrenzung ist gradueller Natur. Man könnte Coaching somit ohne weiteres auch als intensiveres Scaffolding (Stützen, Gerüsten) auffassen.
Scaffolding (Unterstützung): Können Lernende die Aufgabe nicht allein bewältigen, hilft ihnen die Lehrkraft lediglich durch Tipps und Hinweise.

Beispiel: Bei bestimmten Karikaturen gibt die Lehrkraft Hinweise auf mögliche spezifische historische Kontextbedingungen, die für eine Interpretation beigezogen werden müssen. Vor allem im Planunterricht muss die Lehrkraft darauf achten, ob die Schülerinnen und Schüler Hinweise benötigen. Folgende Hinweisstrategien sind typisch für Scaffolding (s. Hogan & Pressley, 1997):

- Ein Problem oder ein Ziel verdeutlichen:
  „Ihr versucht gerade herauszufinden, welche Zeiterscheinungen die Aussage beeinflussen."
- Unterstützung unterschiedlicher Sichtweisen:
  „Peter sagt, die Aussage des Bildes sei provokativ, du denkst, der Grundton sei anklagend. Versucht herauszufinden, wie es wirklich gemeint ist."
- Klärungen verlangen:
  „Was meinst du, wenn du sagst, das Bild sei langweilig?"
- Ausarbeitungen verlangen:
  „Beschreibe die verschiedenen Motive, die du angekreuzt hast."
- Betrachten unter andern Voraussetzungen:
  „Wäre eine solche Karikatur heute noch möglich?"

(weitere Möglichkeiten s. Tab. 3-4, oben)

Fading und Exploration: Im Verlauf des Lernprozesses gewinnen die Lernenden Selbstvertrauen und Kontrolle und können mehr und mehr selbstständig vorgehen. Die Lehrperson kann ihre Hilfestellung allmählich ausblenden. Die Lernenden können aktiv eigene Wege verfolgen und Probleme selbstständig lösen.

Die angemessene Dosierung von Modeling, Coaching, Scaffolding und Fading ist letzten Endes eine Kunst. Im Idealfall ist sie darauf ausgerichtet, das Denken der Lernenden optimal anzuregen. Die Lehrkraft benötigt hier viel Sensibilität für notwendiges Unterstützen und produktives Laufenlassen.

Das Cognitive-apprenticeship-Modell sieht im Weiteren auch Stützen vor, die gewissermassen phasenübergreifend Bedeutung haben: *Articulation* und *Reflection*.

Beim Verfahren der Artikulation wird der Lernende aufgefordert, Denkprozesse und Problemlösungen selbst zu artikulieren, z.B.: „Wie bin ich dabei vorgegangen." Eine weitere Aufforderung besteht darin, die ablaufenden Prozesse beim Lernen mit anderen zu diskutieren und zu reflektieren. Lernende können in gemeinsamer Reflexion eigene und die Strategien der anderen vergleichen. Durch Artikulieren und Reflektieren gewinnen die Lernenden abstrakte Konzepte, deren Verständnis aber dennoch auf der Anwendung beruht.

Das Modell beschreibt im Kern den schrittweisen Abbau äusserer Unterstützung und eine gegenläufig zunehmende Selbstständigkeit der Lernenden. Diese Stützansätze sind von Vygotsky (1978) inspiriert. Vygotsky sieht menschliche Entwicklung als Prozess an, der sich nicht von selbst vollzieht. Sie resultiert nicht allein als aktive Auseinandersetzung des Individuums mit der Umwelt, sondern aus den ständigen Anforderungen der Gesellschaft an das Individuum. Systematisch lenkender Einfluss ist notwendig, weil das Kind bis zum Erwachsenenalter ohne Hilfe kompetenter Partner nie das Niveau der Gesellschaft erreichen würde. Die beste Möglichkeit, die Entwicklung zu fördern, sieht Vygotsky in der Förderung innerhalb der „Zone der nächsthöheren Entwicklung". Diese Vorstellung ist mit der individuellen Leistungsschwelle (s. oben) vergleichbar. Ein solches Leistungsfeld befindet sich quasi zwischen zwei Polen. Es handelt sich dabei einerseits um Anforderungen, die ein Kind gemäss seinem Entwicklungsstand ohne Hilfe von aussen leisten kann. Dieser Entwicklungsstand lässt sich nur feststellen, wenn ein Kind oder ein Schüler bzw. eine Schülerin alleine arbeitet. Genauso wichtig sind auf der anderen Seite die Anforderungen, die dasselbe Individuum nur unter Anleitung Erwachsener leisten kann. Nur wenn Erwachsene mit Kindern und Jugendlichen zusammenarbeiten, vermögen sie ihr Entwicklungspotenzial zu erkennen. Die Zone der nächsthöheren Entwicklung befindet sich danach immer zwischen dem momentanen Entwicklungsstand und dem Entwicklungspotenzial. Wenn man Schülerinnen und Schüler optimal fördern will, dann muss die Bandbreite der Entwicklungszone erkannt werden, innerhalb derer Lehrkräfte arbeiten können. Der Wissensvorsprung des Erwachsenen ist somit ein intellektuelles Gerüst, an dem sich die Lernenden hocharbeiten können. Es leuchtet ein, dass derartige Anliegen mit grossen Klassen schwer zu verwirklichen sind. Eine Schulklasse besteht gewissermassen aus multiplen Zonen der nächsthöheren Entwicklung. Streng genommen ist der Ansatz nur individuell einlösbar. Dies spricht für eine Öffnung des Unterrichts, wenn die entsprechende Betreuung unter diesen Bedingungen gewährt werden kann.

Eine Möglichkeit, diesem Anliegen nachzukommen, besteht darin, sich um Fördergruppen von Schülerinnen und Schülern mit speziellen Bedürfnissen zu kümmern. Im Unterschied zu gängigen Vorstellungen bleibt den Lehrkräften im offenen Planunterricht nämlich nicht genügend Zeit, alle Schülerinnen und Schüler einer Klasse individuell ausreichend zu betreuen. Der notwendige Aufwand übersteigt ihre persönlichen Möglichkeiten. Beobachtungen von Huschke (1996) zeigten, dass Kinder im Wochenplanunterricht vergleichsweise wenig Kontakt zu ihren Lehrerinnen und Lehrern hatten. Diese wurden zu stark von einzelnen Schülerinnen und Schülern absorbiert. Bestehen Lücken bei einzelnen Schülerinnen und Schülern, ist es sinnvoll, während des Planunterrichts Kleingruppen zu bilden und durch erneutes Modeling oder Coaching gewissermassen Ergänzungsunterricht zu organisieren. Nach Helmke (1988) sind Lehrerinnen und Lehrer erfolgreicher, wenn sie individualisierende Massnahmen gerade nicht auf einzelne Schülerinnen und Schüler beziehen, sondern mehr auf 2er- und 3er-Gruppen, die ähnliche Probleme haben. Dieselbe Feststellung gilt auch für Konsequenzen des formativen Assessments, wie es im folgenden Abschnitt dargestellt wird.

3.2.5 Formatives Assessment als lernbegleitende Steuerungsmassnahme

In Kap. 4 wird die Bedeutung der Diagnostik individueller Voraussetzungen für die Förderung der Schülerinnen und Schüler speziell erörtert. Daneben existiert eine Diagnostik, die den individuellen Lernprozess im Fortgang des Unterrichts begleitet und Teil des zuvor genannten Betreuungsverhaltens ist. Dieses „formative assessment" hat das Ziel, fortwährend die Diskrepanzen zwischen Lernstand und Lernziel zu bestimmen (Klieme & Warwas, 2011). Durch diese Formen der Leistungsbeurteilung sollen die Lernenden „ in die Lage versetzt werden, ihre Lernprozesse so weit wie möglich selbst zu gestalten" (a.a.O., 812). Entsprechende Rückmeldungen können ihnen Hinweise geben, wie sie sich dem Lernziel annähern können.

Ohne solche Rückmeldungen wäre zielgerichtetes Lernen kaum möglich. Schülerinnen und Schüler wären vollkommen auf sich selbst verwiesen. Ein Schütze, der immer wieder auf eine Scheibe schiesst und niemals Rückmeldung bekommt, ob und wo er getroffen hat, kann keine Gewissheit über seine Leistung erlangen. Für die realistische Einschätzung des eigenen Lernstandes sind externe Informationen notwendig, die Aufschluss darüber geben, inwieweit der Lernstoff verstanden worden ist und wo noch Lücken bestehen. Das Ausmass und die Differenziertheit dieser Rückmeldungen werden zu einem entscheidenden Faktor für die Modifikation des weiteren Vorgehens.

Die Belege über leistungssteigernde Effekte häufiger formativer Leistungsmessungen sind insgesamt überzeugend (Maier, 2010). Vor allem leistungsschwächere Schülerinnen und Schüler scheinen davon zu profitieren. Gleichzeitig konnten aber die Leistungen aller Lernenden gesteigert werden.

Varianten des Formativen Assessments

Formatives Assessment sollte kontinuierlich stattfinden. Es pendelt zwischen einem formellen und einem informellen Pol. Die jeweilige Festlegung hängt von folgenden Kriterien ab: Von planerischen Vorüberlegungen der Lehrperson, von der Verfahrensform und der Qualität der verlangten Daten sowie dem Feedback, das die Lehrperson den Schülerinnen und Schülern zu geben beabsichtigt (vgl. Shavelson et al., 2008). Die Autoren formulieren drei Ankerpunkte, die sie dem fraglichen Kontinuum zuordnen.

Abb. 3-6: Varianten von Praktiken zum formativen Assessment (Shavelson et al., 2008, 300).

Im Folgenden werden die drei Varianten näher erläutert. Zu beachten ist, dass es sich um illustrative Ankerpunkte handelt. Ihre Zuordnung auf dem Kontinuum kann nicht eindeutig sein.

Punktuelle Feststellungen (On-the-Fly Formative Assessment): Punktuelle Feststellungen werden im Ablauf einer Lektion spontan gemacht. Beispielsweise nimmt die Lehrperson wahr, dass in einzelnen Gruppen eine Fehlkonzeption vertreten wird. Sie unterbricht die Arbeit, klärt mit den Schülerinnen und Schülern die betreffende Frage und lässt sie dazu ein Beispiel lösen, das sie nachträglich erläutern sollen.

Geplanter Austausch (Planned-for interaction): Lehrpersonen entscheiden sich im Voraus, für eine Kurzkontrolle mit der sie überprüfen wollen, ob die Schülerinnen und Schüler den Lernstoff verstanden oder ob sie noch Lücken haben. Dazu formulieren sie Kernfragen zum behandelten Stoff. In einem passenden Moment sollen diese Fragen beantwortet werden. Im anschliessenden Gespräch erhält die Lehrperson Aufschluss darüber, was die Schülerinnen und Schüler wissen, welche Aspekte der Vertiefung bedürfen und welche unterschiedlichen Vorstellungen zu besprechen sind.

Curricular eingebettete Lernkontrolle (Embedded-in-the-Curriculum Formative Assessment): In diesem Fall liegt eine Curriculum basiert ausgearbeitete Lernkontrolle vor. Sie ist an kritischen Stellen in den Lernprozess eingeplant, z.B. wenn ein wichtiges Teilziel beherrscht werden muss, auf dem der neue Stoff aufbaut. Insbesondere gilt dies für Basisziele, die als Voraussetzung für den Fortgang des Unterrichts erreicht sein müssen. Die Lehrperson kann somit Lücken zwischen dem aktuellen Wissen und erneut erforderlichen Lernanstrengungen diagnostizieren und rechtzeitig Feedback vermitteln.

Zentrale Elemente des Formativen Assessments

Heritage (2007) nennt vier Kernelemente, die gegeben sein müssen, damit formatives Assessment lernwirksam wird: (1) Lücken identifizieren, (2) Feedback, (3) Beteiligtsein der Schülerinnen und Schüler, (4) Anschlusslernen.

Lücken identifizieren: Bei der Identifikation bestehender Lücken handelt es sich um die entscheidende Funktion des formativen Assessments. Lücken variieren jedoch zwischen den einzelnen Schülerinnen und Schülern. Einige können so grosse Lücken haben, dass es für sie nahezu unrealistisch ist, das Lernziel selbstständig zu erreichen, andere wiederum haben praktisch keinen Aufwand zu leisten. Deshalb ist zu entscheiden, ob Lücken durch eigene Anstrengungen oder mit Hilfe der Lehrperson oder von Mitschülerinnen und Mitschülern geschlossen oder verringert werden können.

Feedback: Mit einem formativen Assessment wird beabsichtigt, Lernenden ein Feedback über ihren Leistungsstand zu geben. Auf dieser Grundlage können die abschliessenden Lernschritte eingeleitet werden. Wirksames Feedback informiert die Lernenden klar und Kriterien bezogen über ihren momentanen Lernstand, welche Verständnislücken noch bestehen und wie diese durch weiteres Lernen geschlossen werden können. Im weiteren Verlauf des Lernens sind methodische Anpassungen vorzunehmen und wiederholtes formatives Assessment wird erneut notwendig werden. Shute (2008) hat neun Richtlinien vorgeschlagen.

- Fokussiere das Feedback auf die Aufgabe, nicht auf die Person des Lernenden. Soziale Vergleiche sind zu vermeiden.
- Biete ein sorgfältig abgefasstes Feedback an. Beschreibe das Was, Wie und Warum.
- Formuliere dein Feedback sparsam. Vermeide kognitive Überlastung.
- Mache gezielte und klare Äusserungen.
- Formuliere dein Feedback so einfach wie möglich; aber nicht zu einfach.
- Reduziere die Ungewissheit, die zwischen der momentanen Leistung und dem Lernziel bestehen kann.
- Gib ein möglichst unverzerrtes, objektives Feedback, am besten schriftlich. Objektive Rückmeldungen via Computer (z.B. Fehleranalysen) werden mit grösserer Wahrscheinlichkeit als zuverlässige Quellen aufgefasst.
- Fördere via Feedback die Zielorientierung. Bewege den Fokus von der momentanen Leistung auf das weitere Lernen, sei fehlerfreundlich.
- Biete Feedback an, nachdem Lernende Lösungsfortschritte gemacht haben. Diese Massnahme fördert die Selbstregulation.

Feedback ist wirksamer, wenn es adaptiv zum Leistungsvermögen der Schülerinnen und Schüler erteilt wird. Schwächere benötigen zeitnahes, gerichtetes oder korrektives Feedback, das ihnen Stützen anbietet. Für Lernende, die gut vorankommen, sind zeitversetzte, förderliche und bestätigende Rückmeldungen ausreichend.

Beteiligtsein der Schülerinnen und Schüler: Die Schülerinnen und Schüler sollten im Assessmentprozess eine aktive Rolle spielen können. Der Erwerb von Fertigkeiten zur Selbstkontrolle oder wechselseitiges Peer-Assessment können dazu beitragen, dass die Schülerinnen und Schüler Mitverantwortung für ihr Lernen übernehmen. Sie vergewissern sich über den aktuellen Lernstand und überlegen zusammen mit der Lehrperson weiterführende Massnahmen. Die Herausbildung metakognitiver Kompetenzen ist dazu unerlässlich, z.B. die Reflexion über das gemeinsame Lernen, bei Bedarf die Einholung zusätzlicher Informationen oder der notwendigen Unterstützung. Die Gestaltung der Lernwege wird im Idealfall zum kooperativen Akt zwischen Lernenden und Lehrperson.

Anschlusslernen: Formatives Assessment kann dem weiteren Lernen eine Richtung geben. Dies ist ein Vorteil gegenüber obligatorischen Standards oder Vergleichsarbeiten, die keine Aussagen darüber machen können, welches Niveau Lernende im Hinblick auf die festgelegten Ziele gerade erreicht haben. Manche Schülerinnen und Schüler benötigen kurzfristige Zwischenziele, die sich aus ihrem jeweiligen Lernstand im Lernprozess ergeben und die ein Kriterium vorgeben, das realistischerweise erreichbar ist.

Es versteht sich von selbst, dass individuell angepasste Eins-zu-Eins-Lernwege mit einer ganzen Schulklasse nicht praktikabel sind. Möglich ist die Unterstützung einer Anzahl von Schülerinnen und Schülern, die ähnliche Probleme haben. Es können Untergruppen von „non-masters" gebildet werden, die durch instruktionelle und erkundende Aktivitäten gezielt unterstützt werden können.

3.2.6 Formatives Assessment zur Selbststeuerung

Wenn einem genau gesagt wird, wie man etwas zu tun hat, dann stellt man in der Regel keine weiteren Fragen. Selbstständiges Handeln wird dabei nicht gelernt. Lernende mit grösserer Autonomie benötigen in ihren Beziehungen zur Umwelt hingegen Rückkoppelungsschleifen (Briggs & Peat, 1990). Insofern ist bei der Hinführung zu Unterrichtsformen, die merklich höhere Ansprüche an die Selbststeuerung stellen, das Augenmerk auch auf den Aufbau eines adäquaten Lern- und Arbeitsverhaltens zu legen (Höke, Hille & Kansteiner-Schänzlin, 2012). Dies beinhaltet die gemeinsame Reflexion und Überwachung der Zielerreichung und des Vorgehens. Man kann für Lehrpersonen dabei zwei Massnahmenkategorien unterscheiden: Sie können (a) als *Ko-Regulationsinstanz* agieren oder (b) bei Bedarf *systematische Förderungsstrategien* einsetzen.

(a) Lehrpersonen agieren spontan als Ko-Regulationsinstanz, wenn es z.B. darum geht, adäquate Strategien zu entdecken (Perry & Rahim, 2011).
Hinweise zu Entdeckungsstrategien und gegenseitigem Support:
• Was könnte (Name) tun?
• Diejenigen, die gefragt haben: Schaut mal her, wie das (Name) gemacht hat!

Auch durch offene Fragen und Hinweise kann Schülerinnen und Schülern geholfen werden, Probleme zu bewältigen:
• Erzähle mehr zu diesem Vorgehen!
• Was hast du heute genau gemacht?
• Hast du richtig begonnen?
• Bis du dran geblieben?
• Wie können wir schnell herausfinden, auf welcher Seite etwas geschrieben war?

Auch eigene, innere Gedankengänge können angeregt werden:
• Manchmal ist es am schwierigsten, sich überhaupt für ein Thema entscheiden zu können.

(b) Soll *Selbststeuerung* über diese punktuellen Hinweise hinaus *systematisch* gefördert werden, dann sind individualdiagnostische Massnahmen der Selbstüberwachung unumgänglich. Zimmermann, Bonner und Kovach (1996) schlagen einen Zyklus von Lernschritten vor, die programmatisch durchlaufen werden sollten.

Tab. 3-7: Förderung der Selbststeuerung.

Zielsetzung und Strategieplanung:	Was nehme ich mir vor, und wie will ich es erreichen? Welche Erwartungen habe ich an mich?
Umsetzungsmassnahmen und ihre Überwachung:	Was habe ich gemacht, und wie ist es gelaufen?
Ergebnis überwachen:	Was habe ich bis jetzt erreicht? Bin ich damit zufrieden?
Neue Zielsetzung:	Was nehme ich mir künftig vor?

Entsprechende Fragen und Kategorien können als Prompts für Instrumente genutzt werden, die der Überwachung des eigenen Lernens dienen, wie beispielsweise Lerntagebücher oder Lernjournale.
Auf einfache Weise können auch bereits jüngere Kinder zu solchen Strategien herangeführt werden:
Kinder können sich auch in einem Kreis treffen. Jedes Kind legt sein Namenskärtchen auf einen Ratingstrahl, der von ☺ bis ☹ reicht. Darauf können sich die Kinder beispielsweise einschätzen, wie gut sie gemeinsam gelernt haben. Anschliessend kann man die Gründe für die einzelnen Eintragungen sammeln und wenn notwendig überlegen, wie man es schafft, näher zu der ☺-Einschätzung zu kommen.

Würde man sich darauf beschränken, beispielsweise Lerntagebücher zu verfassen oder Lernerfahrungen festzuhalten, die von der Lehrperson bestenfalls kommentiert, aber nicht systematisch gefördert werden, dann scheint dies nach den vorliegenden Erkenntnissen eher folgenlos zu bleiben. Gerade Kinder und Jugendliche, denen es an Strategien der Selbststeuerung mangelt, benötigen eine systematische Förderung.
Möchten Lehrpersonen bestimmte Schülerinnen und Schüler über Feedbacks zu vermehrter Selbststeuerung hinführen, dann ist präventiv *negativen Nebenwirkungen* zu begegnen. Je mehr durch eine Feedbackintervention die Aufmerksamkeit weg von der Aufgabe (s. oben „Feedbackgestaltung") und hin zur Auseinandersetzung mit dem Selbst, bzw. auf die Metaebene gelenkt wird, desto eher kann sich die getroffene Massnahme negativ auf den Lernerfolg auswirken (Kluger & DeNisi, 1996). Krause (2007, 52f.) relativiert diese Aussage. Er argumentiert, zielführende Metaprozesse, wie die Reflexion des eigenen Lernverhaltens und das Verständnis einer Aufgabe seien für einen erfolgreichen Lernprozess positiv zu werten. Dies würden auch entsprechende Studien bestätigen. Je nach Lernziel kann somit auch die Ebene der Metaprozesse angesprochen werden. Wesentlich

scheint jedoch zu sein, dass die beiden Bereiche (die Lernaufgabe und das Selbst) nicht vermischt, sondern als strikt getrennte Zielsetzungen behandelt werden.

3.2.7 Vorkehrungen gegenüber negativen Nebenwirkungen bei Differenzierungsmassnahmen

Neben den angesprochenen Handlungsempfehlungen ist der Blick auch auf mögliche Nachteile zu richten, die bei Differenzierungsmassnahmen zu beobachten sind. Im Folgenden werden vier Aspekte hervorgehoben:

1. Erwähnt worden sind problematische Effekte auf das Selbstkonzept aufgrund stabiler Gruppenzuweisungen von schwächeren Schülerinnen und Schülern. Problematisch ist dies insbesondere dann, wenn das Selbstkonzept der Schülerinnen und Schüler mit ihrer Zuordnung zu Master- oder Nonmastergruppen in Konflikt gerät (Macintyre & Ireson, 2002). Dies ist beispielsweise dann der Fall, wenn Schülerinnen und Schüler überzeugt sind, die Anforderungen erfüllen zu können und den Stoff trotzdem mit den schwächeren Schülerinnen und Schülern noch einmal durcharbeiten müssen. Die Gruppeneinteilungen sind ihnen infolgedessen zu begründen und sollten sich auf nachvollziehbare diagnostische Informationen stützen. Gruppenzuweisungen sollten deshalb flexibel vorgenommen werden. Bei neuen Themen soll die Gruppe je nach aktuellem Lernstand gewechselt werden können. Ferner ist auch die Wirksamkeit heterogener Gruppen, insbesondere für schwächere Schülerinnen und Schüler, in Betracht zu ziehen.

2. Mehrfach ist zudem festgestellt worden, dass Lehrpersonen dazu tendieren können, schwächere Schülerinnen und Schüler oder Gruppen mit Lernenden, die noch Schwierigkeiten haben, vorzugsweise mit Drill- und repetitiven Übungsaufgaben zu versehen (Tieso, 2003). Diese Strategie erleichtert ihnen das Klassenmanagement. Die Schülerinnen und Schüler haben weniger Fragen und nehmen die Lehrperson in geringerem Masse in Anspruch. Weil die Lösungen eindeutig sind, können sie fast alles selbst kontrollieren. Durch diese Praxis werden die schwächeren Schülerinnen und Schüler jedoch von passenden anspruchsvolleren Aufgaben depriviert. Hierbei besteht, die Gefahr, dass sich die Leistungsschere nach unten immer weiter öffnet. Auch für die schwächeren Schülerinnen und Schüler sollten deshalb anspruchsvolle Minimalziele formuliert werden (Hugener et al., 2008).

3. Die Tendenz der Lehrpersonen, vermehrt kognitiv wenig herausfordernde Übungen einzusetzen wird umso verständlicher, wenn sie mit gesteigerten Ansprüchen in Beziehung gesetzt wird, die das Klassenmanagement in einem eher offenen, bzw. differenziert organisierten Unterricht verlangt. Die Situation ist weniger geregelt als der gängige Unterricht. Nicht mehr alle Schülerinnen und Schüler machen dasselbe zum selben Zeitpunkt. Doyle (1986) weist in diesem Zusammenhang darauf hin, dass vermehrte Wahlmöglichkeiten der Lernenden

und die gesteigerte Mobilität im Klassenzimmer die Komplexität im sozialen System erhöhe. Aus der Perspektive des Klassenmanagements sei es ausserdem wichtig, dass das Involvement der Schülerinnen und Schüler verbessert werden kann. Eine Zentrierung des Unterrichts auf die Schüler bewirke nicht notwendigerweise eine Verbesserung der Lernergebnisse. In vielen Fällen treffe sogar das Gegenteil zu. Umso bedeutsamer seien ein klares Management und passende Kontrollmassnahmen seitens der Lehrperson. Diese gesteigerten Ansprüche können nicht von allen Lehrpersonen im selben Masse erfüllt werden. Angesichts der Bedeutung, die der Klassenführung für den Unterrichtserfolg zukommt, weist diese Feststellung auf eine bei Differenzierungsfragen vielfach vernachlässigte Herausforderung hin.

4. Ein einseitiger Einsatz von Wochenplänen oder Lernen an Stationen kann ferner die Auseinandersetzung mit den Lerninhalten hemmen. Dies ist dann der Fall, wenn Schülerinnen und Schüler mehrheitlich einzeln arbeiten (vgl. Scherer & Moser Opitz, 2010, 52). Diskussionen über interessante Problemfragen im Klassenverband oder in Kleingruppen finden kaum mehr statt. Dadurch fehlt die soziale Auseinandersetzung mit den Lerninhalten und damit eine Voraussetzung für erfolgreiche Lernprozesse.

3.3 Fazit: Design der Lernumgebung

Die in diesem Kapitel aufgelisteten theoretischen und empirischen Angaben sind mannigfaltig. Damit sie planungsrelevant werden, sind sie zu ordnen. Einen möglichen Zusammenhang zeigt Abb. 3-7. Er bildet das Grundgerüst der vorliegenden Konzeption. Die Darstellung zielt nicht auf Vollständigkeit. Über die verschiedenen Handlungsempfehlungen soll eher ein grosser Bogen geschlagen werden. Im Zentrum steht die Lernumgebung. Lernumgebungen werden von der Lehrperson unter Berücksichtigung schulischer Rahmenbedingungen, der curricularen Vorgaben und der persönlichen Voraussetzungen der Schülerinnen und Schüler geplant und „mitgestaltet". Im Weiteren werden die Lernergebnisse, die in der Lernumgebung zustande gekommen sind, evaluiert. Im Folgenden werden die einzelnen Strukturelemente mit zentralen der zuvor erarbeiteten Argumente in Beziehung gesetzt.

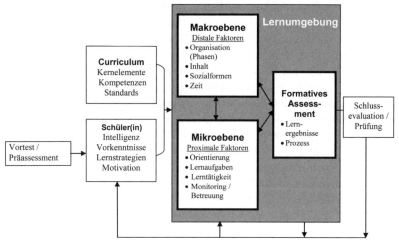

Abb. 3-7: Vorstruktur zur Planung differenzierten Unterrichts.

Schülerinnen und Schüler: Es ist nicht nur die kritische Leistungsschwelle, die Anpassungen der Aufgabenstellungen und der Lernzeit erforderlich machen. Die ATI-Forschung betont darüber hinaus, dass auch eine Interaktion zwischen methodischen und personalen Voraussetzungen der Lernenden bestehe. Schulschwachen Kindern und Jugendlichen kommen direkte Unterrichtsformen eher entgegen. Manchmal fehlen ihnen auch wesentliche Voraussetzungen für selbstständiges Arbeiten. Leistungsstärkere und kreative Schülerinnen und Schüler können in offenen Situationen hingegen durchaus erfolgreich lernen. Voraussetzungen der Schülerinnen und Schüler werden in allen aufgeführten Studien als zentrales Planungselement angesprochen. Dies bedeutet, dass sich Lehrerinnen und Lehrer bei der Gestaltung von Lernumgebungen den Kenntnisstand der Lernenden bewusst machen und Bedingungen schaffen, die diesem Vorwissen nahe kommen. Wenn notwendig, werden Vortests durchgeführt, die Aufschluss über die Voraussetzungen der Schülerinnen und Schüler vermitteln können.

Curriculum: Im empirischen Teil wurde die Frage aufgeworfen, ob Veränderungen in der Unterrichtspraxis auch an curriculare Reformen gekoppelt sein sollten. Weil davon auszugehen ist, dass zwischen den Lernenden beträchtliche Unterschiede bestehen, wird diese Forderung in Abb. 3-7 mit den Voraussetzungen der Lernenden in Verbindung gebracht. Im Speziellen ist zu klären, wie sogenannte fundamentale Kernelemente (Tomlinson et al., 2003), bzw. Basisstandards bestimmt werden können, die für nahezu alle Schülerinnen und Schüler als verbindlich angesehen werden können. Auch Wahlmöglichkeiten, die Schülerinnen und Schülern zugestanden werden, verlangen nach legitimierenden Argumenten.

Lernumgebung: Lernumgebungen müssen wie erwähnt, das Vorwissen, die Fähigkeiten und nicht kognitive Merkmale der Lernenden berücksichtigen. Bei der Planung sind drei Designperspektiven wegweisend.

- Grundlegend auf der *Makroebene* (Lipowsky, 1999) ist der Wechsel zwischen direkter Instruktion und offen organisierten Phasen, wo auch nach eigenem Lerntempo gelernt werden kann. Die Abfolge sollte auf den methodischen Gang des Unterrichts und auf den Inhalt abgestimmt sein. Relevant ist in diesem Zusammenhang die flexible Einteilung in homogene oder heterogene Gruppen, die für remediales Lernen notwendig werden. Dies erfordert einen flexiblen Umgang mit Zeit. Bei diesen Aspekten handelt es sich um distale Faktoren. Diese beeinflussen die konkrete Lerntätigkeit indirekt (vgl. Seidel & Shavelon, 2007). Das bedeutet: Es handelt sich um Bedingungen der Möglichkeit, das Lernen zu optimieren. Wenn beispielsweise mehr Zeit für das Lernen von Basis- oder Kernzielen zur Verfügung steht, bedeutet dies nicht, dass die Lernenden diese Zeit auf der Mikroebene (s. unten) auch produktiv nutzen. Deshalb sind auf der Mikroebene Massnahmen zu treffen, die das Lernen direkter anregen können.
- Kern auf der Mikroebene sind die konkreten Lernaktivitäten der Schülerinnen und Schüler. Klare Zielsetzungen, was zu tun ist, vermitteln die notwendige Orientierung beim Lösen der Lernaufgaben. Von Bedeutung sind auch metakognitive Kompetenzen wie Lernstrategien und Aspekte der Selbstreflexion. Dies dürfte etwa ab dem zehnten/elften Lebensjahr der Fall sein, wenn eine realistische Selbstwahrnehmung einsetzt (Hasselhorn & Labuhn, 2008). Notwendig ist ferner eine Balance zwischen Routineaufgaben und bedeutungsvollen Problemstellungen. Dies gilt auch für lernschwächere Schülerinnen und Schüler, die nicht ausschliesslich mit repetitiven Routineaufgaben konfrontiert werden sollten. Massnahmen der Lehrpersonen auf der Mikroebene können global zu adaptiven Praktiken gebündelt werden wie z.B.: angeleitete Einarbeitung, selbstständiges Weiterarbeiten, Überwachen und Begleiten der Lernergebnisse, Wahlmöglichkeiten anbieten, Stützstrategien einsetzen. Diese proximalen Prozesse auf der Mikroebene sind wie oben erwähnt für den Lernerfolg ausschlaggebend.
- Das Ergebnis der Lernprozesse, d.h. der *Lernerfolg* der einzelnen Schülerinnen und Schüler kann jedoch nur überprüft und modifiziert werden, wenn ein Controlling, resp. Feedbacksysteme zur Verfügung stehen, die Gelegenheit für adaptive Massnahmen vermitteln. Deshalb sollten die individuellen Lernstände im Unterricht kontinuierlich beobachtet werden (Horváth & Partners, 2003). *Formatives Assessment* informiert Schülerinnen, Schüler und Lehrpersonen über realisierte Lernfortschritte im Lernprozess. Sie erlauben es, in der Lernumwelt flexible Anpassungen vorzunehmen und machen die Lernenden zugleich darauf aufmerksam, wo sie stehen. Periodische Lernkontrollen wurden in verschiede-

nen der genannten Studien erwähnt, wobei betont wird, dass sie vor allem für das weitere Lernen genutzt werden sollten. Auf diese Weise kann das Lernen überwacht und modifiziert werden. Daneben können Feedbacks zum Lernverhalten und zu den sozialen Prozessen die Notwendigkeit der Selbststeuerung bewusst machen.

Schlussevaluation: Neben Lernkontrollen, die den Lernprozess begleiten, ist es jedoch auch notwendig, den Lernerfolg nach Abschluss der Lerneinheit in Form von Tests oder Prüfungen zu evaluieren. Auch Schlussevaluationen können die Gestaltung künftiger Lernumgebungen beeinflussen. Zugleich liefern sie diagnostische Angaben zum Leistungsvermögen der einzelnen Schülerinnen und Schüler. Die Elemente, die in Abb. 3-7 eine binnendifferenzierte Planung von Lernumwelten konstituieren, werden im folgenden Kapitel im Einzelnen konkretisiert. Wie erwähnt, soll damit der Anspruch eingelöst werden, auch theoriebasiertes *Wissen für die Praxis* zu generieren. Es geht um die Entwicklung von geeigneten *Designs*. Diese sind fundiert durch die dargelegten Erkenntnisse aus Empirie, fundamentalen Bezugs- und handlungsleitenden Theorien. Solche Erkenntnisse können das Design geeigneter Lernumwelten anregen. Sie sind jedoch nicht schon Lernumwelten, so wenig wie Nahrungsmittel ein fertiges Gericht sind.

4 Diagnose der Lernvoraussetzungen

Jede Lehrerin und jeder Lehrer wünscht sich eine kleine, übersichtliche Klasse, interessierte und begabte Schülerinnen und Schüler, deren Potenzialen sie möglichst gerecht werden kann. Doch die Verhältnisse sind nicht so. Die Voraussetzungen, die Schülerinnen und Schüler für den Unterricht mitbringen, sind erstens sehr unterschiedlich und zweitens sind es meist nur wenige Kinder und Jugendliche, die alle Erwartungen erfüllen können. Die eigentliche Herausforderung für die Unterrichtsgestaltung ist infolgedessen darin zu sehen, die unterschiedlichen Bedürfnisse der Schülerinnen und Schüler zur Kenntnis zu nehmen und sie, wie in Abb. 3-7 dargestellt, bei der Planung und Durchführung von Unterricht zu berücksichtigen. Zum einen sind dabei kognitive Unterschiede beim Lernen massgebend wie Intelligenz, Vorkenntnisse im betreffenden Wissensgebiet oder verfügbare Lernstrategien. Im Weiteren spielen die Lernmotivation, Konzentrationsfähigkeit sowie soziale und emotionale Bedingungen des Lernens eine Rolle, etwa die Ängstlichkeit oder die Kommunikationsfähigkeit (Wild, Hofer & Pekrun, 2001). Möchte man bei der Gestaltung von Lernumwelten dennoch eine gewisse Handlungsfähigkeit bewahren, ist man gezwungen, die Vielfalt der Voraussetzungen für das Lernen auf zentrale Merkmale zu reduzieren. Zu diesem Zweck werden die fraglichen Voraussetzungen der Schülerinnen und Schüler im Folgenden drei grundlegenden Bereichsklassen zugeordnet. Massgebendes Kriterium ist ihr mehr oder weniger enger Bezug zum fachlichen Lernkontext in der Praxis.

1. Von Bedeutung sind zum einen Merkmale von Schülerinnen und Schülern, die das *Lernen unabhängig vom fachlichen Kontext* beeinflussen. Kinder und Jugendliche unterscheiden sich beispielsweise hinsichtlich ihrer allgemeinen Intelligenz oder auch in ihrem Vermögen, sich auf den Lernstoff zu konzentrieren.
2. Ein weiterer Bereich betrifft unterschiedliche Voraussetzungen, die Kinder und Jugendliche *für ein bestimmtes Fach* oder ein Fachgebiet mitbringen. Als Beispiel für diesen Kontext kann das Leistungsvermögen oder das Interesse an einer Fremdsprache genannt werden.
3. Daneben kann relevantes Vorwissen in einem *spezifischen Stoffgebiet innerhalb eines Faches* interessieren. So könnte man etwa beim Rechtschreibenlernen Fehlertendenzen erfassen, damit im Anschluss daran individuell an Fehlerschwerpunkten gearbeitet werden kann.

Die drei Bereiche werden im Folgenden erläutert. Neben Handlungsempfehlungen werden gemäss Abb. 2-3 auch grundsätzliche theoretische Überlegungen vorgebracht. Konkrete Designtools ergänzen die Angaben.

4.1 Besonderheiten der pädagogischen Diagnostik

Wie die einschlägige Literatur nahe legt, kann bei der Diagnose der Lernvoraussetzungen zwischen einer psychologisch geprägten Testdiagnostik und pädagogisch ausgerichteter Förderdiagnostik, die während des Unterrichts vollzogen wird, unterschieden werden. Testdiagnostik verfolgt den Anspruch Merkmale objektiv, zuverlässig und gültig zu erfassen. Zentral ist die Genauigkeit des Urteils (Ingenkamp, 1997). Gelten diese Gütekriterien auch für Lehrkräfte? Helmke (2009, 128) verneint dies und argumentiert, dass Lerndiagnosen während des Unterrichts keineswegs besonders genau zu sein bräuchten, vorausgesetzt der Diagnostiker sei sich der Ungenauigkeit, Vorläufigkeit und Revisionsbedürftigkeit seiner Urteile bewusst (a.a.O., 128). Hascher (2008, 75) spricht in solchen Fällen von einer „semiformellen Diagnostik". Sie bezeichnet damit Tätigkeiten, „die nicht den Kriterien der formellen Diagnostik genügen, aber nicht nur zu impliziten Urteilen führen" (a.a.O., 75). Beobachtungen werden nach dieser Auffassung zwar gezielt durchgeführt, sie können aber nicht Ansprüchen genügen, die an formelle diagnostische Tests gestellt werden. Dennoch kommen Hesse und Latzko (2009, 32) nach Durchsicht der einschlägigen Literatur zum Schluss, „dass Lehrkräfte *im Durchschnitt* (im Orig. unterstrichen) gute Diagnostiker sind". Doch welche Funktionen dieser diagnostischen Bemühungen sind für das Lernen der Schülerinnen und Schüler von Bedeutung? Helmke (2009, 129) nennt die folgenden Punkte:

Verlaufsdiagnostik: Für die Steuerung des Lernens im Unterricht sind Informationen über Verhaltens-, Wissens- und Motivationsänderungen der Schülerinnen und Schüler und darauf einwirkender unterrichtlicher Massnahmen bedeutsam. Diese Verlaufsdiagnostik erfordert auch eine ausgebildete Kompetenz zur Selbstdiagnose. Wahrgenommen werden erwartungskonforme und erwartungswidrige Veränderungen im Prozessgeschehen.

Orientierung an der individuellen Bezugsnorm: Lehrpersonen registrieren und bewerten die Leistungen auf der Basis früher erzielter Ergebnisse. Sie stützen sich nicht ausschliesslich auf sozial- oder kriterienorientierte Bezugssysteme.

Pädagogisch günstige Voreingenommenheit: Lehrpersonen müssen sich nicht durch „neutrale Objektivität" auszeichnen. Helmke fordert sogar eine systematische Verzerrung der Wahrnehmung und Beurteilung der Schülerinnen und Schüler durch ihre Lehrkräfte. Unter praktischen Gesichtspunkten sei es günstig, wenn Unterrichtende Leistungsunterschiede zwischen den Schülern mässig unterschätzten, die Leistungsfähigkeit der einzelnen Schüler jedoch leicht überschätzten, ihre Erfolge durch Begabung und ihre Misserfolge durch mangelnde Anstrengung oder nicht wirksamen Unterricht erklären würden. Damit würden sich die Lehrkräfte neue pädagogische Handlungsanreize erschliessen. Sie könnten sich unter diesen

Bedingungen auch dann noch um Lernfortschritte bemühen, wenn sie aufgrund objektiver Diagnosen schon längst resigniert hätten. Diese optimistische Erwartungshaltung von Lehrpersonen erhöhe die Wahrscheinlichkeit, dass sich pädagogische Erfolge einstellen. Dies gilt vermutlich insbesondere bei persönlichen Voraussetzungen der Schülerinnen und Schüler, die, wie Kap. 4.1 zeigt, kurzfristig nur schwer beeinflussbar sind.

4.2 Berücksichtigung persönlicher Voraussetzungen zum Lernen generell

Kein Mensch gleicht dem anderen. Unter den generellen persönlichen Voraussetzungen für das Lernen sind *Intelligenzunterschiede* den meisten Menschen wohl am ehesten bewusst. Es handelt sich dabei um die Fähigkeit, sich an neuartige Situationen, Anforderungen und Aufgaben anzupassen. Der Schulbesuch kann die Entwicklung der Intelligenz zwar anregen. Intelligenz kann jedoch nicht direkt geschult werden (Neubauer & Stern, 2007). Man ist deshalb mehr oder weniger gezwungen, sie als Voraussetzung zu akzeptieren. Für das Lernen ist eine höhere Intelligenz zweifellos mit erheblichen Vorteilen verbunden. Intelligente Menschen müssen weniger Aufwand betreiben, um ein bestimmtes Ziel zu erreichen. Nach nahezu einhelliger Meinung der Unterrichtsforscherinnen und -forscher ist das Vorwissen in einem bestimmten Bereich für das weitere Lernen jedoch bedeutsamer. Intelligenzunterschiede klären ca. 25 %, das Vorwissen jedoch zwischen 30 und 60 % der Leistungsunterschiede auf (Schrader, Helmke & Hosenfeld, 2008). Der Grund dafür liegt darin, dass neues Wissen mit bereits bestehenden Wissensstrukturen verknüpft werden muss. Die Auseinandersetzung mit bereits vorhandenem Vorwissen ist für Lehrkräfte deshalb erfolgversprechender (s. unten Kap. 4.2 und 4.3). Intelligenz ist vor allem in der Anfangsphase des Aufbaus neuer Stoffgebiete bedeutsam. Ihr Einfluss reduziert sich in dem Masse, in dem neues Wissen erworben worden ist (Schrader et al. 2008). Weniger intelligente Schülerinnen und Schüler benötigen deshalb vor allem auch in der Anfangsphase eine ihnen angemessene spezielle Begleitung und nicht erst später, wenn der Lernstoff vertieft wird.

Bei den generellen persönlichen Voraussetzungen kann man sich neben der Intelligenz auf zusätzliche kognitive, soziale und emotionale Merkmale konzentrieren, die den Erfolg des Lernens ebenfalls fachübergreifend beeinflussen können, und zwar relativ unabhängig von der Intelligenz. Ein wichtiger Faktor, der die Nutzung der Arbeitszeit in offen gestalteten Lernsituationen mitbestimmt, ist beispielsweise die Konzentrationsfähigkeit oder das Aufmerksamkeitsverhalten (Lipowsky, 1999). Kinder und Jugendliche gehen unterschiedlich zielstrebig an eine Aufgabe heran. Sie unterscheiden sich auch in der Art und Weise, wie sie sich ablenken lassen. Schülerinnen und Schüler mit einer problematischen Konzentrationsfähigkeit benötigen meist eine straffere Struktur, damit sie die verfügbare Zeit ausreichend zum Lernen nutzen können.

Die Konzentrationsfähigkeit kann auf relativ einfache Weise mit dem *d2 Revision Aufmerksamkeits-Belastungstest* von Brickenkamp, Schmidt-Atzert und Liepmann (2010) gemessen werden. Es handelt sich um einen Durchstreichetest von ca. 5 Minuten Dauer, der ab dem Alter von 9 Jahren eingesetzt werden kann. Wichtige Hinweise kann auch der *Anstrengungsvermeidungstest (AVT)* von Rollett und Bartram (1998) liefern. Frustrierende Erfahrungen in der Schule können dazu führen, dass sich eine neue Motivation entwickelt, deren Ziel es ist, Anforderungen aktiv zu vermeiden. Sie wurde von den Autoren als Anstrengungsvermeidungsmotivation bezeichnet. Ziel des Tests ist es, die schulbezogene Anstrengungsvermeidung zu erfassen. Eine zweite Skala ermittelt den schulischen Pflichteifer. Das *Lern- und Arbeitsverhalten* (LAVI) von Keller und Thiel (1998) kann zu ähnlichen Zwecken eingesetzt werden. Ungünstige Zielorientierungen zum Lernen lassen sich ebenfalls mit den Skalen zur Erfassung der Lern- und Leistungsmotivation (SELLMO-S) von Spinath, Stiensmeier-Pelster, Schöne und Dickhäuser (2002) erheben.

Folgenreich im pädagogischen Alltag sind auch Emotionen wie die Ängstlichkeit der Schülerinnen und Schüler. Ängstliche Schülerinnen und Schüler sind unsicher, haben ein negatives Selbstbild und schreiben Ursachen für Erfolg eher externalen, für Misserfolg internalen Bedingungen zu (Rost & Schermer, 2001). Solche Schülerinnen und Schüler benötigen mehr Hinweise, die ihnen Gewissheit verschaffen, auf dem richtigen Weg zu sein. Im Gegensatz zu ihnen müssten kreativen und eher extravertierten Kindern und Jugendlichen mehr Freiräume zugestanden werden, in denen sie sich freier entfalten können.

Ein geeignetes Erhebungsinstrument zur Erfassung von Angstkomponenten ist der *Angstfragebogen für Schüler (AFS)* von Wieczerkowski, Nickel, Janowski, Fittkau und Rauer (1981). Dieser Fragebogen erhebt neben Prüfungsangst, allgemeiner (manifester) Angst auch die Schulunlust. Ferner enthält der AFS eine Skala zur Erfassung der Tendenz von Schülerinnen und Schülern, sich angepasst und sozial erwünscht darzustellen (SE).[1] Insofern es sich dabei um formelle Tests handelt, ist die Kooperation mit einer Fachstelle empfehlenswert.

Allerdings eignen sich die Ergebnisse einer solchen Persönlichkeitsdiagnostik nur begrenzt für Differenzierungsanliegen (vgl. Stern, 2004). Die meisten Menschen zeigen eine mittlere Ausprägung solcher Merkmale. Merkliche Abweichungen nach oben und unten kommen selten vor. Ferner bilden solche Diagnoseinstru-

---

1 In der Schweiz können Tests bei der Testzentrale der Schweizer Psychologen bestellt werden: www.testzentrale.ch. Unter www.testraum.ch gelangt man zur Homepage der Diagnostikkommission des Schweizerischen Verbandes für Berufsberatung. Diese Kommission bewertet Tests und vermittelt Ratschläge für Praktikerinnen und Praktiker. In Deutschland können Tests beim Hogrefe Verlag www.hogrefe.de bezogen werden, bzw. bei seiner Testzentrale: www.testzentrale.de

mente nur einen Teil der Unterschiede zwischen den Menschen ab. Man kann aus ihnen infolgedessen keine gezielten Handlungsempfehlungen für die Gestaltung von Lernumgebungen ableiten.

Häufig wird gefordert, den Unterricht auch für sprachbetonte, bildorientierte oder haptische Lerntypen zu differenzieren. Die Suche nach aussagekräftigen empirischen Ergebnissen zu solchen Lerntypen verlief bislang jedoch enttäuschend (Weidenmann, 2001). Neubauer und Stern (2007) ziehen deshalb den Schluss, dass die Aufteilung in Lerntypen weder wissenschaftlich begründet noch von praktischem Nutzen sei. Im Gegenteil: Um wichtige Inhalte zu lernen, muss man auf ein breites Repertoire von Ressourcen zurückgreifen können. Je nach Aufgabe und Situation ist einmal mehr auf eine bildhafte, ein andermal mehr auf eine verbale Codierung oder auch auf manipulative Tätigkeiten zu achten. Brophy (2004) spricht sich ebenfalls dafür aus, dass sich eine Lehrperson mit 20 oder mehr Schülerinnen und Schülern nicht auch noch mit solch wenig validen Befunden auseinandersetzen kann und sich eher auf wirksamere Faktoren konzentrieren sollte.

4.3 Berücksichtigung von Voraussetzungen für ein Fach

Im Vergleich zur Intelligenz sind *Vorkenntnisse* in einem Fach oder in einem Stoffgebiet für das Lernen wie bereits erwähnt erfolgversprechender. Vorwissen erleichtert Prozesse der Informationsverarbeitung (Renkl, 1996). Bei der *Encodierung* kann die aufgenommene Information eher mit dem Vorwissen in Beziehung gesetzt werden. Die Arbeitsgedächtniskapazität ist dadurch weniger stark ausgelastet, und es sind mehr Ressourcen für weitere Informationsverarbeitungsprozesse verfügbar. Bei der *Informationsspeicherung* können neue Informationen besser in das bestehende, geordnete Wissensnetz integriert werden. Besteht bereits eine reichhaltige Wissensbasis, so sind die einzelnen Wissenseinheiten im Weiteren vielfältig miteinander verknüpft. Vorhandenes Vorwissen erleichtert deshalb auch den *Informationsabruf* aus dem Langzeitgedächtnis.

Neben dem Vorwissen sind auch *Interessen* fachspezifisch ausgerichtet. Auch sie haben sich zur Erklärung von Fachleistungen als bedeutsam erwiesen. Es ist deshalb folgerichtig, sich bei den fachbezogenen Voraussetzungen primär an diesen beiden Dimensionen zu orientieren. Sie beeinflussen das Lernen nachhaltig. Im Folgenden wird an einem Fallbeispiel deshalb etwas eingehender demonstriert, wie diese Voraussetzungen in einer Schulklasse festgestellt werden können und welche Konsequenzen man daraus ziehen kann.

Fallbeispiel

Zwei Junglehrerinnen haben ein Portrait einer 4. Klasse erstellt, das sie als Informationsgrundlage für didaktische Massnahmen im Leseunterricht nutzen möchten (Fivian & Hartmann, 2007). Sie verwendeten Aufgaben aus dem ELFE-Subtest zum Textverständnis (Lenhard & Schneider, 2006). (Ein Ein-Minuten-Leseflüssigkeitstests, der ebenfalls wenig Aufwand verursacht, enthält der SLRT-II, eine Weiterentwicklung des Salzburger Lese- und Rechtschreibtests (SLRT) von Moll und Landerl (2010). Vergleichswerte existieren für 1. – 6. Klassen und Erwachsene. Für 3. und 4.-Klässler bietet sich auch der „Hamburger Lesetest" (HAMLET) von Lehmann, Peek und Poerschke (2006) an.). Die Leselust wurde mit den folgenden Items aus dem Fragebogen von Möller & Bonerade (2007) erhoben:

- Es macht mir Spass, Bücher zu lesen.
- Wenn ich genügend Zeit hätte, würde ich noch mehr lesen.
- Ich lese gerne zu Hause.
- Beim Lesen kann ich mich herrlich entspannen.
- Beim Lesen vergeht die Zeit wie im Fluge.

Antwortskala: Stimmt gar nicht/stimmt eher nicht/stimmt eher/stimmt genau

Wenn kein standardisierter Test zur Leistungsmessung zur Verfügung steht, und das ist in der Regel der Fall, kann man den Schülerinnen und Schülern einer Klasse eine Leistungspunktzahl zuweisen. Diese kann anhand der Note im letzten Zeugnis und unter Berücksichtigung der Leistungen in den unmittelbar vorangehenden Klassenarbeiten erstellt werden. In folgender Tabelle wurden neben dem Zeugnis auch die Leistungen in den letzten beiden Prüfungen berücksichtigt. Diese werden gleich stark gewichtet wie die Zeugnisnote. In der Regel drücken sie die gesamten curricularen Leistungen in einem Fach aus.

Tab. 4-1: Ermittlung der Leistungsstreuung innerhalb einer Schulklasse für ein bestimmtes Fach.

Name der Schülerin / des Schülers	Note im letzten Zeugnis	Durchschnittsnote der beiden letzten Prüfungen	Leistungspunktzahl innerhalb der Klasse
...	5	4.6	$\frac{5 + 4.6}{2} = 4.8$
Usw.			

Demgegenüber hat ein standardisierter Test den Vorteil, dass Aussagen zur Lernentwicklung im Vergleich zu einer repräsentativen Stichprobe gemacht werden können. Das Lehrerurteil muss sich dagegen auf die Leistungsfähigkeit einer bestimmten Klasse beschränken und ist weniger aussagekräftig.

Ergebnisse des Fallbeispiels:

Das untenstehende Streudiagramm verdeutlicht die Zusammenhänge der beiden genannten Dimensionen, die mit standardisierten Verfahren erhoben worden sind.

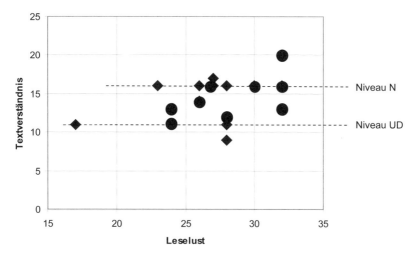

◆ = Junge; ● = Mädchen; N = Leseniveau normal; UD = Leseniveau unterdurchschnittlich

Abb. 4-1: Streudiagramm einer Schulklasse für die beiden Dimensionen Textverständnis und Leselust

Vorerst zeigt sich der bereits erwähnte Befund, dass sich die meisten Schülerinnen und Schüler um die Mitte gruppieren. Betrachtet man die Leistungskomponente etwas detaillierter, dann streuen die Werte hauptsächlich auf zwei Niveauebenen N und UD. Fünf Kinder liegen bei 11 Punkten. Ihre Leistungen sind eher unterdurchschnittlich (Niveau UD). Ein Junge unter diesen Kindern fällt etwas ab. Sieben Kinder, die um den Wert von 16 Punkten liegen, zeigen ein normal ausgeprägtes Leseverständnis (Niveau N). Drei Kinder befinden sich zwischen den beiden genannten Niveaus. Ihre Leistungen sind ebenfalls eher als normal anzusehen. Sieben bis acht Kinder gehören somit insgesamt einer relativ homogenen Leistungsgruppe an, die ein normal ausgeprägtes Leseniveau zeigt. Der Rest der Klasse umfasst Kinder mit eher unterdurchschnittlichen, aber auch Kinder mit annähernd durchschnittlichen Leseleistungen. Die Streuung zwischen diesen Kindern scheint auf diesem Leistungsniveau etwas heterogener zu sein. Ein einzelnes Mädchen verfügt zudem über ein weit überdurchschnittlich ausgeprägtes Textverständnis.

Kombiniert man diese Angaben mit den Befunden zur Lesemotivation, dann fällt ein Junge auf, der deutlich weniger Freude am Lesen hat als die übrigen Kinder dieser Klasse. Er gehört zur Gruppe der schwächeren Leserinnen und Leser. Ein Grossteil der Klasse gruppiert sich jedoch um einen relativ hohen Motivationswert, der bei 28 Punkten liegt. Vier Mädchen, darunter auch das Mädchen mit den besten Leseleistungen, liegen sogar über diesem Wert. Sie sind sehr hoch motiviert. Drei Kinder zeigen dagegen eine etwas geringer ausgeprägte Lesefreude. Die Motivation streut auf beiden Leistungsniveaus ähnlich.

Man kann aus dieser Übersicht möglich Konsequenzen für den Leseunterricht erwägen:

Berücksichtigung von Schülerinnen und Schülern mit individuellen Bedürfnissen: Eine Schülerin (hoch motivierte Spitzenleserin) und ein Schüler (wenig motivierter, eher schwacher Leser) könnten besondere Bedürfnisse haben. Die besonders begabte Spitzenschülerin könnte sich auch mit Texten auseinandersetzen, die über dem üblichen Niveau der Klasse liegen und für sie eine besondere Herausforderung darstellen. Beim Schüler mit Motivationsproblemen müsste wohl nach Ursachen gesucht und Massnehmen vereinbart werden, die ihm das Lesen attraktiver erscheinen lassen. Er sollte ähnlich wie die übrigen Schülerinnen und Schüler mit schwachen Leistungen beim Lesen manchmal auch individuell betreut werden. Insgesamt ist die Anzahl der Schülerinnen und Schüler relativ klein, denen individuell angepasste Massnahmen zugeordnet werden sollten.

Auswahl der Texte: Da die Jungen insgesamt etwas tiefere Motivationswerte angeben als die Mädchen, könnten auch Texte ausgewählt werden, die insbesondere auch Jungen interessieren (etwa Sachtexte und spezifisch ausgewählte fiktionale Texte).

Kognitive Kompetenzen: Schülerinnen und Schüler mit unterdurchschnittlichen Kompetenzen dürften teilweise mehr Zeit und Hilfe benötigen, Texte zu verstehen, die in der Klasse gemeinsam bearbeitet werden. Ihnen könnte mehr Lernzeit zugestanden werden, während sich die übrigen Schülerinnen und Schüler mit anspruchsvolleren Zusatzaufgaben beschäftigen. Im Weiteren könnte für stärkere und schwächere Schülerinnen und Schüler unterschiedlich schwieriges Lesematerial zur Verfügung gestellt werden.

Soziale Arbeitsformen: Zu überlegen wäre, ob bei Bedarf je nach Niveau oder Interesse homogene Untergruppen mit Kindern gebildet werden könnten, die ähnliche Fähigkeiten haben.

Gezielte individuelle Trainings: Mit Hilfe des ELFE-Trainingsprogramms (Lenhard & Lenhard, 2006) liessen sich Wort-, Satz- und Textverständnis Ende 1. bis 6. Klassenstufe bei einzelnen Kindern auch gezielt trainieren. Es handelt sich dabei um ein Computerprogramm, das die Kinder nach einer Einführung auch ohne Hilfe der Lehrperson handhaben können.

Die Lehrperson kann sich bei ihren adaptiven Massnahmen für einen längeren Zeitabschnitt an diesen Angaben orientieren. Der Diagnoseaufwand ist einmalig und hält sich somit durchaus in Grenzen. Die im vorliegenden Fall gewonnenen Informationen gelten im Übrigen nicht nur für den Leseunterricht, denn Texte müssen in fast allen Fächern gelesen und verstanden werden. Lehrerinnen und Lehrer können sich bei diesem Vorhaben an praxistauglichen Hilfsmitteln orientieren, wie sie beispielsweise Niedermann, Schweizer und Steppacher (2007) in ihrer förderdiagnostischen Publikation für die Fächer Sprache und Mathematik zusammengetragen haben. Ein ökonomisch einsetzbares kombiniertes Leistungsinventar zur allgemeinen Schulleistung und für Schullaufbahnempfehlungen für die Klasse 4 wurde ebenfalls von Lenhard, Hasselhorn & Schneider (2011) entwickelt. Gemessen werden (1) das akademische Selbstkonzept in den Bereichen Deutsch und Mathematik, (2) Lesen (Testverständnis), (3) Sachrechnen, (4) Geometrie, (5 Schreiben).

Von der Lesemotivation, die auf eine bestimmte Kompetenz ausgerichtet ist, kann das Interesse oder die Motivation an einem Fach insgesamt unterschieden werden. Die fachspezifische Berücksichtigung des Interesses meint, dass Schülerinnen und Schülern nicht generell interessiert bzw. desinteressiert sind. Menschen interessieren sich nur für gewisse Dinge und für andere eben nicht (s. dazu Kap. 9). Dasselbe gilt selbstverständlich auch für den schulischen Unterricht. Interesse wird deshalb als Beziehung einer Person zu einem Gegenstand, bzw. einem Fach gesehen, das je nach Fach, aber auch innerhalb der Themenvielfalt eines Faches, variieren kann. Interesse an einem Fach hat sich über vorausgehende Erfahrungen allmählich herausgebildet. Es ist abhängig von Kompetenzrückmeldungen und deren Bewertung im sozialen und interindividuellen Vergleich. Mit zunehmendem Alter unterscheiden sich die Schülerinnen und Schüler deutlicher in ihren Interesseprofilen (Baumert & Kunter, 2006). Möchte man das Interesse an einem Fach messen, kann dies mit folgenden Fragen versucht werden:

- Ich finde … einfach sehr interessant.	(… F ach einsetzen)
- Ich halte das Fach … für sich wichtig.	
- Aufgaben im Fach … zu lösen macht mir wirklich Spass.	
- Mir ist eine gute …note sehr wichtig.	
- Ich meine, dass man den Stoff in … auch später gut gebrauchen kann.	
- Ich hasse alles, was mit … zu tun hat.	
- Mir ist es wichtig, in … gut zu sein.	

Antwortskala: Trifft überhaupt nicht zu / trifft eher nicht zu / trifft eher zu / trifft völlig zu

Wenn fachspezifisches Interesse vorhanden ist, dann ist ein kognitiv anregendes didaktisches Arrangement eine gute Voraussetzung für eine wenig problematische Interaktion zwischen Lehrenden und Lernenden. Kritisch sind die Fälle, wo wenig Interesse oder sogar Abneigung gegenüber einem Fach vorhanden ist. Mit Schülerinnen und Schülern, die an einem Fach wenig Interesse zeigen, könnten dennoch Tätigkeiten gesucht werden, die sie vielleicht eher als positiv erleben (vgl. die Ausführungen in Kap. 9). Man könnte sich auch mit ihnen unterhalten, wie wichtig die Kenntnisse in einem Fach für das spätere Leben sein können und sich dabei auch der Mittel extrinsischer Motivierung bedienen. Bei älteren Schülerinnen und Schülern wären bei ausgeprägtem Desinteresse in einem Fach auch Abwahlen von Fächern oder Fachbereichen zu prüfen, die durch Mehrleistungen in anderen Stoffgebieten zu kompensieren wären. Dazu wären die bildungspolitischen Voraussetzungen zu schaffen. Lehrpersonen allein können nicht alles leisten.

Anstelle der Motivation oder dem Interesse an einem Fach könnte auch das fachspezifische Selbstkonzept (s. auch oben: Lenhard et al., 2011) erhoben werden. Dabei handelt es sich um Vorstellungen und Bewertungen, die die eigene Person in einem Fach betreffen. Vor allem in stark vorstrukturierten Fächern wie beispielsweise Mathematik, die weniger Spielräume für individuelle Interessen eröffnen, kann es sinnvoll sein, Schülerinnen und Schüler über ihr Selbstkonzept zu befragen. Man kann versuchen, das Selbstkonzept mit folgenden Fragen einschätzen zu lassen (vgl. Trautwein, 2003, 91):

- … würde ich viel lieber machen, wenn das Fach nicht so schwer wäre.   (… Fach einsetzen)
- Für … bin ich einfach nicht genug begabt.
- Bei manchen Sachen in … weiss ich zum vorneherein: „Das kann ich nie."
- … liegt mir nicht so gut.

Antwortskala: Trifft überhaupt nicht zu / trifft eher nicht zu / trifft eher zu / trifft völlig zu

Schülerinnen und Schüler mit einem geringen fachlichen Selbstkonzept fühlen sich in den entsprechenden Lektionen meist unwohl. Sie beteiligen sich deshalb weniger am Unterrichtsgeschehen oder können den Unterricht sogar stören. Interventionsmassnahmen in Form von Aufforderungen oder Ermahnungen allein wären in solchen Fällen wohl wenig erfolgversprechend. Schülerinnen und Schüler mit einem geringen fachspezifischen Selbstkonzept sind primär auf Erfolgserlebnisse angewiesen. Diese werden durch individualisierte Massnahmen wahrscheinlicher, etwa dann, wenn individuelle Fortschritte angemessen gewürdigt werden können.

Die Skalen zur Erfassung des schulischen Selbstkonzepts (SESSKO) von Schöne, Dickhäuser, Spinath und Stiensmeier-Pelster (2002) erfassen zudem das generelle Bild, das Schülerinnen und Schüler von ihren eigenen Fähigkeiten haben. Die Erfassung dauert 7 bis 15 Minuten. Diese Diagnose sollte jedoch von einer Fachperson durchgeführt werden. Es handelt sich dabei nicht mehr wie eingangs erwähnt um eine „semi-formelle" Diagnostik.

4.4 Spezifische Voraussetzungen innerhalb eines Faches

Stoffbezogene Merkmale betreffen inhaltliche Ausschnitte in einem Fach. Bei bestimmten Inhalten kann es angezeigt sein, bereits bestehende Kenntnisse zu erheben und das weitere Lernen darauf abzustimmen oder zuvor Lücken zu schliessen. Im Folgenden werden drei strategische didaktische Voraussetzungsbereiche unterschieden.

Vorkenntnisse für lebensnützliche Qualifikationen feststellen

Es gibt lebensnützliche Qualifikationen, die für eine vernünftige Bewältigung alltäglicher Situationen in unserer Gesellschaft hilfreich oder unverzichtbar sind. Es wäre pädagogisch nicht verantwortbar, sie zu vernachlässigen. Sie müssen deshalb immer wieder geübt werden. Doch gerade bei solchen lebensnützlichen Qualifikationen bestehen oft grosse Unterschiede zwischen den Schülerinnen und Schülern.

Beispiele zur Diagnose lebensnützlicher Qualifikationen:
Ein typisches Beispiel dafür ist der *Rechtschreibeunterricht*. Beispielsweise berichtet eine 5.-Klässlerin zu Hause freudig, dass sie in den letzten Diktaten immer Null Fehler gemacht habe. Sie verfügt offensichtlich über grundlegendes Wissen in Orthographie und könnte sich ohne weiteres anderen Inhalten zuwenden. Gleichzeitig dürften sich in ihrer Schulklasse Kinder befinden, die mit der Rechtschreibung noch grosse Mühe haben. Durch ein möglichst gezieltes Vorgehen könnten sie speziell gefördert werden. Dabei könnte man sich auch an sprachwissenschaftlichen Befunden orientieren. Die Hälfte der Rechtschreibefehler lassen sich nach Brügelmann (1992) beispielsweise in die folgenden beiden Bereiche einteilen, die besonders beachtet werden könnten: 20 % betreffen die Regeln für Gross- und Kleinschreibung, 30 % die Kennzeichnung kurzer und langer Vokale (Dehnung und Schärfung). Mit einem geeigneten Vortest könnte der Lernstand der Schülerinnen und Schüler erhoben werden, der im Anschluss daran ein angepasstes individuelles Vorgehen erlaubt. Auch Lehrmittel beinhalten teilweise entsprechende Verfahrensweisen (Beispiel: Czerwenka und Krenn, 2007: „Durchstarten" – Rechtschreibung Übungsbuch. Linz, Veritas-Verlag). Daneben existieren auch elaborierte Diagnoseverfahren, die für Lehrkräfte gut handhabbar sind, z.B. DoRA (Löffler & Meyer-Schepers, 1992), eine Fehlertypologie, die Aufschluss über den aktuellen Stand der Rechtschreibentwicklung eines Schülers oder einer Schülerin gibt. Neuerdings wurde von den beiden Autorinnen ein computerbasiertes Testsystem „gutschrift/diagnose" für den Einsatz in Schulen entwickelt (Meyer-Schepers & Löffler, 2008). Es umfasst die Schriftkompetenz der 1. bis 6. Jahrgangsstufe. Durch einen Vergleich mit einem Referenzwert können Lehrerinnen und Lehrer genau erkennen, ob sich die Schriftkompetenz ihrer Schülerinnen und Schüler wunschgemäß aufbaut. Wird ein Rückstand gegenüber der Referenzgruppe diagnostiziert, können sie durch den „gutschrift-Förderplan" exakt darauf reagieren. Thomé und Thomé (2004a) haben die „Oldenburger Fehleranalyse OLFA"[2] konzipiert, die jetzt als Handbuch vorliegt und in den Klassen 3 bis 9 einsetzbar ist. Gegenüber testabhängigen Rechtschreibanalysen bietet OLFA die Möglichkeit, aus frei formulierten Texten Aussagen über die orthographische Kompetenz zu gewinnen. Im Vergleich zu quantitativen Leistungsmessungen ist dieses qualitative Verfahren allerdings etwas aufwendiger. Fehleranalysen können jedoch ohne Belastung der Schülerinnen und Schüler durchgeführt werden. Berücksichtigt werden ferner drei Entwicklungsgruppen von Lernenden (vgl. Thomé & Thomé, 2004b). Weiter entwickelt wurde auch der SLRT (Salzburger Lese- und Rechtscheibtest von Moll und Landerl (2010)). Der Rechtschreibetest kann ab 2. bis Anfang 5. Schulstufe eingesetzt werden. Dieser Test empfiehlt sich insbesondere für Kinder, die in Bezug auf die Rechtschreibeleistung bereits auffällig geworden sind. Für den Einsatz in den Klassen 1 bis 9 eignet

---

2 Zu beziehen über: www.isb-oldenburg.de

sich ebenfalls die Hamburger Schreibprobe HSP (May, 2010). Für die Sekundarstufe I steht neben der HSP 5-9 B (Basisanforderungen) darüber hinaus auch die HSP 5-9 EK (Erweiterte Kompetenz) für die Erfassung fortgeschrittener Rechtschreibsicherheit zur Verfügung. Beide Versionen können auch kombiniert werden. Da sich die meisten Fehlertypologien auf sprachwissenschaftliche Grundlagen stützen, wird vor dem Einsatz gewisser standardisierter Verfahren der Besuch ergänzender Fortbildungsveranstaltungen empfohlen. Die Testresultate erlauben es jedoch, dass anschliessend über eine längere Zeitspanne gezielt geübt werden kann und dass man von Zeit zu Zeit feststellen kann, ob sich der Lernerfolg in schriftlichen Arbeiten niederschlägt. Die Belastung für Lehrkräfte wird mit solchen Testverfahren in der Regel erheblich reduziert.

Von Bedeutung ist, dass dazu auch Medien zur Verfügung stehen, die eine individuelle Förderung erlauben. Das *Würzburger orthographische Training WorT* (Berger, Küspert, Lenhard & Marx, 2009) eignet sich bei ausgeprägten und auch bei weniger gravierenden Formen von Lese-Rechtschreibschwierigkeiten. Je nach Diagnose üben die Kinder verschiedene Rechtschreibphänomene anhand von Arbeitsblättern, Lernspielen und Wort- und Bildkarteien. WorT kann im regulären Unterricht oder auch in Fördergruppen zum Einsatz kommen. Von Enders und dem Institut für Diagnostik (2010) wurde für die Sekundarstufe I das Methoden Magazin „Lesen und Schreiben in der Sekundarstufe I" publiziert. Der Band beinhaltet Diagnose und Übungsblätter zur Förderung bei Lese-Rechtschreibe-Schwäche (LRS). Für die 4.-8. Klassenstufe wurde das Morphemunterstütze Grundwortschatz-Segmentierungstraining MORPHEUS konzipiert (Kargl & Purgstaller, 2010). Bei älteren Schülerinnen und Schüler eignet sich das Programm auch zum Selbststudium, was für differenzierte Unterrichtsformen vorteilhaft ist. Als Grundprinzip der deutschen Orthographie wird das Stammprinzip genutzt. Wörter werden in Vor- und Nachsilben, bzw. Wortstämme zerlegt. Darüber hinaus werden die wichtigsten orthographischen Regeln vermittelt: Doppelkonsonanten, Dehnungs-h, S-Schreibung, ie als Dehnungszeichen. Verlage haben auch Lernsoftware entwickelt, wie das Paket „Diktattrainer-plus" (Cornelsen-Verlag) für Kinder und Jugendliche der Klassen 3-8 oder „Rechtschreiben interaktiv" (Westermann-Verlag) für ältere Schülerinnen und Schüler. Diese Pakete kombinieren in der Regel Diagnose, Regelvermittlung und Übungen und gestatten individuelle Lernwege. Daneben existieren auch Online-Übungen wie beispielsweise unter www.lernareal.ch.

Ähnliche Ansprüche gelten beispielsweise auch für Anforderungen beim Einmaleins, beim Prozentrechnen oder etwa für das Rechnen mit Dreisatz. Diese Kompetenzen sind für die Bewältigung alltäglicher Lebenssituationen in manchen Fällen ebenfalls unverzichtbar.

Voraussetzungen zu einem neuen Thema klären
Wird ein neuer Inhalt eingeführt, dann verfügen Schülerinnen und Schüler über unterschiedliche spezifische Vorkenntnisse. Dividieren können ist eine Voraussetzung, dass das Rechnen mit Brüchen verstanden wird. Vorkenntnisse über

Raum- und Flächenmasse erleichtern die Auseinandersetzung mit dem Rechnen in Potenzen. Auch die Multiplikation als verkürzte Schreibweise der Addition sollte dabei bekannt sein. Vor der Einführung in das Prozentrechnen sind, um ein anderes Beispiel zu nennen, Vorkenntnisse über gewöhnliche und Dezimalbrüche unerlässlich. Schülerinnen und Schüler, die mit diesen Voraussetzungen wenig vertraut sind, sollten Gelegenheit erhalten, sich die notwendigen Vorkenntnisse zuvor zu vergegenwärtigen. Das neue Lernen wird ihnen umso leichter fallen, wenn Anknüpfungspunkte für den neuen Stoff bereits zur Verfügung stehen. Es kann deshalb erforderlich sein, ihnen Gelegenheit zu geben, diesen Lernstoff vorgängig zu aktualisieren. Diese Massnahme ist vor allem dann angezeigt, wenn es sich um Inhalte handelt, die direkt auf bestimmten Vorstrukturen aufbauen. Durch den Einsatz einer kurzen Befragung „Was kann ich schon – wie denke ich darüber?" kann ein Überblick über die Situation gewonnen werden. Haben Schülerinnen und Schüler beträchtliche Lücken im Vorwissen, dann kann dieser Teilgruppe unter Umständen eine kompensatorische Vorphase angeboten werden. Dies gibt ihnen Gelegenheit, ihre Lücken zu schliessen. Die restlichen Schülerinnen und Schüler könnten sich während dieser Zeitspanne mit anspruchsvolleren Stoffen des vorangehenden Themas oder mit individuell gewählten Aufgaben beschäftigen. Vielfach genügt aber auch eine Einführungsphase, die zu Beginn einer Lernsequenz durchgeführt wird. In Diskussionen über das Lernprodukt, durch Nachfragen oder über Beobachtungen bei Aufgaben, in denen die Lernenden ihre Wissensstrukturen erklären, kann man Aufschluss über ihre Vorkenntnisse erhalten und dabei versuchen, Lücken zu klären.

Bei den Voraussetzungen zu einem Thema sollte man sich jedoch nicht ausschliesslich auf Defizite bei notwendigen Grundbausteinen konzentrieren. Neues Wissen wird vom lernenden Individuum generell mit bereits verankerten Vorstellungen verknüpft. Schülerinnen und Schüler verfügen über ein gegenstandsbezogenes Alltagswissen, das für die Planung und Durchführung des Unterrichts erhoben und genutzt werden kann. Typische Vorstellungen wurden etwa zu geschichtlichen Ereignissen (Günther-Arndt, 2006) und Strukturen (Halldén, 1999) untersucht oder zu naturwissenschaftlichen Phänomenen wie der Genetik (Frerichs, 1999) oder dem Treibhauseffekt (Aeschbacher, Carlò & Wehrli, 2001). Solche subjektiven Vorstellungen können Konzeptveränderungen sowohl behindern als auch fördern (Duit, 2004). Sie sind deshalb immer auch ein Element der didaktischen Planung und Durchführung von Unterricht. Es geht dabei darum, gespeicherte Information aus dem Langzeitgedächtnis abzurufen. Diese Informationen stehen dann im Arbeitsgedächtnis für Lernaktivitäten zur Verfügung. Krause & Stark (2006) schlagen folgende Strategien vor, die geeignet sein sollen, Vorwissen zu aktivieren.

1. Brainstorming. Die Lernenden werden aufgefordert, spontan Ideen und vorhandenes Wissen zu einem Gegenstand zu äussern. Die Aussagen werden zuerst gesammelt und erst dann bewertet. Brainstorming kommt am ehesten zum Einsatz, wenn ein neues Thema eingeführt wird.

2. Mappingverfahren. Anders als beim Brainstorming werden die Assoziationen bereits in der Aktivierungsphase geordnet, so dass Beziehungen zwischen den Begriffen deutlich werden. Es werden auch strukturelle Komponenten des Wissens aktiviert, z.b. durch Verästelungen.

3. Erfahrungen berichten lassen. Bei diesem Vorgehen können auch Fehlkonzepte aktiviert werden. Zudem kann an der Erlebniswelt der Lernenden angeknüpft werden.

4. Fragen, Hypothesen, Erklärungen, Beispiele generieren lassen. In all diesen Fällen wird Vorwissen generiert. Man kann beispielsweise auch Fragen zu einem Text oder zu nachfolgenden Textinhalten formulieren lassen. Dabei gilt es jedoch, Fehlkonzepten vorzubeugen.

5. Kognitive Vorstrukturierung. Vor dem Lernmaterial werden strukturierende Informationen (Advanced Organizer) präsentiert. Diese sollten eine Verbindung mit dem Vorwissen und den Inhalten herstellen. Dabei kann es sich um Überbegriffe zu lernender Inhalte handeln.

6. Fragenstellen. Die Lehrperson formuliert Fragen zum Lernstoff. Dabei können Fragestämme genutzt werden (z.b. „Was ist der Unterschied zwischen …").

7. Beispiele und Falldarstellungen. Treffende Beispiele können Alltags- und wissenschaftliches Wissen verbinden.

8. Analogien. Das Vorwissen in einem Bereich wird für den Wissenserwerb in einem anderen Bereich genutzt. Allseits bekannt ist etwa, dass ein Kuchen zur Veranschaulichung von Brüchen genutzt werden kann.

Bei den Strategien 1 bis 4 handelt es sich um Formen offener Wissensaktivierung. Die Methoden 5 bis 8 sind fokussiertere Impulse.

Lernstrategien

Lernstrategien sind metakognitive Handlungspläne, mit denen das eigene Lernverhalten gesteuert wird. Der Erwerb von Lernstrategien ist in hohem Masse mit dem jeweiligen Lernangebot verknüpft, das zu bewältigen ist. Lernstrategien im Unterricht sind deshalb weder inhaltsleer noch losgelöst von spezifischen Aufgabenklassen trainierbar. Man kann die Verantwortung dafür deshalb auch nicht an eine Speziallehrperson delegieren, die für alle Fächer generell „Lernen lernen" unterrichtet. Aus diesen Gründen wurde die Problematik hier explizit in den spezifischen, stoffbezogenen Kontext gestellt. Auch später sind Lernstrategien, die in einem bestimmten Anforderungsbereich gelernt worden sind, nur zum Teil generalisierbar und können nur beschränkt auf neue Aufgabenklassen übertragen werden (Wild et al, 2001). Für die Praxis bedeutet dies, dass Lernstrategien direkt mit den spezifischen Lernangeboten verknüpft sein sollten. Zu denken ist dabei etwa an Strategien, die das Memorieren von Lernstoff effektiver machen, wie dies beispielsweise beim Lernen von Vokabeln häufig notwendig ist. Manchmal gilt es auch, komplexe Informationen zu strukturieren oder zu vereinfachen. Es kann dabei darum gehen, sich einen allgemeinen Überblick zu verschaffen, Randnotizen zu machen oder Stichwortverzeichnisse anzufertigen, etc.. Auch Lerntätigkeiten, die der Integration neuer Informationen in bestehende Wissensstrukturen dienen, sind für das Lernen unverzichtbar. Verknüpfungen sind möglich durch die Bildung von Analogien, durch Bezüge zum Alltagswissen oder durch die Herstellung bildhafter Vorstellungen. Bedeutung hat in diesem Zusammenhang insbesondere das Wissen über Lesestrategien erhalten (vgl. dazu auch das Entwurfsmuster in Kap. 6). Weil Schülerinnen und Schüler „erst in einem relativ späten Stadium reichhaltiges Wissen über angemessene Strategien beim Lernen und Behalten von Texten besitzen" (Hesse & Latzko, 2009, 131) ist ein Test für die Klassen 7-12 verfügbar: *Würzburger Lesestrategie Wissenstest* (WLST 7-12) von Schlagmüller und Schneider (2007). Mit diesem Test kann überprüft werden, ob Probleme beim Leseverständnis auf Defizite des individuellen Strategiewissens zurückgeführt werden können.

Vor allem Menschen im unteren Leistungsbereich mangelt es häufig an den einfachsten Lern- und Denkstrategien (Hasselhorn & Gold, 2006). Es sind deshalb vor allem die schwächeren Schülerinnen und Schüler, die von der Vermittlung von metakognitivem Wissen profitieren. „Leistungsunterschiede im mittleren und oberen Bereich lassen sich hingegen nicht mit metakognitiven Kompetenzen erklären" (Neubauer & Stern, 2007, 179.). Diese Schülerinnen und Schüler haben notwendiges Wissen auf informelle Art bereits gelernt. Es ist deshalb vielfach wenig zweckmässig, sie zusätzlich mit neuen Verfahren zu konfrontieren. Lehrpersonen können sich bei der Förderung von Lernstrategien vor allem auf schwächere Schülerinnen und Schüler konzentrieren, die noch nicht über die notwendigen Techniken verfügen.

4.5 Zur Güte diagnostischer Urteile von Lehrpersonen

Auch wenn man der Annahme folgt, dass diagnostische Urteile der Lehrkräfte nicht testdiagnostischen Standards unterliegen, sondern vielmehr von einer günstigen pädagogischen Voreingenommenheit geleitet sein sollten, stellt sich die Frage nach der *Qualität diagnostischer Urteile* dennoch. Pädagogische Voreingenommenheit ist eine gezielt dosierte Verzerrung. Davon zu unterscheiden sind Wahrnehmungsfehler, die den urteilenden Lehrpersonen nicht oder wenig bewusst sind (vgl. van Buer & Zlatkin-Troitschanskaia, 2009). Lehrerurteile sind beispielsweise von Tendenzen betroffen, die bei den meisten Menschen feststellbar sind. Es handelt sich dabei um die Tendenz zur Mitte bzw. zu Extremurteilen, Mildeeffekte, Referenzfehler (z.b. Betonung der sozialen Bezugsnorm), Halo-Effekte (unberechtigtes Schliessen von wenigen Verhaltensmerkmalen auf Persönlichkeitsstrukturen), sowie um logische Fehler (unberechtigtes Schliessen von einem Verhaltensmerkmal auf andere). Erwähnenswert ist in diesem Zusammenhang der Aspekt der unterrichtlichen Unterforderung. Lehrkräfte schätzen das Vorkommen subjektiver Unterforderung seitens der Schülerinnen und Schüler erheblich geringer ein als diese selbst (Helmke, 2009, 133). Wahrnehmungsverzerrungen lassen sich abmildern, wenn wie in den obigen Kapiteln 4.2 und 4.3 vorgeschlagen, semi-formelle methodische Erhebungsinstrumente genutzt werden und spontane Eindrücke ergänzen, die aufgrund verdichteter Langzeitbeobachtungen zustande gekommen sind.

4.6 Ansprüche zum Umgang mit diagnostischen Informationen

Diagnostische Informationen sind von geringem Wert, wenn sie nicht zum Ausgangspunkt für Fördermassnamen werden. Es geht darum, sich auf Verstehensprobleme von Kindern und Jugendlichen einzulassen oder beispielsweise auch Fehlkonzepten zu begegnen, die den Wissensaufbau behindern können. Notwendig sind einerseits konstruktive Rückmeldungen sowie Coaching und Scaffolding beim Weiterlernen (s. Kap. 3). Aufgrund der in diesem Kapitel unterschiedenen diagnostischen Ebenen sind dabei unterschiedliche Aspekte in eine Balance zu bringen.

1. Auf fachdidaktischer Ebene sind spezifische Probleme beim Verständnis des konkreten Sachverhaltes zu klären.
2. Dabei sind auch fachspezifische Voraussetzungen wie die Motivation für das Fach oder generelle Vorkenntnisse in Rechnung zu stellen. Schülerinnen und Schülern mit guten oder wenigen Vorkenntnissen sind auf unterschiedlich dosierte Hilfen angewiesen. Einige benötigen gleichzeitig motivierenden Support andere weniger.
3. Schliesslich sind auch persönliche Merkmale der Schülerinnen und Schüler zu beachten. Kinder und Jugendliche, die sich generell weniger gut konzentrieren können oder solche, die eher ängstlich reagieren, sind auf unterschiedliche Impulse angewiesen.

Es ist eine Kunst, im Sinne eines umfassenden Erziehungsauftrags spezifische Erfordernisse des Faches und gleichzeitig Merkmale der „ganzen Person" des Lernenden im Blick zu behalten. Eine Balance zwischen den unterschiedlichen Polen ist vielfach nur schwer herstellbar, weil unterschiedliche Ansprüche in Konflikt geraten können (Nerowski, 2012, S 142). Dies ist beispielsweise der Fall, wenn Mängel beim Lesen angegangen werden und zugleich die Leselust, bzw. das Leseinteresse gefördert werden sollen (Villiger, Niggli, Wandeler, Watermann & Kutzelmann, 2010).

Hinzu kommt, dass die getroffenen Massnahmen von den Beteiligten als nützlich erlebt werden sollten. Ansonsten wäre ihre Umsetzung in Frage gestellt. Kurzfristige Erfolge sind am ehesten auf fachdidaktischer Ebene zu erwarten, wo man sich mit spezifischem fachlichem Vorwissen auseinandersetzt. Veränderungsanstösse für anspruchsvolle erzieherische Lernziele, die eher die Person des Lernenden betreffen, verlangen demgegenüber kontinuierliche Anstrengungen, und zwar über eine längere Zeitspanne hinweg. Positive Ergebnisse sind, wenn überhaupt, erst mit grosser zeitlicher Verzögerung erkennbar. Dies unterscheidet beispielsweise die Förderung der Motivation vom Schwimmunterricht. Ein längerfristiger Einfluss ist insbesondere für Merkmale erforderlich, die die Person in ihrem Selbstsein betreffen (vgl. Anderman, 2002). So sind Eigenschaften wie das Selbstwert- oder das Zugehörigkeitsgefühl eher durch individuelle Voraussetzungen, als durch kurz- oder mittelfristige Beschulung bestimmt. Konzentrationsfähigkeit und Durchhaltewillen beispielsweise lassen sich zwar trainieren, aber ebenfalls nicht kurzfristig ändern. Die persönliche Entwicklung von Kindern und Jugendlichen verläuft nämlich oftmals anders, als dies schulische Normen verlangen oder als dies in Lehrplänen und in vordefinierten Standards antizipiert wird. Mögliche Erfolge sind deshalb nur bedingt planbar. Professionalität würde dann bedeuten, nicht kurzfristige Erfolge zu erwarten, sondern Fortschritt als längerfristiges Wachstum eines Lebewesens zu begreifen, das eigenen Gesetzen gehorcht. Deshalb wäre es wohl verfehlt zu glauben, man könne das langsame Wachsen sozialer und selbstbezogener Konstruktionen einfach abkürzen. Sie gehen hervor aus Versuch und Irrtum, aus Reflexion und Selbstveränderung, aus Lernen und Verlernen.

4.7 Berufsethische Überlegungen zum Umgang mit diagnostischen Informationen

Würden Daten zum Interesse oder zur Selbstwirksamkeit in einem Fach anonym erhoben, dann würden sie nicht für die individuelle Lernberatung taugen. Für eine namentliche Befragung, die auch Angaben zur persönlichen Situation der Schülerinnen und Schüler beinhaltet, ist zuvor allerdings deren Einverständnis einzuholen. Die Gründe für die Befragung sind offen zu legen. Wegleitend ist das Prinzip der Fürsorge, welches besagt, dass Informationen ausschliesslich zum Wohle, bzw. zur Förderung der betreffenden Schülerinnen und Schüler verwendet werden und dass negative Nebenwirkungen ausgeschlossen sind. Solche wären beispielsweise zu befürchten, wenn von Lehrpersonen verlangt würde, in staatlichen Zeugnissen auch Angaben über die Motivation der Schülerinnen und Schüler zu machen. Stattdessen ist es für Lehrpersonen passender, wenn sie nicht genötigt werden, in diesen sensiblen Bereichen Zensuren zu erteilen, sondern wenn sie sich darauf konzentrieren können, die Seite der Schülerinnen und Schüler besser kennen zu lernen, mit ihren Stärken, aber auch mit ihren Schwächen. Der erzieherische Einfluss realisiert sich dann in der Auseinandersetzung mit dem Möglichen aufgrund der individuell gegebenen Voraussetzungen von Kindern und Jugendlichen. Das Resultat davon bemisst sich nicht an fixierten Leistungskriterien, sondern zeigt sich in der von Lehrenden und Lernenden geteilten Überzeugung, gemeinsam etwas auf den Weg gebracht zu haben.

5 Curriculare Herausforderungen bei Lernumwelten zum Kompensationsprinzip

5.1 Grundproblem

Wer kennt sie nicht, die Aussage wie die folgende: „Nach dem ersten Trimester müssen wir im Englischlehrbuch die ersten 12 Lerneinheiten durchgenommen haben." Die Pädagogik ist einer solch mechanistisch verstandenen Argumentationsweise, die sich fast ausschliesslich auf ein Lehrmittel bezieht, meist mit Vorbehalten begegnet. Seit es die Schule gibt, haben sich Pädagoginnen und Pädagogen dagegen gewehrt, Schule primär als Anpassungseinrichtung zu verstehen. Kinder und Jugendliche sollen vielmehr leisten, was sie können und auch, woran sie Interesse haben. Die daraus erwachsende Herausforderung didaktischen Handelns besteht nach traditioneller pädagogischer Sicht in der Differenz dessen, was von institutioneller Seite in den Lehrplänen als verbindlich bzw. allgemein deklariert wird und den subjektiven Aneignungsmöglichkeiten der Lernenden (Künzli, 1991, 202). „Dass am Ende alle gleichviel können, ist ein illusionäres Ziel und sollte darum gar nicht angestrebt werden. Vielmehr geht es darum, das individuell Mögliche zu erreichen (von der Groeben, 2008, 39). Die Pädagogik hat deshalb immer wieder den Versuch unternommen, Bildung nicht nur als Einheit, sondern auch in der Differenz zu denken (Tenorth, 2004). Diese Spannung lässt sich begrifflich auf die beiden Pole „allen dasselbe" und „jedem das Seine" zuspitzen. Die beiden Aussagen verdeutlichen eine paradoxe Grundstruktur pädagogischen Handelns, nämlich Normen durchzusetzen und sie im Hinblick auf die Ansprüche der einzelnen Kinder und Jugendlichen gleichzeitig zu relativieren. Fend (2006, 32) empfiehlt deshalb die Anforderungen an den jeweiligen Stand der Lernfähigkeit einer Schülergemeinschaft anzunähern. Dazu seien die individuellen Lernvoraussetzungen zu berücksichtigen. Abb. 5-1 konkretisiert die Grundproblematik, die auf einfache Weise nicht aus der Welt zu schaffen ist.

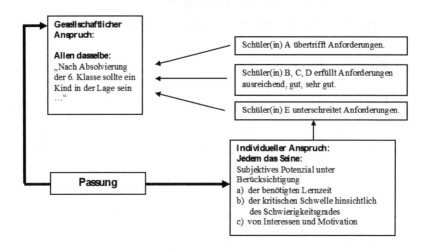

Abb. 5-1: Differenz zwischen lehrplanmässigen Vorgaben und Aneignungsmöglichkeiten der Lernenden.

Die Abbildung veranschaulicht, dass Vorgaben im Curriculum lediglich von einem Teil der Lernenden erfüllt werden können. Es ist nicht möglich, für alle Schülerinnen und Schüler dieselben Anforderungen zu definieren. Dennoch hat die Schule den Auftrag, jene allgemeinen Basisqualifikationen zu vermitteln, die als Voraussetzung für die Teilhabe am gesellschaftlichen Leben gelten können (Tenorth, 1994, 2004). Klieme et al. (2003) verwenden in diesem Zusammenhang den Begriff der „Kerncurricula". Ein bestimmtes Niveau an Lese- und Schreibkompetenz ist für die gesellschaftliche Kommunikation beispielsweise unabdingbar. Ebenso sind gewisse mathematische Operationen unverzichtbar für die Bewältigung lebensweltlicher Herausforderungen. Aber welche Basisqualifikationen sollen es denn genau sein? Existiert ein relativ stabiler Minimalkanon oder werden den Lehrpersonen inhaltliche Entscheidungsspielräume zugestanden, damit sie unterschiedlichen Ansprüche der Schülerinnen und Schüler tatsächlich nachkommen können? Die im empirischen Teil aufgeworfene Frage, dass Veränderungen in der Unterrichtspraxis immer auch an curriculare Reformen gekoppelt sein sollten, gewinnt in diesem Zusammenhang an Brisanz. Differenzierung ohne variablen Umgang mit stofflichen Anforderungen wäre nach dieser Sicht ein zwiespältiges Unterfangen. Die Passung hat daher einer Doppelstrategie zu folgen. Sie kann nicht allein adaptiv auf das Subjekt ausgerichtet sein, indem ihm beispielsweise mehr Zeit zugestanden wird. Nicht selten stehen auch Anpassungen der allgemeinen Anforderungen zur Disposition, allerdings ohne dass diese Anforderungen als „Erwartungshorizonte" (Klieme & Priebe, 2007, 10) generell in Frage gestellt werden müssen.

> Beispiel: Mathematikunterricht legitimiert sich vor allem durch den meist unhinterfragten Verweis auf die Bedeutung der Mathematik in unserer Welt (Heymann, 1996). Der Kanon der Schule geht oftmals jedoch weit über das für die meisten Menschen Notwendige hinaus. Beispielsweise ist es für manche Schülerinnen und Schüler ausreichend, dass $2^5 \cdot 5^5$ einfach bedeutet: $2 \cdot 2 \cdot 2 \cdot 2 \cdot 2 \cdot 5 \cdot 5 \cdot 5 \cdot 5 \cdot 5$. Das Ausrechnen dieses Terms dürfte ihnen meist kaum Schwierigkeiten bereiten. Die Herleitung weiterer Potenzgesetze könnte für sie jedoch fruchtlos und verwirrend sein und Anforderungen kennzeichnen, die als weiterführend definiert werden. Auch ist zu überlegen, ob gewisse liebgewordene Inhalte wie die Primzahlen wirklich zu den Basisqualifikationen aller Schülerinnen und Schüler gehören (vgl. dazu Leuders, 2008). Auch eine Konzentration auf relevante Kernkompetenzen und -inhalte wäre für manche von ihnen wohl erfolgversprechender.

Die Reduktion auf das Wesentliche zu praktizieren kann somit dazu beitragen, Raum für kompensatorische Massnahmen zu schaffen. Lehrpersonen handeln nach Weinert (1997, 52) „proaktiv", wenn sie zum vorneherein davon ausgehen, dass nicht alle Schülerinnen und Schüler gleiches leisten können und Anpassungen im Curriculum vornehmen. „Aktive Lehrpersonen" konzentrieren sich demgegenüber auf lernrelevante Unterschiede der Schülerinnen und Schüler und verwenden vor allem adaptive Lehrstrategien. Die darüber hinausgehende Praxis curricularer Anpassungen wird im Folgenden erläutert. Neben theoretischen Angaben werden wiederum konkrete Hinweise geliefert.

5.2 Voraussetzungen für Reduktionsmassnahmen: Konzentration auf Kompetenzen

Bevor Reduktionsmassnahmen zum Kompensationsprinzip genauer erörtert werden können, werden einleitend grundlegende Voraussetzungen der Argumentation resümiert. Es handelt sich dabei um die aktuell häufig verwendeten Begriffe: Wissen, Information, Transformationsprozess, Können, Performanz, Kompetenz und Standards.

Keine Lebenszeit reicht aus, um alle Informationen und alles Wissen, das in der Weltzeit angesammelt worden ist, zu lernen. Dadurch entsteht ein Problem besonderer Art. Man kann nicht mehr alle wichtigen Inhalte in einem Lehrplan auflisten, bzw. einen Bildungskanon erstellen. Man ist immer gehalten, auszuwählen und auf Kernbereiche des Faches zu fokussieren (Oelkers & Reusser, 2008, 44). Ein Lösungsweg verspricht nach der Sicht mancher Bildungspolitiker und Didaktiker der Kompetenzbegriff zu sein. Doch wie gelangt man von den Inhalten zur

Kompetenz? Ausgangspunkt ist der Unterschied zwischen Information und Wissen. Informationen sind Zeichen und Symbole, die ausserhalb des menschlichen Körpers gespeichert werden können. Wissen hingegen ist individuell bewertete Information. Psychologisch gesehen ist Wissen dynamisch und nicht statisch. Information kann von den Lehrpersonen deshalb lediglich angeboten werden. Vielfach sind sie es, die passende Informationen für die Schülerinnen und Schüler auswählen. Diese Informationen sind ein Anstoss zu „weiterführenden Prozessen" (Straka & Macke, 2002, 109). Bei diesen weiterführenden Prozessen wandeln Individuen Information in Wissen um. Wir lernen, Informationen zu demaskieren oder zu analysieren, um sie zu ordnen, damit wir sie weiter verwenden oder ein eine andere Form bringen können (Bruner, 1969, Baeriswyl, 2003). Das Resultat davon ist individuell transformiertes Wissen, das sich auch im Können niederschlagen kann. Neben dem Erwerb von Wissen muss der Unterricht somit immer auch Gelegenheit bieten, mit diesem Wissen etwas anzufangen, bzw. ein Können unter Beweis zu stellen (Lersch 2007, 436). Damit wurde eine Wende eingeleitet: Wissen wird nicht mehr allein vermittelt. Die Anwendung des Gelernten gewinnt an Bedeutung. Der Zusammenhang zwischen Wissen und anwendbarem Können ist im Kompetenzbegriff eingeschlossen. Kompetenzen sind wissensbasierte Fähigkeiten und Fertigkeiten, die eine erfolgreiche Bewältigung bestimmter Situationen ermöglichen. Neben Wissen und Können umfasst der Kompetenzbegriff auch Interessen, Motivationen, Werthaltungen und soziale Bereitschaften (vgl. Weinert, 2001a). Eine Kompetenz kann sein „Texte Sinn erschliessend lesen zu können". Die Wahl der Inhalte, an denen diese Kompetenz erarbeitet wird, ist den Lehrpersonen überlassen. Ein verbindlicher inhaltlicher „Kanon" wird damit aufgegeben (vgl. Esslinger-Hintz et al. 2007). Während im Mittelpunkt des traditionellen Unterrichts dieses deklarative Wissen im Vordergrund stand, wird im Kompetenzbegriff nun der Erwerb prozeduralen Wissens (=Wissen-wie) bedeutsamer. Aber ohne deklaratives Wissen kann auch prozedurales Wissen nicht erworben werden (Merkens, 2010, 38).

Der Erwerb einer Kompetenz zeigt sich in der (überprüfbaren) Performanz, also in der Art und Weise bzw. dem Grad erfolgreicher Bewältigung von Aufgaben (Lersch, 2007, 434). Kompetenzen werden möglichst konkret formuliert, damit sie sich mit Aufgabenstellungen in Beziehung setzen lassen. Sie sind dennoch keine objektiv gegebenen Grössen. Es handelt sich eher um Verallgemeinerungen beobachtbarer Performanzleistungen. Im Idealfall können dazu unterschiedliche Kompetenzstufen bestimmt werden. Schülerinnen und Schüler demonstrieren dabei, was sie gelernt haben. Nach der Definition dieser Kompetenzstufen erfolgt die Festlegung von Standards. Standards können von minimalen Anforderungen aus- und in ein „Kontinuum von Steigerungsformen" übergehen (Tenorth, 2004, 176). Unterschieden werden in der Regel drei Niveaus: Minimalstandards, Regelstandards und Idealstandards (s. unten).

Unterricht kann sich damit nicht auf die Vermittlung von Information und ihre Umwandlung in Wissen beschränken. Über Könnensprozesse ist auch die Entwicklung von Kompetenzen zu fördern. Das heisst: Fähigkeiten müssen in bestimmten Anforderungssituationen (Kontexten) gezeigt werden. Die zentrale Frage lautet somit nicht: „Was haben wir durchgenommen?, sondern, Welche Vorstellungen, Fähigkeiten und Einstellungen sind entwickelt worden" (Blum, 2006, 17). Bildungsstandards regen damit ein Umdenken von Stoffzielen zu Könnenszielen an und damit von Inhalten zu Lernprozessen (Reusser, 2011, 17).

Insgesamt ist dabei eine funktionale Sicht von Bildung bestimmend. Die zentrale Frage könnte hier wie folgt lauten: „Was müssen die Schülerinnen und Schüler zur Bewältigung wichtiger Herausforderungen in ihrem künftigen Leben können?" Dieses Bildungsverständnis, das sich auf Kompetenzen als Kulturwerkzeuge stützt, ist charakteristisch für die angelsächsische literacy-Konzeption (Koch, 2004). Es handelt sich dabei um bereichsspezifisches Konzeptwissen (wissen dass) und Prozesswissen (wissen wie) aus Mathematik, Naturwissenschaften, Lesen, etc., das für die kulturelle Teilhabe bedeutsam ist und in entsprechenden Situationen sinnvoll genutzt werden kann. In der PISA-Studie wird unter Lesekompetenz beispielsweise die Fähigkeit verstanden, geschriebene Texte unterschiedlicher Art in ihren Aussagen, ihren Absichten und ihrer formalen Struktur zu verstehen, in einen grösseren Zusammenhang einzuordnen sowie Texte für verschiedene Zwecke sachgerecht zu nutzen (Baumert, Stanat & Demmrich, 2001, 23f.). Nach diesem Verständnis ist die Lesekompetenz eine Voraussetzung für die Teilnahme am gesellschaftlichen Leben. Dieser *literacy*-Begriff wurde in der PISA-Studie auch auf die mathematische (*mathematical literacy*) und naturwissenschaftliche Grundbildung (*scientific literacy*) ausgeweitet. In einem anderen Zusammenhang spricht man auch von *digital literacy* wenn es sich um wichtige Kompetenzen im Umgang mit dem Computer handelt.

Die primäre Ausrichtung auf den Kompetenzbegriff und das literacy-Konzept ist in der Didaktik allerdings auch kritisch aufgenommen worden. Strobel-Eisele & Prange (2003) beispielsweise lehnen Bildung ohne Bezüge zu Themen ab. Kompetenzen werden wie erwähnt nicht ohne Sachinformationen erworben. So zeigten sich höhere Zusammenhänge zwischen der Leistungsmotivation und dem Bildungserfolg, wenn anstelle eher formaler Leistungsziele, inhaltlich definierte Lernziele die Motivation bestimmten (Harackiewicz, Barron, Tauer & Elliot, 2002; s. Lankes, 2007). Es gibt daher Bildungsbestände, die als Voraussetzung für die gesuchten neuen Kompetenzen gelten können. Insofern erledigt sich die Frage nach den Inhalten nicht. Ein Unterricht im Fach Geschichte beispielsweise ist ohne eine verantwortungsvolle Auswahl bedeutsamer Ereignisse wohl schwer vorstellbar. Für die Teilhabe am gesellschaftlichen Leben sind aber Kompetenzen das notwendige Fundament. Die Auswahl der schulischen Lerngegenstände muss sich deshalb daraus legitimieren, ob sie zum Kompetenzerwerb motivieren. Demgegenüber hat ein herkömmlicher Kanon häufig eher definiert, wer nicht gebildet ist, als dass er für Kinder und Jugendliche aus bildungsfernen Elternhäusern ausreichende Lernanreize geboten hätte. Die Kritik am literacy-Konzept, dem manchmal eine „unmittelbare ausser- und nachschulische Verwertbarkeit" (Fuchs, 2003, 162) unterstellt wird, verkennt dagegen möglicherweise die Notwendigkeit, die zu einer Neuausrichtung von Bildung überhaupt erst geführt hat. Sie kommt darin zum Ausdruck, dass „Mindeststandards" bisher eben nicht für alle gesichert werden konnten. Insbesondere die PISA-Studie hat „Risikogruppen" identifiziert, die über die notwendigen Grundqualifikationen für die Teilhabe am gesellschaftlichen Leben nicht in ausreichendem Masse verfügen. Anstrengungen, dies zu erreichen, wären aber eine nicht hintergehbare Aufgabe der Pflicht-Schulzeit. Eine Polemik, die dagegen „Geist" und „Nützlichkeit" gegeneinander ausspielt, übersieht eine bei einem erklecklichen Teil der Schulabgängerinnen und –abgänger feststellbare „Bildungsarmut", die weder ethisch legitim noch gesellschaftlich tolerabel ist.

5.3 Vorgehensschritte bei der Realisierung curricularer Reduktionsmassnahmen

Da nicht alle Schülerinnen und Schüler in derselben Zeit dieselben Informationen auf dieselbe Art und Weise in Wissen zu transformieren vermögen, ist es auch nicht möglich, dass sie an denselben Performanzleistungen gemessen werden können. Eine Differenzierung der Zielsetzungen kann sich auf zwei Bereiche konzentrieren: (a) auf das Niveau der Standards; (b) auf Elemente der Unterrichtsplanung, die mit den Standards im Zusammenhang stehen.

Orientierung an Standards durch Basis- und erweiterte Anforderungen

Auf der Basis unterschiedlicher Kompetenzniveaus ist es möglich, Lernziele unter Berücksichtigung unterschiedlicher Standards zu formulieren. Im Hinblick auf das Niveau der Standards gilt es vorerst aus sachlogischer und psychologischer Perspektive die grundlegende, bzw. allgemeinbildende Essenz des Wissens und Könnens (vgl. Herber, 1998, 70) bzw. die Basiskompetenzen für alle Schülerinnen und Schüler zu bestimmen. Zentral ist die Frage: Was müssen Schülerinnen und Schüler in jedem Fall können? Unterschieden werden wie bereits erwähnt drei Niveaus möglicher Standards:

(1) *Minimalstandards* definieren ein basales Erwartungsniveau, bzw. ein Minimalniveau, unter das keine Schülerin und kein Schüler zurückfallen sollte. Sie sind für alle Schülerinnen und Schüler verbindlich (Maag-Merki, 2005, 12; Oelkers & Reusser, 2008, 44). Es handelt sich dabei um das notwendige Bildungsminimum,

ohne das eine verständige Teilhabe an der Gesellschaft nicht möglich ist (Tenorth, 2004, 176). Eine Unterteilung in Basis- und erweiterte Anforderungen, bzw. in ein „Fundamentum" und ein „Additum" wurde bereits von Herber (1998) vorgeschlagen. Im Fundamentum wird quasi eine „Sicherheitsbasis" für alle geschaffen, die im Sinne einer allgemeinen Grundbildung die Erreichung fundamentaler Ziele bzw. Minimalstandards für alle sicherstellt.

(2) *Regelstandards* sind Leistungen, die im Durchschnitt erfüllt werden und sich an einem erreichbaren Durchschnittsniveau einer Population orientieren. Das bedeutet, dass man toleriert, dass ein gewisser Prozentsatz von Schülerinnen und Schülern das Niveau nicht erreichen wird.

(3) Nur von wenigen Lernenden können sog. *Maximalstandards* erreicht werden. Es handelt sich dabei um ein ideales Erwartungsniveau (vgl. Klieme et al. 2003).

Bei der Unterteilung in Basis- und erweiterte Anforderungen handelt es sich um eine allgemeine Kategorisierung. Deshalb ist es nach wie vor offen, welches Grundwissen für die Alltagsbewältigung im Einzelnen erforderlich ist. Wie weit soll beispielsweise die Beherrschung der grammatikalischen Regeln vorangetrieben werden? Es wird schwierig sein, solche grundlegenden Erfordernisse allgemein zu bestimmen (Merkens, 2010, 52). Erweiterte Anforderungen, bzw. eine mittlere Niveaustufe können demgegenüber nicht von allen Schülerinnen und Schülern bewältigt werden. Dennoch sind auch sie Bestandteil des Lehrplans. Dazu gehören Aufgaben mit höherer Schwierigkeit, Querverbindungen, Analogiebildungen, Vernetzungen mit anderen Fachgebieten oder Weiterentwicklungen. Man spricht in diesem Fall von *Regelstandards*. Besonders begabten Schülerinnen und Schülern können auch sogenannte Enrichment-Angebote zur Verfügung gestellt werden. Diese *Maximalstandards* beschreiben wie erwähnt ein Erwartungsniveau, das nur noch von wenigen Schülerinnen und Schülern erreicht werden kann. Während sich diejenigen, die den Kernstoff beherrschen, erweiterten Angeboten zuwenden, müssen denjenigen, die noch Schwierigkeiten haben, Möglichkeiten zugestanden werden, zusätzliche Lernzeit für die Basisqualifikationen einzusetzen. Dies geht i. d. R. zu Lasten der Lernzeit, die für erweiterte Lernziele aufzuwenden wäre. Diese Massnahme sollte für schwächere Schülerinnen und Schüler vorteilhaft sein. Sie „zielt darauf ab, dass gerade die Leistungsschwächeren nicht zurückgelassen werden. Jeder Schule jedem Lehrenden und jedem Lernenden soll klar sein, welche Mindesterwartungen gestellt werden" (Klieme et al, 2003, 27). Der Ausgleich unterschiedlicher Lernvoraussetzungen konzentriert sich damit auf einen Kernbereich des Lehrplans, der für alle gilt. Wenn wie im Einleitungskapitel erwähnt jedoch alle Schülerinnen und Schüler bestmögliche Lernergebnisse erreichen sollen, dann kann es nicht darum gehen, Leistungsschwächere auf diese Mindestanforderungen zu fixieren. Ein allgemein hohes Leistungsniveau sollte weiterhin richtungsweisend sein (vgl. im Einleitungskapitel Klafki, 1994). Dies bedeutet, dass auch schwächere Schülerinnen und Schüler wenn immer möglich in die Regelstandards vordringen sollten.

Einschränkungen: Eine Zuordnung in die erwähnten drei Standard-Kategorien ist nicht bei jedem Lernstoff möglich. Dies ist vor allem dann der Fall, wenn der Lernstoff, der zu behandeln ist, insgesamt als Basis zu betrachten ist. Eine Aufteilung in Basis- und Regelstoff wäre in solchen Fällen problematisch und würde dazu führen, dass einige Schülerinnen und Schüler nicht mit dem notwendigen Wissen ausgestattet würden. Dass sich Schülerinnen und Schüler beispielsweise im Tausender-Zahlenraum orientieren können, gehört zum Kernstoff im Fach Mathematik. Trotzdem sollte man sich bewusst sein, dass gewisse Kinder, Schwierigkeiten haben, diese Anforderungen zu einem bestimmten Zeitpunkt bewältigen zu können und vermutlich weiter gehende Unterstützung bedürfen. Kinder, die diese Anforderungen beherrschen, könnten sich dagegen anspruchsvolleren Aufgaben zuwenden. Expertenaufgaben auf der Basis von Idealstandards sind praktisch immer einsetzbar. Auch im fremdsprachlichen Anfängerunterricht ist eine curriculare Differenzierung häufig nur schwer möglich, weil in solchen Fällen Grundlagen der zu erlernenden Sprache erworben werden. In diesen Fällen kann man sich adaptiver Massnahmen bedienen (s. Kap. 3) ohne eine explizite curriculare Differenzierung vornehmen zu müssen. Kein Prinzip sollte strapaziert werden.

Orientierung an didaktischen Elementen bei der Unterrichtsplanung
Reduktionsmassnahmen im Rahmen der Unterrichtsplanung können in drei didaktischen Feldern verortet werden (Tomlinson, 2005).

a) *Information:* Innerhalb des Informationsangebotes wird eine Auswahl (beispielsweise von Texten) getroffen, die von möglichst allen Schülerinnen und Schüler verstanden werden kann.

b) *Transformationsprozess (Lernaufgaben):* Es werden Lernaufgaben, bzw. Transformationsleistungen mit einem Schwierigkeitsgrad verlangt, der von den meisten Schülerinnen und Schülern zu meistern ist und es ihnen erlaubt, notwendiges Wissen tatsächlich zu konstruieren und auch entsprechende Könnensleistungen zu erbringen. Transformation meint im Bruner'schen Sinne (vgl. Bruner, 1969) die Art und Weise der Umwandlung, bzw. Verarbeitung von Informationen, um über sie hinauszugelangen.

c) *Zielsetzungen/Kompetenzen:* Im Hinblick auf ein passendes Sockelniveau werden Zielsetzungen formuliert, die für die grundlegende „Ausstattung in der Welt"

(Robinson, 1969, 13) ausreichend sind. Sie können sich an den obgenannten Standards orientieren. Diese Perspektive ist eng an die vorgängige Unterteilung in drei Standardebenen gekoppelt.
Die drei Felder kanalisieren gewissermassen den Planungsvorgang bei der Bestimmung relevanter Kerninhalte für alle Schülerinnen und Schüler. In der Realität sind sie ineinander verschränkt und beeinflussen sich gegenseitig. Eine Trennung ist in planungsanalytischer Absicht vertretbar.

5.4 Veranschaulichung des Vorgehens in verschiedenen Fächern

Die relevanten Planungsüberlegungen werden in Abb. 5-2 veranschaulicht. Der innere Kreis beinhaltet die Basisanforderungen, der mittlere erweiterte Angebote. Schliesslich werden am äusseren Rand Enrichment-Aufgaben notiert, die nur noch von sehr begabten Schülerinnen und Schülern zu bewältigen sind. Die drei Angebotsstufen können in die drei genannten didaktischen Reduktionskategorien fallen, die bei der Planung von Unterricht relevant sind: Information; Transformationsprozess/Lernaufgaben; Ziele/Kompetenzen. Je nach Inhalt könnten mehrere oder einzelne der genannten Kernbereiche die Planungsüberlegungen dominieren. Erfahrungsgemäss orientieren sich Lehrerinnen und Lehrer oftmals an verfügbaren Lernaufgaben. Dieser Bereich ist in Abb. 5-2 deshalb etwas breiter angelegt worden.

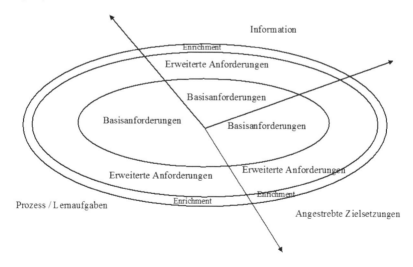

Abb. 5-2: Curriculare Differenzierung nach Anforderungsbereichen und didaktischen Reduktionskategorien.

Die Berücksichtigung unterschiedlicher Reduktionsstrategien kann zugleich möglichen Missverständnissen vorbeugen, die entstehen können, wenn Schülerinnen und Schüler auf bestimmte Standards fixiert werden. Ähnliche Zielsetzungen können an unterschiedlich schwierigen Informationen bearbeitet werden oder umgekehrt können dieselben Aufgaben (z.b. etwas zusammenfassen) mit unterschiedlich komplexen Informationen bewältigt werden. Das Vorgehen soll im Folgenden an verschiedenen Fächern konkretisiert werden.

Hinweise zur curricularen Differenzierung im Mathematikunterricht

Einleitend werden Überlegungen angestellt, die von Kompetenzstufen im Fach Mathematik ausgehen. Die folgende Tab. 5-1 wurde von Zeitler, Köller und Tesch (2010) übernommen und zusätzlich mit einem Beispiel versehen. Daraus kann man entnehmen, wie die Festlegung von Basis (Mindest)-, Regel- und Optimalstandards mit der Definition von Kompetenzstufen zusammenhängt.

Tab. 5-1: Kompetenzstufen und Standards Mathematik Grundschule

Stufe erreichter Standard	Wertebereich	Beschreibung der Kompetenzstufe	Anteil Im 4. Jg.
I Unter Mindeststandard	< 390	Routineprozeduren auf Grundlage einfachen begrifflichen Wissens Beispiel: Einmaleins, schriftliche Multiplikation.	10 %
II Mindeststandard	390-459	Einfache Anwendungen von Grundlagenwissen Beispiel: Einfache Sachaufgaben lösen (Längenunterschiede von Schulwegen berechnen).	21 %
III Regelstandard	460-529	Erkennen und nutzen von Zusammenhängen in einem vertrauten (mathematischen und sachbezogenen) Kontext. Beispiel: Bezüge zwischen Tabellen und Grafiken interpretieren.	33 %
IV Regelstandard plus	530-599	Sicheres und flexibles Anwenden von begrifflichem Wissen und Prozeduren im curricularen Umfang. Beispiel: Grössenverhältnisse im Makrobereich (z. B. Flugzeuge) selbstständig auf die Mikroebene anpassen (Grösse von Insekten).	21 %
V Optimalstandard	≥ 600	Modellierung komplexer Probleme unter selbstständiger Entwicklung geeigneter Strategien. Beispiel: Einen Orientierungslauf gemäss Karte für eine bestimmte Streckenlänge planen.	15 %

Aufgrund diagnostischer Informationen über einzelne Schülerinnen und Schüler könnten Lehrpersonen nun folgern, dass bestimmte Schülerinnen und Schüler zum vornherein nur Minimalstandards erreichen können und deshalb nur diese Aufgaben zu lösen haben. Dem ist jedoch nicht so. Zwar werden auf den Kompetenzstufen typische Fähigkeiten von Lernenden auf der jeweiligen Stufe beschrieben. Auf den betreffenden Stufen existiert dennoch eine Bandbreite möglicher

Aufgaben, die unterschiedlich schwierig sein können. Denn die Grenzziehungen zwischen den verschiedenen Stufen sind Setzungen von Bildungsverantwortlichen (vgl. a. a. O., 32). Mit passenden Aufgaben (z.B. mit einfachen Tabellen) wäre es somit möglich, dass über 80 % der Schülerinnen und Schüler auch Stufe III erreichen könnten. Dasselbe gilt für die übrigen Standards, die den jeweiligen Stufen zugeordnet werden. Würde man Schülerinnen und Schüler jedoch auf bestimmte Stufen fixieren, dann bestünde die Gefahr, dass stereotype Annahmen über die Begabung einzelner Schülerinnen und Schüler zu stereotypen Zuordnungen beitragen könnten und Leistungsunterschiede vergrössern würden (vgl. Brophy & Good, 1976).

Möglicherweise wird man sich im Fach Mathematik deshalb im Unterrichtsalltag in erster Line von der *Schwierigkeit der Lernaufgaben* leiten lassen, die im Lehrmittel verfügbar sind. Aufgaben mit höherem Schwierigkeitsgrad wird man dem erweiterten Angebot zuweisen. Vielfach enthalten auch die Lehrmittel bereits entsprechende Hinweise. Darüber hinaus existieren fachdidaktische Prinzipien wie dasjenige der Aufgabenumkehr, die sich generell als Ergänzung zu üblichen Standardaufgaben eignen (z.B.: Gib mehrere Aufgaben mit dem Ergebnis -12 an!). Vorgegeben ist das Ergebnis. Die Schülerinnen und Schüler sollen dazu passende Aufgaben finden (vgl. Wittmann, 2005). Schülerinnen und Schülern mit besonderer Begabung könnten sich dabei sogar (Enrichment)-Aufgaben widmen, die sich in der Grösse der Zahlen oder in der Komplexität der Terme unterscheiden. Auch können sie unter Umständen Aufgaben lösen, die erst in höheren Klassen vorgesehen sind. Aufgrund dieser Vorauswahl wird man dann die Kompetenzen bestimmen.

Beispiel für eine aufgabenorientierte Reduktion im Mathematikunterricht
Kompetenz: Temperaturangaben im positiven und negativen Bereich verstehen und dabei mit negativen Zahlen rechnen können.
Aufgabenbeispiele, die dazu verfügbar sind (vgl. Affolter et al, 2002):
– Auf einer Grafik Temperaturunterschiede im Alpenraum von West nach Ost bestimmen. Die maximale Temperaturdifferenz zwischen zwei Orten feststellen.
– Aus einem Temperaturdiagramm einer Januar-Woche Temperaturdifferenzen von Tag zu Tag bestimmen und die mittlere Wochentemperatur berechnen.
– Vorgegebene Aussagen mit den Informationen aus einem Wetterbulletin auf „wahr" oder „fasch" prüfen.
– Die Celsius-Skala mit der Kelvin-Skala vergleichen.
– Anhand der Formel gegenseitig Umrechnungsaufgaben für die beiden Skalen stellen und mit einer Grafik auf die Richtigkeit prüfen.
– Ableseaufgaben Kelvin/Celsius lösen.

– Temperaturrekorde in Grad Celsius in Kelvin angeben und Temperaturdifferenzen in beiden Skalen berechnen.
– Aggregatzustände von verschiedenen Substanzen (Wasser, Quecksilber etc.), die in Kelvin oder Celsius angegeben sind in die jeweils andere Skala umrechnen.
– Aus der Skizze von zwei Thermometern Beziehungen zwischen der Fahrenheit-Skala und der Celsius-Skala beschreiben oder mit einem Term angeben.
– Grad Celsius addieren und subtrahieren.
– Positive und negative Zahlen der Grösse nach auf dem Thermometer einordnen.
– Zwischen verschiedenen Termen mit pos. und neg. Zahlen =, > , < einsetzen.
– Auf einer Tafel mit 5 x 5 Zellen vom Ziel zum Start gelangen, wobei in allen vier möglichen Richtungen (senkrecht: oben unten; waagrecht: links rechts) jeweils mit einer vorgegebenen pos. oder neg. Zahl gefahren werden muss.
– Eine Tabelle ausfüllen mit den Kolonnen a, b, c, a+b, (a+b)+c, b+c, a+(b+c). Einzelne Zellen enthalten pos. oder negative Werte.
– Zahlenpyramiden berechnen. Einzelne Pyramidensteine sind mit pos. und negativen Zahlen versehen, ein Stein mit der Unbekannten x. Die leeren Steine sind auszufüllen.
– Ganze Zahlen x und y suchen, die bestimmte Bedingungen erfüllen, beispielsweise x + y = (-3).

Ein Blick in dieses Lehrmittel zeigt, dass man sich beim Grundstoff, der für alle Schülerinnen und Schüler relevant ist, zuallererst auf die Celsius-Skala konzentrieren könnte. Diese Aufgaben sind auf einen für sie relevanten Lebenskontext bezogen. Daraus werden dann erste Vorstellungen über positive und negative Zahlen entwickelt. Die Kenntnis der beiden zusätzlichen Temperaturskalen könnte man als Erweiterungs- bzw. Regelstoff deklarieren, der von den Schülerinnen und Schülern bearbeitet werden könnte, die sich im neg. und pos. Bereich der Celsiusskala mit einer gewissen Sicherheit bewegen können.

Das Beispiel mit den negativen Zahlen verdeutlicht, dass die Bestimmung des Basisstoffs nicht zwangsläufig differenzierte analytische Vorüberlegungen verlangt, sondern auch „auf den ersten Blick" einleuchten kann. In Fachgremien können solche Entscheide nachträglich zur Diskussion gestellt werden. So lassen sich die Curricula auch schulintern koordinieren und durch den ausgelösten Diskurs verankern. In der Planungssituation sind jedoch rasche Entscheide erforderlich. Wie das folgende Beispiel zeigt, kann es dabei auch zweckmässig sein, nicht primär von den Aufgaben, sondern von den *Kompetenzen* her zu argumentieren.

> **Beispiel für eine kompetenzbezogene Reduktion im Mathematikunterricht**
> Ist beabsichtigt, dass Schülerinnen und Schüler der Grundstufe in der Mathematik den Umgang mit Geld lernen, dann kann eine Kompetenz sein, dass sie damit verbundene alltägliche Anforderungen bewältigen können. Es handelt sich um Situationen, in denen man Banknoten kennen, Geldbeträge zusammenzählen oder Geldbeträge ergänzen muss, beispielsweise wenn man Rückgeld erhält. Für den Basisstoff werden dann passende Aufgaben ausgewählt. Eine zusätzliche Kompetenz könnte sein, beschriebene Situationen im Zusammenhang mit Geld zu mathematisieren, z. Bsp. Geldbeträge in verschiedenen Möglichkeiten oder in einer anderen Währung zu bezahlen.

Aus dem Beispiel lässt sich unschwer erkennen, dass es sich bei den zu erwerbenden Kompetenzen um Anforderungen handelt, die für eine aktive Teilhabe am gesellschaftlichen Leben und für eine befriedigende Lebensführung notwendig sind (Helmke, 2003).

Hinweise zur curricularen Differenzierung im Bereich Lesen
Überträgt man die Argumentation zum Literacy-Begriff auf die Lesekompetenz, dann hat dies Konsequenzen auf die Auswahl von Texten. Aufgaben, die beim Lesen bewältigt werden müssen, liegen nach diesem Verständnis „überwiegend authentische, lebensnahe Texte zugrunde, zu denen etwa Formulare, Grafiken, Karten, Diagramme, Beipackzettel, Tabellen oder bildliche Veranschaulichungen zählen, die in ganz unterschiedlichen textlichen Zusammenhängen eingebettet sein können" (Helmke, 2003, 27). Dieser funktionale Kompetenzbegriff ist vor allem durch Studien wie PISA, IGLU oder KESS prominent geworden (Bos et. al., 2006; Bos & Pietsch, 2006; OECD, 2001). In der Schweiz wird mit dem Projekt HARMOS eine ähnliche Strategie verfolgt (Maradan & Mangold, 2005). Unter den Differenzierungsmassnahmen im Leseunterricht dürfte die Variation *nach verfügbaren Informationen* bedeutsam sein. Fortgeschrittenere Schülerinnen und Schüler können sich mit schwierigeren Texten beschäftigen als Lernende, die noch Mühe haben, komplexere, schriftliche Inhalte zu verstehen (s. dazu auch Tab. 3-5). Dieselbe Kompetenz, beispielsweise einem Text wesentliche Elemente für den eigenen Informationsbedarf zu entnehmen, kann somit an einem schwierigeren oder einem einfacheren Text demonstriert werden. Nach dem Verständnis der IGLU-Studie würde es sich bei dieser Aufgabe um textimmanente Verstehensleistungen handeln (Valtin, Bos, Buddeberg, Goy & Potthoff, 2008). Dabei geht es um das Erkennen und Wiedergeben explizit angegebener Informationen (z.B. Wozu benutzen die Pinguine ihre Flügel?) oder um einfache Schlussfolgerungen, bei denen Aussagen mit Textstellen belegt werden (In welchem Teil des Textes steht, wie dick das Eis in der Antarktis ist?). Davon zu unterscheiden sind wissensbasierte Verstehensleistungen. Dabei müssen komplexe Schlussfolgerungen gezogen und begründet und das Gelesene interpretiert werden (Begründe

aus dem Text deine Meinung, ob du gerne in die Antarktis reisen würdest?). Im Weiteren können Sprache und Inhalt geprüft und interpretiert werden (Welche der beiden Textarten sich zu informieren, findest du interessanter, warum?). Es ist offensichtlich, dass z.b. die letzte Frage auch einem Schüler vorgelegt, werden kann, der beim Lesen Schwierigkeiten hat. Auch diese Schülerinnen und Schüler können lernen, zu einem passenden Text ein Urteil zu fällen und zu begründen. Allerdings wird man bei der überprüfbaren Leistung deutliche Unterschiede feststellen können.

Die Entwicklung der Lesekompetenz ist jedoch ein längerfristiger Prozess. Erfolge stellen sich nicht in Kürze ein. Infolgedessen sind Texte und Aufgaben zu wählen, die die Schülerinnen und Schüler auf ihrem jeweiligen Niveau herausfordern. Allerdings scheint es für Lehrerinnen und Lehrer schwierig zu sein, spontan adäquate diagnostische Urteile zu fällen. Auch von den Lehrmitteln werden sie dabei meist unzureichend unterstützt. Tendenziell schätzen sie Leseaufgaben jedoch eher als schwieriger ein als diese sich für die Schülerinnen und Schüler darstellen (Seeber, 2009).

Hinweise zur curricularen Differenzierung im Fremdsprachenunterricht

Von den Kompetenzen her kann auch im Fremdsprachenunterricht ausgegangen werden, wobei zusätzlich auch die Standards variiert werden können. In diesen Fächern ist korrektes Schreiben beispielsweise meist eine Überforderung für lernschwächere Schülerinnen und Schüler. Kompetenzen im Bereich der formalen Korrektheit der Sprache sollten von lernschwächeren Schülerinnen und Schülern vor allem in der Grundschule noch nicht verlangt werden. Ähnliches gilt für bestimmte Schülerinnen und Schüler der Sekundarstufe I aus Klassen mit Grundansprüchen, die damit ebenfalls noch grosse Schwierigkeiten haben können. Man kann diese Schülerinnen und Schüler zwar auf diese formalen Aspekte aufmerksam machen und sie bewusst werden lassen. Die Form, in der dies geschieht, kann jedoch eher ungezwungen sein.

> Demonstrationsbeispiel für eine kompetenzorientierte Reduktion im Fremdsprachenunterricht:
> Kompetenz: Die Schülerinnen und Schüler können den Weg zu einem öffentlichen Gebäude oder einem anderen viel besuchten Ort erfragen und beschreiben.
>
> Man kann sich nun fragen, welche der folgenden Teil-Kompetenzen zum Basis- und zum erweiterten Stoff gehören:

- Ich kenne die Namen der öffentlichen Gebäude und der Sehenswürdigkeiten einer Stadt oder eines Dorfes.
- Ich kann nach dem Weg fragen und die Auskunft, die man mir gibt, verstehen.
- Ich kann jemanden den Weg so beschreiben, dass er mich versteht.
- Ich kann einen Dialog spielen, wo es um Wegangaben in einer Stadt geht.
- Ich kann mit einem Stadtplan Touristenfragen beantworten.

Alle fünf Teilkompetenzen gehören zum Lehrplan. Schülerinnen und Schüler, die mit den ersten drei Kompetenzen jedoch noch Schwierigkeiten haben, sollten zusätzliche Möglichkeiten offeriert bekommen, diese einfacheren Anforderungen zu erfüllen, bevor sie sich mit den anspruchsvolleren Aufgaben beschäftigen. Wenn man über die ersten drei Kompetenzen verfügt, dann ist man durchaus ausgerüstet, basale Herausforderungen im Alltag zu bestehen. Dies bedeutet nicht, schwächere Schülerinnen und Schüler auf diese Grundinhalte festzulegen. Auch sie sollen angehalten werden, die Leistung zu erbringen, die für sie möglich ist und später ebenfalls in den erweiterten Stoff wechseln. Auch kann die Auseinandersetzung mit schwierigeren Inhalten die Performanz einfacher Anforderungen begünstigen. Wenn man einen gespielten Dialog zu den Wegangaben hört, dann kann dies dazu beitragen, dass man eher in der Lage ist, jemanden lediglich nach dem Weg zu fragen.

5.5 Schlussbemerkung

Die Entscheidung für eine Begrenzungsstrategie wird bei der Unterrichtsplanung meist relativ schnell erfolgen müssen, wenn der Planungsaufwand ein akzeptables Mass nicht übersteigen soll. Sie ist von erfahrenen Lehrerinnen und Lehrern, die den Stoff kennen, eher zu leisten. Aber auch Lehrpersonen, die am Beginn ihrer beruflichen Laufbahn stehen, kann dies gelingen, ohne dass allzu grosse Schwierigkeiten zu überwinden sind. Experimentelle methodische Arrangements des Autors in Aus- und Fortbildungsveranstaltungen haben erbracht, dass taugliche Entscheide innerhalb von 10 Minuten herbeigeführt werden können (s. Abb. 6-5). Ein fundierter Austausch mit Kolleginnen und Kollegen über Spielräume, die Lehrpläne für eigene Anpassungen eröffnen, dürfte dennoch notwendig sein und kann später immer noch erfolgen. Dabei hat jede der drei Zugangskategorien ihre Berechtigung. Weitere Modifikationen dürften sich dann auch im Verlaufe des Unterrichts einstellen.

Lehrerinnen und Lehrer erwarten bei diesem Vorgehen vielfach auch quantitative Aussagen zum ungefähren Zeitbudget der unterschiedlichen Bereiche im Curriculum. Der von Dubs (1993, 67) geäusserte Vorschlag, Minimallehrpläne könnten ca. zwei Drittel der reinen Unterrichtszeit abdecken, ist durch die Entwicklung, die in der Zwischenzeit eingesetzt hat, im Grundsatz nicht entscheidend entkräftet worden. Das restliche Drittel wäre dann folgerichtig für erweiterten Stoff und

Profiltätigkeiten vorgesehen. Schülerinnen und Schüler, die die Minimalanforderungen früher erfüllen, könnten mehr Lernzeit in den Profilbereich investieren. Schülerinnen und Schülern, die bestimmte Sockelqualifikationen nicht erfüllen, stünde dagegen bis zu einem Drittel an zusätzlicher Lernzeit zur Verfügung. Eine Grundvoraussetzung dazu wäre durch eine Koppelung von Curricula und Basiskompetenzen gegeben, die vorderhand jedoch noch aussteht.

Nach diesem Befund könnte man zum kritischen Schluss gelangen, dass die Lehrpersonen das zu leisten haben, was der Lehrplan nicht vorgibt, nämlich wie eine passende, schüleradäquate Umsetzung von Basiskompetenzen zu bewerkstelligen ist. Dem ist so. Lehrpläne enthalten Erwartungen an eine allgemeine Bildung. Sie dienen der Orientierung. Oft sind sie überladen, weil die Anzahl wichtiger Inhalte aufgrund des angesammelten Weltwissens unerschöpflich ist. Lernen jedoch geschieht im Vollzug. Verantwortlich dafür sind die konkret Handelnden. Dieses Handeln wird durch Lehrpläne gerahmt. Ansonsten könnte es beliebig ausfallen. Die passende Umsetzung innerhalb dieses Rahmens ist jedoch im schulischen Alltag einzulösen. Nur die Lehrpersonen kennen die Schülerinnen und Schüler und können passende Information auswählen, angemessene Lernaufgaben stellen und realistische Zielsetzungen vornehmen.

6 Design von Lernumgebungen zum Kompensationsprinzip

6.1 Vorbemerkungen

Zur Gestaltung von Lernumgebungen existieren zahlreiche Begründungsmuster. Aber dennoch scheint der Erfolg ungewiss (s. Kap. 2). Der Hauptgrund liegt darin, dass Unterricht ein komplexes Geschehen und letztlich nicht uneingeschränkt planbar ist (Floden & Clark, 1988). Praxis ist auch durch Theorie nicht bestimmbar. Theorie ist abstrakt. Praxis ist konkret. Dies gilt auch dann, wenn Theorieebenen mit einem geringeren Abstand zur Praxis formuliert werden (s. Abb. 2-3). Im folgenden Kapitel soll dieser zusätzliche Konkretisierungsschritt unternommen werden. Vorgestellt werden mögliche Designvarianten.

Es handelt sich dabei nicht um Rezepte. Wer allzu sehr auf Berechenbarkeit setzt, gerät bei Widerfahrnissen ins Wanken. Die Wirklichkeit richtet sich nicht nach unseren exakten Berechnungen und Planungen. Aus noch so guten Begründungen sollte deshalb nicht Selbstgewissheit erwachsen. Auch aus wissenschaftlichen Theorien und didaktischen Modellen geht nicht hervor, wie unterrichtet werden soll. Wissenschaftliche Erkenntnisse eröffnen oder begrenzen Handlungsspielräume, wie unterrichtet werden kann. Aus dieser Auseinandersetzung sind die untenstehenden *Entwurfsmuster* entstanden.

Bei den ausgewählten Beispielen handelt es sich um eine Art Protokoll realisierter Unterrichtseinheiten. Wegleitend ist die Sichtweise, dass es nicht a priori guten oder schlecht geplanten differenzierten bzw. adaptiven Unterricht gibt. Es kommt darauf an, zu versuchen, ihn im Hinblick auf die Voraussetzungen der Lernenden und auf die inhaltlichen Herausforderungen angemessen zu „designen" (vgl. Staub, 2004). Dazu können theoretische Sichtweisen zwar einen legitimierenden Beitrag leisten. Wesentlich ist jedoch auch fundiertes Praxiswissen über die Gegebenheiten innerhalb einer Schulklasse und über die Anforderungen, die von institutioneller Seite in den Lehrplänen als verbindlich deklariert werden. Präsentiert werden entsprechende *Entwurfsmuster* von Lehrerinnen und Lehrern, die sich mit den theoretischen Voraussetzungen auseinandergesetzt haben. Damit wird nicht beabsichtigt, idealtypische Prototypen zu entwerfen, die universell verwendbar sind. Die vier Entwurfsmuster stammen aus unterschiedlichen Fächern, und unterscheiden sich folgerichtig deutlich voneinander.

6.2 Hinweise zur Planung von differenzierten Lernumgebungen

Die aufgeführten Bezugstheorien in Kap. 3 legen nahe, bei der Planung differenzierter Lernumgebungen drei Aspekten besondere Aufmerksamkeit zu schenken. Es ist erstens darauf zu achten, dass Schülerinnen und Schüler für das Lernen unterschiedlich viel Zeit benötigen. Im Weiteren existiert bei der Aufgabenschwierigkeit für alle Lernenden eine kritische Schwelle. Drittens ist zu berücksichtigen, dass nicht alle auf die gleiche Weise erfolgreich lernen können und je nach methodischer Herangehensweisen mehr oder weniger profitieren. Für diese Grundvoraussetzungen sind, wie in Kap. 3 erwähnt, vorerst organisatorische Massnahmen zu treffen. Es handelt sich dabei eher um distale Faktoren, die das Lernen indirekt beeinflussen.

Im Folgenden werden diese Planungsschritte dargestellt. Der Planungsprozess einer Lehrperson verläuft allerdings nicht linear in logisch aufeinanderfolgenden Schritten, wie dies unten aus Gründen der Nachvollziehbarkeit dargestellt wird. Gedanklich „springt" man von einem Aspekt zum nächsten. Der Prozess ist zudem iterativ, das heisst: Man kommt vielfach auf bereits behandelte Fragen zurück.

Im Planungsvorgang sind auf der Makroebene vorerst grundsätzliche Fragen des organisatorischen Rahmens von Unterricht zu klären. Vorerst werden offenen Phasen und dem Unterricht mit der Klasse geeignete Lernaufgaben zugewiesen. Die Zuweisung erfolgt unter Berücksichtigung eines Artikulationsschemas von Unterricht. Detailliertere methodische Massnahmen auf der Mikroebene werden anschliessend bei der Präsentation der Lernumgebungen aufgeführt.

Phasenpläne: Klassenunterricht und offene Formen kombinieren
Empfohlen wird, dass der Unterricht in zwei Phasen aufgeteilt wird. *In Phase 1* wird im methodisch variierten Klassenunterricht (=direkter Unterricht) grundlegendes Wissen erworben und vertieft. Dieser Unterricht wird durch eine *Phase II* des selbstständigen, offenen Lernens abgelöst, wo die Lehrperson primär eine betreuende Funktion einnimmt. Slavin (1987) bezeichnet dieses Vorgehen als „group-paced mastery learning". Im Folgenden wird dafür der deutschsprachige Begriff *Phasenplan* eingeführt. Er besagt, dass offene und Phasen des direkten Unterrichts mit der Klasse auf eine Weise kombiniert werden sollten, die mit einem Artikulationsschema verträglich ist (vgl. Kap. 3). Der offene Planunterricht ist demnach mit den Lern-"Phasen" eines Artikulationsschemas in Beziehung zu bringen.

Die typische Organisation eines Phasenplans kann wie folgt illustriert werden:

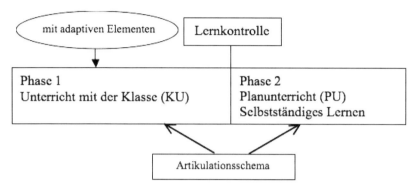

Abb. 6-1: Grundschema des Phasenplans.

Der Unterricht mit der Klasse beinhaltet seinerseits adaptive Elemente (s. Kap. 3) und schliesst mit einer curricular eingebetteten formativen Lernkontrolle ab. Die Schülerinnen und Schüler werden in „masters", die den Stoff beherrschen, bzw. „nonmasters", die noch Lücken haben, eingeteilt. In der folgenden Phase selbstständigen Lernens kann ihren jeweiligen Bedürfnissen dann deutlicher Rechnung getragen werden als dies im direkten Unterricht mit der Klasse möglich ist. Die zeitliche Dauer der beiden Phasen kann variieren. Phase 1 kann je nach Voraussetzungen der Lernenden und nach dem Thema länger oder kürzer ausfallen, ebenso die Planphase. Wie oben gesagt, gilt es, Unterricht gemäss den thematischen und persönlichen Voraussetzungen der Lernenden angemessen zu „designen". Das in Kap. 3 erwähnte Programm IMPROVE von Mevarech und Kramarski (1997) ist ein Beispiel für dieses Vorgehen. Bei längeren und komplexeren thematischen Einheiten ist auch folgende Variante denkbar:

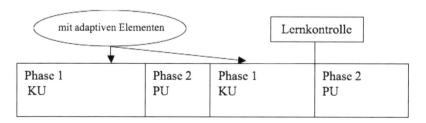

Abb. 6-2: Phasenplanvariante mit zwei Planphasen.

Die Phasenplanvariante in Abb. 6-2 umfasst zwei Wechsel mit etwas kürzeren selbstständigen Planphasen. Eine Curriculum basierte Lernkontrolle ist in diesem formalen Beispiel nur beim zweiten Wechsel der Organisationsform vorgesehen. Beim ersten Wechsel könnte auch eine kurze Standortbestimmung genügen. Allerdings ist es auch möglich, dass eine Lernkontrolle nach beiden Klassenphasen durchgeführt wird. Diese schliessen wie üblich adaptive Elemente mit ein.

Die folgende Variante in Abb. 6-3 dürfte vor allen Dingen für den fremdsprachlichen Unterricht typisch sein. Im Fremdsprachenunterricht verfügen Schülerinnen und Schüler der Volksschule meist noch nicht über elaborierte kommunikative Kompetenzen. Sie benötigen eine Lernumwelt, die ihnen intensive sprachliche Anregungen anbietet, sei dies durch Medien oder kommunikativ durch die Lehrperson selbst. Lange Phasen im Plenum wie auch längere Planphasen mit hoher individueller Selbstständigkeit sind dazu nur bedingt geeignet. Zudem sollten möglichst alle sprachlichen Fertigkeiten wie Lesen, Schreiben, Hören, Sprechen trainiert werden, was eine erhebliche Variation mit sich bringt. Es leuchtet ein, dass dabei auch in Klassenphasen relativ offen geübt werden sollte und explizite Planphasen, wo man sehr selbstständig arbeiten muss, sich davon nur in Nuancen unterscheiden und auch nicht zu lange dauern können. Die planerischen Massnahmen fremdsprachlicher Arrangements sind somit anspruchsvoll. Weiter unten werden zu diesem Fachbereich deshalb zwei Lernumgebungen dokumentiert.

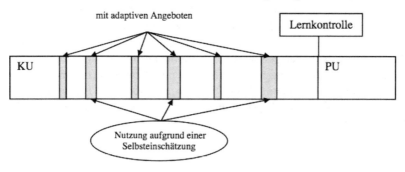

Abb. 6-3: Phasenplanvariante für den Unterricht in Fremdsprachen.

Abb. 6-3 schematisiert eine Lernumwelt, in der die Lehrperson im Laufe des Klassenunterrichts häufig adaptive Angebote macht. Dieses organisatorische Konzept kann sich insbesondere für den fremdsprachlichen Unterricht eignen. In diesen Phasen beschäftigt sich die Lehrperson mit Subgruppen, die spezifische Anregungen benötigen oder solchen, die auch anspruchsvollere Aufgaben bewältigen. Diese Phasen können unterschiedlich lange dauern. Die Lernenden schätzen sich aufgrund formativer Assessmentgelegenheiten (geplanter Austausch) selbst ein und entscheiden, ob sie das jeweilige Angebot annehmen wollen. Schülerinnen und Schüler, die sich selbst zu wenig adäquat einschätzen können oder manchmal auch Motivationsprobleme haben, werden durch die Lehrperson zum Mitmachen aufgefordert. Dies geschieht aufgrund punktueller Assessmentfeststellungen der Lehrperson. Die übrigen Schülerinnen und Schüler der Klasse arbeiten in diesen Phasen selbstständig weiter. Eine Planphase, die im Anschluss an eine Lernkontrolle folgt, kann jederzeit angesetzt werden. Im obigen Fall ist eine solche Massnahme lediglich am Schluss der Stoffeinheit vorgesehen.

Kombination von Phasenplänen mit einem Artikulationsschema

Die Anordnung der Phasen in Phasenplänen unterliegt auch Kriterien des Lernens und nicht ausschliesslich pragmatischen Überlegungen zur Stoffmenge und Annahmen, in welchem Ausmass die Schülerinnen und Schüler gewohnt sind, selbstständig zu arbeiten. In Kap. 3.2.2 wurde erwähnt, dass Planphasen nach Möglichkeit mit einem Schema der Artikulation von Unterricht kombiniert werden sollten. Voraussetzung ist, dass es sich dabei um einen vertikalen Lerntransfer handelt. Aufgrund der Annahmen, wie der zu behandelnde Stoff mit diesen Lernphasen strukturiert werden kann, können Hinweise gewonnen werden, wann eher direkte Instruktion im Klassenverband (=variierter Klassenunterricht) angebracht ist, und wann die Lernenden über die notwendigen Grundlagen verfügen, dass sie ihr Lernen weitgehend selbst steuern können. Selbstgesteuertes Lernen ist vorzugsweise in Phasen des Übens, Anwendens, Konsolidierens der Fall. Schematisch kann man sich diesen Gedankengang vergegenwärtigen, wie dies in Abb. 6-4 versucht worden ist.

Lernaufgaben zuordnen: Mentale Strategien bei der Unterrichtsplanung

Heymann (2010) unterscheidet zwei Strategien zur Herstellung von Adaptivität: *Geschlossene Differenzierung* und *Selbstdifferenzierung*. Die geschlossene Differenzierung ist Teil der Unterrichtsplanung. Die Lehrperson übernimmt dabei die Hauptverantwortung, Aufgaben für das adaptive Angebot auszuwählen. Bei der Selbstdifferenzierung ist es möglich, dass der Verlauf auch von den Lernenden abhängt. Das Lernangebot kann von ihnen so angepasst werden, dass sie es auf unterschiedlichen Wegen erreichen können (s. obige Bemerkungen zum Fremdsprachenunterricht). In Abb. 6-4 wird das formale Vorgehen bei der geschlossenen Differenzierung dargestellt. Einem mit einem Artikulationsschema kombinierten Phasenplan werden Lernaufgaben zugeordnet, die das Lernen auf der Mikroebene adaptiv strukturieren. Sie werden dem Lehrmittel entnommen oder auch von der Lehrperson selbst konstruiert. Der übergeordnete Zuordnungsprozess kann in drei Ebenen veranschaulicht werden, die miteinander verflochten und nicht als linearer Prozess zu denken sind (s. Abb. 6-4). Es sind dies: Die Ebene der Lernaufgaben; die Ebene des Lernkonzeptes (bzw. der Artikulation); die Ebene der Lernorganisation.

Ebene der Lernaufgaben: In einem ersten Schritt sind die Lernaufgaben nach curricularen Gesichtspunkten klassiert worden (vgl. Kap. 5) und zwar in Aufgaben zum Basis- (B, BR) und zum Regelstoff (Reg). Eventuell werden auch einzelne Expertenaufgaben (Exp.) ausgewählt, die Idealstandards genügen. Die Lernaufgaben werden nach fachdidaktischen Gesichtspunkten ausgewählt oder selbst konstruiert. Im Fach Mathematik können die meisten Aufgaben dem Lehrmittel entnommen werden. Dieses Fach wird in hohem Masse durch vorhandene Lehrmittel strukturiert. Bei den Basisaufgaben werden solche unterschieden, die im Unterricht mit der Klasse, z.b. bei der Bearbeitung neuer Kenntnisse, gelöst werden (B) und solche, die in der Planphase dazu dienen, den Basisstoff zusätzlich zu vertiefen oder zu repetieren (BR). Letztere können manchmal nicht vollständig dem Lehrmittel entnommen werden und müssen von der Lehrperson in einzelnen Fällen selbst konstruiert werden.

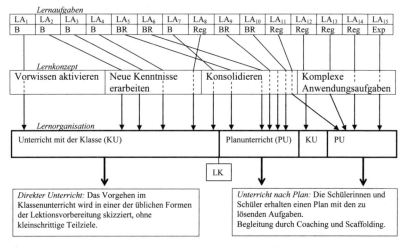

Legende: LA=Lernaufgabe; B=Aufgabe zum Basisstoff; BR=Basisstoff-Repetitionsaufgabe; Reg=Regelaufgabe; Exp=Expertenaufgabe (Idealniveau); LK=Lernkontrolle

Abb. 6-4: Zuordnung von Lernaufgaben in Phasenplänen.

Ebene Lernkonzept: Bevor die Lernaufgaben einzelnen organisatorischen Abschnitten des Phasenplans (Klassenunterricht, offener Unterricht nach Plan) zugeordnet werden, passieren sie idealerweise den „Filter" eines passenden Artikulationsschemas. Es handelt sich dabei um das übergeordnete Lernkonzept. In Abb. 6-4 sind dies die Lernschritte: „Vorwissen aktivieren", „Neue Kenntnisse erarbeiten", „Konsolidieren" und Komplexe Anwendungsaufgaben lösen". Auf diese Weise wird den Aufgaben die Funktion zugewiesen, die sie im Lernprozess einnehmen. Die Anordnung der Lernaufgaben ist auf ein Grobziel ausgerichtet. Auf eine engere Strukturierung durch mikrohafte Teilziele wird verzichtet. Eine solche Vorgehensweise würde eher an eine gelenkt behavioristische Praxis erinnern, die weniger Raum für individuelle Lernwege zulässt.

Ebene Lernorganisation: Lernschritte mit den zugehörigen Lernaufgaben werden anschliessend den organisatorischen Abschnitten des Phasenplans abgeglichen. Im Folgenden wird diese Zuweisung am schematischen Beispiel aus Abb. 6-4 näher erläutert.

• LA1 wird im Klassenunterricht dazu eingesetzt, das Vorwissen der Schülerinnen und Schüler zu aktivieren.

• LA 2, 3, 4 werden im Klassenunterricht gelöst, um die neuen Kenntnisse zu erarbeiten.

• Die Regelaufgabe 8 wird ebenfalls im Klassenunterricht gelöst, obwohl sie als Regelaufgabe nicht mehr zum Basisstoff gehört. Auch die fortgeschrittenen Schülerinnen und Schüler sollen im Klassenunterricht auf ihrem Niveau Impulse erhalten.

• Aufgabe 7 wird ebenfalls im Klassenunterricht gelöst. Es könnte sich dabei um eine umfangreichere Konsolidierungsaufgabe handeln.

• Im Anschluss an den Klassenunterricht wird eine diagnostische Lernkontrolle durchgeführt. Erhoben werden bestehende Kenntnisse zu den B-Aufgaben.

• Die Repetitionsaufgaben 5, 6, 9, 10 sind für Schülerinnen und Schüler vorgesehen, die noch Probleme haben und im Planunterricht den Basisstoff vertiefen. Sie können in der Planphase vor oder nach der Klassenunterricht-Episode, die den Planunterricht kurz unterbricht, gelöst werden.

• Der Unterricht nach Plan wird durch eine kurze Klassenunterricht-Episode unterbrochen, wo die Regelstoff-Lernaufgabe 12 gemeinsam gelöst wird.

• Die Regelaufgaben 11, 13 und 14 sowie die Expertenaufgabe 15 werden im selbstorganisierten Planunterricht bearbeitet.
Vorgesehen ist, dass insgesamt 7 Aufgaben im Klassen- und 8 im Planunterricht gelöst werden können.

Aus dieser Zusammenstellung ist ersichtlich, dass die Lehrperson die beiden ersten Lernphasen „Vorwissen aktivieren" und „Neue Kenntnisse erarbeiten" im Klassenunterricht umsetzt. Angeschlossen werden zwei Konsolidierungsübungen, die ebenfalls im Klassenunterricht stattfinden. Das Vorgehen ist auch im Klassenunterricht adaptiv, d.h.: Es wird vor allem Tempo- und Schwierigkeitsdifferenzierung praktiziert. Schneller Lernende können selbstständiger arbeiten als Langsamere. Dann kann eine Lernkontrolle anschliessen. Je nach Ergebnis arbeiten die Schülerinnen und Schüler im Planunterricht weiter. Die „non-masters" werden in der Konsolidierungsphase mehr Repetitionsübungen des Kernstoffes benötigen, während Lernende, die den Stoff beherrschen, mit komplexeren Anwendungsaufgaben fortfahren können. Die Lehrperson erachtet es als notwendig, einzelne dieser anspruchsvolleren Aufgaben auch mit allen Schülerinnen und Schülern zu lösen, damit möglichst viele am Schluss selbstgesteuert weiterarbeiten können. *Adaptive Steuerung während der Durchführung:* Diese Planung wird immer vorläufig sein. Im Unterricht sind Anpassungen und Umstellungen der Aufgaben unumgänglich. Wenn sich beispielweise im Klassenunterricht herausstellt, dass die Schülerinnen und Schüler den Stoff gut verstanden haben, wird man den vorgesehenen Plananteil ausweiten und die wenigen coachen, die noch Schwierigkeiten haben. Umgekehrt kann es notwendig sein, mit der ganzen Klasse länger zu arbeiten, wenn der Lernstoff einer Mehrheit der Schülerinnen und Schüler immer noch Schwierigkeiten bereitet.

Die schematische Mehrebenenverflechtung, die in Abb. 6-4 veranschaulicht worden ist, scheint auf den ersten Blick von hoher Komplexität zu sein. Dies mag daran liegen, dass implizite, innere Operationen von Lehrpersonen explizit gemacht werden. Diese Denkvorgänge werden in der Regel nicht offen gelegt. Als mentales Modell steuern sie das Handeln eher intuitiv. Im Alltag der Unterrichtsvorbereitung werden diese Prozesse auf ökonomischere Weise z.B. unter Zuhilfenahme des jeweiligen Lehrmittels ablaufen.

Vorgehen bei der Unterrichtsvorbereitung unter Zuhilfenahme eines Lehrmittels
Können die Lernaufgaben dem Lehrmittel entnommen werden, dann ist der Planungsvorgang gem. Abbildung Abb. 6-4 auf relativ einfache Weise zu bewerkstelligen. Zum einen ist die Entscheidung transparent zu machen, welche Aufgaben im Klassenunterricht oder in der offenen Planphase gelöst werden sollen. Bei kürzeren Stoffeinheiten ist es nicht notwendig, dies explizit zu notieren. Bei längeren Einheiten kann man die Aufgaben drei Kategorien zuordnen, wie dies am Beispiel des Lehrmittels in Abb. 6-5 versucht worden ist. Es handelt sich dabei um (B) Basisaufgaben im Klassenunterricht; (Reg) Regelaufgaben und (BR) Repetitionsaufgaben für den Planunterricht. Gemäss Abb. 6-4 brauchen nicht alle Regelaufgaben im Planunterricht gelöst zu werden. Wichtige Aspekte dieser Aufgaben werden ebenfalls von der Lehrperson im Unterricht mit der Klasse behandelt. Auch ist es möglich, im Planunterricht Fördergruppen zu bilden, die unter Anleitung der Lehrperson lernen (s. unten). Die Aufgaben im Lehrmittel können nun mit dem entsprechenden Kennzeichnung (B, BR, Reg) markiert werden. Zusätzlich können Expertenaufgaben (Exp.) integriert werden.

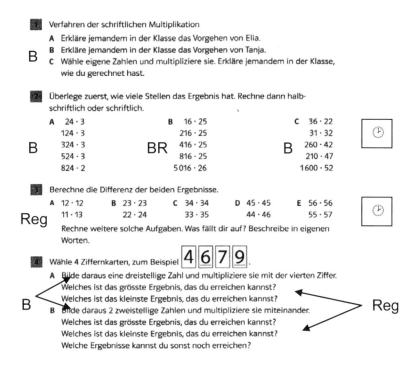

Abb. 6-5: Curriculare Markierung der Lernaufgaben in einem Lehrmittel (vgl. Schülerbuch, Affolter et al., 2009, 18).

Die stofflichen Grundvoraussetzungen zur Differenzierung sind mit diesem Verfahren geschaffen worden. Tempo- und Schwierigkeitsdifferenzierung werden ermöglicht. Aufgaben, die sich im Klassenunterricht zur Tempodifferenzierung eignen können, wurden in Abb. 6-5 mit dem Symbol einer Uhr markiert. Die Schwierigkeitsdifferenzierung ist durch die Klassierung in Basis- und Regelstoff gesichert. Anschliessend kann der Verlauf des Unterrichts detaillierter geplant werden. Die Orientierung an einem Artikulationsschema kann dazu beitragen, den Unterricht mit der Klasse so zu strukturieren, dass Grundlagen für die anschliessende selbstgesteuerte Weiterarbeit gegeben sind. Auch die Lehrer- und Schüleraktivitäten (z.B. Sozialformen, Methoden, etc.) können näher bestimmt werden (s. Beispiel unten). Damit die anschliessende Konsolidierung selbstgesteuert erfolgen kann, sollte der neue Stoff im Wesentlichen verstanden worden sein. Ist dies nicht der Fall, wären zusätzliche Aufgaben im direkten Klassenunterricht zu lösen, wo bestehende Probleme nochmals gemeinsam behandelt werden können. Ist ein Grundverständnis eher erreicht, kann auch früher in selbstgesteuertes Lernen gewechselt werden. In diesen Phasen werden vermehrt Aspekte der *Selbstdifferenzie-*

rung bedeutsam. Den Lernenden werden Spielräume zugestanden, das Lernziel auf unterschiedlichen Wegen anzusteuern. Dabei können sie durch passende Zuweisung von Lernaufgaben sowie durch angefordertes Coaching und Scaffolding auch von aussen unterstützt werden.

Im Folgenden werden diese Überlegungen an vier Beispielen veranschaulicht, die wie einleitend erwähnt als Entwurfsmuster zu verstehen sind. Die Planungsprotokolle sollen Verknüpfungen zwischen allgemeinen theoretischen Erkenntnissen und praktischen Vorgehensweisen erhellen.

6.3 Entwurfsmuster einer Lernumgebung: Schriftlichen Multiplikation und Division (5. Klasse)

Autor: *Marcel Aebischer*
Grundlage ist das Lehrmittel: Affolter, W., Amstag, H., Doebeli, M. & Wieland, G. (2009). Schweizer Zahlenbuch 5. Zug: Klett und Balmer Verlag.

6.3.1 Vorüberlegungen zur Lernumgebung
Die Kontextbedingungen beeinflussen Zielsetzungen und Design der Lernumgebung. Im Folgenden werden wegleitende Vorüberlegungen angestellt.

Ausgangslage
Die Schülerinnen und Schüler sollen natürliche Zahlen ohne elektronische Hilfen sicher multiplizieren und dividieren können. Die schriftlichen und halbschriftlichen Vorgehensweisen wurden bereits im vierten Schuljahr eingeführt und werden nun im fünften Schuljahr vertieft. Die Lehrperson kann mit den Schülerinnen und Schülern eine Standortbestimmung vornehmen und feststellen, mit welchem Verfahren sie rechnen. Bei der Behandlung schuljahresübergreifender Inhalte sind in der Regel auch Nachfragen bei der abgebenden Lehrperson erforderlich. Anschliessend kann der früher bereits behandelte Lernstoff konsolidiert werden.

Phasenkonzept der Lernumgebung
Die Lehrperson entschied sich dafür, die beiden Grundoperationen zuerst im Klassenunterricht gesamthaft aufzuarbeiten. Erst im Anschluss daran war eine offene Planphase vorgesehen. Im Klassenunterricht wurden die Artikulationsphasen *Problembegegnung – Angeleitetes Üben (Verstehensprüfung) – Selbstständiges Üben* durchlaufen. Die Planphase diente der *Konsolidierung* mit ansteigendem Schwierigkeitsgrad durch Trainings-, Regel- und Expertenaufgaben. Die Kombination mit dem Phasenschema berücksichtigt die Tatsache, dass der Stoff in der vorangehenden Klassenstufe bereits einmal behandelt worden ist.

Problem-begegnung	Angeleitetes Üben	Selbstständiges Üben	Konsolidieren
Unterricht mit der Klasse			**Planunterricht**
– Basis-Aufgaben (B): Die beiden Grundoperationen werden nochmals erarbeitet. – Adaptive Massnahmen: Tempodifferenzierung, Schwierigkeitsdifferenzierung durch einzelne Regelaufgaben; Differenzierte Betreuung			– Trainingsaufgaben (BR) zu allen vier Grundoperationen – Regelaufgaben (Reg) im Stoffgebiet (mathematische Phänomene) – Zusätzliche Expertenaufgaben mit grösserer Schwierigkeit – Differenzierte Betreuung
Ca. 6 – 8 Lektionen*			**Ca. 3 – 4 Lektionen***

*Zeitangaben gelten für alle vier Grundoperationen

Abb. 6-6: Bestimmung der Abfolge zwischen Phasenplan und Artikulationsschema.

Da einzelne Grundlagen im vorangehenden Jahr bereits behandelt worden waren, konnten schneller Lernende im Klassenunterricht selbstständiger arbeiten. Sie erhielten bereits nach der Einführung einen Plan mit den zu lösenden Aufgaben. Für den Austausch hatten sie sich jedoch wieder in den Klassenverband zu integrieren. Der Klassenunterricht, so wie er unten dargestellt ist, war für mittlere und schwächere Schülerinnen und Schüler vorgesehen.

Curriculare Differenzierungsentscheidungen

Bei den beiden schriftlichen Grundoperationen handelt es sich um Basiskompetenzen, die von allen Schülerinnen und Schülern beherrscht werden müssen. Als erweiterter Regelstoff wurden folgende Aufgabentypen bestimmt:

a. Probleme, bei denen man einen mathematischen Zusammenhang entdecken kann (s. unten Aufgabe M2, D2);

b. wo man gestellte Aufgaben variieren kann (s. unten Ziffernkarten);

c. die schwierigere Kopfrechnungen zu den beiden Grundoperationen verlangen (Schwächere Schülerinnen und Schüler benötigen im Grundstoff dagegen oftmals nochmals eine Repetition des Einmaleins.);

d. Anspruchsvollere Aufgaben für besonders begabte Schülerinnen und Schüler.

Bemerkung zu a): Es geht nicht darum, schwächere Schülerinnen und Schüler von anspruchsvolleren Denkvorgängen auszuschliessen. Im vorliegenden Fall wurde jedoch Wert darauf gelegt, zuerst die grundlegenden Rechenverfahren der Multiplikation bzw. der Division zu beherrschen. Im Vordergrund stand in Anlehnung an das Literacy-Konzept der Nutzen von Rechenverfahren für die Teilnahme am gesellschaftlichen Leben. Daneben sollen möglichst viele „non-masters" ebenfalls die Chance erhalten, sich auch mit erweiterten Regelaufgaben zu beschäftigen. Die Zuteilung zu den Gruppen ist reversibel, wenn ein anderes Thema in Angriff genommen wird.

Besondere Voraussetzungen der Schülerinnen und Schüler
Es handelte sich um eine fünfte Schulklasse mit einem grossen Anteil von Kindern aus Migrantenfamilien, die aber schon längere Zeit in der neuen Umgebung wohnhaft und grösstenteils auch da geboren sind. Formale mathematische Operationen bereiteten ihnen weniger Schwierigkeiten als Textaufgaben. Das Vorwissen wurde mit einem Vortest erhoben. Die hauptsächlichen Probleme werden im Folgenden dargestellt:

– Häufige Fehler bei der Multiplikation:
Es wurde festgestellt, dass einige Kinder die „Behaltezahl" bei den Zwischenresultaten mitaddieren.
Im Weiteren traten Schwierigkeiten bei den Stellenwerten ein. Einige hatten nicht beachtet, dass das Resultat eine Stelle nach links rückt, wenn mit dem nächsthöheren Stellenwert multipliziert wird, z.B.

$$85 \cdot 72$$
$$3\,6\,0$$
$$5\,7\,6$$

Ebenfalls wurden die Konsequenzen bei einer Multiplikation mit einer Stellenwertzahl Null nicht von allen Schülerinnen und Schülern erkannt.

– Häufige Fehler bei der Division:
Auffällig war, dass das im Buch erwähnte halbschriftliche Verfahren der Division vor allem schwächeren Schülerinnen und Schülern Schwierigkeiten zu bereiten schien. Die Zwischenschritte verlangen von ihnen einen höheren rechnerischen Aufwand.
z.B. $829 : 13 = $?
1. Schritt: $650 : 13 = 50$
2. Schritt: $130 : 13 = 10$
3. Schritt: $39 : 13 = 3$
10 bleiben als Rest übrig

Das Resultat beträgt: $50 + 10 + 3 = 63$; Rest 10

Weniger Fehler wurden mit dem Verfahren der schriftlichen Division gemacht. Bei den schwächeren Schülerinnen und Schülern, hatte der Lehrer deshalb entschieden, sich auf das schriftliche Vorgehen zu konzentrieren. Zu beachten ist, dass es Lehrpersonen gibt, die aus fachdidaktischen Überlegungen dem halbschriftlichen Verfahren den Vorzug geben. Wesentlich ist jedoch, dass die Kinder das Verfahren anwenden und vertiefen, mit dem sie bereits zu rechnen gewohnt sind. Im Übrigen ist es nicht so, dass es sich beim schriftlichen Verfahren lediglich um eine formale Prozedur handelt. Auch in diesem Fall können die mathematischen Zusammenhänge aufgezeigt werden. So kann man die Stellenwerte z.b. durch Behälter mit entsprechender Anzahl Kugeln veranschaulichen und zeigen, dass man bei der Division 8623 : 11 Kugeln der 8 Tausender zuerst in Behälter mit 100 Kugeln verwandeln muss, damit man sie auf 11 Besitzende verteilen kann, usw.

Zusätzlich achtete die Lehrperson auf die folgenden Fehler, die im Vortest häufig vorkamen.

Tab. 6-1: Häufigste Fehler in der Lernkontrolle.

Schüler erhalten ein falsches Resultat, weil sie beim Dividieren einen Rechenfehler machen.	Stellenwerte mit Null am Ende des Dividenden werden nicht berücksichtigt.	Zwischenresultate, die Null ergeben, werden vergessen.
86'400 : 25 = 21 50 ⟨36⟩ 25 114	86'400 : 8 = 108 8 - 6 0 64 64 --	86'400 : 8 = ↓800 8 - 64 64 0 0 00 00
Prüffrage: Wie gross darf der Rest sein?	Prüfstrategie: Resultat schätzen.	Prüfstrategie: Resultat schätzen.

6.3.2 Beschreibung der Lernumgebung

Die folgende Lernumgebung gibt den Prozessverlauf einer realisierten Phasenplan-Lernumgebung wieder. Wegleitend war die Absicht, dass schwächere Schülerinnen und Schüler durch ein hohes Mass an Selbstständigkeit nicht überfordert werden sollten und ausreichende adaptive Lernunterstützung durch die Lehrperson oder durch ihre Mitschülerinnen und Mitschüler erhielten. Die Lernumgebung besteht aus vier Teilen: A und B: Unterricht mit der Klasse zur schriftlichen Multiplikation bzw. Division (je drei bis vier Lektionen); C: Bemerkungen zur Lernkontrolle; D Planunterricht.

Tab. 6-2: Dokumentation einer Lernumgebung zum Mathematikunterricht – Teil I.

A: Klassenunterricht zur Multiplikation - Lektionen 1 – 3

Zielsetzung	Die Schüler/innen repetieren und erweitern das Verfahren der schriftlichen Multiplikation. Dabei sind sie sich insbesondere der Bedeutung der Stellenwerte bewusst.
Lernschritt	Vorkenntnisse aktivieren, Problembegegnung
Lehrer- und Schüleraktivitäten	• Einleitungsproblem (Basisaufgabe): Das Klassenzimmer befindet sich im zweiten Stock (zwei Treppen zu 9 Stufen). Wie viele Stufen bewältigt ein Schüler/eine Schülerin pro Tag, pro Woche, pro Monat, pro Jahr, in 4 Jahren, etc.? • Die betreffenden Schüler/innen erklären an der Wandtafel, wie sie gerechnet haben. • Die Lehrperson geht auf die Stellenwerte (Zehntausender, Tausender, Hunderter, Zehner, Einer) ein.
Adaptives Element	• Schneller Lernende können weitere Fragestellungen vorschlagen und berechnen, z. B. mit der Höhe der Stufen oder anderen Varianten.
Lernschritt:	Angeleitetes Üben und Verstehensprüfung
Lehrer- und Schüleraktivitäten Multiplikationsaufgabe 1: Basisstoff	• Die Schüler/innen lösen max. zehn Aufgaben wie die folgenden: 124 · 3 = 260 · 42 = Zuerst sollen immer die Näherungswerte geschätzt werden. • Die Lehrperson rechnet mit der Klasse zuerst zwei Beispiele an der Wandtafel durch: z. B. bei 124 x 3 rechnet man beim Schätzen 100 x 3. • Die Schüler/innen versuchen, im Kopf weitere Aufgaben zu schätzen. • Die Lehrperson geht auch auf das Problem ein, wenn mit Null multipliziert wird. • Dann werden die acht Aufgaben schriftlich ausgerechnet und gemeinsam kontrolliert.
Adaptive Elemente	• Schwächere Schüler/innen rechnen, soweit sie kommen. • Schüler/innen, die den Zusammenhang nicht bereits selbst erkannt haben, werden von der Lehrperson angeregt herauszufinden, dass die Faktoren gemäss dem Kommutativgesetz vereinfacht werden können, z. B.: 3 · 124 statt 124 · 3.
Lehrer- und Schüleraktivitäten Multiplikationsaufgabe 2: Regelstoff	• Die Schüler/innen rechnen fünf Aufgabenpaare aus. 12 · 12 23 · 23 11 · 13 22 · 24 • Sie versuchen die Gesetzmässigkeit herauszufinden, weshalb der Unterschied immer 1 ergibt. • Austausch/Kontrolle: Die Skizzen der Schüler/innen, die versucht haben, die Gesetzmässigkeit herauszufinden, werden besprochen. • Durch Umlegen von Plättchen 5 x 5 und 4 x 6 wird die Aufgabe am Schluss an der WT nochmals erläutert.
Adaptive Elemente	• Die Lehrperson coacht Kinder, die bei Multiplikationsaufgabe 1 noch Schwierigkeiten hatten. Sie wiederholen den Rechenvorgang gemäss Aufgabe in einer Kleingruppe und kontrollieren sie selbst. • Wer diese Aufgaben beendet hat, kann ebenfalls mit der Regelaufgabe 2 weiterfahren. Schwächere Schüler/innen rechnen, soweit sie kommen.

Tab. 6-3: Dokumentation einer Lernumgebung zum Mathematikunterricht – Teil I (Fortsetzung).

	• Schnellere Schüler/innen versuchen, bei der Multiplikationsaufgabe herauszufinden, weshalb die Differenz immer 1 ergibt. Sie zeichnen Beispiele auf karierte Blätter, z. B. ein Quadrat mit 10 · 10 Häuschen und ein Rechteck mit 9 · 11 Häuschen oder das Beispiel 8 · 8 und 9 · 7.
Lernschritt	Selbständiges Üben
Lehrer- und Schüleraktivitäten Multiplikationsaufgabe 3: Basisstoff	• Die Schüler/innen wählen Ziffernkarten, z. B. [4] [6] [7] [9] Sie bilden in Partnerarbeit dreistellige Zahlen und multiplizieren sie mit der vierten Ziffer. Sie halten das grösste und das kleinste Ergebnis fest. • Austausch/Kontrolle: An der Wandtafel werden die Ergebnisse geordnet. • Dann wird ein Beispiel mit zwei 2-stelligen Zahlen untersucht.
Adaptive Elemente:	• Die Partnergruppen können unterschiedlich viele Beispiele finden.
Lehrer- und Schüleraktivitäten Multiplikationsaufgabe 4: Basisstoff	• Im Übungsheft werden anhand der Zifferkärtchen Multiplikationen mit zweistelligen Zahlen gelöst und in Selbstkontrolle überprüft.
Adaptive Elemente	• Die Lehrperson schaut nach, wer noch Fehler macht (Formatives Assessment: Punktuelle Feststellungen). Mit diesen Schüler/innen löst sie nochmals einzelne Beispiele von Multiplikationsaufgabe 3. • Schüler/innen, die schnell vorankommen, können versuchen, mit den vier Zifferkärtchen alle möglichen Operationen mit zweistelligen Faktoren zu finden.

In den Phasen der Problembegegnung und des angeleiteten Übens legte die Lehrperson Wert darauf, adaptive Unterstützung zu gewähren und spezielle Probleme mit der Klasse zu klären, z.b. Stellenwerte, mit Null multiplizieren, usw.. In der Phase des selbstständigen Übens war der direkte Unterricht mit der Klasse weniger oder überhaupt nicht mehr vorgesehen. Die Lehrperson beobachtete die Schülerinnen und Schüler beim Lernen und wendete sich gezielt an diejenigen, die noch Schwierigkeiten hatten. Dieselben Prinzipien galten für die nachfolgenden Lektionen, in denen die Division behandelt worden war. Sie werden deshalb in einer Kurzversion skizziert.

Tab. 6-4: Dokumentation einer Lernumgebung zum Mathematikunterricht – Teil II.

B: Klassenunterricht zur Division - Lektionen 4 – 6 (gekürzte Version)

Zielsetzung:	Die Schüler/innen repetieren und erweitern das Verfahren der schriftlichen Division. Dabei sind sie sich insbesondere der Bedeutung der Stellenwerte bewusst.
Lehrer- und Schüleraktivitäten	Es werden Beispiele von Basis- und Regelaufgaben angegeben. Das didaktische Vorgehen ist vergleichbar mit den Lektionen 1 - 3
Einstiegsproblem	• Das Verfahren wird mit einem Einstiegsproblem eingeführt.
Beispiele für Basisaufgaben	• Die Schüler/innen lösen 12 Aufgaben wie z. B. 192000 : 30 = 44800 : 7= Zuerst sollen immer die Näherungswerte geschätzt werden. • Die Schüler/innen lösen 4er-Blöcke mit folgenden Aufgaben: 8976 : 8 = 1122 17864 : 8 = 2233
Beispiele für Regelaufgaben Divisionsaufgabe 2: Regelstoff	• Die Schüler/innen vergleichen die Ergebnisse der Zahl A: 362880 (als Produkt von $9 \cdot 8 \cdot 7 \cdot 6 \cdot 5 \cdot 4 \cdot 3 \cdot 2 \cdot 1$) und von B: 362881, wenn man sie jeweils durch 2, 3, 4, 5, 6, 7, 8, 9 teilt. Jedes Resultat in B hat den Rest 1. • Die Schüler/innen lösen 12 Aufgaben „Hüpf im Päckchen". Es werden Multiplikationen und Divisionen vorgegeben. Die Resultate sind Ausgangspunkt für Anschlussrechnungen, bis ein Ziel erreicht wird. Der Schwierigkeitsgrad steigt. Einfache Aufgabe: $20 \cdot 300 =$; Ziel 3000 Schwierigere Aufgabe: $1680 : 8 =$; Ziel 1710 Berechnung: $1680 : 8 = 210 / 210 : 7 = 30 / 30 \cdot 57 = 1710$

C: Curricular eingebettete Lernkontrolle

Die Lernkontrolle beinhaltete Grundanforderungen, die im Wesentlichen darin bestanden, die beiden Verfahren zu beherrschen. Mathematische Phänomene (z. B. auffällige Ergebnisse vergleichen wie in Multiplikationsaufgabe 2) wurden nicht geprüft. Die Schüler/innen sollten jedoch auch Resultate schätzen können.

D: Planunterricht zur Multiplikation und zur Division

Schüler/innen, die aufgrund der Ergebnisse der Lernkontrolle noch Schwierigkeiten hatten, wurde Gelegenheit gegeben, in Partnerarbeit Trainingsaufgaben des Basisprogramms zu lösen und selbst zu kontrollieren. Von der Lehrperson wurden sie durch direkten Unterricht einleitend nochmals mit den Besonderheiten des jeweiligen Verfahrens vertraut gemacht. Fortschritte wurden im Heft festgehalten und der Lehrperson gezeigt. Sobald der Grundstoff sass, konnten sich diese Schüler/innen ebenfalls den erweiterten Regelaufgaben zuwenden. Die Expertenaufgaben waren für schnellere und besonders begabte Schüler/innen vorgesehen. Sie wurden bei der Lösung von der Lehrperson ebenfalls unterstützt. Lösungsblätter lagen bei der Lehrperson.

Lernschritt:	Konsolidierung	
Trainingsaufgaben	Nr. 1	Rechentraining: Kopfrechnen einfache Aufgaben, z. B.: 540 : 90 oder 8000 : 40.
	Nr. 2	12 Aufgaben gem. Multiplikationsaufgabe 1 lösen, z. B. $12 \cdot 23$. Das

Tab. 6-5: Dokumentation einer Lernumgebung zum Mathematikunterricht – Teil II (Fortsetzung).

		Ergebnis soll zuerst jeweils geschätzt und mit einem Partner verglichen werden. Wer die ersten fünf Aufgaben richtig gelöst hat, kann zur nachfolgenden Aufgabe übergehen.
	Nr. 3	10 Aufgaben wie Divisionsaufgabe 1, z. B. 3812 : 4. Das Ergebnis soll zuerst jeweils geschätzt und mit einem Partner verglichen werden. Wer die ersten fünf Aufgaben richtig gelöst hat, kann zur nachfolgenden Aufgabe übergehen.
	Nr. 4	Sechs zusätzliche Aufgaben „Hüpf im Päckchen", z. B. 750 : 40; Ziel 500.
Regelaufgaben	Nr. 5	Rechentraining: Multiplikation und Division schwierigerer Kopfrechenaufgaben, z. B. 56'000 : 80; 2000 · 70.
	Nr. 6	Wie Multiplikationsaufgabe 3: Aufgabe in Partnerarbeit mit mehr Ziffernkärtchen variieren.
	Nr. 7	6 Aufgaben zum Differenzen berechnen 7 · 153 und 7 · 135.
	Nr. 8	Zwei Aufgaben „Hüpf im Päckchen" erfinden und in eine Schachtel legen. Zwei Beispiele der Mitschüler/innen lösen.

Schülerinnen und Schüler, die ihr Trainingsprogramm erfolgreich absolviert haben, beginnen ebenfalls mit den Regelaufgaben. Sie melden sich zuerst bei der Lehrperson und zeigen ihr die Fortschritte, die sie gemacht haben. Die Partnergruppen, die sich bereits mit erweiterten Aufgaben beschäftigt haben, werden durch diese Schülerinnen und Schüler zu 3er und 4er-Gruppen ergänzt. Auf diese Weise ist eine heterogene Zusammensetzung gewährleistet, die auch gegenseitiges Helfen erleichtert.

6.3.3 Verknüpfung der dokumentierten Lernumgebung mit theoretischen Elementen

Überblickt man die Lektionseinheit im Licht der theoretischen Erörterungen in Kap. 3, dann lassen sich Elemente aufspüren, die das Design der Lernumgebung mehr oder weniger stark beeinflusst haben. Es handelt sich dabei nicht um direkte Anwendungen, sondern um Gestaltungsimpulse.

Die folgenden Massnahmen sind eher auf der Makroebene des Unterrichts anzusiedeln:

- Vorkenntnisse der Schülerinnen und Schüler, auch typische Fehler, werden in die Planung einbezogen.
- Auf der curricularen Ebene werden Basis- und Regelstoff unterschieden. Wert gelegt wird auf fundamentale Kernelemente.
- Die Lernumgebung ist durch das *group paced mastery learning* (=Phasenplan) inspiriert. Grundlagen werden im Klassenunterricht erarbeitet. Es folgt eine Lernkontrolle, die Aufschluss über den Lernstand nach dem behandelten Basisstoff vermittelt. Daran schliesst eine offene Phase an, die den „non masters" remediales Lernen zugesteht. In der vorliegenden Konzeption handelt es sich um einen Phasenplan mit Klassen- und Planunterricht.
- Die Einteilung in „masters" und „non masters" ist temporärer Natur.
- Die Zeit ist individualisiert. Für die schwächeren Schülerinnen und Schüler ist das Verhältnis zwischen benötigter und zugestandener Lernzeit optimiert. Dies trifft für den Basisstoff zu.

Der Mikroebene proximaler Einflüsse lassen sich die folgenden Massnahmen zuweisen:

- Es werden verschiedene Formen direkter Instruktion angewendet. Dieser strukturierte Unterricht kommt laut dem ATI-Ansatz vor allem schwächeren Schülerinnen und Schülern entgegen.
- Im Klassenunterricht unterstützt die Lehrperson durch Erklärung schwierige Sachverhalte (vgl. Houtveen et al. (1999). Damit wird auf die Fähigkeit schwächerer Kinder, die Sachverhalte zu verstehen, Rücksicht genommen (vgl. Modell von Caroll, 1963). Möchte man dies vollständig im individualisierten Unterricht erreichen, dann wäre die Lehrperson zu stark von einzelnen Schülerinnen und Schülern beansprucht. (vgl. Huschke, 1996).
- Tempo- und Schwierigkeitsdifferenzierung findet nicht nur im Planunterricht, sondern durch adaptive Arrangements auch im Unterricht mit der Klasse statt.
- Eine soziale Auseinandersetzung über mathematische Probleme wird ermöglicht. Damit ist eine Voraussetzung für sozio-konstruktivistische Lernerfahrungen erfüllt.
- In homogenen Gruppen werden zusätzliche Erklärungen gegeben.

- Die Bearbeitung der Regelaufgaben im Planunterricht findet in heterogenen Gruppen statt.
- Für besonders begabte Schülerinnen und Schüler sind *enrichment activities,* bzw. Expertenaufgaben vorgesehen.
- Aufgaben können durch Selbstkontrolle überprüft werden.
- Formatives Assessment (Controlling) ist durch laufende punktuelle Feststellungen und durch eine curricular eingebettete Lernkontrolle gewährleistet.

Diese Liste ist nicht vollständig. Sie soll zeigen, dass ein Praxisbezug zu Konzepten herstellbar ist, die auf einer mittleren theoretischen Ebene formuliert worden sind. Empirisch wäre jeweils zu prüfen, ob dieser Bezug auch zu einem besseren Lernertrag der Schülerinnen und Schüler beitragen kann (Fenstermacher & Richardsons, 2005). Weil Lehrpersonen jedoch unterschiedliche Designs entwerfen, ist der Nachweis auf der Handlungsebene erschwert. Man wird sich bei der Beurteilung somit nach wie vor auf Prinzipien zu berufen haben, die sich auf einer mittleren Abstraktionsebene befinden (s. Abb. in Kap. 2).

6.4 Konkretisierung einer Lernumgebung: Entwurfsmuster zur Förderdung von Lesestrategien

Autorin: *Corinne Käser*
Grundlage: Gold, A., Mokhlesgerami, J., Rühl, K., Schreblowski, S. & Souvignier, E. (2005). Wir werden Textdetektive – Lehrermanual und Arbeitsheft. Göttingen: Vandenhoeck & Ruprecht.

6.4.1 Vorüberlegungen zur Lernumgebung
Bei dieser Lernumgebung geht es im Wesentlichen um den Aufbau prozeduralen Wissens. Sie unterscheidet sich infolgedessen in wesentlichen Punkten vom vorangehenden Konzept aus dem Fach Mathematik.

Ausgangslage
Im Zentrum steht die Förderung des Textverständnisses beim Lesen. Dabei orientierte sich die Autorin am Programm „Wir werden Textdetektive“. Grundlegend bei diesem Konzept ist die Überlegung, dass kompetente Leserinnen und Leser über ein Repertoire an Strategien zur Verständnissicherung verfügen sollten. Die Anwendung dieser Strategien sollte metakognitiv gesteuert sein. Als wesentlich wird zudem ein ausreichendes Mass an Leseinteresse erachtet.

Phasenkonzept der Lernumgebung

Die Grundstruktur wurde wie folgt festgelegt: Im Klassenunterricht wurden zentrale Lesestrategien vermittelt. Diese konnten dann in einer offenen Phase an frei wählbaren Texten angewandt werden. Es wurden auch Texte vorgelegt, die eher Jungen oder Mädchen ansprechen. Die Lehrperson stellte die Texte vor, damit die Schülerinnen und Schüler einen Überblick erhielten und ihre Interessen artikulieren konnten. Da nicht alle Strategien gleichzeitig vermittelt werden sollten, wurde die Unterrichtseinheit zu zwei verschiedenen Zeitpunkten durchgeführt. Nach einer gewissen Zeitspanne wurde das Thema erneut aufgegriffen und weitergeführt. In Abb. 6-7 werden die ersten beiden Elemente der Lernumgebung skizziert. Sie sind Teil von vier aufeinander aufbauenden Strategien. Das Programm sieht im Weiteren drei Behaltensmethoden vor.

| Unterricht mit der Klasse: Zwei elaborative Strategien vermitteln; ca. 4 Lektionen | Planunterricht: Texte wählen; Strategien zum Textverständnis nutzen; ca. 4 Lektionen | Unterricht mit der Klasse: Erfahrungen besprechen | Anderer Unterricht | Wiederaufnahme Zwei ordnende Strategien vermitteln; ca. 2-3 Lektionen Klassen- und ca. 3 Lektionen offener Unterricht |

Abb. 6-7: Phasenplan zur Vermittlung von Lesestrategien.

Dem Programm wird ein Baustein zur motivationalen Selbstregulation vorangestellt. Daran anschliessend setzt die Vermittlung der Lesestrategien ein. In unten stehender Tab. 6-6 wird die Vermittlung der beiden elaborativen Strategien „Überschrift beachten" und „Bildlich vorstellen" skizziert. Mit diesen beiden Verfahren werden die Schülerinnen und Schüler dazu angeregt, mögliche Inhalte zu antizipieren. Es handelt sich um vorbereitenden Tätigkeiten, die dazu beitragen sollen, relevantes Vorwissen zu aktivieren. Im Rahmen einer zweiten Unterrichtseinheit, die hier nicht weiter dokumentiert wird, wurden die beiden ordnenden Strategien, „Wichtiges unterstreichen" und „Wichtiges zusammenfassen" eingeübt. Neben der Vermittlung kognitiver und metakognitiver Lesestrategien ist im Weiteren vorgesehen, auch Fragen der kognitiven Selbstregulation zu behandeln (vgl. Gold et al., 2005, 7f.).

Curriculare Differenzierungsentscheidungen

In der Konsolidierungsphase können die Schülerinnen und Schüler Texte wählen, die sie interessieren. Es werden auch Texte aufgelegt, die eher Jungen oder eher Mädchen ansprechen können. Ferner kann der Schwierigkeitsgrad den eigenen Voraussetzungen angeglichen werden. Es stehen leichtere, mittelschwere und schwierigere Texte zur Verfügung.

Besondere Voraussetzungen der Schülerinnen und Schüler
In der fünften Grundschulklasse verfügen manche Schülerinnen und Schüler noch nicht über elaborierte Lesestrategien. Gute Leserinnen und Leser können hingegen bereits ausreichendes informelles metakognitives Wissen aktivieren (vgl. Kap. 4). Von der Lerneinheit dürften deshalb vor allem schwächere und mittlere Schülerinnen und Schüler profitieren. In der offenen Konsolidierungsphase werden diese Schülerinnen und Schüler deshalb mit mehr Nachdruck dazu angehalten, die vorgegebenen Strategien zu trainieren. Dasselbe trifft für Schülerinnen und Schüler des mittleren Leseniveaus zu. Gute Leserinnen und Leser dagegen können sich den Texten zuwenden, ohne allzu sehr auf äussere Stützen angewiesen zu sein.

6.4.2 Beschreibung der Lernumgebung
In die folgende Skizze hat die Lehrerin neben den Programmimpulsen auch eigene Ideen eingebracht. Dies betrifft insbesondere die erste Phase zu Fragen der Schülervoraussetzungen und der motivationalen Selbstregulation.

Tab. 6-6: Dokumentation einer Lernumgebung zum Erwerb von Lesestrategien.

Klassenunterricht – Lektionen 1 - 4

Zielsetzung:	Die Schüler/innen erwerben die Lesestrategien „Überschriften beachten" und „Bildlich vorstellen".
Lernschritt:	Kognitive Schülervoraussetzungen klären
Lehrer- und Schüleraktivitäten	• Eigene Lesestrategien der Schüler/innen, die sie bisher verwendet haben, sollen transparent gemacht werden. • Sie beantworten die offene Frage: „Wie gehst du vor, um einen Text möglichst gut zu verstehen?" • Die Lehrperson wertet die Fragen anschliessend aus und bespricht sie mit den Schüler/innen.
Adaptive Elemente:	• Eigene Praktiken der Schüler/innen können besprochen werden. Sie sollen beibehalten werden, auch wenn neue Strategien dazu gelernt werden. • Problematische Praktiken, z. B. einfach weiterlesen, wenn man etwas nicht verstanden hat, werden ebenfalls besprochen.
Lernschritt	Motivationale Schülervoraussetzungen schaffen
Lehrer- und Schüleraktivitäten	• Die Schüler/innen erfassen die „Rahmenhandlung" des Programms „Textdetektive". Das Vorgehen orientiert sich an den Empfehlungen des Programms. • Gemäss dem Programm „Textdetektive" wird im Weiteren gemeinsam erarbeitet, was es bedeutet, wenn man sich realistische Ziele setzt. Die Problematik wird anhand des im Programm erläuterten Ringwürfelspiels vertieft. (Das im Programm zum richtigen Einschätzen zusätzlich vorgesehene Buchstabenspiel wurde nicht eingesetzt.)
Adaptive Elemente:	• Analogien zu Detektivgeschichten können individuell hergestellt werden. • Die Schüler/innen setzen sich individuell realistische Ziele im Ringwürfelspiel.
Lernschritt	Erarbeitung des neuen Stoffs
Lehrer- und Schüleraktivitäten	• Die Schüler/innen erarbeiten sich die beiden Strategien „Überschrift beachten" und „Bildlich vorstellen". Das Vorgehen orientiert sich am Programm „Textdetektive" und enthält die Schritte Erarbeiten - angeleitetes Üben und, indem entsprechende Merkblätter ausgefüllt werden, auch ein Festigungselement.
Adaptives Element:	• Die Fragen auf den Arbeitsblättern können offen beantwortet werden.

Tab. 6-7: Dokumentation einer Lernumgebung zum Erwerb von Lesestrategien (Fortsetzung).

Planunterricht – Lektion 5 - 8

Der Planunterricht verläuft weitgehend selbstgesteuert. Die Lehrperson achtet darauf, dass die entsprechenden Strategien auch genutzt werden. Sie unterstützt dabei die Schüler/innen und nimmt auch Einsicht in die Lernprodukte.

Lernschritt:	Konsolidieren
Adaptive Schüleraktivitäten	• Zur „Beachtung von Überschriften" stehen unterschiedliche fiktionale- und Sachtexte zur Verfügung, die zur Anwendung des Gelernten ausgewählt werden können. Die Schüler/innen halten fest, was ihnen zu den gewählten Überschriften eingefallen ist und kontrollieren, inwieweit ihre Vermutungen richtig waren. Sie unterscheiden Texte, zu denen ihnen mehr oder weniger einfällt und begründen, weshalb dies so ist. Zu den bearbeiteten Texten können anschliessend unterschiedlich schwierige Verständnisfragen beantwortet werden. Die Schüler/innen arbeiten dabei in 2er oder 3er-Gruppen mit Mitschüler/innen, die dieselben Texte lesen. Sie halten fest, ob Ihnen die „Beachtung von Überschriften" beim Lesen und Verstehend des Textes hilfreich war. Wahlweise können sich die Schüler/innen auch eigene Überschriften ausdenken und vergleichen, was ihnen und einem Partner dazu einfällt.
	• An frei zu wählenden Texten können die Schüler/innen auch die Methode des „Bildlichen Vorstellens" erproben. Dazu ist es notwendig, dass sie den Text langsam und aufmerksam lesen. Sie können zum selben Text Visualisierungen anfertigen und gegenseitig vergleichen. Im Plenum werden sie später vorgestellt. Auch mündliche Vorstellungen können ausgetauscht werden. Abschliessend kann man sich wiederum Fragen zum Textverständnis holen, in 2er und 3er-Gruppen beantworten und die Antworten kontrollieren. Die Schüler/innen halten fest, ob Ihnen das „Bildliche Vorstellen" dabei hilfreich war.

Klassenunterricht – Lektion 9

In einer Schlusssequenz werden die Erfahrungen mit der Klasse besprochen. Dabei soll metakognitives Wissen über den Nutzen dieser Strategien gefördert werden.

Lernschritt:	Beurteilen des Gelernten
Lehrer- und Schüleraktivitäten	• Die Erfahrungen werden gemeinsam ausgewertet. Die erarbeiteten Produkte (eigene Überschriften und Visualisierungen) sind verfügbar. Haben die Strategien geholfen? Was war schwierig? Weshalb? Welche Texte haben sich gut, welche weniger gut bewährt für die Anwendung einer Strategie?
	• Zudem informiert die Lehrerin über weitere Strategien, die später behandelt werden.

Die Bearbeitung der beiden noch ausstehenden Strategien „Wichtiges unterstreichen" und „Wichtiges zusammenfassen" orientierte sich wiederum an den obigen Schritten zur Erarbeitung des neuen Stoffes und zum Konsolidieren. Die Schülerinnen und Schüler lernen, Texte auf ihre wesentlichen Aussagen zu reduzieren und sich auszutauschen, welche Stellen sie als wichtig erachten.

6.4.3 Verknüpfung der dokumentierten Lernumgebung mit theoretischen Elementen

Grundlage der Lernumgebung bildete das Programm „Textdetektive". Dieses Konzept beinhaltet bereits zahlreiche adaptive Elemente, wie aus obigen Tab. ersichtlich wird. Die Lernumgebung ist jedoch durch zusätzliche adaptive, bzw. Differenzierungsmassnahmen gem. Kap. 3 gekennzeichnet, die insbesondere die offene Planphase betreffen.

Der Makroebene können die folgenden Massnahmen zugeordnet werden:

- Auf der Makroebene folgt man einer Mischform zwischen einem vertikalen (Vermittlung von Strategien) und einem horizontalen Lerntransfer (Freier Lesebereich im Planunterricht unter Nutzung der Lesestrategien). Das Vorgehen hat Parallelen zu einem Phasenplankonzept mit einer Klassen- und einer offenen Phase, an die am Schluss nochmals eine kurze Phase mit der Klasse anschliesst.
- Ausgegangen wird von den Voraussetzungen der Schülerinnen und Schüler. Wer bereits gute Strategien besitzt und gute Leseleistungen zeigt, muss die im Unterricht vermittelten Lesestrategien weniger konsequent anwenden.
- Es stehen unterschiedliche Lesetexte für Mädchen und Jungen zur Verfügung. Die Schülerinnen und Schüler können ein eigenes Lerntempo angehen.
- Die Schülerinnen und Schüler können ihre Lesetexte aus der vorgestellten Sammlung selbst auswählen.
- Die Schwierigkeitsdifferenzierung ist durch das Prinzip der Auswahl von Informationen gewährleistet (s. Kap. 5).

Die Mikroebene wird im Wesentlichen von methodischen Angeboten des Programms „Textdetektive" dominiert. Die folgenden Aspekte können zusätzlich genannt werden:

- Von guten Schülerinnen und Schülern wird mehr verlangt. Sie sollten schwierigere Texte lesen (vgl. Schrader und Helmke, 2008).
- Die aus dem SEM-R-Programm (s. Kap. 3) bekannte Komponente des Aufzeigens wird angewandt. Die einzelnen Texte werden von der Lehrperson vorgestellt.
- Die Lehrperson praktiziert passendes Scaffolding. Sie geht herum, beobachtet und führt Gespräche mit Schülergruppen (vgl. Kobarg & Seidel, 2007)
- Intendiert ist formatives Assessment. Die Schülerinnen und Schüler können ihr Textverständnis kontrollieren und die weiteren Texte zielgerichtet auswählen.
- Bei der Schlusssequenz handelt es sich um einen geplanten Austausch, der ebenfalls im Kontext des formativen Assessments anzusiedeln ist.

Insgesamt unterscheidet sich diese Lernumgebung erheblich vom vorangehenden Konzept im Fach Mathematik. Damit wird deutlich, dass bei Differenzierungsmassnahmen auch genuin fachdidaktische Herausforderungen massgebend sind, die insbesondere die Aufgaben betreffen. Diese stehen in einem fruchtbaren Spannungsverhältnis mit generellen strukturellen Differenzierungs- und Betreuungsstrategien.

6.5 Lernumgebung zum fremdsprachlichen Unterricht (9. Klasse): Suche, Miete und Einrichten einer Wohnung

Autor: *Armin Weingartner*

Grundlage bildet das Lehrmittel: Autorenteam (2011). *Envol 8, unité 11*, Zürich: Lehrmittelverlag.

Lernumgebungen zum fremdsprachlichen Unterricht stellen besonders hohe Anforderung an die Differenzierung. Diese Feststellung betrifft vornehmlich den Unterricht mit Anfängern. Aufgrund der Befunde, die in Kap. 2 erwähnt worden sind, besteht die Gefahr, dass ein Übermass an einfachen, formal-schriftlichen Übungen verlangt wird. Dies ist deshalb der Fall, weil es den Lernenden noch an kommunikativen Kompetenzen mangelt, komplexe Aufgaben selbstständig zu erfüllen. Es ist im Unterricht mit Volksschülerinnen und Volksschülern deshalb ganz besonders herausfordernd, in nicht direkt lehrergeleiteten, selbstständigen Phasen auch kommunikative Elemente einzuplanen und umzusetzen. Infolgedessen werden im folgenden zwei Lernumgebungen vorgestellt, die sich diesen Schwierigkeiten gestellt und die unterschiedliche sprachliche Schwerpunkte gesetzt haben.

6.5.1 Vorüberlegung zur Lernumgebung

Ausgangslage
Die Lernumgebung ist in einen lebensweltlichen Kontext eingebettet. Die Schülerinnen und Schüler versetzen sich in die Lage, die für sie in ca. zehn Jahren eintreten kann. Sie haben beschlossen, aus dem elterlichen Zuhause wegzuziehen und mit einer Freundin / einem Freund eine Wohngemeinschaft zu bilden. Die Schülerinnen und Schüler erwerben die folgende Kompetenz: Sie erarbeiten sich die sprachlichen Voraussetzungen, ein Haus oder eine Wohnung zu mieten und das Objekt einzurichten.

Konzept der Lernumgebung
Das fachdidaktische Vorgehen orientiert sich am *Focus on Form-Ansatz* (Long, 1991; Tomlinson, 2006), dem moderne Lehrmittel meist folgen. Der Unterricht ist primär inhaltsorientiert gestaltet. Gleichzeitig kann die Aufmerksamkeit der

Lernenden im Rahmen kommunikativer Aufgaben aber auch auf eine sprachliche Form gelenkt werden. Wegleitend sind Erkenntnisse, nach denen ein rein kommunikativer Unterricht mit ausreichendem Input und vielfältigen Interaktionsmöglichkeiten (sog. Focus on Meaning) nicht ausreicht, damit Lernende in der Zielsprache eine ausreichende grammatikalische Kompetenz aufbauen können. Auch nach mehreren Jahren bilingualen Unterrichts gelang es ihnen beispielsweise nicht, idiomatisch zu sprechen (d.h.: Sprechen mit Ausdrücken, deren Bedeutung sich nicht aus der Bedeutung der Wörter direkt herleiten lassen, wie z.b. beim Wort „Angsthase") (Harley, 1992). Ihre Verarbeitungskapazitäten bei der Bewältigung kommunikativer Aufgaben sind begrenzt. Deshalb konzentrieren sie sich primär auf die Bedeutung des sprachlichen Ausdrucks. Um gleichzeitig den Erwerb sprachlicher Strukturen zu fördern, ist es somit notwendig, die Aufmerksamkeit auch auf die Form sprachlicher Formen zu richten, und zwar eingebettet in einen bedeutungshaften Kontext (Wong 2005, Handwerker & Madlener 2009). Integriert wurden deshalb Elemente des *task-based-approach*. Dabei handelt es sich um Aufgaben mit authentischem Sinngehalt, mit denen versucht wird, eine Beziehung zur realen Welt herzustellen (Ellis, 2005). Der Elaborationsgrad solch authentischer Aufgaben kann ebenfalls adaptiv definiert werden. Bei der Ausgestaltung der Produkte wird den Lernenden Autonomie zugestanden. Das Artikulationsschema wurde fremdsprachlichen Anforderungen angepasst.

Hinführung/Sprachlicher Input/Erste imitative Anwendung	Arbeit am neuen Stoff /Angeleitetes Üben und Anwenden	Internalisieren /Selbstständiges Üben	Aktivierung durch kommunikativen Output	Reflexion / Kontrolle des Gelernten / Anschlusslernen	
Im Unterricht mit der Klasse können die Schülerinnen und Schüler sehr selbstständig lernen. Plenumsphasen werden als strukturierende Scharniere eingesetzt. Im Pool der Lernaufgaben sind zudem adaptive Angebote integriert, die von den Lernenden aufgrund einer spontanen Selbsteinschätzung genutzt werden können (vgl. „Momentane Feststellungen" beim formativen Assessment in Kap. 3). Verschiedene Lernaufgaben beinhalten Möglichkeiten zum Tempo-, bzw. Schwierigkeitsdifferenzierung. Deshalb sollte sich die Schere zwischen langsamer und schneller Lernenden nicht zu weit öffnen. Gemeinsame Lernergebnisse können ausgetauscht und besprochen werden.				Kontrolle	Planphase für Anschlusslernen
12 Lektionen				2 Lektionen	

Abb. 6-8: Bestimmung der Artikulation und der adaptiven Elemente der Unterrichtseinheit.

Einbezug der Hausaufgaben

Anliegen adaptiven Unterrichts wurden zusätzlich über die Hausaufgaben eingelöst. Anknüpfend an eigene Forschungsarbeiten (vgl. Schnyder, Niggli & Trautwein, 2008) wurde auf die *Qualität der Hausaufgaben* besonderer Wert gelegt. In dieser Hinsicht wurden Wahlmöglichkeiten (sog. *activity options*) angeboten, die den Lernenden eine gewisse Autonomie zugestehen. Gruppen von Schülerinnen und Schülern konnten vorgesehene Aktivitäten auswählen und bearbeiten. Diese Hausaufgaben wurden in der Folgelektion differenziert in den Unterricht eingebaut. Auf eine Verordnung einer Hausaufgabe für alle wurde, wenn es angezeigt erschien, verzichtet.

Curriculare Differenzierungsentscheidungen

Die Fokussierung auf Lernaufgaben im Rahmen des *Focus on Form-Vorgehens* verlangt klare Zielsetzungen im Hinblick auf die zu erreichende Kompetenz. Vor allem soll vermieden werden, dass eine einseitige Ausrichtung auf formale Grammatikübungen stattfindet, wie es in offenen Lernsituationen vielfach zu beobachten ist. Der Weg der Zielsetzung erfolgt in zwei Schritten: (a) Bestimmung von Teilkompetenzen und Sprachfertigkeiten der zu erreichenden Kompetenz; (b) Bestimmung passender Lernziele anhand des Lehrmittels.

a) Teilkompetenzen und Sprachfertigkeiten der Lernumgebung
Die folgenden Teilkompetenzen orientieren sich am Referenzrahmen des Europäischen Sprachenportfolios (Europarat, 1997)[1].

Kompetenzen zum Lesen   (Sprachenportfolio Level B1.2)
Aus einfachen, klar formulierten Anzeigen die wichtigsten Informationen finden und verstehen.

Kompetenzen zum Sprechen   (Sprachenportfolio Level B1.1)
Mit Bekannten einfachere, gewöhnliche Telefongespräche führen.
Mit einfachen Worten beschreiben, wo und wie jemand wohnt.

Kompetenzen zum Schreiben: (Sprachenportfolio Level B1.1 und B1.2)
Einen persönlichen, detaillierten Brief schreiben.
Schriftlich auf ein Inserat reagieren und mehr Informationen zu einem Angebot verlangen.

b) Lernziele anhand des Lehrmittels
Die obigen Kompetenzen werden durch entsprechende Lernziele aus dem Lehrmittel konkretisiert. Kompetenzen sind von den Lernzielen nicht eindeutig zu trennen. Im vorliegenden Fall werden Lernziele als Präzisierungen verstanden, die vor allem den Stoffinhalt betreffen. Lernziele werden nicht linear verfolgt. Im Verlauf des Unterrichts können sie an unterschiedlichen Stellen bedeutsam werden.

---

1 Bestimmung der Kompetenzen vgl. Europäisches Sprachenportfolio II. 5. – 9. Schuljahr. 6. Auflage 2011. Bern. Schulverlag plus. Checklisten auch unter http://www.schulverlag.ch/platform/apps/medienbrowser/browser.asp?ID=2216&Menu=1&Item=19.5.1

- Der/die Lernende kann verschiedene „logements" benennen.
- Der/die Lernende kann die wichtigsten Möbel nennen, um ein „logement" zu möblieren.
- Der/die Lernende kann ein Telefongespräch mit einer „agence immobilière" führen.
- Der/die Lernende kann in einer Email auf eine Wohnungsanzeige reagieren und weitere Informationen verlangen.
- Der/die Lernende kann in einem längeren Brief seine/ihre Lebens- und Wohnsituation beschreiben.
- Der/die Lernende präsentiert seine/ihre Wohnsituation.
- Der/die Lernende schreibt einen persönlichen Brief.

Ferner repetierten die Lernenden die „pronoms de complément d'objets directs" und „indirects" und erarbeiten die Regeln, wann man „y" und „en" braucht. Diese grammatikalischen Kenntnisse sind im Hinblick auf die Anschlussfähigkeit für weiterführende Schulen von Bedeutung. Schülerinnen und Schüler, die den Übertritt in eine gymnasiale Maturitäts- oder Berufsmaturitätsschule anstrebten, setzten sich mit diesem Stoff intensiver auseinander. Am Ende der Unterrichtseinheit hatten sie Gelegenheit, diese Kenntnisse in einer differenzierten Phase durch Anschlusslernen zu vertiefen.

Voraussetzungen der Schülerinnen und Schüler

Die Unterrichtseinheit wurde in einer 3. Sekundarklasse (9. Schuljahr) durchgeführt (11 Mädchen und 11 Jungen). Den Französischunterricht besuchten die Schülerinnen und Schüler seit dem fünften Schuljahr. Es handelte sich um eine Niveau A - Schulklasse einer typengetrennten Sekundarschule. Dieses Niveau gilt für alle Fächer. Die Klasse war somit in Bezug auf das Vorwissen aber auch in Bezug auf die Lernbedürfnisse sehr heterogen. Gesamthaft gesehen waren die Schülerinnen und Schüler ausgesprochen arbeits- und lernwillig.

6.5.2 Beschreibung der Lernumgebung

Ein lernwirksamer fremdsprachlicher Unterricht setzt voraus, dass die Lernumwelt intensive sprachliche Anregungen beinhaltet. Erreicht wird dies durch einen hohen Grad an kommunikativer Auseinandersetzung. Deshalb wird die folgende Unterrichtseinheit relativ ausführlich dargestellt. Der Lernprozess, der zu den definierten Kompetenzen hinführt, soll in seinen detailreichen Facetten erhellt werden. Die Lernumgebung beinhaltet methodische Ideen für den selbstgesteuerten Austausch und die Eigenkontrolle der Lernenden und setzt voraus, dass sie auch selbst Verantwortung für ihr Lernen übernehmen. Diese Kompetenzen verlangen ein schrittweises Vorgehen, was voraussetzt, dass die Lehrperson eine Klasse idealerweise während zwei Jahren unterrichtet.

Tab. 6-8: Dokumentationen einer Lernumgebung zum Französischunterricht „Eine Wohnung einrichten" – Lektionen 1-2.

Klassenunterricht Lektion 1	
Zielsetzung:	Die Schüler/innen vergegenwärtigen sich den lebensweltlichen, situierten Kontext, in den die Lerneinheit eingebettet ist.
Lernschritt:	Hinführung, erste imitative Anwendung
Lehrer- und Schüleraktivitäten	• Die Schüler/innen werden in den Kontext eingeführt. • Die Lernziele werden transparent gemacht. • In Dreiergruppen erarbeiten die Schüler/innen auf Französisch ein kurzes Rollenspiel. Darin unterbreitet der Sohn / die Tochter den Eltern den Entscheid, von zuhause wegziehen zu wollen. • Die Elemente des Rollenspiels werden in der Klasse erarbeitet. • Die Rollenspiele werden vorgeführt.
Adaptives Element:	Bei der Erarbeitung der Rollenspiele unterstützt die Lehrperson individuell. Die Schüler/innen müssen das Hilfsangebot durch entsprechende Fragestellungen abholen.
Hausaufgabe: Zeit: 20 – 25 Minuten	Option 1: Die Schüler/innen zeichnen ein Gebäude, sie kennen und bezeichnen alle bekannten Teile. Option 2: Die Schüler/innen suchen im Internet Bilder eines Hauses, eines Wohnblocks sowie einer Wohnung. Alle Elemente, die sie bereits kennen, sind zu bezeichnen. Option 3: Die Schüler/innen erstellen ein ausführliches „réseau de mots" zu „mon logement".

Lektion 2	
Zielsetzung:	Die Schüler/innen können Wohnungen und ihre Räume benennen.
Lernschritt:	Erarbeitung des neuen Stoffs
Lehrer- und Schüleraktivitäten	• In Gruppen präsentieren die Schüler/innen einander ihre Hausaufgaben. • Mit Hilfe des Buchs werden Räume einer Wohnung benannt. • Übung *3-Stufenantwortspiegel*: Die Schüler/innen vertiefen in einer nach Schwierigkeitsgrad dreifach differenzierten Hörverstehensübung „Villa à vendre" die neuen Begriffe. Anschliessend besprechen und korrigieren sie die Übung in Dreiergruppen (siehe Materialien *3-Stufenspiegel*). • Die Schüler/innen können bei der Lehrperson Hilfeleistungen abholen (nach dem Prinzip des „scaffoldings").
Adaptives Element:	Die Hörverstehensübung ist differenziert nach Schwierigkeitsgrad. 1/3 der Schüler/innen löst die Aufgaben des Niveaus A (höchster Schwierigkeitsgrad), 1/3 des Niveaus B (mittlerer Schwierigkeitsgrad), 1/3 des Niveaus C (einfachster Schwierigkeitsgrad) Bei Bedarf individuelle Hilfen während der Korrekturphase.
Hausaufgabe: Zeit: 20 – 25 Minuten	Option 1: Die Schüler/innen prägen sich alle neuen Wörter ein. Option 2: Die Schüler/innen zeichnen ihr Zuhause und benennen alle Räume. Option 3: Die Schüler/innen beschreiben ihr Zuhause. Option 4: Die Schüler/innen suchen im Internet zu allen Wörtern, die sie während der Lektion ins individuelle Vocabulaire eingetragen haben, ein kleines Bild, drucken es aus und benennen es auf seiner Rückseite (das Wort darf auch gezeichnet werden).

Materialien zu Lektion 2 „Eine Wohnung einrichten"

Annonce: (selon Envol 8, à la page 47)

Villa à vendre

A 20 minutes du centre ville, bel immeuble ancien, avec ascenseur, salon, salle à manger, bureau, trois
chambres à coucher, cuisine, salle de bains, deux toilettes.
S'adresser à M. Mauve.
Téléphone: 038 254 96 71

Logement à vendre	Groupe A (niveau élevé)

Dans l'annonce suivante on publie qu'un logement est à vendre:

☞ *Ecoute bien et réponds aux questions suivantes:*

	Voici les questions:	Tes réponses:
01	Quel type de logement est à vendre?	
02	Où se situe le bâtiment à vendre?	
...	...	

☞ *Corrige tes réponses en les comparant avec deux collègues des groupes B et C.*

Logement à vendre	Groupe B (niveau moyen)

Dans l'annonce suivante on publie qu'un logement est à vendre:

☞ *Ecoute bien et coche les cases appropriées:*

		juste	faux	???
01	Un logement est à vendre. Ce logement est une villa.			
02	Le bâtiment à vendre se trouve en pleine ville.			
...	...			

☞ *Corrige tes réponses en les comparant avec deux collègues des groupes A et C.*

Logement à vendre	Groupe C (niveau facile)

Dans l'annonce suivante on publie qu'un logement est à vendre:

☞ *Ecoute bien et coche les cases appropriées:*

	Voici les questions à poser:	Voici les possibilités de réponses:
01	Quel type de logement est à vendre?	☐ Un appartement est à vendre. ☐ Une mansarde est à vendre. ☐ Une villa est à vendre.
02	Où se situe le bâtiment à vendre?	☐ Il se trouve près d'une forêt. ☐ On le trouve près d'une ville. ☐ On le trouve en campagne. ☐ Il se trouve au bord d'un lac.
...	...	

☞ *Corrige tes réponses en les comparant avec deux collègues des groupes A et B.*

Abb. 6-9: Übungsmaterialien zu Lektion 2 „Eine Wohnung einrichten".

Hinweise zur Korrektur der adaptiven Übungsform 3-Stufenspiegelantworten:
Alle drei Übungen (A, B, C) beinhalten eine identische Fragestellung. Unterschiedlich ist die Form. In ihr manifestiert sich der Schwierigkeitsgrad.

A1) Qu'est – ce qui est à vendre comme logement? → *Une villa/un immeuble est à vendre.*

B1) Un immeuble est à vendre.
Cet immeuble est une villa. → *Juste*

C1) Qu'est – ce qui est à vendre comme logement? ☐ Un appartement est à vendre.
☑ Une villa est à vendre.
☐ Une mansarde est à vendre.

Hinweise zum Vorgehen beim Bearbeiten der Aufgabe:
Schritt 1: Bearbeiten der Aufgaben (☞ Differenzierung nach Schwierigkeitsgrad). Die Schülerinnen und Schüler bearbeiten das gewählte Aufgabenblatt A, B oder C.
Schritt 2: Dreiergruppen, bestehend aus den drei verschiedenen Niveaus. Die drei Schülerinnen und Schüler vergleichen ihre Antworten. Sind sie bei einer Fragestellung bei allen drei Gruppenmitgliedern identisch, können sie davon ausgehen, dass sie korrekt sind. Hat jemand aus der Dreiergruppe eine andere Lösung, muss die Nummer der Fragestellung umkreist werden.
Schritt 3: Die umkreisten Fragestellungen werden anhand des Textes im Buch überprüft und korrigiert.

Tab. 6-9: Dokumentation einer Lernumgebung zum Französischunterricht „Eine Wohnung einrichten" – Lektion 3.

Klassenunterricht Lektion 3	
Zielsetzung:	Die Schüler/innen erwerben Voraussetzungen, an eine Immobilienagentur ein E-Mail zu schreiben. Sie suchen eine Wohnung, die ihren Bedürfnissen entspricht.
Lernschritt:	Erarbeitung des neuen Stoffs / Angeleitetes Üben und Anwenden
Lehrer- und Schüleraktivitäten	• Die Schüler/innen besprechen in Vierergruppen ihre Hausaufgaben und repetieren Begriffe, die sie in Lektion 2 kennen gelernt haben. • Im Klassenverband werden Kriterien, die bei der Wohnungssuche eine Rolle spielen, gesammelt und an der Wandtafel festgehalten. • Die Schüler/innen bilden Wohnpartnerschaften (=Lernpartnerschaften). Sie erhalten Wohnungsinserate aus einer französischsprachigen Tageszeitung. Je zwei Lernende erhalten dasselbe Inserat. Sie haben sich durch gezielte Fragestellungen, die projiziert werden, zu finden. Spielregel: Die Inserate dürfen einander nicht gezeigt werden. Wenn zwei Lernende glauben, das gleiche Inserat zu haben, zeigen sie ihre Texte der Lehrperson. • Wer sich gefunden hat, erhält ein Kärtchen, worauf sich sein Monatseinkommen sowie sein Arbeitsort befindet. Aufgrund dieser Angaben definieren die Wohnpartner die Eckwerte ihrer Wohnung. Diese Eckwerte (Mietpreis, Grösse, Lage) halten sie schriftlich fest. • Aus aufliegenden Inseraten (www.homegate >louer > appartements > Suisse > Canton de Vaud) suchen sich die Schüler/innen deren zwei aus, die den erarbeiteten Eckwerten in etwa entsprechen. • Sie bereiten ein Telefongespräch vor. Darin fragen sie, ob die ausgeschriebene Wohnung noch frei und ab wann zu bewohnen sei und ob sie diese besichtigen könnten. • Sie schreiben eine E-Mail an die agence immobilière (=Lehrperson).
Adaptives Element:	Bei der Erarbeitung des Telephongesprächs unterstützt die Lehrperson die Schüler/innen individuell. Die Lernenden müssen das Hilfsangebot durch entsprechende Fragestellungen abholen.
Hausaufgabe: Zeit: 20 – 25 Minuten	**Option 1:** Die Schüler/innen suchen und lesen auf www.24Heures/immo/louer/appartement/VD) weitere Wohnungsinserate. Falls sie passende Angebote finden, drucken sie diese aus und bringen sie mit in die Schule. **Option 2:** Die Schüler/innen schreiben einen Text "Mon appartement de rêve". **Option 3:** Die Schüler/innen repetieren schriftlich alle Wörter, die sie in der unité 11 bisher gelernt haben.

Tab. 6-10: Dokumentation einer Lernumgebung zum Französischunterricht „Eine Wohnung einrichten" – Lektion 4.

Lektion 4	
Zielsetzung:	Die Schüler/innen erwerben sprachliche Grundvoraussetzungen für ein Telefongespräch mit einem Wohnungsvermieter
Lernschritt:	Erarbeitung des neuen Stoffs / Angeleitetes Üben und Anwenden
Lehrer- und Schüleraktivitäten	• Vertiefungsübung zu den neuen Wörtern («activité mutuelle», s. Übung *Spiegelantworten* Materialien A und B) • Einführung: „Elemente einer E-Mail" • Die Lernpartner bearbeiten ihre Hausaufgaben • Die Lernpartner bereiten das Telefongespräch vor. Ein Schüler / eine Schülerin führt das Gespräch (mit der Lehrperson) durch. Er / sie erfährt, dass die Wohnung noch frei sei. Der Besichtigungstermin wird vereinbart. • Der / die Lernende erhält ein Feedback zum Telefongespräch und erfährt, dass er / sie die Wohnung erhalte, wenn er / sie diese wolle. • Der Lernpartner, der nicht am Telefongespräch beteiligt ist, schreibt eine E-Mail in Bezug auf eine zweite Wohnung. Die E-Mail ist an die Lehrperson zu senden.
Adaptives Element:	Das Telefongespräch führt nur ein Schüler / eine Schülerin pro Tandem. Nach dem Telefongespräch erhält er / sie ein Feedback mit Verbesserungs- und Korrekturhinweisen, die ins Lernjournal zu übertragen sind. Auf die E-Mail erhalten die Tandems ein Feedback sowie Hinweise auf Fehler, die im Text zu suchen sind. Falls die Lernenden sie nicht finden, müssen sie die Lehrperson fragen.
Hausaufgabe: Zeit: 20 – 25 Minuten	Obligatorisch: - E-Mail zur Wohnungssuche spätestens bis am Vorabend der nächsten Französischlektion der Lehrperson senden. - Mit den Fehlern des Telephongesprächs je einen Satz schreiben.

Materialien zu Lektion 3 „Eine Wohnung einrichten"

A la recherche d'un logement	je eine Karte pro Tandem
Personne A:	Salaire mensuel: 4200.-- Lieu de travail: Villeneuve
Personne B:	Salaire mensuel: 4500.-- Lieu de travail: Lausanne

Abb. 6-10: Übungsmaterialien zu Lektion 3 „Eine Wohnung einrichten".

Materialien zu Lektion 4 „Eine Wohnung einrichten"

Les logements (répétition de vocabulaire: activité mutuelle)		groupe A

☞ Coche les réponses appropriées!

	Les questions suivantes sont à poser à ton / ta partenaire.	*Une seule réponse est appropriée:*
01	Comment appelle-t-on les différents types de logements?	☐ On les appelle «tentes» ☐ On les appelle «cabanes». ☐ On les appelle «maisons».
02	Ton / ta collègue va poser la question:	Réponds à la question de ton / ta collègue!
03	Comment appelle-t-on un bâtiment qui contient plusieurs appartements?	☐ On l'appelle «gratte-ciel» ☐ On l'appelle «immeuble». ☐ On l'appelle «villa».
04	Ton / ta collègue va poser la question:	Réponds à la question de ton / ta collègue!
...	...	...

☞ Quand tu as fini, cherche un / une partenaire du groupe complémentaire et fais l'exercice avec lui ou avec elle.

Les logements (répétition de vocabulaire: activité mutuelle)		groupe B

☞ Coche les réponses appropriées!

	Les questions suivantes sont à poser à ton / ta partenaire.	*Une seule réponse est appropriée:*
01	Ton / ta collègue va poser la question:	Réponds à la question de ton / ta collègue!
02	Comment appelle-t-on un logement qui fait partie d'une grande maison dans laquelle il y a plusieurs logements ?	☐ On l'appelle «immeuble» ☐ On l'appelle «appartement». ☐ On l'appelle «pièce».
03	Ton / ta collègue va poser la question:	Réponds à la question de ton / ta collègue!
04	Comment peut-on passer d'un étage à un autre à pied?	☐ On utilise l'ascenseur. ☐ On utilise une échelle. ☐ On utilise l'escalier.
...	...	...

☞ Quand tu as fini cherche un / une partenaire du groupe complémentaire et fais l'exercice avec lui ou avec elle.

Abb. 6-11: Übungsmaterialien zu Lektion 4 „Eine Wohnung einrichten".

Hinweise zum Vorgehen bei der adaptiven Übungsform Spiegelantworten:

Schritt 1: Individuelle Bearbeitung des Aufgabenblattes: Ankreuzen der korrekten Antwort.

Schritt 2: Suche eines Partners der Komplementärgruppe (☞ Differenzierung nach Zeit).

Schritt 3: In Partnerarbeit Bearbeitung der beiden komplementären Aufgabenblätter.

Schritt 4: Korrektur der Aufgabenstellungen mit der Klasse.

Gruppe A löst die Aufgaben der Gruppe B (Gruppe B sind die Experten) und die Gruppe B löst die Aufgaben der Gruppe A (Gruppe A sind die Experten).

Tab. 6-11: Dokumentation einer Lernumgebung zum Französischunterricht „Eine Wohnung einrichten" – Lektion 5 und 6.

Lektion 5

Zielsetzung:	Die Schüler/innen erwerben sprachliche Grundvoraussetzungen für ein Telefongespräch mit einem Wohnungsvermieter. Sie erwerben Begriffe für die Möblierung der Räumlichkeiten.
Lernschritt:	Arbeit am neuen Stoff / Angeleitetes Üben und Anwenden
Lehrer- und Schüleraktivitäten	• Die Schüler/innen erhalten die E-Mails zurück. Sie suchen darin Fehler, auf die am Zeilenrand mit dem Zeichen x hingewiesen worden ist (1x = 1 Fehler). Die gefundenen Fehler werden sogleich korrigiert. Bei Fehlern, die die Schüler/innen nicht finden, können sie die Lehrperson konsultieren. • Die Sätze, welche als Verbesserung der Fehler aus dem Telefongespräch (I) als Hausaufgabe zu schreiben waren, werden von der Lehrperson eingezogen. • Letzte Telefongespräche werden geführt. • Die Tandems entscheiden sich für eine Wohnung. • Sie zeichnen auf A3 – Blättern den Wohnungsplan und beschriften ihn. • Die Schüler/innen schauen eine Videosequenz des Lehrmittels an. In dieser Sequenz werden im Brockenhaus Möbel gekauft. Sie bearbeiten eine *compréhension auditive* im Übungsheft und lernen dadurch Wörter kennen, die für die Raummöblierung wichtig sind.
Adaptives Element:	Das Telefongespräch führt nur ein Schüler / eine Schülerin der Tandems. Nach dem Telefongespräch erhält er / sie ein Feedback mit Verbesserungs- und Korrekturhinweisen, die ins Lernjournal zu übertragen sind. Die Schüler/innen erfahren ("Scaffold"-) Hilfe bei der Suche der Fehler, auf die in der E-Mail verwiesen worden ist, die sie aber nicht selbst fanden.
Hausaufgabe: Zeit: 20 – 25 Minuten	• Die Schüler/innen zeichnen und beschreiben die Möblierung des Wohnzimmers und ihres eigenen Zimmers auf die übernächste Lektion. Die Schüler/innen suchen die Fehler in den E-Mails auf die nächste Lektion.

Lektion 6

Zielsetzung:	Die Schüler/innen repetieren die "pronoms de compléments d'objets directs" und "indirects" und erarbeiten die Regeln, wann man "y" und "en "braucht".
Lernschritt:	Hinführung / Selbständiges Üben (Es handelt sich um einen grammatikalischen Einschub innerhalb der Lektionsreihe.)

Tab. 6-12: Dokumentation einer Lernumgebung zum Französischunterricht „Eine Wohnung einrichten" – Lektionen 7 und 8.

Lektion 7 und 8	
Zielsetzung:	Die Schüler/innen können die "pronoms de compléments d'objets directs" und "indirects", "y" und "en " korrekt anwenden.
	Die Schüler/innen erwerben und nutzen den Wortschatz zur Möblierung eines Raumes.
Lernschritt:	Üben/Anwenden von „y" und „en"; Internalisieren des Vokabulars zur Möblierung der Wohnung
Lehrer- und Schüleraktivitäten	• In der Klasse werden an Hand von Beispielssätzen nochmals die Regeln für "y" und "en" repetiert. • Die Lernpartner tauschen die Lernkontrollen aus, lösen und korrigieren sie. • In der Klasse werden die neu eingeführten Möbelstücke anhand von aufliegenden Bildern repetiert. • *Übung Spiegelantwortgruppen*: Die Schüler/innen üben, über die Möblierung eines Raumes zu reden, indem sie eine nach Schwierigkeitsgrad differenzierte "activité mutuelle" zum Bild eines Raumes zuerst individuell lösen und dann zu zweit durchführen (s. Materialien). • Wohnpartner A beschreibt sein Zimmer, das er als Hausaufgabe gezeichnet und beschrieben hat. Wohnpartner B zeichnet den Raum. Danach vergleichen sie die Zeichnungen und tauschen die Rollen. • Die beiden Wohnpartner tauschen die Beschreibungen der Wohnzimmer aus, lesen und zeichnen sie. • Danach vergleichen sie die originalen Beschreibungen. • Die Wohnpartner diskutieren auf Französisch, mit welchen Möbeln sie die Räume ihrer Wohnung oder ihres Hauses möblieren werden. Zu diesem Zwecke verständigen sie sich auf eine Möbelliste für jeden Raum. • Die Wohnpartner diskutieren, wohin sie welche Möbel der Möbelliste stellen werden und zeichnen sie auf den Plänen ein.
Adaptives Element:	Während der Arbeit in den Tandems beantwortet die Lehrperson Fragen zur E-Mail.
Hausaufgabe: Zeit: 20 – 25 Minuten	Option 1: Die Schüler/innen erstellen eine ausführliche Möbelliste zu "salle de séjour" und "chambre à coucher". Jeweils fünf Möbel passen nicht. Option 2: Die Schüler/innen beschreiben ihr Traumzimmer. Option 3: Die Schüler/innen machen eine Lernkontrolle mit mindestens 25 Wörtern, die sie zum Thema "Wohnung und Möbel" gelernt haben.

Materialien zu Lektion 7 und 8 „Eine Wohnung einrichten"

Bei der folgenden Aktivität orientieren sich die Schülerinnen und Schüler an einem Bild im Lehrmittel:

Description du studio de Monique selon le dessin (Envol 8 / unité 11)   **Groupe 1.1 (niveau facile)**

Regarde le dessin du studio de Monique à la page 49 et coche les réponses appropriées:

	Voici les questions à poser:	Une seule réponse est appropriée:
01	Qu'est – ce qu'il y a devant la fenêtre?	☐ Il y a un bureau. ☐ Il y a une étagère. ☐ Il y a un tableau.
02	Ton / ta collègue va poser la question:	Réponds à la question de ton / ta collègue!
03	Qu'est – ce qu'il y a devant le bureau à gauche?	☐ Il y a une lampe. ☐ Il y a une chaise. ☐ Il y a une étagère.
04	Ton / ta collègue va poser la question:	Réponds à la question de ton / ta collègue!
05	...	

☞ Pose les questions à un / une collègue du groupe complémentaire

Description du studio de Monique selon le dessin (Envol 8 / unité 11)   **Groupe 1.2 (niveau élevé)**

☞ Regarde le dessin du studio de Monique à la page 49 et réponds aux questions suivantes:

	Voici les questions à poser:	Tes réponses:
01	Qu'est – ce qu'il y a devant la fenêtre?	
02	Ton / ta collègue va poser la question:	Réponds à la question de ton / ta collègue!
03	Qu'est – ce qu'il y a devant le bureau à gauche?	
04	Ton / ta collègue va poser la question:	Réponds à la question de ton / ta collègue!

☞ Pose les questions à un / une collègue du groupe complémentaire.

Abb. 6-12: Übungsmaterialien (2) zu den Französischlektionen 7 und 8 „Eine Wohnung einrichten".

Description du studio de Monique selon le dessin (Envol 8 / unité 11) **Groupe 2.1 (niveau facile)**

☞ Regarde le dessin du studio de Monique à la page 49 et coche les réponses appropriées:

	Voici les questions à poser:	Plusieurs réponses à choix:
01	Ton / ta collègue va poser la question:	Réponds à la question de ton / ta collègue!
02	Qu'est – ce qu'il y a à gauche et à droite de la fenêtre?	□ Il y a une lampe. □ Il y a une chaise. □ Il y a un rideau.
03	Ton / ta collègue va poser la question:	Réponds à la question de ton / ta collègue!
04	...	□ Il y a une table de nuit. □ Il y a un tapis. □ Il y a une chaise.
05		

☞ Pose les questions à un / une collègue du groupe complémentaire.

Description du studio de Monique selon le dessin (Envol 8 / unité 11) **Groupe 2.2 (niveau élevé)**

☞ Regarde le dessin du studio de Monique à la page 49 et réponds aux questions suivantes:

	Voici les questions à poser:	Tes réponses:
01	Ton / ta collègue va poser la question:	Réponds à la question de ton / ta collègue!
02	Qu'est – ce qu'il y a à gauche et à droite de la fenêtre?	
03	Ton / ta collègue va poser la question:	Réponds à la question de ton / ta collègue!
04	Qu'est – ce qu'il y a à gauche entre le bureau et le lit?	
05	...	

☞ Pose les questions à un / une collègue du groupe complémentaire.

Abb. 6-13: Übungsmaterialien (3) zu den Französischlektionen 7 und 8 „Eine Wohnung einrichten".

Hinweise zum Vorgehen bei der Übung Spiegelantwortgruppen:
Die Übungsanlage entspricht derjenigen in Lektion 4. Allerdings wird bei dieser Aktivität zusätzlich nach Niveaugruppen (1.1 / 1.2 und 2.1 / 2.2) differenziert.

Tab. 6-13: Dokumentation einer Lernumgebung zum Französischunterricht „Eine Wohnung einrichten" – Lektionen 9 - 11.

Lektion 9 - 11	
Zielsetzung:	Die Schüler/innen können in der Fremdsprache ihre Räume möblieren. Sie können ihre Konzepte auf Plakaten visualisieren und eine Präsentation vorbereiten.
Lernschritt:	Selbstständiges Üben / Aktivierung durch kommunikativen Output

Lehrer- und Schüleraktivitäten	• Die Schüler/innen repetieren die Wörter mit aufliegenden Bildern.
	• Die Wohnpartner tauschen die Hausaufgaben aus:
	  - Option 1: Der Wohnpartner sucht die fünf nicht passenden Möbelstücke.
	  - Option 2: Der Wohnpartner liest die Beschreibung des "Traumzimmers".
	  - Option 3: Der Wohnpartner löst die Lernkontrolle.
	• Die Wohnpartner arbeiten weiter an den Möblierungsplänen ihrer Wohnungen.
	• Die Plakate werden für die Präsentation vorbereitet. Sie enthalten die folgenden Elemente:
	  - Wohnungsplan mit der Möblierung
	  - Wohnungsprofil
	  - Gewähltes Wohnungsinserat
	  - (Überarbeitete) E-Mail an die "agence immoblière"
	  - Möbelliste
	• Wer fertig ist, beginnt, die Präsentation (siehe Vorgabe) vorzubereiten.
	• Die ganze Lektion 10 steht für die Vorbereitung der Präsentation zur Verfügung.
	• Übungsdurchgang: Die Arbeiten werden einem andern Wohntandem vorgestellt. Diese weisen auf allenfalls fehlende Elemente oder Fehler hin und geben Feedback.
	• In Lektion 11 werden die Arbeiten präsentiert, Bewertung gemäss Beurteilungsraster.

Adaptives Element:	• Während der Arbeit in den Tandems beantwortet die Lehrperson Fragen gemäss Einträgen in die Frageliste. • Die Schüler/innen können ihre Präsentationen bei der Lehrperson übungshalber vortragen. Sie gibt ihnen Feedback und weist sie auf Fehler hin.
Hausaufgabe:	Vorbereitung der Präsentation

Tab. 6-14: Dokumentation einer Lernumgebung zum Französischunterricht „Eine Wohnung einrichten" – Lektionen 12 - 14.

Lektion 12 - 14	
Zielsetzung:	Die Schüler/innen können einen persönlichen Brief an ihre Kollgin/ihren Kollegen verfassen
Lernschritt:	Aktivierung durch kommunikativen Output
Lehrer- und Schüleraktivitäten	• Jeder Schüler / jede Schülerin versetzt sich in die Zeit um 2030. • Die Schüler/innen machen zuerst eine Mind - map zu "Moi en 2030" • Sie erhalten das Kriterienblatt und lesen es. • Mit den Ideen der Mind – map schreiben die Schüler/innen den Text unter Berücksichtigung der vorgegebenen Kriterien. • Die Texte werden am Schluss der Lektion eingesammelt. • In der Folgelektion 13 erhalten die Schüler/innen ihre Texte zurück. Die Lehrperson kennzeichnet alle Fehler mit einem "x" am rechten Rand. • Die Schüler/innen korrigieren die Texte aufgrund der Markierungen der Lehrperson selbst. • In Lektion 14 scheiben die Schüler/innen die Texte ins Reine. • Am Schluss der Lektion werden die Texte zur Korrektur und Benotung durch die Lehrperson abgegeben. • Die Benotung erfolgt an Hand vorgegebener Gütekriterien (siehe unten Materialien).
Adaptives Element:	Während der Korrektur in Lektion 13 beantwortet die Lehrperson individuelle Fragen

Materialien zu Lektion 12 bis 14 „Eine Wohnung einrichten"

Materialien zu Lektion 12 bis 14 « Eine Wohnung einrichten »
Les éléments que ta lettre doit contenir

01) **Le début de ta lettre**
  - N'oublie pas le lieu et la date.
  - Commence ta lettre d'une manière appropriée
02) **Ta vie privée:**
  - Est – ce que tu as une famille ou est – ce que tu vis seul?
  - Si tu habites avec une famille: Combien d'enfants as – tu?
03) **Ton logement:**
  - Où est – ce que ton logement est situé?
  - Dans quel type de logement vis-tu?
  - Est – ce que tu es le propriétaire de ton logement ou l'as – tu loué?
  - Décris – le! Combien de pièces?
04) **Les meubles**
  - Décris comment tu as meublé la salle de séjour et une autre pièce.
05) **Les éléments linguistiques:**
  Utilise 3 fois un pronom d'objet direct et d'objet indirect.
  Utilise 3 fois "y" et 3 fois "en". Les pronoms sont à souligner!
06) **Fin de la lettre**
  - Termine ta lettre de manière appropriée.
  - N'oublie pas les salutations et ta signature.

Abb. 6-14: Lernaufgabe zu den Französischlektionen 12-14 „Eine Wohnung einrichten".

Der Brief wurde nach einem spezifischen Kriterienraster beurteilt, wie zuvor die Präsentation.

Tab. 6-15: Dokumentation einer Lernumgebung zum Französischunterricht „Eine Wohnung einrichten" – Lektionen 15 - 16.

Lektionen 15 + 16:   Zusatzlernen

Der Gebrauch und die korrekte Anwendung der "pronoms d'objet" sowie von "y" und "en" bereitete manchen Schüler/innen noch immer Schwierigkeiten. Wegen der Bedeutung dieser grammatikalischen Form, vor allem in Bezug auf die Anschlussfähigkeit weiterführender Schulen, bot die Lehrperson während drei Lektionen zwei Programme an.

Differenziertes Programm   *Programm A:*
Diese Einheit war für alle Schüler/innen bestimmt, die den Besuch einer weiterführenden Schule anstrebten. Sie setzten sich zusammen mit der Lehrperson noch einmal intensiv mit den "pronoms d'objet", "y" und "en" auseinander. Grundlage war ein A4 – Blatt von Sätzen, die den "rédactions" entnommen wurden (siehe unten) sowie ein Set von weiteren typischen Grammatikübungen.

Programm B:
Alle Schüler/innen, die keine weiterführende (Maturitäts-) Schule anstrebten, lasen einen "Easy Reader"en français (s. Literaturangaben unten). Dabei sollten sie Lesetutoring praktizieren (Schüler/innen, die flüssiger lesen mit jemandem der eher Schwierigkeiten hat). Die Geschichte sollte anschliessend zusammengefasst werden.

Der Entscheid für eines der beiden Programme trafen die Schülerinnen und Schüler. 5 von 22 Lernenden entschieden sich für die Geschichte.

Easy Reader:

Peskine, Brigitte (2009). Mon grand petit frère. Copenhague: Ringhof Forlag.
Renaud, Dominique (2008). Un cheval pou la vie. Madrid: Santillana.
Karanfilovic, Nathalie & Skinazy, Cyril (2010). Coeur de pirate. Stuttgart: Klett.
Mimran, Reine (2010). Un amour en automne. Madrid: Santillana.
Hugo, Victor (2009). Les Misérables. Gênes: Cideb.
Garnier, Pascal (2009). Les enfants de la nuit. Copenhague: Ringhof Forlag.

Adaptives Element: • Individuelle Programmwahl
                        • Individuelle Unterstützung bei der Übungs- rsp. Lesephase aufgrund von Schülerfragen (d.h. die Lernenden mussten sich die Erklärungen bei der Lehrperson "abholen").

Materialien zur Lektion 16 „Eine Wohnung einrichten"

Materialien zur Lektion 16 « Eine Wohnung einrichten »

Des fautes tirées de la rédaction. Cherche-les et corrige-les!

Die Sätze, die von den Schülerinnen und Schülern zu korrigieren waren, stammten von ihren Texten, die sie in Lektion 13 zurück erhalten hatten. Ein „x" in der letzten Spalte bedeutet, dass die Zeile einen Fehler enthält, „XX" zwei Fehler, usw.. Die Korrekturübung wurde in Lektion 16 gemacht.

01	Au coin il y a une cheminée. La est très grande. Devant la il y a un fauteuil. Il y a une commode en bois.	x x
	J'en ai acheté à IKEA. La est vieille mais très jolie. La table à manger est aussi en	x x x
	bois. Le l'ai mis devant les fenêtres.	x x

Die Fehler, die herauszufinden und zu korrigieren waren, sind in der folgenden Tabelle hervorgehoben.

01	Au coin il y a une cheminée. **Elle** est très grande. Devant **la cheminée** il y a un fauteuil. Il y a une commode en bois.	x x
	Je **l'** ai acheté**e** à IKEA. **Elle** est vieille mais très jolie. La table à manger est aussi en	x x x
	bois. **Je** l'ai mis**e** devant les fenêtres.	x x

Abb. 6-15: Übungsmaterialien zur Französischlektion 16 „Eine Wohnung einrichten".

In Lektion 17 wurde eine Prüfung geschrieben, die insgesamt ein gutes Resultat erbrachte.

6.5.3 Verknüpfung der dokumentierten Lernumgebung mit theoretischen Elementen

Neben den einleitend erwähnten fachdidaktischen Prinzipien können Beziehungen zu folgenden adaptiven Massnahmen hergestellt werden:
Elemente, die eher auf der Makroebene lokalisiert sind:

- Der Unterricht mit der Klasse erfolgt in hohem Masse selbst gesteuert. Die Lernaufgaben werden dennoch durch systematisch aufgebaute Lernschritte strukturiert. Erste sprachliche Repräsentationen gehen mit fortschreitendem Lernen in eine assoziativere Phase über.
- Am Ende der Lernumgebung werden zwei Lernumgebungen zur Wahl gestellt: Lesen fremdsprachlicher Texte und eine Vertiefung von formalen Lernzielen, die für weiterführende Schulen von Bedeutung sind.
- In hohem Grade werden Tempo- und Schwierigkeitsdifferenzierung praktiziert. Auch Kooperationen und Gelegenheiten zur Selbstkontrolle sind gegeben (vgl. Hugener, Krammer & Pauli, 2008).
- Auf ihrem Lernweg können Schülerinnen und Schüler adaptive Angebote nutzen, die ihnen die Lehrperson zur Verfügung stellt. Teilweise können sie eigene Lernwege einschlagen (vgl. Beck et al., 2008).
- Die soziale Auseinandersetzung mit den Lerninhalten ist gewährleistet. Es findet keine Fokussierung auf isolierte Einzelarbeit statt (Scherer & Moser Opitz, 2010).

Elemente, die eher auf der Mikroebene zu finden sind:

- Die Selbststeuerung wird auch zur Identifikation der Fehler genutzt.
- Die Lehrperson bietet vielfältiges Scaffolding, bzw. Stützstrategien an.
- Es wird eine auf die Lernenden zentrierte Haltung praktiziert (vgl. Tomlinson et al., 2003). Sie ist gekennzeichnet durch Aufgaben, die Sinn machen. Der Nutzen des Gelernten – die Miete einer Wohnung - ist für die Schülerinnen und Schüler ersichtlich. Das Lernen wird zudem gemeinsam gesteuert.
- In der Lernumgebung kommen auch Formen direkter Instruktion zur Anwendung (Heutveen et al., 1999). Neue Stoffelemente werden präsentiert und geklärt. Weiterlernen bis zur Automatisierung des Lernstoffes ist vorgesehen.
- Eine Fokussierung auf repetitive Drillaufgaben wird vermieden. Minimalziele sind auch für schwächere Schülerinnen und Schüler anspruchsvoll, und zwar unter Beachtung einer angemessenen Schwierigkeits- und Tempodifferenzierung.
- Die Lernenden werden angeregt, den Lernprozess durch spontanes Assessment laufend zu kontrollieren.
- Bei der Lektüre kann Lesetutoring praktiziert werden.

Das Abfolge von Phasen zwischen Klassen- und Planunterricht trat bei den didaktischen Festlegungen eher in den Hintergrund und beschränkte sich auf die curricularen Massnahmen in den Zusatzlektionen 15 und 16. Wesentlicher waren differenzierte Aufgabenstellungen mit hoher Komplexität (Präsentieren, Brief schreiben, Telefonieren) im Rahmen des Unterrichts mit der Klasse. Adaptive Angebote wurden somit in diese Organisationsform (vgl. *direct teaching*) eingebaut. Im Vordergrund standen Aspekte der Schwierigkeits- und Tempodifferenzierung sowie die passende Nutzung von Support, meist aufgrund spontaner Selbsteinschätzungen der Schülerinnen und Schüler.

6.6 Lernumgebung zum Französischunterricht (9. Klasse): Bedingungen und Möglichkeiten ausdrücken

Autor : *Norbert Schwaller*

Grundlage bildet das Lehrmittel: Kessler, S., Suter, B., Walther, R. (1998). *Bonne Chance 3, Etappe 31*. Bern: Berner Lehrmittel und Medienverlag,.

Es gibt viele Arten, etwas richtig zu machen. Das Richtige ist nicht binär. Eine weitere Lernumgebung zum Französischunterricht soll deshalb verdeutlichen, dass das Phasenplankonzept im gleichen Fach unterschiedlich umgesetzt werden kann. Die Praxis kennt keine eindeutigen Lösungen.

6.6.1 Vorüberlegungen zur Lernumgebung

Die Schülerinnen und Schüler kehren nach zwei Wochen Festtagsurlaub wieder in die Schule zurück. Sie sollen lernen, auf Französisch Aussagen im *Conditionnel I* (Modus der Möglichkeit, des Wunsches der Vermutung) zu formulieren und diese im Alltag anzuwenden. Gleichzeitig wird ihnen Gelegenheit geboten, in der Zeitform des Futur I (oder *futur simple*) Ideen über ihre Zukunft zu äussern. Diese Zeitform haben sie im vorangehenden Unterricht bereits gelernt. Es handelt sich dabei um eine Auffrischung bzw. Konsolidierung des zuvor Gelernten.

Ausgangslage

Die Unterrichtseinheit umfasst 10 Lektionen und unterscheidet sich vom vorangehenden Konzept vorerst durch eine organisatorische Öffnung, die nicht mehr einer Lektionenstruktur folgt. Die Schülerinnen und Schüler arbeiten weitgehend nach ihrem eigenen Lerntempo. Die meisten Aufgaben sind in einem schriftlichen Plan aufgeführt. An zentralen Gelenkstellen hat die Lehrperson Klassenunterricht eingeflochten. Die Schülerinnen und Schüler konzentrieren sich in diesen Kurzphasen gemeinsam auf neuen Lernstoff. Ebenso können Produkte des Lernens, die während der offenen Planphasen geschaffen worden sind, nochmals aufgegriffen werden. Der Zeitpunkt dieser Klassenphasen wird den Schülerinnen und Schülern im Voraus mitgeteilt. An diese Fixzeiten haben sie sich zu halten, damit ihre Arbeiten auch gemeinsam besprochen werden können. Dies verlangt von ihnen ein überlegtes Vorgehen. Einige Schülerinnen und Schüler benötigen auch in organisatorischer Hinsicht Hilfestellungen durch die Lehrperson. In der vorausgehend dokumentierten Unterrichtseinheit, die ebenfalls hohe Ansprüche an die Selbststeuerung verlangte, war dies weniger der Fall, weil der Lernstoff klarer durch die einzelnen Lektionen strukturiert worden war. Die Struktur der nachfolgend skizzierten Lektionseinheit präsentiert sich wie folgt:

Klassen-unterricht (KU)	Planunterricht (PU)	(KU)	Planunterricht (PU)	(KU)	Planunterricht (PU)	usw.
Hinführungen und kurze Lernphasen angeleiteten Übens im Klassenunterricht. Häufig selbstständiges Üben im Planunterricht. Intensives Coaching durch die Lehrperson.						

Abb. 6-16: Klassen- und Planphasen der Lernumgebung zu den Bedingungssätzen im Fach Französisch.

Die Struktur verdeutlicht, dass eine stoffliche Einleitung zu Beginn im Klassenunterricht erfolgt. Anschliessend wird im Planunterricht weitgehend selbstgesteuert weitergelernt. Verdeutlicht werden ebenfalls die eingebauten Klassenunterricht-Fixpunkte.

Der hohe Grad an Selbststeuerung verlangt, dass man sich bei den Lernaufgaben nicht mit kontextfreien formalen Übungen begnügt. In erster Linie soll es wie im vorangehenden Entwurfsmuster darum gehen, im Alltag entsprechende Situationen kommunikativ zu meistern. Die Schülerinnen und Schüler sollen die Sprache hören und sie schriftlich und mündlich anwenden. Das bedeutet, dass die Lehrperson unterschiedliche sprachliche Anregungen (Hörtexte, Filmausschnitte, Lieder, etc.) bereitstellen muss, die jederzeit und für alle Schülerinnen und Schüler auf einer Dateiablage im Intranet der Schule zugänglich sind. Anhand solcher Sprechanlässe muss die Sprache geübt werden können. Dabei lassen Aufnahmen von Schülerproduktionen auf Video (z.B. mit Mac-Photo Booth) wirkungsvolle und unmittelbare Rückmeldungen durch die Lehrperson oder Mitschülerinnen und Mitschüler zu. Die Intensität der sprachlichen Auseinandersetzung, die Kontrolle und die Feedbackmöglichkeiten können in Kleingruppen oder auch in Einzelarbeit gegenüber dem Klassenverband um ein Mehrfaches gesteigert werden. Die Lernumwelt ist adaptiv gestaltet, indem der Schwierigkeitsgrad der Aufgaben und ihre Quantität variiert werden. Im Weiteren gewährt die Lehrperson je nach den Voraussetzungen der Schülerinnen und Schüler unterschiedlich intensive Unterstützung. Dazu benötigt sie diagnostische Informationen und ist herausgefordert, den jeweils passenden Support zu leisten. Manchmal werden auch fortgeschrittene Schülerinnen und Schüler als Tutoren eingesetzt.

Curriculare Differenzierungsentscheidungen

In der Zielsetzung unterscheidet sich das folgende Konzept von der obigen Unterrichtseinheit ebenfalls in einem wesentlichen Punkt. Ging es in der vorangehenden Unterrichtseinheit darum, eine festgelegte lebensweltliche Situation(Wohnung mieten) kommunikativ zu bewältigen, so soll im Folgenden eine formale Kompetenz erworben werden, nämlich Aussagen in der Möglichkeitsform zu formulieren. Die Anforderungen variieren wie erwähnt nach dem Schwierigkeitsgrad der Lernaufgaben.

Eine curriculare Differenzierung findet am Schluss statt, wo von einem Teil der Lernenden anspruchsvollerer Lernstoff bearbeitet wird. Dieses *Programme supplémentaire* geht für die meisten Schülerinnen und Schüler über den Regelstoff hinaus. Für diejenigen, die eine weiterführende Schule besuchen möchten, werden diese Aufträge als verpflichtend erklärt. In dieses Zusatzangebot wurden deshalb neue und herausfordernde Themenbereiche und Aufgabenstellungen integriert. Es handelt sich nicht um Ausweitungen des Regelprogramms.

Voraussetzungen der Schülerinnen und Schüler

Es handelt sich um eine 3. Sekundarklasse (progymnasialer Leistungstrack) mit grossen Leistungsunterschieden im Fach Französisch. Sie reichen von fast zweisprachigen Schülerinnen und Schülern zu solchen mit wenig ausgeprägten Fertigkeiten und Kompetenzen im Fach Französisch.

6.6.2 Beschreibung der Lernumgebung

Die folgende Unterrichtseinheit wird in wesentlichen Punkten skizziert. Es sollen vor allem Unterschiede zum vorangehenden Konzept (Wohnung einrichten) deutlich werden. Stoffliche Schwerpunkte und sprachliche Fertigkeiten sind ebenfalls in der linken Spalte von Tab. 6-16 bis 6-20 aufgeführt.

Tab. 6-16: Dokumentation einer Lernumgebung zum Französischunterricht „Bedingungen und Möglichkeiten ausdrücken" (1) – Lektionen 1 – 10.

Unterricht in der Klasse / Zeitpunkt 1 : Beginn der Unterrichtseinheit	
Neuen Plan einführen	Einführung des neuen Phasenplans. Klärung der Zielsetzungen, Erwartungen, Arbeitsorganisation.
Fremdsprachlichen Kontext aktualisieren (Sprechen)	Einstimmung nach zwei Wochen Schulferien: *Nous parlons des vacances de Noël.* Die Schüler/innen erzählen in der Vergangenheitsform von ihren Erlebnissen.
Lernschritt	Hinführung / imitative Anwendung des neuen Stoffes: *La fonction et la forme du conditionnel*
Le conditionnel I: Form und Gebrauch	• Die Schüler/innen hören wiederholt einen Text, in welchem Möglichkeiten und Vermutungen im *Conditionnel*-Modus geäussert werden. In Partnerarbeit versuchen sie, spontan ähnliche Aussagen zu formulieren. • Die Form wird an der Wandtafel visualisiert und anhand von Bildern in Sprechblasen (Möglichkeiten etwas zu tun) werden Beispielsätze verfasst. Dabei werden die Schüler/innen auch auf die verschiedenen Verwendungsmodi des *Conditionnel* hingewiesen.
Planunterricht	
Lernschritt	Angeleitetes und selbstständiges Üben, je nach Voraussetzungen der Schüler/innen
Wortschatz und Strukturen erarbeiten (schreiben ; EA, PA)	Bearbeitet werden drei Übungen aus dem Lehrmittel: • Französisch- und deutschsprachige Wörter übersetzen und aus einem Text auf Französisch die Bedeutung einzelner Wörter erschliessen. • Direkte Rede als Situation darstellen. • Ein Substantiv ins Deutsche übersetzen und das passende Adjektiv dazu finden und schriftlich festhalten. Die Kontrolle erfolgt selbständig anhand vorgegebener Lösungsblätter.
Conditionnel üben (schreiben; EA)	Zu den Formen und zum Gebrauch des Conditionnel I bearbeiten die Schüler/innen Übungen im Übungsbuch, z. B. Sätze ergänzen, oder aus vorgegebenen Situationen eine Antwort formulieren: Was würdest du an meiner Stelle tun?, usw.
(sprechen; PA)	"Si les animaux étaient des maîtres": Anhand von acht Skizzen werden die Rollen zwischen Mensch und Tier getauscht. Die Situationen sind zu beschreiben.
(schreiben; EA)	Übungen am Computer http://www.bonjourdefrance.com/n11/jeux/oiebdf3.html http://w3.restena.lu/amifra/exos/conj/condprs2.htm http://w3.restena.lu/amifra/exos/conj/condprs1.htm
Adaptives Element	Die Übungen am Computer können mehrmals gelöst werden. Schüler/innen, die sich sicher fühlen, machen nicht alle Übungen.

Tab. 6-17: Dokumentation einer Lernumgebung zum Französischunterricht „Bedingungen und Möglichkeiten ausdrücken" (2) – Lektionen 1 – 10.

Unterricht in der Klasse / Zeitpunkt 2: Zwei Tage später

Lernschritt:	Angeleitetes Üben zur generellen fremdsprachlichen Kompetenz Hör- und Leseverstehen
Hörverstehensübung (hören)	• Bearbeitet wird ein Hörtext (Zwei A4 Seiten) C'est Papa qui décide. Es handelt sich um einen Auszug aus dem Buch Les vacances du petit Nicolas von Sempé und Goscinny (1978, Paris: Denoël).
	• Der Lehrer führt in die Situation der Ferienplanung am Familientisch ein. Die Schüler/innen hören den Text via Tonträger mit Unterbrechungen. Die Lehrperson stellt einige Kontrollfragen zum allgemeinen Verständnis.
Adaptives Element	Wer den Text oder Teile davon nochmals hören will, tut dies am Computer über Kopfhörer. Anschliessend werden die Aussagen zum Text beurteilt, ob sie richtig oder falsch sind.

Planunterricht

Lernschritt	
	Selbstständiges Üben des Hör- und Leseverstehens sowie des Texteschaffens
Leseverstehen (sprechen, schreiben; PA)	Der im Klassenunterricht eingeführte Text C'est Papa qui décide wird einzeln eingehender bearbeitet. Fragen zum Text müssen beantwortet und Aussagen müssen den drei Personen, die im Text vorkommen, zugeordnet werden.
Adaptives Element	Die Schüler/innen lesen den Text ein- oder mehrere Male. Die Zuordnung der Aussagen erfolgt ohne oder mit Buch.
Texte schaffen (schreiben; PA)	• Den Schüler/innenn stehen sechs Titel zum Themenbereich „Erwachsensein" zur Auswahl, zu denen sie in Partnerarbeit einen Text im Futur simple (Futur 1) schreiben sollen (mind. 12 Sätze). Beispielthemen: « Mon apprentissage" / „Mes premières vacances sans parents".
	• Das Futur I haben die Schüler/innen vor ca. zwei Monaten gelernt. Diese Zeitform erlaubt es ihnen, zusammen mit dem neu eingeführten Conditionnel I, Aussagen, Überzeugungen, Wünsche und Hypothesen bezüglich ihrer Zukunft zu formulieren. Aus diesem Grund wird diese Zeitform in diesem Kontext wiederholt.
Adaptives Element	Themenwahl / Textumfang
Formatives Assessment (schreiben ; EA, PA)	Parallel zu den obigen Aktivitäten ist eine formative Lernkontrolle zum Conditionnel I zu lösen. Vorhandene Lücken werden mit zusätzlichen Übungen (Zusatzmaterial, Links im Internet) geschlossen. Die Lernkontrolle muss bis zu einem fixierten Zeitpunkt gelöst werden, damit sie anschliessend in der Klasse besprochen werden kann.
Adaptives Element	Neben der Lehrperson bieten auch fortgeschrittene Schüler/innen ihre Hilfe an. Es können zusätzliche Materialien genutzt werden.

Tab. 6-18: Dokumentation einer Lernumgebung zum Französischunterricht „Bedingungen und Möglichkeiten ausdrücken" (3) – Lektionen 1 – 10.

Unterricht mit der Klasse / Zeitpunkt 3 : Zwei Tage nach Klassenelement 2

Lernkontrolle klären (schreiben)	Die Lernkontrolle wird im Plenum besprochen. Einzelne Fragen werden nochmals aufgegriffen. Die Aufarbeitung der Lücken erfolgt individuell in der nachfolgenden Planarbeit.

Planunterricht

Lernschritt	Kommunikativer Output Futur I
Sprechübung I (hören, sprechen; EA, GA)	Auf der Internetplattform *Lingualevel* wird die Sprechübung *Devenir adulte* gelöst. *Gebildet werden vier 5er-Gruppen.* <ul><li>Die Schüler/innen haben ihre Vorstellungen bezüglich ihrer Zukunft mit Hilfe des Mac-Programms *Photo Booth* aufgezeichnet. Die Aufgabenstellung war für alle die gleich.</li><li>Die Aufnahmen werden mit den einzelnen Gruppen besprochen. Die Verwendung des *Futur simple* wird neben dem Inhalt besonders berücksichtigt.</li><li>Die Besprechungsdaten mit dem Lehrer sind den Gruppen bekannt.</li></ul> Wie oben erwähnt wird eine früher gelernte Zeitform in Verbindung mit dem Conditionnel I hier im mündlichen Bereich wieder verwendet. Weil Aussagen über das künftige Leben der Schüler/innen gemacht werden und das Futur I kürzlich wiederholt wurde, wird die formale Korrektheit der Verben neben der inhaltlich-kommunikativen Bewältigung der Aufgabe besonders besprochen.
Adaptives Element	Die geforderte Sprechzeit variiert je nach Kompetenzen der Schüler/innen von 2 bis 4 Minuten

Tab. 6-19: Dokumentation einer Lernumgebung zum Französischunterricht „Bedingungen und Möglichkeiten ausdrücken" (4) – Lektionen 1 – 10.

Unterricht mit der Klasse / Zeitpunkt 4 : Fünf Tage nach Klassenelement 3	
Gespräche beurteilen (hören)	Einige exemplarische Schülerproduktionen der Lingualevelübung werden im Plenum vorgestellt und kommentiert. Wegleitend sind die folgenden Zielsetzungen: Fortschritte aufzeigen; valorisieren der Arbeit; Fehlkonzeptionen, die bei vielen Schüler/innen zu beobachten sind, aufzeigen und umlernen.
Lernschritt	Kommunikativer Output: Conditionel
Sprechübung II (sprechen; GA)	Des vacances de rêve. Die Gruppe verkörpert eine Familie am Mittagstisch. Die Mitglieder (Vater, Mutter, Kinder) legen ihre Wünsche für den nächsten Urlaub dar. Die Rollen, Wünsche und Argumente sind vorgegeben. Es entsteht eine Diskussion. Vorgehen: • 4er-Gruppen bilden • Rollen verteilen • Diskussion vorbereiten (ca. 10 Minuten) • Diskussion durchführen und mit Photo Booth aufnehmen • Stick dem Lehrer abgeben. Es geht darum, seine Meinung auszudrücken, zu argumentieren und dabei das Conditionnel I anzuwenden. Der Lehrer analysiert die Arbeit mit der Gruppe während des folgenden Phasenplans.
Adaptives Element	Die Rollenverteilung wird in der Gruppe und mit dem Lehrer vorbesprochen (Interessen, Kompetenzen, etc.).
Übersetzungsübung (schreiben ; EA, PA)	"Les vacances idéales" Der Text wird vom Deutschen ins Französische übertragen. Es wird keine wörtliche Übersetzung verlangt. Auf einem Kontrollblatt sind alle möglichen Übertragungsvarianten aufgeführt.
Wortschatz trainieren (sprechen, schreiben)	Es werden nochmals Übungen zur Vertiefung der Vokabeln gemacht.

Tab. 6-20: Dokumentation einer Lernumgebung zum Französischunterricht „Bedingungen und Möglichkeiten ausdrücken" (5) – Lektionen 1 – 10.

Zusatzprogramm

Lernschritt	Selbstgesteuertes Üben zur generellen fremdsprachlichen Kompetenz Leseverstehen
Über einen Artikel aus seiner Tageszeitung berichten (lesen, sprechen ; PA)	*Le stress à l'origine des drames familiaux* Die Schüler/innen sollen den Artikel aus einer Tageszeitung lesen und den Inhalt zu zweit der Lehrperson erzählen können.
Lernschritt	Neuen Stoff erarbeiten
Fragesätze umstellen (scheiben ; EA, PA)	*Comme ils sont polis!* Fragen mit "est-ce que" in eine Frage ohne "est-ce que" formulieren (inversion). Beispiel: Est-ce que vous ne me croyez pas? Frage ohne est-ce que: Ne me croyez-vous pas? Die Kontrolle erfolgt mit Lösungsblättern.
Le futur II ou futur antérieur (Grammatik) (schreiben ; EA, PA)	Die Bildung dieser Zeit ist relativ einfach. Die Schüler/innen erhalten ein Theorieblatt mit Erklärungen zu Bildung und Gebrauch des Futur II und wenden diese Form in kleinen Übungen mündlich und schriftlich an. Die Kontrolle erfolgt mit Lösungsblättern.
Schlussprüfung	

6.6.3 Verknüpfung der dokumentierten Lernumgebung mit theoretischen Elementen

Auf der Makroebene stehen die folgenden Aspekte im Vordergrund:

* Aufgrund der heterogenen Leistungsbedingungen wird ein hoher Grad an Selbststeuerung verlangt.
* Mehrheitlich wird adaptiver Unterricht praktiziert. Der Stoff wird nur am Schluss der Unterrichtseinheit für bestimmte Teilgruppen differenziert.
* Der Prozess der Selbststeuerung wird durch gezielte Formen direkten Unterrichts strukturiert.
* Die adaptive Lernumgebung gestattet remediales Lernen für Lernende mit Schwierigkeiten. In quantitativer Hinsicht können die Aufgaben durch eine Tempodifferenzierung den Lernvoraussetzungen der Lernenden angeglichen werden.
* Die Qualität der Aufgaben ist für alle Lernenden identisch. Schwächere Schülerinnen und Schüler werden nicht auf formale Übungen fixiert. Die Ausführung ist variabel. Insofern werden möglichst hohe Lernergebnisse für alle angestrebt.
* Beim Schreiben von Texten können Themen ausgewählt werden.
* Eine diagnostische Lernkontrolle informiert über den Leistungsstand und gibt Hinweise für das weitere Lernen.

- Inhalte, die über die Regelstandards hinausgehen, sind in einem Phasen-Zusatzprogramm von Schülerinnen und Schülern zu bewältigen, die weiterführende Schulen besuchen möchten.

Die folgenden Massnahmen betreffen eher die Mikroebene:
- Vorgesehen sind intensive kommunikative Übungen, bei denen die Schülerinnen und Schüler in heterogenen Gruppen kooperieren müssen. Sie werden nicht auf Einzelarbeiten eingeschränkt.
- Es besteht ein ausgewogenes Verhältnis zwischen den verschiedenen Fertigkeiten hören, lesen, sprechen, schreiben.
- Die Lehrperson verhält sich hoch adaptiv, indem sie ihre Rolle als Modell und Coach versteht und bei Bedarf auch Tipps weitergibt.
- Schülerinnen und Schüler mit guten Kenntnissen werden als Tutoren eingesetzt.
- Wert gelegt wird auf formatives Assessment, sei dies bei der Auswertung einzelner Lernprodukte (z.B. via Photo-Booth) und einer curricularen Lernkontrolle.
- Möglichkeiten der Selbstkontrolle sind vorgesehen.

Eine hohe Selbststeuerung im fremdsprachlichen Unterricht verlangt eine Lernumgebung mit intensiven sprachlichen Austauschformen. Der nach fachdidaktischen Kriterien konzipierte Aufgabenpool und die Aufrechterhaltung eines lernintensiven *time on task* – Klimas in der Klasse dürfte für lernwirksame Prozesse auf der Mikroebene zentral sein.

6.7 Bemerkungen zur summativen Beurteilung bei differenzierten Lernumgebungen

Das Controlling von Lernumgebungen kann in ein lernprozesssteuerndes und ein lernzielerreichendes Assessment unterschieden werden (Baeriswyl & Kovatsch, 2006). Auf das lernprozesssteuernde formative Assessemt wurde bereits in Kap. 3 näher eingegangen. Der Grund lag darin, dass dieses Assessment den Lernprozess, der in Kap. 3 behandelt worden ist, unmittelbar beeinflussen kann. Es gibt Schülerinnen und Schülern Hinweise, wie sie das weitere Lernen voranbringen können. Das Schulsystem verlangt aber auch Noten. Diese sind mittels Leistungsüberprüfungen zu erheben. Abb. 3-7 zur Gestaltung differenzierter Lernumgebungen sieht deshalb auch eine summative Schlussevaluation vor, mit der beurteilt wird, inwieweit die Lernziele erreicht worden sind. Im Folgenden werden zentrale Besonderheiten der summativen Beurteilung von Schülerinnen und Schülern angesprochen, die bei differenzierten Lernumgebungen zum Kompensationsprinzip zu beachten sind. Auf die Gesamtproblematik der Schülerinnen- und

Schülerbeurteilung kann an dieser Stelle nicht eingegangen werden. Anregungen zur Beurteilung in offenen Unterrichtsformen liefern Bohl (2001) sowie Paradies, Wester & Greving (2009).

Besonderheit (1): Differenziert man Lernziele in Basis- und Regelziele, dann sind Lehrpersonen auf Kriterien angewiesen, die es ihnen erlauben zu entscheiden, wann eine Leistung in Klassenarbeiten als *gut, genügend* oder *ungenügend* bewertet werden kann. Böhnel & Svik (1993) haben dazu einen prototypischen Vorschlag unterbreitet. Die Aufgabenstellungen werden für alle Schülerinnen und Schüler gleich gestaltet. Wenn möglich werden die Aufgaben in einen Basis- und einen zusätzlichen Teil gegliedert, der Kompetenzanteile betrifft, die zum Regelstoff gehören. Weil dies nicht immer möglich ist, können auch Aufgabengruppen bestimmt werden, die als Basis- oder Regelstoff gelten. Dies wird im Fach Mathematik vielfach unumgänglich sein, weil die wenigsten Aufgaben mit expliziter zweistufiger Schwierigkeit konstruiert werden können. Unter diesen zweigeteilten stofflichen Voraussetzungen kann die folgende Beurteilungsskala angewandt werden, die anzupassen ist, je nach Stufen, die das Schulsystem verlangt.

Basis- und Regelstoff vollständig gelöst:	ausgezeichnet
Basis- und 75 % des Regelstoffs gelöst:	sehr gut
Basis- und 50 % des Regelstoffes gelöst:	gut
Basisstoff gelöst:	befriedigend
75 % des Basisstoffes gelöst:	genügend
Weniger als 75 % des Basisstoffes gelöst:	ungenügend

Dieser Vergleich mit dem Curriculum bei der Beurteilung schulischer Leistungen verlangt eine Orientierung an der Sach- oder Kriteriumsnorm. Zu überwinden ist die Ausrichtung an der durchschnittlichen Leistungsfähigkeit der Klasse, weil durch diese Vergleiche negative Nebenwirkungen auf das Selbstbewusstsein, das fachliche Selbstkonzept und die Selbstwirksamkeitsüberzeugung zu erwarten sind (Trautwein & Baeriswyl, 2007). In Betracht gezogen werden kann auch die Individualnorm. Dies ist gerechtfertigt, wenn ein Kind oder ein Jugendlicher individuell Fortschritte erzielt hat, die aber noch unter den im Lehrplan erwarteten Leistungen liegen. Vorausgesetzt ist, dass damit gesetzlich verordnete Promotions- oder Selektionsentscheide nicht entscheidend verzerrt werden. Geht man im Rahmen des schulischen Bildungsauftrags vom Primat der Förderung aus (Baeriswyl & Bertschy, 2010), dann ist diese Massnahme gerechtfertigt.

Besonderheit (2): Die Ausrichtung der curricularen Differenzierung auf Bildungsstandards stellt im Weiteren spezifische Anforderungen an die *Aufgabenkonstruktion.* Vermehrt werden komplexere Tätigkeiten zu messen sein, die mit Kompetenzrastern zu beurteilen sind. Das folgende Beispiel in Abb. 6-18 wurde der obigen Französischlektion von *Armin Weingartner* entnommen. Es wurde in Lektion 11 seines Entwurfsmusters zur Beurteilung der Leistungen verwendet.

Beurteilt wird die Kompetenz, einen Sachverhalt zu präsentieren. Die Aufgabe beinhaltet Basis- und Regelanforderungen.

Le nouveau logement : présentation								unité 11

	Les éléments de votre présentation							
1	Présentez le déroulement de votre présentation.					1	2	3
2	Montrez sur une carte où votre logement se situe.					1	2	3
3	A combien de kilomètres d'une gare, d'un arrêt de bus ou d'une entrée d'autoroute ou d'un lac ou d'une forêt etc. votre logement se situe – t – il?					1	2	3
4	Dans quel type de logement vis-tu? Une maison, un appartement?					1	2	3
	Combien de pièces y a – t -il? Combien d'étages y a – t - il? Est – ce qu'il y a un ascenseur?					1	2	3
	Est – ce que vous l'avez acheté ou loué?					1	2	3
	Quel est son prix d'achat ou son loyer mensuel?					1	2	3
5	Présentez les pièces!					1	2	3
6	Décrivez pécisément votre salle de séjour.	1	2	3	4	5	6	
7	Décrivez votre chambre.	1	2	3	4	5	6	
8	Décrivez une troisième pièce.	1	2	3	4	5	6	
9	Finissez votre présentation!					1	2	3
10	*Structure / grammaire: Utilisez 4 fois un pronom d'objet direct.*			*4*	*3*	*2*	*1*	
	Structure / grammaire: Utilisez 2 fois un pronom d'objet indirect.					*2*	*1*	
	Structure / grammaire: Utilisez 2 fois „en".					*2*	*1*	
	Structure / grammaire: Utilisez 2 fois „y".					*2*	*1*	
	L'ensemble de points:							

Grundanforderungen: 30 Punkte

Kriterien 1 – 5; 9:   3 Punkte: Eine französischsprachige Person würde alles verstehen.
2 Punkte: Eine französischsprachige Person würde das meiste verstehen.
1 Punkt: Eine französischsprachige Person würde weniger als die Hälfte verstehen.

Kriterien 6-8:   6 Punkte: Präzise Sprache, vielfältiger Satzbau, kaum Fehler.
5 Punkte: Gut verständliche Sprache, einfacher Satzbau, kaum Fehler.
4 Punkte: Verständliche Sprache, einfacher Satzbau, da und dort schlichen sich Fehler ein, ohne dass das Verstehen beeinträchtigt wird.
3 Punkte: Da und dort versteht man nicht, was gesagt wird. Fehlerhafte Sprache.
2 Punkte: Man versteht nur wenig. Viele Fehler, die das Verstehen beeinträchtigen.
1 Punkt: Die Zuhörenden können nur erahnen, was mit dem Gesagten gemeint ist. Sehr viele Fehler.

Erweiterte Anforderungen: 10 Punkte

Jedes korrekt angewandte "pronom" ergibt einen Punkt.

Abb. 6-17: Kompetenzraster zur Beurteilung einer Präsentation im Fremdsprachenunterricht.

Es kann in einer kompetenzorientierten Leistungsbeurteilung somit nicht primär um einfache richtig/falsch-Urteile von Einzelaufgaben gehen. Leistungen müssen den Kompetenzbereichen angepasst werden, die in den Zielsetzungen angesprochen werden. Korrektheit und Akkuratheit werden im Kontext einer Kompetenz eingeschätzt. Eine reine Fixierung auf die Fachkompetenz wird damit vermieden, obwohl sie nach wie vor eine Rolle spielt. Im Wesentlichen werden jedoch feststell- und beobachtbare Teilaspekte der Kompetenz beurteilt, für die entsprechende Fachkenntnisse genutzt werden. Im obigen Beispiel wird eingeschätzt, ob eine aussenstehende Person die Information versteht. Fehler werden in Relation zu diesem Gesprächsziel beurteilt. Sie sind dann relevant, wenn sie das Verstehen behindern.

Die Lernenden sind von der Lehrperson zu informieren, was von ihnen auf welchem Niveau erwartet wird. Konsequenterweise sind Hinweise zu den Kriterien für Basis- und Regelaufgaben notwendig, sowie Angaben, wie die Leistungspunkte zugeordnet werden. Auch der Sockelwert für die Genügend-Limite sollte bekannt sein. Sollte die Analyse summativer Prüfungen Leistungsdefizite ergeben, dann können sie ebenfalls durch individuelle und gemeinsame Lernaktivitäten nachträglich ausgeglichen werden.

6.8 Abschliessende Bemerkungen zur Reichweite des Konzeptes

Den in Abb. 3-7 skizzierten konzeptuellen Vorstellungen zum Kompensationsprinzip sind in Kap. 6 Designs möglicher Lernumgebungen gegenübergestellt worden. Es sollten Wege aufgezeigt werden, wie mit den heterogenen Voraussetzungen in üblichen Schulklassen umgegangen werden kann. Das Konzept stösst an Grenzen, wenn die Verhältnisse in Schulklassen besondere Massnahmen verlangen. Dies ist insbesondere in Schulen der Fall, die sich in *sozialen Brennpunkten* befinden. Vor allem in grossstädtischen Gebieten existieren Schulen, die einen intensiven Bedarf an Ressourcen beanspruchen würden (vgl. Ramseger, Dreier, Kucharz & Sörensen, 2004). In der Regel sind sie gekennzeichnet durch einen hohen Anteil an Migrantenfamilien, hohe Arbeitslosigkeit und eine zunehmende soziale Segregation und Exklusion. In solchen Fällen sind ausserordentliche Anstrengungen notwendig wie der Einbezug zusätzlichen Personals neben den vorhandenen Lehrerinnen und Lehrern, besondere Freizeitangebote und die Kooperation mit ausserschulischen Instanzen.

Vor sechs Jahren haben die vereinigten Nationen im Weiteren festgeschrieben, dass Kindern und Jugendlichen mit Behinderungen oder starken Verhaltensauffälligkeiten das Recht zusteht, in der Regelschule unterrichtet zu werden. Diese Bereitschaft zur *Inklusion* verlangt in der Regel einen sonderpädagogische Support (vgl. Ahrbeck & Willmann, 2009; Ahrbeck, 2011). Die Rahmenbedingungen im üblichen Unterricht sind dazu meist nicht hinreichend. Besondere Auflagen oder Verhältnisse haben auch besondere Anstrengungen zur Folge.

Insofern ist jeweils abzuschätzen, was ein Konzept leisten kann und was nicht. Dies gilt auch für die hier vorgelegten Modelle.

7 Die Gruppenrallye als kooperative Form zur Differenzierung nach dem Kompensationsprinzip

Kooperative Formen eignen sich für Anliegen innerer Differenzierung vor allem dann, wenn stärkere Schülerinnen und Schüler die schwächeren in leistungsheterogen zusammengesetzten Gruppen unterstützen. Für diese Zwecke wurde von Slavin (1994) die Gruppenrallye entwickelt. In der Fachliteratur wird sie als STAD (Student Teams Achievement Divisions) erwähnt. Obwohl ihre Wirksamkeit wiederholt bestätigt worden (Wellenreuther, 2009, 215) und ein vielfältiger Einsatz möglich ist, wird sie gleichwohl nur sporadisch angewandt. Dies mag damit zusammenhängen, dass ihre Durchführung didaktisch voraussetzungsvoll ist und zu wenig beachtete Einzelaspekte den Erfolg entscheidend beinträchtigen können. Die Ausführungen zum Konzept, die in diesem Kapitel gemacht werden, sind deshalb in intensiver Auseinandersetzung mit der Praxis zustande gekommen. In einem Projekt haben Lehrpersonen mit dieser Methode gearbeitet und auch Lehramtsstudierende haben sie in praktischen Einsätzen erprobt. Die Ausführlichkeit der Darstellung verdankt sich diesen Erfahrungen. Sie soll helfen, Unklarheiten und unerwünschte Zufälligkeiten, die sich bei der Durchführung einstellen können, herabzusetzen. Das Potenzial dieser Methode für Zwecke innerer Differenzierung sollte künftig in vermehrt ausgeschöpft werden. Doch was wird unter einer Rallye genau verstanden?

7.1 Grundstruktur einer Gruppenrallye

Mit einer Rallye assoziieren wir schnelle Autos auf unwegsamen Pisten. Zum Unterrichten bestehen auf den ersten Blick wenig Gemeinsamkeiten. Warum aber wird die Bezeichnung „Rallye" trotzdem verwendet? Die Analogie stützt sich auf die folgende Vorgehensweise. In einem „Lernrennen" zwischen leistungsmässig ähnlich zusammengesetzten Gruppen erhalten alle Schülerinnen und Schüler dieselbe Chance, gemeinsam mit anderen erfolgreich zu sein. Schnelligkeit spielt dabei aber überhaupt keine Rolle. Ganz im Gegenteil: Je nachdem, wie gut die Gruppen zusammenarbeiten, liegen sie in einer Etappe vorne oder fallen zurück. Die Unterrichtsfigur kann wie in Abb. 7-1 veranschaulicht werden.

Eine Unterrichtseinheit wird in drei bis vier Stoffetappen zu ca. 3-5 Lektionen aufgeteilt. Zu Beginn einer Etappe wird neuer Stoff im Klassenunterricht erarbeitet. In einer daran anschliessenden kooperativen Phase wird dieses Lernen selbstständig vertieft und ausgebaut. Das Lernen in den Gruppen ist erst dann beendet, wenn alle Mitglieder der Gruppe den Lernstoff verstanden haben. Jede Lernetappe schliesst mit einem kurzen Test ab, bei dem die Schülerinnen und

Schüler einander nicht mehr helfen dürfen. Die Tests werden von der Lehrperson ausgewertet. Aufgrund von Leistungsverbesserung eines jeden Gruppenmitglieds gegenüber seinen Leistungen in der ersten Etappe können von den einzelnen Schülerinnen und Schülern Punkte zum Gruppenergebnis beigesteuert werden. Die Gruppen sind nur erfolgreich, wenn sich alle verbessern. Die Verbesserung kommt nur dann zustande, wenn man sich gegenseitig hilft.

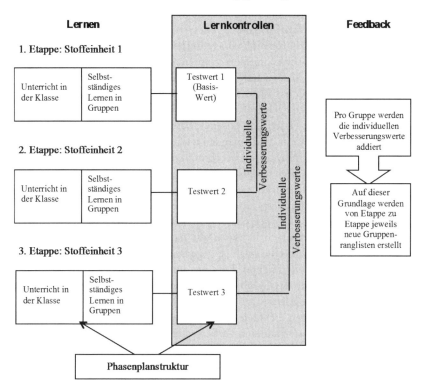

Abb. 7-1: Design der Gruppenrallye

Die einzelnen Etappen sind durch eine Abfolge von Klassenunterricht und selbstständigem Lernen in Gruppen strukturiert, die mit einer Lernkontrolle abgeschlossen werden. Die Gruppen erhalten zudem ein Feedback über ihre Leistungen. Dieses Vorgehen hat deutliche Parallelen zum Phasenplankonzept innerer Differenzierung, das in den Kap. 3 und 6 beschrieben worden ist. In den Hintergrund tritt die curriculare Differenzierung in Basis- und Regelstoff. Es geht darum, dass möglichst alle erfolgreich sind. Schneller Lernenden können jedoch Expertenaufgaben zur Verfügung gestellt werden.

7.2 Theoretische Grundlagen des Vorgehens

Mit einer Rallye wird beabsichtigt, eine Lernumgebung zu schaffen, die (a) gängige Erkenntnisse der Unterrichtsforschung über wirksamen Unterricht berücksichtigt, und die (b) zusätzlich spezielle Voraussetzungen für erfolgreiches kooperatives Lernen schafft.

Zu a): Aus der Unterrichtsforschung (s. Kap. 3) ist bekannt, dass Feedback über die Gruppenleistungen lernwirksam ist. Dies ist in der Rallye durch die Tests gewährleistet. Auch die Kombination von geführtem Klassenunterricht und kooperativen selbstständigen Vertiefungsphasen ist ein bekannter Wirkfaktor in adaptiven Lernumgebungen. In einer Rallye werden diese Erkenntnisse genutzt.

Zu b): Kooperatives Lernen ist individuellem Lernen überlegen, wenn zentrale Voraussetzungen für ein solches Vorgehen erfüllt sind. Im Vordergrund stehen fünf Bedingungen (vgl. Hasselhorn & Gold, 2006, 287f.):

1) *Gemeinsames Ziel:* Damit die Lernenden tatsächlich kooperieren, muss ein gemeinsames Ziel (nicht individuelle Lernprodukte) vorhanden sein. Die Arbeitsaufgabe muss sich dazu eignen, dass alle auf ein Ziel hin arbeiten. Ein gemeinsames Vorhaben muss im Zentrum stehen.

2) *Positive Interdependenz:* Kooperation gelingt nur dann, wenn eine Gruppen von Lernenden eine Aufgabe nur gemeinsam lösen kann. Alle sind für das Gelingen des Lernprozesses verantwortlich. Wenn alle das Gefühl haben, gemeinsam zu profitieren, dann entsteht eine positive gegenseitige Abhängigkeit (positive Interdependenz = Wir-Komponente). Dies hat zur Folge, dass es mehr Gewinner gibt und mehr Lernende das Gefühl haben, sie seien kompetent („Ich habe dazu einen wichtigen Beitrag geleistet, ich gelte etwas"). In wettbewerbsähnlichen Situationen erreichen dagegen nicht alle Mitglieder das Ziel, und einzelne Mitglieder erreichen es nur auf Kosten anderer. Vorherrschend ist negative Interdependenz.

3) *Individuelle Verantwortlichkeit:* Der individuelle Beitrag des Einzelnen am Zustandekommen der Gruppenleistung muss erkennbar sein.

4) *Kooperative Arbeitstechniken:* Die Lernenden müssen gewillt und in der Lage sein, angemessen miteinander zu kommunizieren. Notwendig sind auch Strategien der Zusammenarbeit.

5) *Reflexive Prozesse:* Die Lernenden sollten sich auch über hilfreiche und beeinträchtigende Gruppenprozesse austauschen. Dazu gehört auch das Überprüfen der vereinbarten Verhaltensregeln.

Die Voraussetzungen 1 - 5 sind für das Gelingen kooperativen Lernens grundlegend. Zentral ist die positive Interdependenz. In den folgenden Schritten soll gezeigt werden, wie diese Voraussetzungen in einer Rallye in die Tat umgesetzt werden. Einschlägige Publikationen informieren in der Regel über die Unterrichtsfigur und nennen die wichtigsten Vorkehrungen. Die Tatsache, dass diese etablierte Methode jedoch noch wenig Eingang in die Schulen gefunden hat, zeigt, dass die Umsetzung anspruchsvoll ist. Es sind wie einleitend erwähnt die Feinheiten der Umsetzung, die über Gelingen oder Misslingen entscheiden. Im Zentrum steht dabei auch die Frage, inwieweit das Verfahren adaptiv ist oder nicht. Dazu sind wesentliche Voraussetzungen gegeben.

Die Gruppenphase ist erst abgeschlossen, wenn alle den Stoff verstanden haben. Insofern werden Schülerinnen und Schülern, die noch Probleme haben, zusätzliche Lerngelegenheiten zugestanden. Lernende, die den Stoff beherrschen, können ihn festigen, indem sie ihn anderen erklären. Letztere erhalten zusätzliche Impulse. Auch häufiges Testen trägt dazu bei, dass Lerndefizite erkannt und behoben werden können.

7.3 Planung einer Gruppenrallye

7.3.1 Geeignete Lerninhalte auswählen

Die Gruppenrallye ist für eine breite Stoffpalette einsetzbar. Sie eignet sich zur *Erarbeitung strukturierter Stoffgebiete* aus unterschiedlichen Fächern. Der gesamte Lernstoff sollte ungefähr fünfzehn Lektionen umfassen und in zweckmässige Untereinheiten von drei bis vier Lektionen aufgeteilt werden können.

Im *Mathematikunterricht* können thematisch fokussierte Lernumgebungen als Einheiten angesehen werden. Auf inhaltlicher Ebene eignet sich insbesondere das Sachrechnen. Diese Inhalte verlangen einen sozialen Austausch. Damit ist gleichzeitig Gewähr geboten, dass die schriftliche Beschreibung der Lernaufgaben besser verstanden werden.

Im *Sachunterricht* sind vielfältige Stoffinhalte geeignet. Ein Beispiel ist das Thema „Kartenlesen" in der vierten Klasse.

- In der ersten Etappe (3-4 Lektionen) werden Informationen und Übungen zum Thema *Massstab* vermittelt.
- In der zweiten Etappe geht es um Zusammenhänge zwischen *Luftbildern und Plänen.*
- Erst in der dritten Etappe lernen die Kinder die verschiedenen *Symbole und Zeichen* kennen.

Im *Fremdsprachenunterricht* eignet sich eine Gruppenrallye eher für fortgeschrittene Schülerinnen und Schüler.

7.3.2 Etappen methodisch gliedern

Die jeweiligen Etappen bestehen aus einem Wechselspiel zwischen direktem Unterricht mit der Klasse und kooperativen Phasen selbstständigen Lernens. Direkter Unterricht umfasst wie erwähnt frontale Phasen lenkenden Lehrerverhaltens sowie Einzel-, Partner- und eventuell bereits kleinere Gruppenarbeiten, bei denen die Lehrpersonen die Lernenden betreuen. Die einzelnen Aktivitäten werden von der Lehrperson gesteuert. Die selbstständigen Phasen kooperativen Lernens hingegen sind selbstgesteuert. Für einen gegebenen Lernstoff ist jeweils abzuschätzen, ob er umfangmässig oder aufgrund des Schwierigkeitsgrades mehr oder weniger direkten Unterricht erforderlich macht.

In den Ausführungen zu den Phasenplänen in Kap. 3 und 6 ist darauf hingewiesen worden, Gesetzmässigkeiten zur Kombination zwischen dem Unterricht mit der Klasse und offenen Phasen ausreichend Beachtung zu schenken. Dies gilt auch für die Planung einer Rallye. Nach der hier vertretenen Auffassung kann es primär nicht darum gehen, sich auf organisatorische Makrostrategien zu konzentrieren. Dies wäre beispielsweise der Fall, wenn im Klassenunterricht eine Einleitung in die jeweilige Thematik geleistet würde und die meisten Aufgaben anschliessend in der Gruppenphase kooperativ zu lösen wären. Vielmehr ist darauf Wert zu legen, dass die Mikroebene des Lernens durch passende Interaktionen zwischen Lehrkräften, Schülerinnen und Schülern sowie dem Stoff strukturiert ist. Klassenunterricht und kooperative Phasen bilden nach diesem Verständnis kein stereotypes Abfolgemuster, etwa nach der Vorstellung „die Hälfte des Stoffes in der Klasse, der Rest kooperativ". Organisatorische Massnahmen variieren je nach den Herausforderungen, die der Lernprozess auf der Mikroebene stellt.

Im *Unterricht mit der Klasse* sind folgende Lernschritte wegleitend:

• *Einstieg*: Über die Ziele informieren / Vorwissen aktivieren / Lernvoraussetzungen prüfen

• *Erarbeitung*: Neuen Stoff präsentieren / erarbeiten / entdecken / unter Anleitung üben

Neben dem Vorzeigen Modellieren und dem Ermöglichen von Struktur durch die Lehrperson sollten eher Einzel- oder Partnerarbeit als Sozialform eingesetzt werden. Dabei werden die Lernenden von der Lehrperson gecoacht.

In den *Phasen kooperativen Lernens* orientieren sich die Lernenden am sozialen Vorgehensskript (s. unten).

• In dieser Phase kann die *Erarbeitung* des Stoffes *weitergeführt* werden.

• Hauptsächlich werden jedoch Lernaufgaben gelöst, mit denen *selbstständig und produktiv geübt* und das bestehende Wissen konsolidiert und *angewandt* werden kann.

Die Abfolge der Phasen zwischen direktem Klassenunterricht und kooperativem Lernen ist nicht gänzlich vom jeweiligen Stoff her bedingt, sondern sie hängt auch von den Gegebenheiten in der Klasse ab. Bei jüngeren Schülerinnen und Schülern, die noch über geringere selbstregulative Kompetenzen verfügen, können kooperativen Phasen kürzer sein.

Für das kooperative Lernen werden pro Etappe Phasen von ca. *zwei Lektionen* vorgeschlagen. Nach den oben genannten Annahmen können diese mit dem Klassenunterricht auf unterschiedliche Weise kombiniert werden

1. Kooperation als Folgephase

Variierter Unterricht mit der Klasse (KU) (z. B. 2 oder 3 Lektionen)	Kooperatives Lernen *(KoL)* (z. B. 2 oder 3 Lektionen)

2. Kooperation als Unterbrechungsphasen

KU (z. B. 2 Lektionen)	*KoL* (z. B. 1 Lektion)	KU z. B. 1 Lektion)	*KoL* (z. B. 1 Lektion)

Oder

KU (z. B. 1 ½ Lektion)	KoL (z. B. 1 Lektion)	KU (½ Lekt.)	KoL (z. B. 2 Lektionen)

Abb. 7-2: Beispiele möglicher Kombinationen zwischen Unterricht mit der Klasse und kooperativen Phasen.

Auch in diesen Abfolgekombinationen zwischen Klassenunterricht und selbstständigem Gruppenlernen zeigt sich die Nähe zum Phasenplankonzept. In der ersten Etappe kann der kooperative Teil im Übrigen etwas kürzer sein als in den Folgeetappen, in denen Verbesserungswerte erzielt werden müssen.

7.3.3 Strukturierungsbeispiel I: Rechnen mit Grössen (5. Klasse)
Autor: Marcel Aebischer
Grundlage ist das Lehrmittel: Affolter, W., Amstag, H., Doebeli, M. & Wieland, G. (2009). Schweizer Zahlenbuch 5. Zug: Klett und Balmer Verlag.

Im Folgenden wird eine Rallye skizziert, die drei Etappen umfasst. In jeder Etappe soll eine mathematische Lernumgebung behandelt werden. Die Lernziele der drei Lernumgebungen sind vergleichbar. Diese Voraussetzung begünstigt einen kontinuierlichen Lernprozess über die Etappen hinweg und erleichtert den Leistungsvergleich von Etappe zu Etappe. Damit die Schülerinnen und Schüler mit hoher Wahrscheinlichkeit Verbesserungswerte erzielen können, empfiehlt es sich, mit einer anspruchsvollen Lernumgebung zu beginnen.
In den drei Lernumgebungen steht das Mathematisieren von Sachverhalten im Zentrum. Die Schülerinnen und Schüler sollen Sachtexten und Tabellen relevante

Informationen entnehmen und in eine mathematische Struktur transformieren können. Ein wichtiges Anliegen bei den ausgewählten Stoffbereichen ist die Verknüpfung von Sprache und Mathematik. Infolgedessen ist der soziale Austausch zwischen den Lernenden grundlegend. Für diesen Zweck ist eine Rallye geeignet. Die stofflichen Schwerpunkte des Lehrmittels (vgl. Affolter et al. 2009) sind in der folgenden Tabelle aufgeführt.

Tab. 7-1: Übersicht über den behandelten Stoff.

Etappe I: Grössen bei Flugzeugen 26/27	Etappe II: Grössen bei Bienen 24/25	Etappe III: Grössen im Kontext einer Reittherapie
• Kenntnisstand zum Thema „grosse Grössen" überprüfen • Tabellen relevante Informationen entnehmen und Fragen beantworten • Aufgaben zur Proportionalität lösen • Mit Grössen rechnen • Mit Zeitmassen rechnen (s. Beispiele unten)	• Der Kenntnisstand zum Thema „Grössen" (kleinere Masseinheiten) überprüfen • Einem Sachtext über Bienen relevante Informationen entnehmen • Aufgaben zur Proportionalität lösen, z. B. Verhältnis (Bienen/Drohnen) • Mit Grössen rechnen (z. B. Flugstrecken: Meter, Sek.)	• Einem Sachtext relevante Informationen entnehmen • Aufgaben zur Proportionalität lösen (z. B. Platz für verschiedene Anzahl Pferde) • Rechnen mit Längenmassen (Rundstrecken), Gewichte (Futter) und Preisberechnungen • Entwickeln von Flächen und Raumvorstellungen (Weide, Auslauf der Pferde) • Aufgaben zu Proportionalität lösen (Futterberechnungen)
Annahme: Interesse bei Jungen möglicherweise etwas höher	Annahme: Interesse bei beiden Geschlechtern ähnlich	Annahme: Interesse bei Mädchen möglicherweise etwas höher

Am Beispiel der ersten in Tab. 7-1 erwähnten Etappe „Grössen bei Flugzeugen" wird der Wechsel zwischen Klassenunterricht und selbstständigen kooperativen Phasen in untenstehender Tab. 7-2 skizziert. Die Schülerinnen und Schüler werden durch die Lehrperson im Klassenunterricht zwar angeleitet. Es sollen Modelle entwickelt werden, wie bestimmte Aufgaben gelöst und dargestellt werden können. Dies bedeutet jedoch nicht, dass im Klassenunterricht *Vorzeigen und Nachmachen* die dominierende methodische Form darstellen würde. In Anlehnung an das im Kap. 3 erwähnte Konzept des *direct teaching* werden den Schülerinnen und Schülern Probleme vorgelegt, die sie zu lösen versuchen. Verschiedene Lösungswege werden erarbeitet, besprochen und durch kürzere Übungs- und Anwendungsaufgaben gesichert. Deshalb behalten auch in der Phase des Klassenunterrichtes Partner- und Einzelarbeit ihre Bedeutung. Dieser Prozess wird in der kooperativen Phase vertieft und erweitert, wobei sich die Schülerinnen und Schüler gemäss dem Vorgehensskript (s. unten) gegenseitig unterstützen sollen.

Tab. 7-2: Ablauf der Rallyeetappe: Grössen bei Flugzeugen (1).

Klassenunterricht I (1.5 Lektionen) – Aktivierung Vorwissen – Problemorientierte Auseinandersetzung – Angeleitetes Üben

Erfahrungen äussern/Schlüsselbegriffe einführen und klären:
- Die Schülerinnen und Schüler berichten über eigene Erfahrungen mit Fliegen und Flugzeugen wie: Grosse Flugzeuge auf dem Flughafen, Anzahl Passagiere, Zeit für verschiedene Strecken, etc..
- Bevor mit den Aufgaben begonnen wird, werden Schlüsselbegriffe geklärt wie: Spannweite, Nutzlast, Reichweite. Dazu werden Bilder verwendet.

Lernaufgabe 1:
- Anhand von Quartettkarten mit Bildern und Grössenangaben von Flugzeugen abschätzen, welche Maschinen man auf den Pausenplatz stellen könnte.
- Auf dem Pausenplatz abmessen, welche Flugzeuge Platz hätten, allenfalls mit Kreide einzeichnen. Vergleich Höhe des Flugzeuges mit Höhe des Schulhauses herstellen.

Aus den Angaben auf den Quartettkarten weitere Begriffe klären:
- Begriffe: maximales Startgewicht, Leergewicht, Treibstoffverbrauch, etc. und aufkommende Fragen klären, beispielsweise: Wo befinden sich die Treibstofftanks?

Umwandeln von Grössen:
- Unterschiede in Spannweite, Länge, Höhe, Gewicht, die aus Tabellen entnommen werden, können in unterschiedlichen Grössen (m, cm, mit Komma oder in t und kg) angegeben werden. Es kann eine Tabelle gezeichnet werden, deren Spalten mit einem „Grössenschieber" des Lehrmittels übereinstimmen.

Lernaufgaben 2:
- Anhand der Quartettkarten zu verschiedenen Flugzeugtypen einander Aufgaben stellen, z. B.: Nenne die Höhe des Airbus A340-300 in Metern, usw. Aus einem Text Grössenangaben eines Flugzeuges in eine leere Quartettkarte eintragen unter Berücksichtigung der verlangten Masse.

Lernaufgaben 3:
- Inhaltliche Klärung von Aufgaben, die in der nachfolgenden kooperativen Phase zu lösen sind.

Kooperative Phase I (1 Lektion): Produktives Üben

Lernaufgaben 3:
- Unterschiede zwischen ausgewählten Flugzeugen berechnen, z. B. Spannweite, Länge, Höhe, Start- und Landegewicht aufgrund unterschiedlicher Massangaben (m, cm).
- Schneller Lernende in den Gruppen können mehr Vergleiche anstellen.
- Aus einer Tabelle Angaben entnehmen und Unterschiede zwischen Nutzlasten berechnen.
- Selbst Vergleichstabellen über verschiedene Flugzeugtypen erstellen. Die Vergleichskriterien können selbst gewählt werden (z. B. Reichweite, Reisegeschwindigkeit). Schneller Lernende können mehrere Tabellen erstellen.

Tab. 7-3: Ablauf der Rallyeetappe: Grössen bei Flugzeugen (2).

Klassenunterricht II (0.5 Lektionen) - Problemorientierte Auseinandersetzung

Tabellen zur Proportionalität herstellen:

- Laut Angaben zum Verbrauch Treibstoffmenge für eine Flugstecke berechnen. Verbrauch für eine unterschiedliche Anzahl von Flügen berechnen.
- Strecke berechnen, wenn ein Flugzeug während einer Woche täglich dieselbe Strecke fliegt (hin und zurück beachten).
- Wöchentliche Reisedauer berechnen. Die Schülerinnen und Schüler sollen auch hier zuerst selbst versuchen, die Aufgabe zu lösen. Manche werden beispielsweise die Gesamtzeit für 14 Flüge zu 2 Std. 50 Min wie folgt rechnen: 14 x 2,5 Std. Schliesslich bietet sich die folgende Lösung an:

$$14 \cdot 2h = 28h \qquad \begin{array}{l} 14 \cdot 50\,min \\ \hline 200 \\ 50 \\ \hline 700\,min = 11\,h\ 40\,min \end{array}$$

$$28h + 11\,h\ 40\,min = 39\,h\ 40\,min$$

Diese Lösung wird im Unterricht mit der Klasse geklärt.

Kooperative Phase II (1.5 Lektionen) – Produktives Üben

Lernaufgabe 4:

- Ähnliche Aufgaben zu Flugstrecken und Flugzeiten wie oben im Klassenunterricht.
- Die Schülerinnen und Schüler stellen einander selbst Aufgaben und prüfen sich.

Tab. 7-4: Ablauf der Rallyeetappe: Grössen bei Flugzeugen (3).

Klassenunterricht III (0.5 Lektionen) – Problemorientierte Auseinandersetzung - Evaluieren

Eine anspruchsvolle Transferaufgabe gemeinsam lösen

Es wird berechnet, wie weit der Airbus A380 mit vollem Treibstofftank fliegen kann. Für 100 km benötigt er 1575 Liter Liter Treibstoff. Diejenigen, die möchten, können es selbst versuchen; andere werden durch die Lehrperson gecoacht. Der Rechenvorgang und die Resultate werden einander erklärt und gemeinsam besprochen.

Zunächst wird das Fassungsvermögen der Tanks auf 1000 Liter gerundet. Dann stehen 2 Lösungswege zur Verfügung:

Die Schülerinnen und Schüler können anschliessend feststellen, dass die Reichweite nicht mit der maximal möglichen Flugdistanz übereinstimmt und dafür Gründe suchen.

Aus Sicherheitsgründen muss eine genügende Reserve mitgeführt werden, damit falls notwendig ein Ausweichflughafen angeflogen werden kann.

Test I: Ermittlung des Basiswertes - Evaluieren

Kommentar zum Strukturierungsbeispiel

Insgesamt wurden 2,5 Lektionen der ersten Etappe im Unterricht mit der Klasse durchgeführt. Ebenfalls während 2,5 Lektionen wurde in den Rallyegruppen gelernt. Dieser Anteil darf nicht zu gering ausfallen, weil Lernfortschritte ansonsten nur bedingt auf die Arbeit in den Gruppen zurückgeführt werden könnten. Unterricht mit der Klasse schien angebracht zu sein, wenn:

a) eine Einführung in neuen Stoff notwendig war und wichtige Begriff zu klären waren (s. Einstieg mit Lernschritten bis angeleitetes Üben);

b) neue Problembereiche auftauchten (Proportionalität, Rechnen mit Zeitmassen);

oder

c) viele Schülerinnen und Schüler bei anspruchsvollen Problemstellungen Hilfe benötigten (s. Klassenunterricht III).

Die organisatorische Makroebene der Rallye (Anteile von Gruppen- und Klassenunterricht) stand im vorliegenden Fall mit Erfordernissen im Zusammenhang, die auf der Mikroebene des Lernens (Interaktionen, konkrete Lernaufgaben) erkennbar wurden.

Adaptiv ist die Lernumwelt auf der Makroebene, indem die organisatorischen Massnahmen auf Erfordernisse im Lernprozess abgestimmt werden (s. obige Lernschritte). Lernende mit Schwierigkeiten erhalten Unterstützung durch ihre Mitschülerinnen und Mitschüler. Schneller Lernende haben die Möglichkeit, zusätzliche Expertenaufgaben zu lösen. Feedbacks vermitteln zudem Informationen über den Lernstand. Nach einer Etappe können intermediäre Einzellektionen zur Behebung von Defiziten eingeplant werden.

7.3.4 Strukturierungsbeispiel II: Literaturunterricht am Beispiel des Romans „Farm der Tiere"

Autorin: Jasmin Willisegger Röllin
Rallys eignen sich wie bereits angetönt nicht bloss für mathematische Problemstellungen. Wird das methodische Arrangement in sprachlichen Fächern eingesetzt, dann ist darauf zu achten, dass in den Gruppen nicht Fakten- und einfache Verständnisaufgaben dominieren. Die folgende Skizze ist eine Begleitrallye zu Orwells Roman „Farm der Tiere", der als Klassenlektüre zu lesen war. Das Beispiel zeigt, dass es gelingen kann, in der kooperativen Phase einen Mix von Verständnis- und analytische Aufgaben zu stellen.

Tab. 7-5: Skizze der Rallye „Farm der Tiere" (1).

Thematische Skizze Etappe 1: Begriff der Fabel und Analyse der Voraussetzungen einer Revolution in der Geschichte

Unterricht in der Klasse	Erarbeiten der Stoffeinheit • Vorlesen einer Fabel durch die Lehrperson. • Aufgrund bestehender Vorkenntnisse werden gemeinsam mögliche Merkmale der Geschichte gesammelt. • Präsentation und Visualisierung der Gattungsmerkmale durch die Lehrperson. • Bezug der Merkmale auf die vorgelesene Fabel in Partnerarbeit; im gemeinsamen Austausch Meinungen begründen. • Differenzierung des Fabelbegriffs: Politische und Satirische Fabel werden eingeführt und visualisiert, weil sie das Werk von Orwell charakterisieren.
Kooperative Arbeit	*Vertiefung:* Fragen zu den im Klassenunterricht erarbeiteten Begriffen sollen auf einem Arbeitsblatt beantwortet werden. *Zielsetzung/Neues Stoffelement:* Ausbruch der Revolution in der Fabel analysieren. • Analysieren, weshalb die Tiere von Old Majors[1] Lied „Tiere Englands" begeistert sind. Zu jeder Strophe treffende Schlagworte finden. • Ausbruch der Revolution begründen (Konjunktiv II verwenden: wenn ich ... wäre, würde ich ...) • Akteure (Tierfiguren) im Text mittels Stichworten treffend charakterisieren (Old Major, Napoleon[1], etc.) • Beschreiben, wer die sieben Gebote an die Scheunenwand geschrieben hat und begründen, weshalb diese Gebote aufgestellt worden sind. Das Vorgehen orientiert sich am think-pair-share-Prinzip (s. unten): Zuerst selbst versuchen (think) – Mit Partnerin oder Partner besprechen (pair) – in der Gruppe austauschen (share), kontrollieren und einander gegenseitig abfragen.

Test	• Fünf Merkmale von Fabeln nennen.
	• Begründen, weshalb „Farm der Tiere eine Fabel" ist.
	• Anhand eines Textausschnittes analysieren
	  - Wie das Leben der Tiere vor der Revolution von Old Major beschrieben wird;
	  - Was sich die Tiere von der Revolution erhoffen;
	  - Wie Napoleon die Führerrolle übernommen hat, und seine Rolle beurteilen.

Klassenunterricht	Die unterschiedlichen Lösungen werden in der Klasse diskutiert.

---

[1] *Old Major* der alte, weisse Eber symbolisiert Karl Marx und Lenin. Er führt den Tieren ihre Situation vor Augen und betont die Unausweichlichkeit der kommenden Revolution.
Napoleon ist der wuchtige wildaussehende Eber und symbolisiert Stalin. Zuerst zieht er im Hintergrund die Fäden. Danach reisst er alle Macht an sich und errichtet eine Gewaltherrschaft.

Tab. 7-6: Skizze der Rallye „Farm der Tiere" (2).

Thematische Skizze Etappe 2: Dramaturgie in der Fabel „Farm der Tiere"	
Unterricht in der Klasse	Grundlagen zur Dramaturgie einer Geschichte (Spannungskurven) und Begriffsbestimmung von Handlungshöhepunkten erarbeiten.
Kooperatives Lernen	Kapitelüberschriften entwerfen und Höhepunkte des Spannungsverlaufs grafisch darstellen. Vorgehen wie oben.
Test	• In eigenen Worten eine Spannungskurve erklären • Spannungskurve zeichnen und mindestens drei Höhepunkte begründen. • Mit mindestens sechs Argumenten den absoluten Spannungshöhepunkt begründen.

Thematische Skizze Etappe 3: Vergleich mit historischen Revolutionen	
Unterricht mit der Klasse	Vorkenntnisse zur Französischen Revolution aktualisieren. Typischen Verlauf einer Revolution darstellen. Verweis auf aktuelle Geschehnisse herstellen.
Kooperatives Lernen	Politischen Hintergrund zur „Farm der Tiere" herstellen. Parallelen zur Russischen Revolution herausarbeiten anhand von historischen Informationen zum Verlauf und zu zentralen historischen Persönlichkeiten. Vorgehen wie oben.
Test	• Ein Zitat von Orwell in Bezug zur Fabel interpretieren • Parallelen zur Russischen Revolution darstellen • Stellung nehmen, ob man mit Gewalt etwas erreichen kann

Im Klassenunterricht werden die wesentlichen Inhalte nochmals besprochen. Als Abschluss wird der Fernsehfilm *Animal Farm* betrachtet und mit dem Roman verglichen.

In der folgenden Abb. 7-3 werden die Lernaufgaben der kooperativen Phase von Etappe 1 aufgeführt. Sie waren nach der AVEK-P Anleitung, die unten beschrieben wird, zu bearbeiten.

Thema	Weshalb ist George Orwells *Farm der Tiere* eine Fabel?
Lernziele	1. Die Schüler/innen kennen wichtige Merkmale von Fabeln. 2. Die Schüler/innen können aus diversen Textstellen die Situation der Tiere auf der Herrenfarm ableiten. 3. Die Schüler/innen können die Situation und die Revolution der Tiere in einen logischen Zusammenhang bringen. 4. Die Schüler/innen beurteilen, ob der Ausbruch der Revolution für sie nachvollziehbar ist und begründen ihre Meinung. 5. Die Schüler/innen analysieren einige Charaktere von Orwells Fabel und bewerten ihre Wirkung auf sie.
Aufgabe	• A) Bearbeitet das beiliegende Arbeitsblatt 1 zur Frage „Was ist eine Fabel?" • B) Die Tiere sind begeistert von Old Majors Lied „Tiere Englands". Hierbei geht es um die Forderungen der Tiere. Notiert euch zu jeder Strophe einen Begriff, der den Inhalt treffend zusammenfasst. (z.B. Strophe 1: Hoffnung auf eine goldene Zukunft) • C) Könnt ihr den Ausbruch der Revolution verstehen? Begründet eure Meinung. Schreibt 4-5 Sätze, in denen ihr den Konjunktiv II verwendet. (z.B. Ich verstehe …, denn wenn ich … wäre, würde ich …) • D) Beschreibt die Figuren Old Major, Napoleon, Schneeball, Schwatzwutz und Boxer mit je 3-4 Stichworten schriftlich. • E) Nach der Revolution werden 7 Gebote an die Wand der Scheune geschrieben. ❖ Wer hat dies gemacht? ❖ Wieso werden Gebote aufgestellt? Begründet eure Meinung mit 2-3 Sätzen.
Zeit	80-90 min
Hilfsmittel	• Lektüre *Farm der Tiere* • Arbeitsblatt 1 „*Was ist eine Fabel?"* • Leere Blätter oder euer Heft für eure Lösungen

Abb. 7-3: Lernaufgaben der kooperativen Phase zur ersten Etappe der Rallye „Farm der Tiere".

Für den Unterricht in der Klasse wurde jeweils eine Lektion eingesetzt. Die Gruppenphase umfasste zwei Lektionen. Obwohl mit der ganzen Klasse derselbe Text gelesen worden war, wurde die inhaltliche Attraktivität von den Schülerinnen und Schülern insgesamt positiv eingeschätzt.

Kommentar

Die Rallye ist durch ein Zusammenspiel zwischen Klassenlektüre, Verarbeitung im Klassenunterricht und in kooperativen Phasen gekennzeichnet. Die Lernaufgaben der Gruppenphase werden im Klassenunterricht angebahnt. Die Logik des Artikulation legt nahe, das Vorwissen der Lektüre zu aktivieren und neue Kenntnisse und Verfahrensweisen zu erarbeiten, die dann in der Gruppenphase vertieft und konsolidiert werden. Die Lernaufgaben sind so gestaltet, dass ein Austausch in den Gruppen stattfinden kann. Einfache Fakten- oder Verständnisfragen würden einen nur geringen Austausch verlangen, weil es sich im Wesentlichen um richtig/falsch-Antworten handeln würde. Die Tests werden auf die Gruppenlernziele bezogen und liefern Auskünfte, wie gut die Gruppen sich über das Thema ausgetauscht haben.

7.4 Unterrichtsmaterialien für die Rallyegruppen erstellen

Die Steuerung der Lerngruppen betrifft einerseits Prozesse der Zusammenarbeit und andererseits die Bereitstellung von geeigneten Lernaufgaben.

7.4.1 Prozessbezogene Steuerung (Skript)

Für die Zusammenarbeit innerhalb der Gruppen wird ein *soziales Kooperationsskript* formuliert. Es handelt sich dabei um ein Kernelement einer Rallye, das die Mikroebene des Lernens strukturiert.

Als generelle Anweisung (soziales Skript) für die Zusammenarbeit in den Rallyegruppen hat sich z.B. das AVEK-P-Prinzip eingespielt.

A: Aufgaben zuerst *alleine* versuchen.

V: Lösungen mit einem Partner / einer Partnerin *vergleichen* und *Verständnisschwierigkeiten* besprechen.

E: Bei Schwierigkeiten sind die Gruppenmitglieder verantwortlich, sich die Lösung gegenseitig zu *erklären*, Abschreiben ist absolut zu vermeiden.

K: Die Lösungen können nun mit dem Lösungsblatt *kontrolliert* werden.

P: Dann erfolgt eine gegenseitige *Prüfung:* Was weiss ich darüber? Die Schülerinnen und Schüler kreieren selbst Fragen/Aufgaben, mit denen sie sich prüfen können.

Ziel: Alle sollen fähig sein, am Schluss einen Test zu bestehen.

Das AVEK-P-Vorgehen integriert Annahmen des *Think-pair-share*-Prinzips. Think - Pair - Share meint ein Wechselspiel von individuellem und kooperativem Lernen (vgl. Heckt, 2008):

Think: Jeder denkt - angeregt durch die gestellte Frage oder die übermittelten Aufgabe - für einen kurzen Zeitraum (eine bis höchstens fünf Minuten) allein nach, notiert sich vielleicht Stichworte. Anschließend findet er oder sie einen Partner.

Pair: Die Schüler stellen einander jeweils kurz (wiederum wenige Minuten) ihre Antworten, Ansichten und Ergebnisse vor, dann tauschen sich beide darüber aus, was sie gemeinsam(!) für die angemessene Antwort halten.

Share: Es finden sich jeweils zwei Paare zu Viergruppen zusammen und tauschen - wie vorher die Duos - ihre Erkenntnisse aus, kontrollieren ihre Ergebnisse und beheben die Schwierigkeiten gemäss dem Vorgehensskript.

Huber et al. (2008) erwähnen darüber hinaus das SEPP-Prinzip.

S: Schwierigkeiten mit dem neuen Stoff aufdecken. Fragen stellen: Was habe ich nicht verstanden?

E: Erklärungen geben, nicht die fertige Lösung vorsetzen;

P: Praktizieren mit Übungsaufgaben

P: Prüfen, ob alle wirklich alles verstanden haben.

Das Skript sollte die Interaktion nicht vollständig strukturieren. Die Gruppen haben Spielräume beim Vorgehen. Für Lernende mit niedriger Motivation und geringen Kompetenzen kann dies problematisch sein, wenn sie von den anderen Gruppenmitgliedern zu wenig in den Prozess einbezogen werden. In solchen Fällen sollte die Lehrperson eingreifen und versuchen, negative Entwicklungen zu beeinflussen.

Für das *Fach Mathematik* ergeben sich einige Besonderheiten, weil die Lernenden eine Reihe vorgegebener Aufgaben lösen. Fehler sollten deshalb frühzeitig erkannt werden. In der folgenden Abb. 7-4 wurde diesem Umstand Rechnung getragen. Das Vorgehen ist als Zyklus dargestellt. Die Schülerinnen und Schüler vergewissern sich während des Lernens, wo sie sich befinden. Ein kooperatives Skript sollte dem Alter der Lernenden angepasst werden. Das Vorgehen in Abb. 7-4 könnte jüngere Schülerinnen und Schüler überfordern.

Die Lehrperson erklärt das Vorgehen am besten von innen (vier Prozesselemente) nach aussen (Sprechblasen als Auslöser der Prozessphasen). Das gemeinsame Reflektieren dieser Vorgehensstrategie ist eine zentrale Komponente der Rallye. Wichtig sind die folgenden Zusatzregeln, die bereits oben im SEPP-Prinzip formuliert worden sind.

1. Bei Schwierigkeiten sagen, wo ich Probleme habe und Fragen stellen.
2. Erklärungen geben, nicht fertige Lösungen anbieten.

Auch Aspekte des AVEK-P Prinzips (Vergleichen, Erklären, Kontrollieren, Prüfen) sind in Abb. 7-4 enthalten. Die Skizze legt zudem nahe, *nicht lineare Abfolgen* von Einzel-, Partnerarbeit und Gruppenaustausch anzunehmen. Die verschiedenen Phasen können je nach den Bedürfnissen der Lernenden zyklisch mehrmals durchlaufen werden.

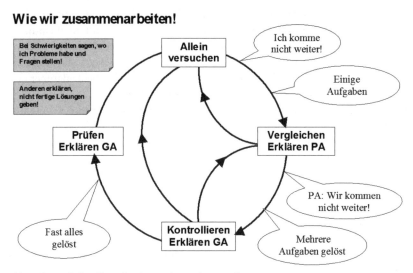

Abb. 7-4: Grafisches Skript für den Mathematikunterricht.

Tipp 1 zur Förderung der Befolgung eines Skriptes: In der Grundschule können Spielmarken auf die Innenelemente gesetzt werden. Sowohl die beiden Kooperationspartner wie auch die Gesamtgruppe können sich dann vergegenwärtigen, in welcher Phase sie sich befinden. Infolgedessen sollten zwei Skizzen (für jede Partnergruppe eine) vorhanden sein. Auch die Lehrperson kann feststellen, welchen Prozess die Gruppe gerade durchläuft. Nachdem man sich an das Vorgehen gewöhnt hat, können die Spielmarken weggelassen werden.

Tipp 2 zur Förderung der Befolgung eines Skriptes: Die Lehrperson kann die Gruppen coachen, indem sich Mitverantwortung übernimmt. Sie wird als als Mitglied der Gruppe angesehen und achtet darauf, dass der Prozess korrekt eingeübt wird.

Die Verantwortlichkeit bei der Prozesssteuerung kann auch durch die Schülerinnen und Schüler verstärkt werden, wenn ihre Zusammenarbeit durch eine Rollenzuteilung selbst überwacht wird. Dies gelingt eher, wenn man mit dem Skript bereits Erfahrungen gesammelt hat. Jedes Mitglied zieht eine Karte mit einer Rolle. Die Rollen, die bei der Arbeit in Gruppen generell eingesetzt werden können, sind die folgenden.

• *Zusammenfasser* fassen am Schluss die wichtigsten Schlussfolgerungen und Ergebnisse nochmals zusammen und demonstrieren, was man gelernt hat.

• *Mitmachmanager* sorgen dafür, dass sich alle Mitglieder beteiligen.

- *Verständnisprüfer* achten darauf, dass jedes Gruppenmitglied erklären kann, wie man eine Aufgabe löst oder zu einer bestimmten Antwort oder Schlussfolgerung kommt.
- *Lobende* geben den Mitgliedern ein gutes Gefühl, indem sie hilfreiche Beiträge oder gute Hilfen hervorheben.

Wenn eine Gruppe mehr als vier Schülerinnen oder Schüler umfasst, so wird folgende Rolle zusätzlich eingesetzt:

- *Zeitwächter* behalten die Zeit im Überblick und erinnern die Mitschülerinnen und Mitschüler daran.

Kooperationsskripts sind nicht auf eine Rallye beschränkt. Sie können auch im üblichen Unterricht eingesetzt werden, wenn die Arbeit in Gruppen optimiert werden soll.

7.4.2 Stoffbezogene Steuerung: Lernaufgaben, Materialien

Das Skript enthält die Anleitung für die Zusammenarbeit bei der Lösung der Aufträge. Die auf den Lernstoff bezogenen Ziele werden mit den Lernaufgaben bearbeitet. Für jede kooperative Phase der verschiedenen Etappen müssen somit auch Unterrichtsmaterialien bereitgestellt werden (Arbeitsblätter, Medien, Lösungsblätter), die es den Schülerinnen und Schülern erlauben, die entsprechenden Lernstoffe selbstständig zu erschliessen. Im Mathematikunterricht verursacht dies einen geringen Vorbereitungsaufwand, weil die Aufgaben den vorhandenen Lehrmitteln entnommen werden können.

Die stoffbezogenen Aufträge sollten neben dem obigen Skript wenn möglich keine zusätzlichen Angaben zum Vorgehen beinhalten. Im Fach Mathematik stellt dies in der Regel kein Problem dar, weil die Aufgaben dem Lehrmittel entnommen werden können. Auch in anderen Fächern sollte, wie dies für das Fach Mathematik typisch ist, lediglich das Problem definiert werden. Zusätzliche Hinweise zum Vorgehen sollten vermieden werden.

> Beispiel: Was bedeutet es, wenn ein Massstab von 1 : 5 gezeichnet ist? Erkläre dies in wenigen Sätzen.

Diese Aufgabe ist „skriptverträglich". Man kann Schwierigkeiten feststellen und sich mit anderen Mitgliedern der Gruppen nach dem Skript mit der Aufgabe auseinandersetzen.

Eine nicht skriptverträgliche Aufgabe könnte wie folgt lauten:

1. Jede Schülerin und jeder Schüler in der Gruppe liest den Text.
2. Textsstellen, die nicht verstanden worden sind, werden gegenseitig erklärt.

3. Schlagt dann die folgenden Begriffe im Lexikon nach: Demokratie, Religions-freiheit und Pressefreiheit. Schlagt auch Begriffe nach, die euch nicht bekannt sind.

usw.

Diese Anleitung enthält zusätzliche Angaben zum Vorgehen. Das Vorgehensskript der Rallye wird damit ausser Kraft gesetzt.

7.4.3 Tests konstruieren

Für jede Stoffeinheit, bestehend aus lehrergesteuertem und kooperativem Lernen, ist ein Test zu konstruieren. Dabei sollten die folgenden Punkte beachtet werden:

- Die Testaufgaben sind auf das Lernziel der jeweiligen Etappe bezogen und repräsentativ für den erarbeiteten Stoff. Es werden keine „weiterführenden" Transferaufgaben gestellt. Es geht um die Erarbeitung eines Stoffgebietes.
- Damit genügend Variation für Verbesserungswerte besteht, sollte die Gesamt-punktzahl mindestens 25 betragen.
- Für jede Etappe ist ein Test mit identischer Punktzahl zu konstruieren. Der Test der ersten Etappe sollte eher schwieriger sein als die anderen Tests. Da-mit erhöht sich die Wahrscheinlichkeit, dass Verbesserungswerte erzielt werden können.
- Eine passende Streuung von Denk- und Verstehensaufgaben sollte erreicht werden. Faktenfragen sollten sich auf notwendiges Basiswissen beschränken. Einfache Fragen sind insbesondere für schwächere Schülerinnen und Schüler wichtig, wenn sie noch Schwierigkeiten haben, anspruchsvolle Fragen ange-messen zu beantworten.

Tipp: Die Wahrscheinlichkeit für das Erreichen von Verbesserungswerten kann er-höht werden, wenn der Test 1 (Basiswert) eine etwas geringere Punktzahl aufweist. Diese Reduktion ist dann empfehlenswert, wenn es sich herausstellen sollte, dass der Test zu leicht gewesen ist. Die Reduktion sollte aber nicht zu gross sein (ca. 3 – 5 Punkte), weil die Fortschritte im zweiten und dritten Test ansonsten nicht ausschliesslich den eigenen Fähigkeiten zugeschrieben würden.

7.5 Hinweise zur Durchführung

7.5.1 Informationsphase: Einführung in den Unterrichtsablauf und Gruppenbildung

Den Schülerinnen und Schülern muss die dargestellte *Unterrichtsorganisation* eingehend erläutert werden. Dies geschieht mit Vorteil anhand der Designskizze. Insbesondere ist auf die Argumente hinzuweisen, die für diese Vorgehensform sprechen.

Wichtig ist, den *kooperativen Charakter* der Lernorganisation zu betonen. Hinweise sind notwendig, damit die Gruppenmitglieder ihr Bestes für die gesamte Gruppe geben. Dabei kann hervorgehoben werden, dass alle in der Gruppe aufeinander angewiesen sind. Lernende, die den Stoff gut bewältigen, tragen als „Lehrerinnen und Lehrer" zum Gruppenerfolg bei. Sie haben davon auch selbst Vorteile: Einer anderen Person etwas zu erklären, ist eine der effektivsten Lernaktivitäten (Webb, 1992). Wenn sie sich weigern, anderen zu helfen, wird das Gruppenergebnis schlechter sein. Lernende, die mit dem Stoff Schwierigkeiten haben, können durch ihre Lernfortschritte mit ihren Verbesserungswerten zum Gruppenerfolg beitragen. Wenn sie sich nicht anstrengen, wird das Gruppenergebnis schlechter sein.

7.5.2 Einteilung der Gruppen

Eine Gruppenrallye kann nur funktionieren, wenn alle Gruppen ein ähnliches Leistungsvermögen aufweisen. Deshalb müssen sie *leistungsheterogen* zusammengesetzt sein. Die Gruppenbildung muss somit von der Lehrperson vorgenommen werden. In der Regel werden Vierergruppen gebildet. Wenn die Division der Schülerzahl durch vier einen Rest ergibt, müssen einzelne 3er- oder 5er-Gruppen zusammengestellt werden. Eine 3er-Gruppe entsteht, wenn nach der Bildung von 4er-Gruppen drei Schülerinnen und Schüler übrig bleiben. Wenn ein oder zwei Schüler übrig bleiben, werden eine, resp. zwei 4er-Gruppen zu 5er-Gruppen vergrössert. Jede Gruppe kann sich selbst einen Gruppennamen geben.

Beispiel zum Einteilungsverfahren:
Variante I: Als praktikabel hat sich erwiesen, die Schülerinnen und Schüler in die folgenden drei Leistungsniveaus einzuteilen (vgl. Huber, 1997, 130): Hohes Niveau (ca. 25 %), mittleres Niveau (ca. 50 %) , niedriges Niveau (ca. 25 %). Kriterien sind bisherige Noten oder die letzte Zeugnisnote. Die Vierergruppen setzen sich dann wie folgt zusammen: 1 Schülerin/1 Schüler mit hohem Niveau, 2 Schülerinnen/2 Schüler mit mittlerem Niveau, 1 Schülerin/1 Schüler mit nied-

rigem Niveau. Zusätzlich können Merkmale wie Beliebtheit, kulturelle Herkunft und Geschlecht berücksichtigt werden.

Variante II: Eine praktikable Feineinteilung für heterogene Gruppen schlagen Green und Green (2005, 49ff.) vor. In der untenstehenden Abb. 7-5 wird das Verfahren für eine Schulklasse von 20 Schülerinnen und Schülern veranschaulicht. Grundlage ist die letzte Prüfung oder ein Wissenstest (Das Kriterium ist verlässlicher, wenn die Punkte der zwei letzten Prüfungen berücksichtigt werden). Dieses Kriterium kann auch als Variante zur Bestimmung des Basiswertes (s. unten) verwendet werden. Die Zahlen 1 - 5 repräsentieren die leistungsstärksten Schülerinnen und Schüler. Die zweite Zeile umfasst diejenigen Schülerinnen und Schüler, welche die sechs- bis zehntbeste Leistung erbracht haben. In der dritten Zeile siedeln sich diejenigen an, deren Leistung dem 11. bis 15. Platz entsprechen, usw.. Die Schülerinnen und Schüler einer Spalte bilden dann eine Gruppe.

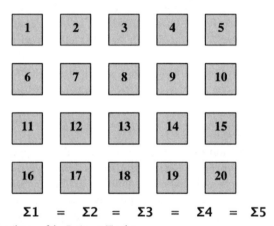

$$\Sigma 1 \ = \ \Sigma 2 \ = \ \Sigma 3 \ = \ \Sigma 4 \ = \ \Sigma 5$$

Abb. 7-5: Feineinteilung auf der Basis von Testdaten.

Die summierte Punktzahl der Tests pro Spalte (Σ) sollte ähnlich sein. Möchte man geschlechtshomogene Gruppen erreichen oder die Schülerinnen und Schüler aus anderen, beispielsweise gruppendynamischen Gründen der einen oder anderen Gruppe zuteilen, dann können sie innerhalb der Zeile verschoben werden.

In den naturwissenschaftlichen Fächern sollten Mädchen innerhalb der Rallye-Gruppen nicht in der Minderheit sein. Sie könnten von den Jungen zu stark dominiert werden. Möglich sind auch homogene Mädchengruppen, die bei diesem Arrangement, wo sich vor allem die Zusammenarbeit lohnt, mit den Jungen durchaus gleichziehen oder sie in den Verbesserungswerten sogar übertreffen können.

7.5.3 Stoffeinheiten erarbeiten

Die Erarbeitung des Lernstoffs erfolgt pro Etappe im Klassenunterricht, durch selbstständiges Lernen und einen formativen Test, auf den ein Feedback folgt.

Eingreifverhalten der Lehrperson gegenüber den Gruppen
Die Gruppen lösen die vorgegebenen Aufgaben gemäss Skript. Wenn notwendig kann die Lehrperson den Gruppen helfen. Sie achtet ferner darauf, dass sich die Gruppen am sozialen Skript orientieren.
Was ist bei der Beeinflussung von Gruppenprozessen zu beachten?
• Die Intervention sollte zeitlich nicht zu lang sein.
• Sie sollte zur Situation passen, d.h.:
  – Sich über die Situation in der Gruppe klar werden
  – Zu notwendigen Änderungen auffordern
  – Schülerreaktion abwarten
  – Resultat kommentieren/bewerten

Was ist beim Erteilen von Lernhilfen zu beachten?
• Es können auch Lernhilfen gegeben werden, wenn eine Gruppe dies verlangt. Die Gruppe sollte die Hilfe nicht als Einmischung verstehen.
  – Es können direkte Hilfen gegeben werden
  – Durch Fragen oder Rückmeldungen können Probleme bewusst gemacht werden
  – Bei Ungenauigkeiten kann auf sachliche Korrektheit hingewiesen werden

Vorhandene *Lösungsblätter* verwaltet die Lehrperson in der Regel selbst. Damit kann vorschnellem Abschreiben entgegengewirkt werden. Wenn Aufgaben gelöst worden sind, können sie bei der Lehrperson korrigiert werden.

Testdurchführung
Der Test wird individuell durchgeführt. Die Schülerinnen und Schüler dürfen sich hier nicht helfen. Die Lehrperson trägt die Punktwerte dieses ersten Tests in die erste Testkolonne der Kontrolltabelle (s. Abb. 7-6) ein. Für jede Gruppe wird eine separate Kontrolltabelle geführt. Das Verfahren wird unten schrittweise dokumentiert.
Der Punktwert dieses ersten Tests wird als *Basiswert* bezeichnet. Die Schülerinnen und Schüler sollen ihre eigenen Basiswerte kennen, aber nicht diejenigen der anderen Schülerinnen und Schüler. Die Basiswerte sollten also nicht öffentlich gemacht werden. Auf dieser Grundlage werden für den zweiten und dritten Durchgang Verbesserungswerte berechnet.

Eine andere Variante besteht darin, keinen Basiswert zu berechnen und die erste Etappe bereits als Vergleichstest für Verbesserungswerte zu nutzen. Dies ist dann möglich, wenn den Schülerinnen und Schülern vor Beginn der Rallye ein Wert zugewiesen wird, der ihren bisherigen Mathematikleistungen entspricht. Dies kann der Wert sein, der auch zur Gruppeneinteilung nach Green und Green (2005, s. oben) verwendet wird. Wenn in den Etappentests beispielsweise max. 30 Punkte erzielt werden können, könnte stärkeren Schülerinnen und Schülern etwa ein Punktwert von 24 zugewiesen werden. Diese Grösse müssen sie überbieten, wenn sie Verbesserungspunkte erzielen möchten. Andere erhalten je nach ihrer Leistungsfähigkeit 22, 20, 18, 16, 14 Punkte. Schwächere Schülerinnen und Schüler können der Gruppe vergleichsweise viele Verbesserungspunkte liefern, wenn es der Gruppe gelingt, den Stoff mit ihnen gemeinsam zu vertiefen. Ein Nebeneffekt besteht zudem darin, dass sich die Schülerinnen und Schüler nicht mehr strategisch verhalten können, wenn das Verfahren der Rallye bekannt ist (s. auch unten: Bemerkungen zu Bonuspunkten). Dies wäre der Fall, wenn sie beim ersten Test wissentlich wenig Punkte machen, damit sie in den Folgetests möglichst viele Verbesserungspunkte erzielen können.

Gruppe:

Name der Schüler(innen)	Test 1 = Basiswert 1: (BW1)	Test 2 (T2)	Verbesserungspunkte V1: (T2 – BW1)	Test 3 (T3)	Verbesserungspunkte V2: (T3 – BW1)	Neu bestimmter Basiswert: (BW2)	Test 4 (T4)	Verbesserungspunkte V3: (T4 – BW2)	Test 5 (T5)	Verbesserungspunkte V4: (T5 – BW2)
Gruppentotal der Verbesserungs-werte im Einzeltest										
*Transformierter Wert**			V1		V2			V3		V4
Rang/Einzeletappe										
Kumulierte Verbesserungswerte: Gesamtklassement					V1+V2			V1+V2+V3		V1+V2+V3+V4
Rangplatz Rallye										

nach der 2. Etappe

nach der 3. Etappe

nach der 4. Etappe

nach der 5. Etappe

Abb. 7-6: Kontrolltabelle für die Gruppenergebnisse.

Leistungsfeedback beim Basiswerttest

Für manche Schülerinnen und Schüler sind verbale oder schriftliche Rückmeldungen der Lehrperson zum individuell erreichten Basiswert eine motivierende Massnahme. Es ist wahrscheinlich, dass sie sich in den Folgeetappen mehr anstrengen, als wenn sie kein Feedback erhalten würden. Die hohe Wirksamkeit von förderlichem Leistungsfeedback ist wissenschaftlich breit akzeptiert (vgl. Maier, 2010). Gemäss den Angaben in Kap. 3 kann man sich in einer Rallye auf drei Empfehlungen konzentrieren:

1. Sparsam loben
2. Nur wenige Hinweise geben (bei einer Rallye dabei auf Gruppenphase hinweisen)
3. keine Kritik (!)

Beispiel für einen Schüler, der noch etliche Schwierigkeiten hat:
„Die Addition der Brüche hast du gut verstanden.
Beim Gleichnennerigmachen bist du manchmal noch etwas unsicher. Da können dir die andern der Gruppe helfen. Dann kannst du sicher Verbesserungswerte gewinnen."

Beispiel für einen Schüler, der den Stoff gut beherrscht:
„Du kannst den Stoff schon gut. Die meisten Aufgaben hast du richtig gelöst.
Wenn du den anderen in der Gruppe hilfst, werdet ihr ein gutes Ergebnis erreichen."

7.5.4 Verbesserungswerte berechnen

Bevor mit der zweiten Stoffetappe begonnen wird, kann den Schülerinnen und Schülern allenfalls noch Gelegenheit gegeben werden, Defizite aus Etappe 1 zu beheben. Diese Massnahme sollte dann erfolgen, wenn die Testleistungen der vorgängigen Etappe unter den Erwartungen geblieben sind.

Die zweite Stoffeinheit wird erneut in den drei oben beschriebenen Etappenelementen durchlaufen. Klassenunterricht und anschliessender Gruppenunterricht werden mit einem individuellen Test abgeschlossen. Dieser Test darf auf keinen Fall schwieriger sein als der Test, der zuvor den Basiswert geliefert hat. Damit Verbesserungswerte tatsächlich eintreten, kann der Basiswerttest eventuell eine etwas geringere Gesamtpunktzahl umfassen (s. Tipp bei Testkonstruktion).

Neu ist, dass die Testwerte dieser zweiten Etappe mit denjenigen der ersten Stoffetappe verglichen werden. Alle Schülerinnen und Schüler einer Gruppe, die im zweiten Test besser abgeschnitten haben als im ersten, können sich Verbesserungswerte gutschreiben lassen. (Wäre der Test schwieriger als derjenige, der den Basiswert geliefert hat, könnten nur sehr wenige Verbesserungswerte erzielt werden.)

Für die Bestimmung der Verbesserungswerte werden folgende Regeln eingeführt:

1. Ein Gruppenmitglied kann maximal 10 Verbesserungspunkte erzielen.
2. Der Minimalwert beträgt 0. Wenn ein Gruppenmitglied in einem nachfolgenden Test unter seinem Basiswert bleibt, werden keine Minuspunkte vergeben.
3. Mitglieder, die einen fehlerfreien Test geschrieben haben, erhalten 10 Verbesserungspunkte.
4. Option: Als Pt. 4 kann noch die Variante „fast fehlerfrei" berücksichtigt werden.

Mitglieder die nur 1 Punkt unter dem Punktemaximum des Tests geblieben sind, erhalten 6 Verbesserungspunkte, diejenigen, die die Maximalpunktzahl um 2 Punkte verfehlt haben, 4 Verbesserungspunkte. Gute Schülerinnen und Schüler haben damit die Möglichkeit, bei minimaler Fehlerzahl noch einen Beitrag zum Gruppenergebnis zu leisten, wenn sie nach der ersten Etappe einen hohen Basiswert erzielt haben.

Im folgenden Auszug aus einer Kontrolltabelle, die von der Lehrkraft geführt wird, sind all diese Spezialfälle und ein Normalfall aufgeführt.

Tab. 7-7: Beispiel für einen Auszug aus der Kontrolltabelle; Verfahren bei der Berechnung der Verbesserungswerte.

Name der Gruppenmitglieder	Test 1 = Basiswert 1: (BW1)	Test 2: (T2)	Verbesserungspunkte V1: (T2 – BW1)
Hans	16	23	7
Maria[1]	18	30	10
Daniel[2]	18	17	0
Petra[3]	23	30	10

[1] Maria hat mehr als 10 Verbesserungspunkte erreicht. Das Maximum ist aber auf 10 festgelegt.

[2] Daniel erreichte nicht einmal seinen Basiswert. Ihm werden keine Minuspunkte zugeschrieben, sondern nur 0 Punkte.

[3] Petra hat einen fehlerfreien Test abgeliefert. Sie erhält deshalb den Maximalwert.

Die individuellen Verbesserungswerte werden nur den einzelnen Schülerinnen und Schülern mitgeteilt. Vor der Klasse oder in der Gruppe werden sie nicht öffentlich gemacht. Es ist den Gruppenmitgliedern freigestellt, sie einander anzuvertrauen. Bekannt gegeben wird nur das Gruppentotal, so wie es im unteren Folgeschritt beschrieben wird.

Der „Trick" mit den Verbesserungswerten ist von pädagogischer Bedeutung. Mit dieser Praxis ändert sich die generelle Norm der Schülerbeurteilung. Würden, wie dies üblicherweise der Fall ist, nur die erreichten Testwerte für jedes Gruppenmitglied addiert, dann stünde der soziale Vergleich im Zentrum. Das beste Gruppenmitglied trägt am meisten zum Ergebnis bei, das schwächere entsprechend weniger. Werden hingegen Verbesserungswerte berechnet, dann werden Lernfortschritte prämiert. Berücksichtigt wird somit eine personeninterne Bezugsnorm. Das einzelne Gruppenmitglied vergleicht sich mit seiner Leistung „vom letzten Mal". Wenn sie sich anstrengen, können schwächere Schülerinnen und Schüler unter Umständen mehr zum Gruppenerfolg beitragen als ihre leistungsfähigeren Mitschülerinnen und Mitschüler. Umgekehrt können diese viel zum Gruppenergebnis beisteuern, indem sie den schwächeren Gruppenmitgliedern behilflich sind, allfällige Schwierigkeiten zu beheben.

7.5.5 Gruppenwerte ermitteln

Die Verbesserungswerte eines jeden Gruppenmitgliedes werden in den Gruppenbogen eingetragen. Dazu werden die individuellen Verbesserungswerte aller Gruppenmitglieder einfach addiert.

Tab. 7-8: Beispiel für einen Auszug aus der Kontrolltabelle nach der zweiten Etappe.

Name der Gruppen- mitglieder	Test 1 = Basiswert 1: (BW1)	Test 2 (T2)	Verbes- serungs- punkte V1: (T2 – BW1)
Hans	16	23	7
Maria[1]	18	30	10
Daniel[2]	18	17	0
Petra[3]	23	30	10
Gruppentotal der Verbesserungswerte im Einzeltest			V1 27
Transformierter Wert*			--
Rang in der Einzeletappe			1
Kumulierte Verbesserungswerte (Gesamtklassement)			--
Rangplatz in der Rallye			1

Die Gruppe hat mit 27 Punkten die höchste Punktzahl aller Gruppen erreicht. Deshalb nimmt sie den ersten Rang ein. In der Folgeetappe kann sie sich unter Umständen noch steigern, wenn sie *Daniel* beim Lernen stark unterstützt. Da es sich um eine 4er-Gruppe handelt, muss das Gruppentotal nicht angepasst werden. Die Zeile für die transformierten Werte bleibt infolgedessen leer. Ebenso können noch keine Etappenwerte für das „Gesamtklassement" berechnet werden. Daher fehlen ebenfalls noch die Angaben in der Zeile, die für die kumulierten Verbesserungswerte vorgesehen ist.

Transformation des Gruppentotals bei 3er oder 5er Gruppen
Wenn die Anzahl Schülerinnen und Schüler einer Klasse nicht durch vier teilbar ist, werden jedoch auch 3er- oder 5er-Gruppen vorkommen. Ihr Gruppentotal muss transformiert werden, damit es mit den Werten, die 4er-Gruppen erreicht haben, verglichen werden kann. Diese Umrechnung wird mit dem folgenden Verfahren durchgeführt.

Beispiel bei einer notwendigen Umrechnung der Gruppenwerte
Eine 3er-Gruppe hat ein Gruppentotal (Rohwert) von 13 Verbesserungspunkten erreicht. Der Durchschnittswert pro Schüler beträgt somit 13 / 3 = 4,333... Dieser Wert wird auf eine 4-er-Gruppe hochgerechnet und somit mit 4 multipliziert: 4 x 4,333 = 17,333 ≈ 17 Der Wert hinter dem Komma wird auf- oder abgerundet. Im vorliegenden Fall liegt er unter 0.5. Dieses neue Gruppentotal ist nun mit demjenigen einer 4er-Gruppe vergleichbar.

Verfahren zur Transformation der Werte für 3er-Gruppen:

$$\frac{\text{Rohwert x 4}}{3}$$

(Rest nach dem Komma wird auf- oder abgerundet)

Tipp: Diese Anpassung kann man auch vornehmen, wenn eine Schülerin oder ein Schüler krank ist. Ist jemand beim Basiswerttest krank, dann wird sein Wert geschätzt. Für gute Schülerinnen und Schüler: Durchschnitt der erreichten Punktzahl des oberen Viertels der Klasse, für mittlere Durchschnitt der mittleren 50 %, für schwächere Durchschnitt des unteren Viertels.

In Fünfergruppen ist ein Mitglied zu viel vorhanden. Infolgedessen muss der Gruppenwert (Rohwert) der Gruppe durch 5 dividiert und durch eine Multiplikation mit 4 einer 4er-Gruppen angeglichen werden. Hat eine 5er-Gruppe beispielsweise ein Total von 23 Verbesserungspunkten erreicht, dann ist der Gruppendurchschnitt 23 / 5 = 4.6. Auf eine Vierergruppe umgerechnet heisst dies: 4 x 4,6 = 18,4 ≈ 18.

Verfahren zur Transformation der Werte für 5er-Gruppen:

$$\frac{\text{Rohwert x 4}}{5}$$

(Rest nach dem Komma wird auf- oder abgerundet)

7.5.6 Gruppenergebnisse darstellen und öffentlich machen

Unmittelbar nach der Auswertung erhalten die Schülerinnen und Schüler einen Überblick über den Leistungsstand der Gruppen. Die entsprechenden Resultate (Gruppenwert und Rangplatz) können auf einem Plakat grafisch dargestellt werden. Von Etappe zu Etappe können die Plätze ändern. Zur Veranschaulichung eignet sich ein Plakat mit einer numerischen „Rennstrecke". Statt Distanzangaben wird eine Punkteskala angegeben. Daneben können verschiebbare Gruppensymbole (Autos, Radrennfahrer, Pferde) den Stand des „Rennens" anzeigen. Wesentlich ist, dass den Schülerinnen und Schülern klar wird, dass die Lehrperson Wert auf den Gruppenerfolg legt. Auch vertikale Balken im üblichen Koordinatensystem erfüllen denselben Zweck. Zudem fördern sie in gewissen Altersgruppen das Lesen von mathematischen Grafiken. Nach der zweiten Stoffetappe können die Ränge von vier Gruppen in einer Klasse wie in der folgenden Abbildung dargestellt werden. Die Gruppe „Cats" liegt nach der erstmaligen Berechnung der Verbesserungswerte nach zwei Stoffetappen auf dem ersten Rang.

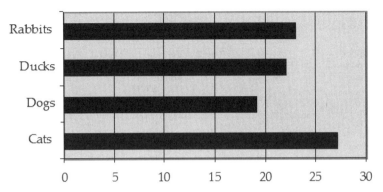

Abb. 7-7: Veröffentlichung der Resultate nach erstmaliger Berechnung der Verbesserungswerte.

Anschliessend wird mit der dritten Stoffetappe weitergefahren. Organisatorisch wird wiederum in derselben Art und Weise wie in den beiden Voretappen verfahren. Nach einem entsprechenden Test können nun ein Etappenklassement und ein Gesamtklassement erstellt werden. Letzteres ist natürlich der wesentlichere Rangindikator. Für das Gesamtklassement müssen die Verbesserungswerte der beiden Etappen addiert werden. Dieser kumulierte Verbesserungswert wird dann wiederum veröffentlicht.

Die Situation ist nochmals mit der Gruppe "Cats" illustriert. Sie hat in der dritten Etappe weniger Verbesserungspunkte erzielt und lediglich den vierten Rangplatz erreicht. Im Gesamtklassement der kumulierten Verbesserungswerte liegt die Gruppe „Cats" aber trotzdem nach wie vor auf dem ersten Rang. Daniel, der zuvor keine Punkte geliefert hat, hat diesmal am zweitmeisten Punkte erreicht und damit dazu beigetragen, dass die Gruppe nicht auf den zweiten Rang zurückgefallen ist. Daraus wird ersichtlich, dass sich der Status eines Gruppenmitgliedes verändern kann, wenn individuelle Verbesserungsleistungen als Kriterium herangezogen werden. Die Ergebnisse der Tabelle werden aber wiederum nur den einzelnen Schülerinnen und Schülern bekannt gemacht.

Tab. 7-9: Beispiel für einen Auszug aus der Kontrolltabelle; zweite Berechnung der Verbesserungswerte.

Name der Gruppenmitglieder	Test 1 = Basiswert 1: (BW1)	Test 2 (T2)	Verbesserungspunkte V1: (T2 – BW1)	Test 3 (T3)	Verbesserungspunkte V2: (T3 – BW1)
Hans	16	23	7	17	1
Maria	18	30	10	22	4
Daniel	18	17	0	21	3
Petra	23	30	10	23	0
Gruppentotal der Verbesserungs-werte im Einzeltest			V1 27		V2 8
Transformierter Wert*					
Rang/Einzeletappe			1		4
Kumulierte Verbesserungswerte (Gesamtwert)					V1+V2 27 + 8 = 35
Rangplatz in der Rallye			1		1

Wie die unten stehende Abbildung zeigt, wird die Gruppe „Cats" nun von der Gruppe „Ducks" hart bedrängt. Beide Gruppen liegen gleichauf.

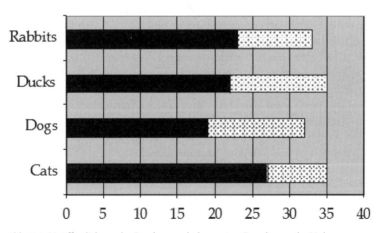

Abb. 7-8: Veröffentlichung der Resultate nach der zweiten Berechnung der Verbesserungswerte.

Dieses Gruppenrennen kann so noch ein oder zwei Etappen weitergeführt werden. In diesem Fall (nach drei abgeschlossenen Etappen) wären aber die Basiswerte der einzelnen Schülerinnen und Schüler neu zu bestimmen.

7.5.7 Verfahren zur Neufestsetzung der Basiswerte

Nach Beendigung des dritten Stoffblocks ist es angezeigt, Differenzen der Verbesserungswerte nicht mehr nach dem Basiswert des ersten Tests zu berechnen. Der neue Basiswert sollte nun die gesamten bisherigen Testleistungen (nicht die Verbesserungswerte) berücksichtigen. Zu diesem Zweck werden der Basiswert und die Summe der Testpunkte der beiden nachfolgenden Tests addiert. Diese Summe wird durch 3 dividiert. Von diesem Punktedurchschnitt der drei Tests (ohne Rest) werden drei Punkte abgezogen. Daraus resultiert der neue Basiswert. Durch diese Massnahme wird die Wahrscheinlichkeit erhöht, dass Verbesserungspunkte erzielt werden.

Tab. 7-10: Beispiel für die Berechnung der neuen Basiswerte für die Gruppe „Cats".

Name der Schüler/innen	Test 1 = Basiswert 1: (BW1)	Test 2 (T2)	Test 3 (T3)	Summe der 3 Tests	Summe dividiert durch 3	Neuer Basiswert: Summe Spalte 6 minus 3
Hans	16	23	17	56	18.66	15
Maria	18	30	22	70	23.33	20
Daniel	18	17	21	56	18.66	15
Petra	23	30	23	76	25.33	22

Nach der Bestimmung des neuen Basiswertes kann eine vierte Stoffetappe absolviert werden. Eine Dauer von vier Etappen ist optimal. Den Gruppen wird dreimal Gelegenheit gegeben, gegeneinander anzutreten. Durch die Bestimmung eines neuen Basiswertes müssen sich die Gruppen in der Schlussetappe nochmals anstrengen. Eine fünfte Etappe kann unter Umständen zu einem Motivationsverlust führen, wenn gewisse Gruppen weit zurückliegen. Die Organisationsform hat ihre Attraktivität eingebüsst. Sie kann zu einem späteren Zeitpunkt wiederholt werden.

Tipp: Wenn der Test, der den ersten Basiswert geliefert hat, zu leicht oder viel zu schwierig war, kann ein neuer Basiswert auch bereits nach dem zweiten Test berechnet werden. Ist der erste Test zu leicht, kann man sich praktisch nicht mehr verbessern.

7.6 Evaluation

Die Gruppe, die am Schluss der Rallye am meisten Verbesserungspunkte erreicht hat, hat die Rallye gewonnen. In diesem Fall stellt sich die Frage, ob diese Leistung eine Belohnung nach sich ziehen soll.

7.6.1 Belohnungen für die Gruppenleistungen

Erzieherisch bewegt man sich bei Belohnungen in einem umstrittenen Feld. Vielfach sind Belohnungen verpönt. Die Schülerinnen und Schüler würden zum Lernen bestochen, wird etwa argumentiert. Das Interesse an der Sache werde unterminiert und die Schülerinnen und Schüler würden nur noch aufgrund von Belohnungen lernen. Mit Bildung habe das nichts mehr zu tun. Man kann dem entgegenhalten, „dass die Motivation des Menschen zum grossen Teil aus den verstärkenden Konsequenzen früheren Verhaltens resultiert, eines Verhaltens, das sie an sich selbst oder bei anderen wahrgenommen haben. Ein guter Leser oder Klavierspieler mag den Anschein erwecken, er sei von innen her motiviert; tatsächlich äussern sich hier nur Prozesse der Selbstverstärkung, die mit grosser Wahrscheinlichkeit aus früheren externen Verstärkungen umgewandelt worden sind" (s. Gage und Berliner, 1996, 360f.). Eher idealistisch gesinnten Pädagoginnen und Pädagogen könnte man in diesem Zusammenhang nicht ganz ohne Ironie unterstellen, sie würden sich Menschen oftmals so ausdenken, wie sie sein könnten, wenn sie nicht so wären, wie sie sind.

Belohnungen sind aber dennoch zweischneidig. Ihre Wirksamkeit ist zwar unbestritten, mögliche negative Nebenwirkungen sind es aber ebenfalls. Belohnungen für Aufgaben, welche die Schülerinnen und Schüler ohnehin gern erledigen, wären kontraproduktiv. Eintreten würde eine Verschiebung der Bewertung. Was vorher freiwillig erledig worden ist, unterliegt nun externer Belohnung. Unterschiedliche Auffassungen über Belohnungspraktiken existieren deshalb auch unter Forscherinnen und Forschern, die sich mit kooperativem Lernen befasst haben (vgl. Johnson und Johnson, 1992, 186). Die einen sind überzeugt, dass Belohnungen überflüssig sind, wenn im Hinblick auf ein gemeinsames Ziel positive Interdependenz gefördert werden kann. Wenn alle das Gefühl hätten, gemeinsam etwas erreichen zu können, würden Belohnungen unwirksam, oder sie hätten sogar negative Effekte zur Folge. Auf der anderen Seite berichten empirische Forscher über nachhaltige Lerneffekte, wenn mögliche Belohnungen in Aussicht stehen. *Allerdings wirken sie nur, wenn sie auf der Basis individueller Lernergebnisse aller Gruppenmitglieder gegeben werden.* Diese Voraussetzung ist in einer Gruppenrallye angelegt. Die Ranglisten kommen aufgrund der Leistungen der einzelnen Schülerinnen und Schüler zustande. Primär orientieren sie sich an den Verbesserungswerten. Deshalb sollten die Lehrpersonen darauf hinweisen, dass hohe Verbesserungswerte nur dann erreicht werden, wenn andere Schülerinnen und Schüler geholfen haben. Demgegenüber wäre es völlig verfehlt, Belohnungen zu geben, wenn ein Problem in einer Gruppe durch ein oder zwei Gruppenmitglieder bearbeitet werden kann. Die restlichen Schülerinnen und Schüler könnten als „Trittbrettfahrer" von den leistungsfähigeren Problemlösern profitieren („Free-rider"-Effekt). Eine Überlegenheit kooperativen Lernens kann unter solchen Umständen nicht zustande kommen.

Wenn man die beiden Perspektiven vergleicht, dann schliessen sie sich gegenseitig jedoch keineswegs aus. Positive Interdependenz kann zwar ohne Belohnung erreicht werden. Es handelt sich dabei um eine Vorbedingung, damit individuelle Werte von Gruppenleistungen übertroffen werden. Mit Belohnungen allein kann in Gruppen hingegen keine positive gegenseitige Zielabhängigkeit hergestellt werden. Erst die Kombination beider Strategien vermag Lerneffekte unter Umständen zu steigern. Die Wirkung von Belohnungen ist dabei additiv. Hierbei handelt es sich um eine Draufgabe.

Lehrerinnen und Lehrer, die Belohnungen nicht von vornherein ablehnen, sollten sich im Klaren darüber sein, dass Gruppenbelohnungen unter bestimmten Bedingungen sehr effektiv sein können. Zu beachten sind dabei die folgenden Umstände:

• Belohnungen wirken nur, wenn zuvor positive Interdependenz hergestellt worden ist.
• Belohnungen müssen aufgrund der individuellen Leistungen aller Gruppenmitglieder ausgesprochen werden.
• Belohnungen dürfen das Interesse an der Aufgabe nicht unterminieren.

Aufgrund dieser Überlegungen sind einige Lehrkräfte zu folgenden Lösungen gekommen: Es hat sich bewährt, den Gruppen so genannte Zertifikate auszustellen. Mit diesen Zertifikaten können sie Bonuspunkte für die Schlussprüfung gewinnen. Diese schliesst den gesamten Lernstoff mit ein. Gewisse Punktverluste in der Schlussprüfung können mit diesen Bonuspunkten kompensiert werden.

Gruppenzertifikat

für die Gruppe

_____

bestehend aus den folgenden Schülerinnen und Schülern:

_____

_____

_____

_____

Diese Gruppe hat einen Gesamtwert erreicht, der zwischen ...... und ...... Punkten liegt.

Aufgrund dieser Gruppenleistung erhalten die Mitglieder einen Bonus von insgesamt

..... Punkten

in der individuellen Schlussprüfung

Unterschrift der Lehrerin / des Lehrers:

Datum: ....

Abb. 7-9: Vorschlag für ein Gruppenzertifikat.

7.6.2 Bezugskriterien für Bonuspunkte

Bonuspunkte können nach zwei unterschiedlichen Bezugskriterien vergeben werden. So wäre es möglich, Gruppen nach ihren Rängen mit Bonuspunkten zu belohnen. Die Gruppe im ersten Rang könnte dann beispielsweise 3, die zweite 2, und die dritte 1 Bonuspunkt erreichen. Es gibt Gründe, die gegen dieses Verfahren sprechen. Die Fixierung auf den Rang und den Wettbewerb kann verhindern, dass die tatsächliche Leistung aus dem Blick gerät. Beispielsweise könnten Gruppen generell relativ schlechte Resultate erzielen. Gleichwohl würden sie

Bonuspunkte erhalten. Jemand wird immer erster, zweiter und dritter, auch in einem langsamen Rennen. Vorteilhafter ist es deshalb, Punkte kriteriumsorientiert zu vergeben. Von der im Test erreichbaren Gesamtpunktzahl können absteigend Punktintervalle gebildet werden. Wenn der Test-Mittelwert einer Gruppe in eines dieser Intervalle zu liegen kommt, dann erhalten die Gruppenmitglieder einen bestimmten Bonus zugesprochen.

Tab. 7-11: Prozentsatz möglicher Bonusintervalle.

Prozentsatz der Verbesserungswerte der besten Gruppe	Bonus
<=91 % bis <=100 %	3 Punkte
<=81 % bis <= 90 %	2 Punkte
<=71 % bis <= 80 %	1 Punkt

Den Schülerinnen und Schülern werden die Rohwerte der Intervalle mitgeteilt.

Die vergebene maximal erreichbare Bonuspunktzahl sollte sich nach der Punktzahl richten, die in der Schlussprüfung erreicht werden kann. Bonuspunkte sollten nicht mehr als 10 % der Maximalpunktzahl, die in der Schlussprüfung erreicht werden kann, umfassen. In der Schlussprüfung könnten nach den Annahmen in Tab. 7-7 maximal 30 Punkte erzielt werden. Infolgedessen werden in Tab. 7-11 maximal 3 Bonuspunkte vergeben.

Tipp: Für die Siegergruppe könnte dennoch eine zusätzliche Belohnung ins Auge gefasst werden. Beispielsweise könnten sie eine beliebte Aktivität wünschen oder man könnte ihnen kleinere symbolische Naturalien überreichen.

Das Beispiel verdeutlicht die Intention, dass vor allem der Leistungserfolg, der im Rahmen kooperativen Lernens erzielt worden ist, gewürdigt werden soll und nicht ein Gruppenrang, der möglicherweise wenig über die tatsächlich erbrachte Leistung aussagt. Alle Gruppen haben zudem dieselben Chancen, eine bestimmte Zahl an Bonuspunkten zu erreichen. Dies ist wichtig, wenn die Mittelwerte aller Gruppe nahe beieinander liegen. In diesem Fall können alle belohnt werden. Die rein rangmässig Unterlegenen werden nicht demotiviert. Das Beispiel kann aber auch zwei kritische Fragen provozieren:

1. Könnten schwächere Schülerinnen und Schüler nicht zu stark unter Leistungsdruck gesetzt werden?
2. Ist es gerecht, wenn die Schlussprüfung durch zuvor erreichte Bonuspunkte verfälscht wird? Auskunft über den gesamten Lernzuwachs muss letzten Endes die Schlussprüfung vermitteln.

Die erste Frage ist schwieriger zu beantworten als die zweite. Es ist vorerst von grosser Bedeutung, dass den Gruppen klar gemacht wird, dass sie so zusammengesetzt worden sind, dass sie leistungsmässig ähnliche Resultate erreichen können. Ferner haben die guten Schülerinnen und Schüler den Auftrag, den schwächeren zu helfen. Die Leistung der Gruppe ist somit auch von ihrer Hilfe abhängig. Diese Argumentation beugt der Tendenz vor, schwächeren Schülerinnen und Schülern eine Sündenbockfunktion zuzuweisen.

Wenn in einer Klasse die Tendenz besteht, schwächere Schülerinnen und Schüler eher auszugrenzen, dann sollten Belohnungsmassnahmen unterbleiben. In solchen Fällen ist über soziales Training vorerst gegenseitige Akzeptanz und Wertschätzung zu fördern. Aber auch in den übrigen Fällen ist es notwendig, dass Lehrpersonen mit der Gruppe über ungünstige Prozesse reden. Auch kooperatives Lernen schafft fachspezifische Defizite einzelner Schülerinnen und Schüler nicht beiseite.

Der zweite Einwand kann ebenfalls zu Diskussionen Anlass geben. Schülerinnen und Schüler haben jedoch nur Vorteile, wenn sie nicht erreichte Punkte durch Bonuspunkte kompensieren können. Ihr Prüfungsresultat kann nur besser, aber nicht schlechter ausfallen. Somit hat niemand einen Nachteil zu befürchten. Wenn, wie vorgeschlagen, nur etwa ein Punkteanteil von 10 % in der Schlussprüfung tangiert wird, dann halten sich mögliche Verzerrungen in Grenzen. Wenn kooperative Lernleistungen folgenlos blieben, würde der Wert kooperativen Lernens geschmälert. Erreichte Verbesserungen können als Kriterium für die Leistung ebenfalls herangezogen werden. Es kann problematisch sein, Werte wie Zusammenarbeit, Verantwortung und gemeinsames Lernen zu propagieren, wenn schliesslich wiederum nur noch eine individuelle, punktuell erzielte Leistung als alleiniges Beurteilungskriterium legitim sein soll.

Es kann somit der Fall eintreten, dass zwei Lernende ursprünglich dieselbe Punktzahl erreicht haben. Aufgrund der Bonuspunkte kann die Note des einen jedoch höher ausfallen. Um Irritationen zu vermeiden, ist es wichtig, dass den Lernenden das Bonuskonzept im Rahmen der Rallye rechtzeitig erläutert und mit den obigen Argumenten begründet wird. Notenunterschiede bei ähnlichen Leistungen kommen im Übrigen auch bei der gängigen Notenpraxis zustande, z.B. wenn Viertelnoten auf halbe Noten gerundet werden müssen oder wenn eine leicht höhere Punktzahl in einem Test eine Grenze für den Notenwechsel bedeutet.

7.6.3 Vorkehrungen gegenüber strategischem Verhalten der Schülerinnen und Schüler im ersten Etappentest

Lehrerinnen und Lehrer äussern vielfach die realistische Befürchtung, die Gruppen würden sich im ersten Basistest strategisch verhalten und vorsätzlich schlechte Testleistungen erbringen. Mit dieser Taktik könnten sie nachher hohe Verbesse-

rungswerte erzielen. Dieser Fall kann vor allem dann eintreten, wenn eine Rallye zum wiederholten Mal durchgeführt wird und das Verfahren den Schülerinnen und Schülern bekannt ist.
Bei der Festlegung der Punkteintervalle, die zum Bezug von Bonuspunkten für den Schlusstest berechtigen, empfiehlt es sich deshalb, nicht nur die Verbesserungswerte, sondern auch einen Anteil der ersten Basiswerte einer Gruppe als „Startkapital" zu gewichten.

Beispiel: Praktische Versuche haben ergeben, dass 25 % des Gruppendurchschnitts beim Basiswert als Startkapital verwendet werden können. Die Verbesserungswerte der folgenden beiden Tests werden dadurch in der Regel nicht verfälscht. Ein praktisch erprobtes Beispiel kann diese Behauptung verdeutlichen.

Tab. 7-12: Punkteverteilung unter Berücksichtigung eines aus dem Basiswert errechneten Startkapitals.

	Gruppe A	Gruppe B	Gruppe C	Gruppe D
Total Rohwerte im ersten Test (Basiswert)	68	70	74	72
Startkapital 25 %	17	18	19	18
Verbesserungspunkte Test 2	10	12	8	5
Verbesserungspunkte Test 3	20	15	13	13

Der relative Anteil des Startkapitals gem. Tab. 7-12 übersteigt die Verbesserungswerte, die vor allem in Test 2 erreicht worden sind, deutlich. Da die Differenzen beim Startkapital zwischen den Gruppen jedoch unbedeutend sind, hat die Höhe des Startkapitals keinen bedeutsamen Einfluss auf das Endergebnis. Dieses kommt durch die Differenzen der erreichten Verbesserungswerte zustande. Eine andere Variante wurde oben bei der Bestimmung des Basiswertes ohne Berücksichtigung des ersten Etappentests vorgeschlagen.

7.7 Prozessrückmeldung

Kooperatives Lernen ist erfolgreich, wenn Lernende gewillt sind, angemessen miteinander zu kommunizieren. Vorherrschen sollte ein vertrauensvolles Gruppenklima. Die Lernenden unterstützen sich dabei gegenseitig. Schülerinnen und Schüler werden nur dann bereit sein, Probleme mit dem Lernstoff offen zu legen, wenn sie von anderen nicht abgewertet werden. Unterschiedliche sachliche Vorstellungen sind in Gruppen unvermeidlich. Im Idealfall treiben sie das Lernen voran.

Schwächere Schülerinnen und Schüler können auch in diesem Unterrichtsarrangement unter Leistungsdruck geraten. In solchen Fällen ist es notwendig, dass Lehrpersonen mit der Gruppe über ungünstige Prozesse reden. Auch eine Gruppenrallye schafft fachspezifische Probleme der einzelnen Schülerinnen und Schüler nicht beiseite. Dennoch sind diese Schülerinnen und Schüler nicht direkt einer individuellen Konkurrenzsituation ausgesetzt.

Wenn die Lehrperson in einer Gruppe Kommunikationsstörungen feststellt, kann sie wie oben dargestellt intervenieren. Daneben ist es aber sinnvoll, dass die Gruppen selbst über die Gruppenprozesse reflektieren. Dabei kommentieren sie ihren Lernprozess.

Was hat uns geholfen?
Was hätten wir besser machen können?
Wie sind wir mit der Anleitung (Skript) umgegangen?

Zu diesem Zweck kann auch ein Rückmeldefragebogen eingesetzt werden. Auf der Basis der beantworteten Fragen kann dann die Reflexion aufbauen. Der nachstehende Rückmeldefragebogen für die Gruppenprozesse besteht aus 12 Fragen für die drei Bereiche „Eigenaktivität/Verantwortlichkeit", „Gruppenprozess/Interdependenz", und „Lernschwierigkeiten".

Eigenaktivität/Verantwortlichkeit:	Fragen 2, 5, 8, 9
Gruppenprozess/Interdependenz:	Fragen 4, 6, 10, 12
Lernschwierigkeiten	Fragen 1, 3, 7, 11

Die Ergebnisse des Fragebogens werden zuerst in den Gruppen und anschliessend im Klassenplenum besprochen.

Fragebogen: Meine Erfahrungen während der Gruppenrallye

Name der Gruppe. ....   ☐   Mädchen

Kreuze in der Mitte die Zahl an, die für dich zutrifft: ☐   Junge

Bei der Arbeit in unserer Gruppe

1.	fühlte ich mich den Anforderungen gewachsen	3 2 1 0 1 2 3	fühlte ich mich den Anforderungen nicht gewachsen
2.	beachtete ich die Vorgehensregeln	3 2 1 0 1 2 3	beachtete ich die Vorgehensregeln nur wenig
3.	konnte ich die gestellten Aufgaben bewältigen	3 2 1 0 1 2 3	konnte ich die gestellten Aufgaben nicht bewältigen
4.	habe ich mich in unserer Gruppe wohl gefühlt	3 2 1 0 1 2 3	habe ich mich in unserer Gruppe unwohl gefühlt
5.	übernahm ich Lösungen oft von meinen Mitschülern und Mitschülerinnen	3 2 1 0 1 2 3	habe ich mitdiskutiert, wenn wir eine Lösung gesucht haben
6.	haben wir uns in der Gruppe gegenseitig geholfen	3 2 1 0 1 2 3	haben wir uns in der Gruppe gegenseitig wenig geholfen
7.	war das Thema nicht zu schwierig für mich	3 2 1 0 1 2 3	war das Thema zu schwierig für mich
8.	habe ich mich eingesetzt, damit wir ein gutes Lernergebnis erreichten	3 2 1 0 1 2 3	habe ich mich wenig eingesetzt, damit wir ein gutes Lernergebnis erreichten
9.	konnte ich etwas zum Resultat beitragen	3 2 1 0 1 2 3	konnte ich wenig zum Resultat beitragen
10.	habe ich von den anderen in der Gruppe profitieren können	3 2 1 0 1 2 3	habe ich von den anderen in der Gruppe wenig profitieren können
11.	habe ich fast den gesamten Lernstoff mitbekommen	3 2 1 0 1 2 3	habe ich den Lernstoff nur zum Teil mitbekommen
12.	wollten einige in der Gruppe besser sein als andere	3 2 1 0 1 2 3	wollte niemand in der Gruppe besser sein als andere

Abb. 7-10: Einschätzbogen zu den Gruppenprozessen.

7.8 Nachbemerkungen

In der Regel arbeiten Klassen sehr motiviert. Schülerinnen und Schüler erfahren, dass Lernen ein sozialer Prozess ist und dass sie sich gegenseitig zu Lernfortschritten verhelfen können. Allerdings vermag beispielsweise ein überdimensionierte formale Grammatik-Einheit, auch wenn sie in Form einer Gruppenrallye organisiert ist, bei den wenigsten Schülerinnen und Schülern Interesse zu wecken. Es ist auch hier darauf zu achten, dass Inhalte gewählt werden, an denen die Lernenden ihre Interessen entwickeln können. Trainings formaler Strukturen, wie sie beispielsweise für das Lernen grammatischer Strukturen typisch sind, sollten dagegen punktueller eingesetzt und auch nach Gesetzen des Übens in angemessenen Dosen umgesetzt werden.

Begabte Schülerinnen und Schüler könnten sich manchmal zurückgesetzt fühlen, weil sie den Schwächeren helfen sollen. Das Problem kann entschärft werden, wenn sie auch dann Verbesserungswerte beisteuern können, wenn sie die Maximalpunktzahl „fast" erreicht haben (s. Kap. Verbesserungswerte berechnen). Mit ihnen sollte aber auch besprochen werden, dass es anspruchsvoll ist, andere beim Lernen zu unterstützen. Auf diese Weise kann man den Lernstoff auch selbst sehr gut festigen. Die begabteren Schülerinnen und Schüler profitieren infolgedessen auch selbst. Im Weiteren ist es auch aus ethischen Gründen geboten, anderen behilflich zu sein, wenn sie diese Hilfe in Anspruch nehmen möchten. Allerdings sollte die Verfolgung dieses Prinzips die eigene Entwicklung nicht beeinträchtigen. Es gibt wie oben erwähnt Argumente, die besagen, dass dies in einer Rallye nicht der Fall ist. Wenn sich unter den Schülerinnen und Schüler des oberen Niveaus jedoch solche befinden, die sehr schnell vorwärts kommen, dann können ihnen unter Umständen zusätzlich schwierigere Probleme zum Lösen bereitgestellt werden. Diese Aufgaben sollten aber ihr Engagement beim Helfen nicht hemmen und auch nicht in die Bewertung bei der Schlussprüfung eingehen. Grundsätzlich ist es so, dass eine Rallye als Methode nicht ständig zum Einsatz kommt. Sie wechselt mit Arrangements, bei denen auch die schnelleren Schülerinnen und Schüler speziell gefördert werden.

Letzten Endes ist das Gelingen jedoch von den vielfältigen Einflüssen und Zufälligkeiten abhängig, die zwischen Lehrenden und Lernenden in einer Schulklasse entstehen. *Der Kern der Rallye ist dabei das kooperative Skript.* Dieses kann und sollte auch ohne den Rallyedesign zu berücksichtigen im üblichen Unterricht als Form der Zusammenarbeit eingesetzt werden. Eine Rallye kann den Sinn eines solchen Vorgehens für die Schülerinnen und Schüler erfahrbar machen.

8 Das Gruppenturnier als kooperative Differenzierungsform für Übungsphasen?

Gruppenturniere (Teams-games-tournaments) sind ähnlich organisiert wie Gruppenrallyes (DeVries, Edwards & Wells, 1974; DeVries & Mescon, 1975; Huber, 1985). Auch ihre Effektstärke ist mit einem Koeffizienten von .40 ähnlich hoch (Wellenreuther, 2009, 215). Sie sind zeitlich allerdings variabler einsetzbar. Deshalb können sie auch in Fächern mit geringerer Stundenzahl durchgeführt werden. Die theoretischen Grundlagen sind vergleichbar mit denjenigen, die für die Rallye gelten. Änderungen beschränken sich auf das praktische Design. Darüber informiert dieses Kapitel 8. Die vorgenommenen Anpassungen in der Grundanlage wirken sich wie folgt aus:

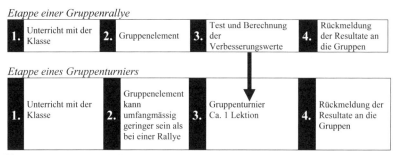

Abb. 8-1: Organisation eines Gruppenturniers.

Im Gruppenturnier wird der Test ersetzt. Schülerinnen und Schüler aus den ursprünglichen Stammgruppen des Gruppenrallyes begeben sich in Turniergruppen zu je drei Schülerinnen und Schülern. Dort treten sie gegen die Schülerinnen und Schüler anderer Stammgruppen an, die sich auf einem vergleichbaren Leistungsniveau befinden. Gruppenturniere werden innerhalb der Übungs- bzw. Konsolidierungsphase eingesetzt. Wiederum sollten ca. drei Etappen durchgeführt werden. Die im Rallyeskript zum Arbeiten in den Gruppen unter dem letzten Punkt erwähnte Aufforderung zum gegenseitigen Stellen von Prüfungsfragen kann, wenn die Zeit zu knapp sein sollte, gekürzt werden. Es könnte reichen, nach der Kontrolle in den Gruppen lediglich noch Probleme zu beheben.
In einer Rallye können die Phasen des Gruppenlernens ähnlich lang sein wie der Unterricht mit der Klasse. Beim Gruppenturnier kann der adaptive Klassenunterricht etwas länger dauern, weil in der Turnierphase nochmals kooperativ gearbeitet wird. Beispielsweise könnten das Gruppenlernen und das Gruppenturnier je 1 Lektion dauern, der vorausgehende Unterricht mit der Klasse 3 Lektionen.

Gruppenturniere werden jedoch eher als Übungs- bzw. Automatisierungsmethode eingesetzt. Auch diese Lernphase gehört zu effizientem Lernen. Es ist deshalb legitim zu testen, ob das Grundwissen verstanden wird. Dennoch können auch in Gruppenturnieren Überlegungsfragen oder schwierigere Aufgaben gestellt werden. Es muss sich nicht ausschliesslich um Fakten- oder einfache Verständnisfragen handeln. Die Konstruktion geeigneter anspruchsvoller Fragen, die mit Lösungsblättern kontrolliert werden können, ist allerdings aufwändiger.

Verteilvariante: Weil sich Gruppenturniere vor allem für Übungs- und Trainingszwecke eignen, brauchen sie nicht zwingend in zeitlich unmittelbar aufeinanderfolgenden Etappen durchgeführt zu werden. Man kann die Etappen in einem Fach auch zeitlich verteilen. Der Grund liegt darin, dass Übungsphasen, wie sie für das Turnier typisch sind, keine zusammenhängende Zeitspanne benötigen. Sie können auch auf einzelne Stoffeinheiten verteilt werden, die zeitlich auseinanderliegen. Von Zeit zu Zeit werden in einem Fach auf diese Weise 3 – 4 Lektionen als Turnieretappe bestimmt, bestehend aus Unterricht mit der Klasse, kooperativem Üben und Turnier. Die Turniere sollten aber dennoch zeitlich nicht zu weit auseinander liegen, damit der Wettbewerbscharakter von Etappe zu Etappe nicht verloren geht. Die folgende Abbildung veranschaulicht eine mögliche Verteilvariante in einem Fach. In den Wochen 3, 5 und 8 werden Gruppenturniere durchgeführt. Das heisst: Während ca. 2 Lektionen wird in diesen Wochen Unterricht mit der Klasse durchgeführt. Diese Inhalte werden anschliessend in Gruppen kooperativ geübt (ca. 1 Lektion). Dann folgt ein Turnier.

Woche 1	Woche 2	Woche 3	Woche 4	Woche 5	Woche 6	Woche 7	Woche 8

Abb. 8-2: Beispiel einer Verteilung von Turnieren, wenn die Etappen nicht unmittelbar aufeinanderfolgen.

8.1 Vorbereitung und Durchführung des Gruppenturniers

Der Unterricht in der Klasse und für die Gruppenarbeit wird analog zur Rallye geplant. Statt eines Etappentests sind für jedes durchgeführte Turnier pro Turniergruppe folgende Materialien bereitzustellen:

1 Satz nummerierte Turnierkarten von ca. 1 –30
1 Fragenblatt mit 30 durchnummerierten Fragen zum behandelten Stoff des Klassenunterrichts und des Gruppenlernens
1 Lösungsblatt
1 Punkteblatt für die Gruppe

Tipp: Es lohnt sich, die Frage- und Lösungsblätter in einer Excel-Tabelle zu speichern und zwar mit den folgenden drei Spalten: Fragenummer / Frage / zugehörige Lösung. Die Fragen können später mit der zugehörigen Lösung in eine andere Tabelle kopiert und mit anderen Fragen gemischt und erneut verwendet werden.

Tab. 8-1: Beispiele für Turnierfragen.

Frageblatt	Antwortblatt
Deutsch - Grammatik Sekundarstufe I	
Die Katze, die letzte Woche als vermisst gemeldet wurde, ist heute von einem Fussgänger entdeckt worden. Welches ist das Relativpronomen? Begründe deine Antwort!	Die Katze, die (=Relativpronomen) Das Wort „die" leitet einen Nebensatz ein und bezieht sich auf die vorangehende Information: Die Katze.
Mathematik - Grundstufe	
Die Reichweite der Hörbarkeit des Zirpens von Grillenmännchen wird in einem Säulendiagramm dargestellt: z. B.: 31 m, 48m, 51 m, etc.. Ihr Gesang ist von den Weibchen etwa 50 m weit zu hören. Ein Weibchen sitzt in 50 m Entfernung. Welche Grillen kann es hören?	Grille 2, 4, und 6, deren Säulen über 50 m reichen.
Mit derselben Grafik kann auch die folgende Frage beantwortet werden: Der Weltrekord im „Weitzirpen" ist doppelt so weit wie das Zirpen von Grille 2. Wie viele Meter beträgt der Weltrekord im „Weitzirpen"?	2 x 35 m der zweiten Säule = 70 m
Geschichte - Thema Reformation - Sekundarstufe I	
Suche in der Karikatur je zwei Merkmale, die den „richtigen" und den „falschen Glauben" darstellen!	Richtiger Glaube: Taufe ist wichtig / Alle nehmen am Gottesdienst teil: Arme und Reiche Falscher Glaube: Ablass / Reliquienkult usw.
In einem Projekt wurden von 4.-Klässlern Fragen zu Texten, die sie gelesen hatten, selbst formuliert. Anschliessend waren sie in Turniergruppen zu beantworten (Villiger et al. 2010).	

Die Beispiele zeigen, dass für formale Wissensfragen in den Sprachfächern und für einfache Operationen im Fach Mathematik vermutlich mit weniger Aufwand Beispiele konstruiert werden können als für höherstufige Fragen, wie das Beispiel im Fach Geschichte zeigt. Generell ist die Methode somit besonders für Grundschulen geeignet. Wenn Schülerinnen und Schüler dieselben Texte gelesen haben, können sie auch lernen, selbst Fragen zu formulieren, die man anschliessend in einem Turnier beantworten kann. Auch die Lehrperson kann Fragen zum Textverständnis formulieren.

Gruppeneinteilung

Wie in einer Rallye werden heterogene Stammgruppen zu vier oder fünf Mitgliedern gebildet. Die folgende Tabelle illustriert den Übergang von den Stamm- in die Turniergruppen in einer Klasse mit 21 Schülerinnen und Schülern.

Tab. 8-2: Einteilung der Stammgruppen.

	Gute Schüler/innen	Mittlere Schüler/innen			Schwächere Schüler/innen
Stammgruppe A	A1	A2	A3		A4
Stammgruppe B	B1	B2	B3		B4
Stammgruppe C	C1	C2	C3	C4	C5
Stammgruppe D	D1	D2	D3		D4
Stammgruppe E	E1	E2	E3		E4

Diese Schülerinnen und Schüler arbeiten in der Gruppenphase zusammen. In der folgenden Phase werden die einzelnen Schülerinnen und Schüler *leistungshomogenen* Turniertischen zugeteilt. Dies kann wie folgt geschehen.

Tab. 8-3: Turniertische.

Tisch 1	A1	B1	C1	
Tisch 2	D1	E1		
Tisch 3	A2	B2	C2	D2
Tisch 4	E2	A3	C3	
Tisch 5	B3	D3	E3	C4
Tisch 6	A4	B4	C5	
Tisch 7	D4	E4		

Beim ersten Turnier trägt die Lehrperson die Schülerinnen und Schüler in absteigender Reihenfolge in den Turnierplan ein. Sie beginnt mit der besten Schülerin/ dem besten Schüler A1. A1, B1 und C1 bilden somit die Turniergruppe mit den leistungsstärksten Schülerinnen und Schülern. Dann fährt sie in absteigender Reihenfolge mit Tisch 2 weiter. Alle Schülerinnen und Schüler sollten auf diese Weise ähnliche Voraussetzungen vorfinden, damit sie Punkte für ihre Gruppe sammeln können. Beim ersten Turnier orientiert sich die Lehrperson an den bisherigen Leistungen der entsprechenden Schülerinnen und Schüler (Noten, Prüfungen). Für die Einteilung benötigt sie ein Einteilungsblatt (s. unten: Turniergruppenliste).

8.2 Ablauf des Turniers

Im Allgemeinen sind Schülerinnen und Schüler ab der 3./4. Klasse relativ rasch mit dem Verfahren vertraut. Probleme treten am ehesten in der ersten Runde auf. Aber schon beim zweiten Mal haben sie sich an das Organisationsmodell gewöhnt.

Zu Beginn der ersten Etappe wird den Schülerinnen und Schülern das Vorgehen wie bei einer Rallye schrittweise erklärt. Zu Beginn des ersten Turniers werden die Spielregeln erläutert. Geeignet dazu ist eine Demonstration mit einem Rollenspiel. Im Anschluss daran werden die Schülerinnen und Schüler den Turniertischen zugewiesen. Schematisch verläuft das Turnier wie folgt:

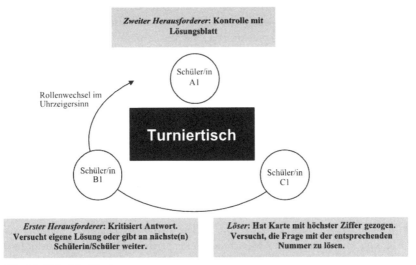

Abb. 8-3: Verlauf des Turniers.

Im Verlauf des Turniers sind die folgenden Spielregeln einzuhalten (vgl. Huber, 1985):
Turnierbeginn:
- Die Karten mit den Nummern 1 – 30 werden gemischt.
- Jede Schülerin / jeder Schüler zieht eine Karte.
- Wer die höchste Nummer gezogen hat, beginnt (ist Löserin / Löser).
- Die Spielerinnen und Spieler wechseln ihre Rollen im Uhrzeigersinn.

Turnierrunde:
- Die Löserin / der Löser mischt alle Karten erneut und legt sie verdeckt auf den Tisch.
- Sie / er nimmt die oberste ab und liest auf dem Fragenblatt die Frage laut vor, die der gezogenen Nummer entspricht. Sollten auch Fragen mit Auswahlantworten vorkommen (Multiple Choice), liest sie / er auch die Alternativen vor.
- Die Löserin / der Löser versucht, die Frage zu beantworten. Handelt es sich um mathematische Aufgaben, dann müssen alle Schülerinnen und Schüler die Aufgaben lösen, sonst können sie das Resultat nicht anzweifeln. Wenn die Löserin

/ der Löser nicht sicher ist, ob ihre / seine Antwort stimmt, darf sie / er raten. Es gibt für sie / ihn keine Strafpunkte.

- Nach der Antwort der Löserin / des Lösers kann das Gruppenmitglied zur Linken seine Antwort anzweifeln (erster Herausforderer). Es muss dann selbst eine andere Antwort geben. Wenn der erste Herausforderer auf seine Herausforderung verzichtet, dann darf der zweite Herausforderer die Lösung anzweifeln. Dies gilt für alle Fächer, wenn die Aufgaben nur schriftlich gelöst werden können. Wenn der zweite Herausforderer eine dritte Antwort für richtig hält, dann darf er die Lösung der Löserin / des Lösers und des ersten Herausforderers anzweifeln.

- Achtung: Die Herausforderer müssen vorsichtig sein. Sie verlieren eine Karte, wenn sie eine falsche Antwort als Alternative vorschlagen.

- Wenn alle, die wollen, geantwortet haben, kontrolliert der zweite Herausforderer die Antwort mit Hilfe des Lösungsblattes und liest die richtige Antwort vor.

- Der Spielerin / der Spieler, die oder der die richtige Antwort gegeben hat, erhält die Nummernkarte.

- Wenn einer oder beide Herausforderer eine falsche Antwort gegeben haben, müssen sie eine früher genommene Karte in den Stapel zurücklegen. Wenn niemand die richtige Antwort kennt, kommt die Karte ebenfalls in den Stapel.

- Für die nächste Runde werden die Rollen im Uhrzeigersinn an die links sitzenden Mitschülerinnen / Mitschüler weitergegeben. Der erste Herausforderer wird zum Löser, usw.

- Das Turnier wird so lange durchgeführt, bis die dafür vorgesehene Zeit abgelaufen ist oder der ganze Stapel aufgebraucht ist.

- Nach Beendigung des Spiels tragen die Schülerinnen und Schüler die Anzahl Karten, die sie gewonnen haben, auf dem Punkteblatt ein.

Punkteblatt für Gruppenturniere   s. Anhang: leeres Punkteblatt

Tisch Nr. ....   Turnier vom ....

Name	Stammgruppe	Anzahl Karten in Runde Nr.		Tagessumme	Turnierpunkte
		1	2		
Jeanine (A 1)	A	6	8	14	2
Reto (B1)	B	12	10	22	6
Tamara (C1)	C	9	10	19	4

Abb. 8-4: Punkteblatt für Gruppenturniere.

Statt A, B, C usw. können sich die Stammgruppen auch eigene Phantasienamen geben. Im Weiteren sind in der Tabelle zwei Spalten vorgesehen, um die Anzahl Karten einzutragen. Diese Massnahme hat folgenden Grund: Wenn nach einer Runde noch Zeit zur Verfügung steht, können die Schülerinnen und Schüler die Karten erneut mischen und eine zweite Runde durchführen. Die Ergebnisse dieser Runde werden dann in der zweiten Spalte eingetragen.
In der letzten Spalte werden die Turnierpunkte eingetragen.

Schüler mit den meisten Karten (Rang 1):   6 Punkte
Schüler im 2. Rang: 4 Punkte
Schüler im 3. Rang: 2 Punkte

Der Gewinn von Rangpunkten anstelle der Anzahl gewonnener Karten ist für das Konzept grundlegend. Jede Schülerin / jeder Schüler hat dieselben Chancen, einen Beitrag zum Gruppenergebnis zu leisten. Würde man stattdessen die Anzahl gewonnener Karten zählen, dann würden die stärkeren Schülerinnen und Schüler die schwächeren dominieren, weil sie pro Zeiteinheit mehr Aufgaben richtig lösen können.
Spezifische Problemfrage: Wie werden die Turnierpunkte vergeben, wenn an den Gruppentischen zwei oder vier Schülerinnen und Schüler sitzen (s. oben Tisch 2 und 7 bzw. Tisch 3 und 5) und wenn mehrere Schülerinnen und Schüler in einer Turnierrunde die gleiche Punktzahl, bzw. Karten gewonnen haben?

Tab. 8-4: Verteilung bei 2 Turnierspielern.

Turnierpunkte	Beide Schülerinnen und Schüler haben gleich viele Karten	
	nein	Ja (keine Ränge)
Rang oben	6	4
Rang unten	2	4

Tab. 8-5: Verteilung bei 3 Turnierspielern.

Turnierpunkte	Schülerinnen und Schüler mit gleich vielen Karten			
	keine	2 oben	2 unten	alle 3
Rang oben	6	5	6	4
Rang Mitte	4	5	3	4
Rang unten	2	2	3	4

Tab. 8-6: Verteilung bei 4 Turnierspielern.

Turnierpunkte	Schülerinnen und Schüler mit gleich vielen Karten							
	keine	2 oben	2 Mitte	2 unten	3 oben	3 unten	2 oben 2 unten	alle 4
Rang oben	6	5	6	6	5	6	5	4
Rang Mitte 1	4	5	4	4	5	3	5	4
Rang Mitte 2	3	3	4	3	5	3	3	4
Rang unten	2	2	2	3	2	3	3	4

Neueinteilung der Teilnehmerinnen und Teilnehmer für das nächste Turnier
Nach jedem Turnier kann die Lehrperson entscheiden, ob jemand an einen Tisch auf- oder absteigt. Dies ist gerechtfertigt, wenn jemand während drei Turnieren insgesamt zwei Mal gewonnen oder den letzten Rang belegt hat. Dabei kann wie folgt vorgegangen werden:

1. Zweimalige Gewinner an einem Turniertisch steigen beim nächsten Turnier zum nächst höheren Tisch auf (z.B. von Tisch 5 zu Tisch 4). Die Spielerin / der Spieler, der am Tisch 4 den letzten Rang belegt hat, steigt ab.
2. Schülerinnen und Schüler mit mittlerer Leistung verbleiben am selben Tisch.
3. Die Schülerin / der Schüler, die oder der insgesamt zwei Mal den letzten Rang belegt hat, steigt zum nächst tieferen Tisch ab (z.B. von 3 zu 4). Der Gewinner von Tisch 4 würde dann aufsteigen.

Damit wird das Leistungsniveau an den Tischen reguliert. Jede Schülerin / jeder Schüler, ob stärker oder schwächer, steht mit etwa gleich starken Schülerinnen und Schülern im Wettbewerb.

Bei diesen Verfahren ist jedoch ein Vorbehalt anzubringen. Durch Auf- und Absteigen können zwei Schülerinnen oder zwei Schüler derselben Stammgruppe zusammentreffen. Die Neueinteilung an den Tischgruppen wird deshalb erst nach der dritten Turnierrunde vorgenommen. Eventuell müssten dann auch die Stammgruppen neu eingeteilt werden, damit die Turniergruppen wiederum aus Spielern von drei Stammgruppen zusammengesetzt sind. Die Massnahme für den Auf- und Abstieg gilt somit für ein neues Gruppenturnier, nachdem ein vorangegangenes mit ca. drei Runden stattgefunden hat.

8.3 Rückmeldung der Resultate an die Gruppen

Die Turnierpunkte werden in den *Gruppenergebnisbogen* der *Stammgruppe* übertragen. Man verfährt dabei ähnlich wie bei den Verbesserungswerten der Gruppenrallye.

Turnierergebnisse für Stammgruppen (s. Anhang: leeres Turnierblatt)

Gruppenname: ....

Name / Turnier vom	23. 2.	1. 3.	6. 3.
Reto	6	2	4
Gabi	5	4	6
Laura	6	2	6
Philipp	4	2	4
Gruppenwert	21	10	20
Transf. Wert			
Rangplatz	1	3	2
Kumulierter Wert	21	31	51
Kumulierter Rangplatz	1	2	2

Abb. 8-5: Turnierergebnisse.

Die Resultate sollten den Stammgruppen umgehend mitgeteilt werden. Sie werden öffentlich gemacht wie bei der Gruppenrallye. Jede Schülerin, jeder Schüler, ob stärker oder schwächer, kann in der Turniergruppe gewinnen oder verlieren. Bei Gruppen mit vier Mitgliedern können die Werte direkt übertragen werden. Bei 3-er oder 5-er Gruppen sind die Werte zu transformieren (s. Kap. 7 Gruppenrallye). Auch die kumulativen Gruppenwerte sind zu berechnen, damit die Gruppe auch künftig motiviert ist zu kooperieren. Wiederum können Belohnungen vergeben werden.

8.4 Generelle Problemfragen zum Konzept

Die folgenden Hauptfragen sind bei der Durchführung in der Praxis aufgetreten. Die Reaktionen darauf orientieren sich an Argumenten nachträglich durchgeführter Diskussionen unter Lehrpersonen.

Ist die kooperative Phase nach dem Klassenunterricht zwingend? Könnte man Gruppenturniere von Zeit zu Zeit nicht auch als Übungsphasen einsetzen?
Letzteres sollte vermieden werden. Die Schülerinnen und Schüler würden nur für sich selbst in den Wettbewerb treten. Zu befürchten wären negative Folgen für das Klassenklima. Das Gruppenturnier eröffnet guten und schwächeren Schülerinnen und Schülern gleiche Möglichkeiten, für die Gruppe Punkte zu gewinnen. Zwar herrscht ein gewisser Wettbewerb. Dieser wird aber für kooperative Zwecke genutzt.

Werden die Schülerinnen und Schüler, die am untersten Tisch eingeteilt werden, von der Lehrperson nicht blossgestellt?
Die Kommunikation bei der Mitteilung der Einteilung ist wichtig. Die erwähnte Gefahr kann gemildert werden, wenn die Lehrperson gemäss Noten und letzten Prüfungen drei Gruppen bildet: unteres Drittel, mittleres Drittel, oberes Drittel. Sie kann dann argumentieren, innerhalb des Leistungsdrittels würden die Kinder entsprechenden Tischen zugelost. Die Einteilung des letzten Tisches ist dann halt „Lospech". Die Mitglieder können dennoch gemäss Tischnummer auf- oder absteigen.

Ist ein Abstieg nicht demotivierend?
Das ist nicht zwingend. Die Schülerinnen und Schüler sind jeweils in einer Gruppe, in der sie es eher schaffen, Punkte zu gewinnen. Es ist wichtig, dass die Lehrperson bei der Neueinteilung der Turniergruppen auf diesen Umstand hinweist. Es gilt zu betonen, dass alle Gruppen aus ungefähr gleich starken Schülerinnen und Schülern bestehen.

Was passiert mit Schülerinnen und Schülern, die es nicht schaffen, vom untersten Tisch aufzusteigen?
In diesem Fall besteht tatsächlich die Gefahr eines Motivationsabbaus. Wie beim Planunterricht hat die Lehrperson hier die Möglichkeit, mit einer kleinen Gruppe intensiv zu arbeiten. Diese Schülerinnen und Schüler bilden dann eine spezielle Turniergruppe.

Können Schülerinnen und Schüler Antworten von anderen Tischen abhören?
Diese Gefahr ist durch die Nummernkarten herabgesetzt. Die Schülerinnen und Schüler beantworten nicht dieselben Fragen zur gleichen Zeit.

Ist bei dieser Methode nicht ein grosser Lärmpegel zu befürchten?
Steuernde Hinweise für die Schülerinnen und Schüler sind von Zeit zu Zeit notwendig. Sie wirken eher als üblich, weil die Schülerinnen und Schüler in der Regel daran interessiert sind, sich gegenseitig zu verstehen. Manche Lehrkräfte verwenden in offeneren Lernformen eine Lautstärkerückmeldung. Man gibt einen Hinweis, wenn der Pegel zu laut ist.

Grundsätzlich hat jede Methode Stärken und Schwächen. Gemäss dem in Kap. 3 erwähnten ATI-Ansatz existieren keine Supermethoden, die für alle Schülerinnen und Schüler vorteilhaft sind. Einige Schlaumeier mögen sich solche Verfahren zwar ausdenken. Erfüllen dürften sie ihren Anspruch nicht.

Anhang

Materialien 1

Punkteblatt für Gruppenturniere

Tisch Nr. ....   Turnier vom ....

Name	Stammgruppe	Anzahl Karten in Runde Nr.		Tagessumme	Turnierpunkte

Materialien 2

Turnierergebnisse für Stammgruppen

Gruppenname: ....

Name \ Turnier vom						
Gruppenwert						
Transf. Wert						
Rangplatz						
Kum. Wert						
Kum. Rangplatz						

9 Differenzierung nach Interessen (Profilprinzip)

Ein Mensch macht seine Sache gern, wenn die Sache ihm Freude macht, er den Dingen aus eigener Motivation nachgeht und er sich in und mit der Sache auskennt. Die Alltagserfahrung bestätigt diese These immer wieder aufs Neue: Für seine Interessengebiete lernt man lieber als für andere Themen (vgl. Hartinger & Fölling-Albers, 2001). Unterricht kann deshalb nicht einseitig von aussen „verordnet" werden. Er muss auch die Motivation, das Interesse, das Vorwissen oder die Sinnhaftigkeit ansprechen, die Lernende Unterrichtsinhalten entgegenbringen. Das heisst: Sie sollen ein eigenes Profil entwickeln können. Differenzierung nach Interesse folgt diesem *Profilprinzip*. Auch im sozialen Alltag kommt persönlichen Interessenprofilen eine wichtige Funktion zu. So wird, wenn man sich einer Gruppe vorstellt, nicht selten nach Interessen und Hobbies gefragt. Diese Informationen dienen den anderen Mitgliedern als Anknüpfungspunkte für weitere Gespräche. Oft bezeichnet man sich ja auch als „Schwimmerin", „Musiker" oder „Fan von ...". Die Schule kann sich infolgedessen nicht ausschliesslich auf external fixierte Leistungsstandards konzentrieren. „Wer dem Lernenden – wie indirekt auch immer – mitteilt, dass alles das, was er kann, was ihm wichtig ist und was ihn interessiert, bildungs- bzw. unterrichtspraktisch belanglos ist und dass andererseits nur oder vor allem das etwas mit Bildung oder erwünschter Kompetenz zu tun hat, was er nicht weiss und was ihn nicht interessiert, der erzeugt Lernmisserfolge" (Heid, 2007, 45). Auch die Förderung und Entwicklung von Interessen ist daher ein wichtiges Bildungsanliegen. Doch was sind Interessen? Diese Frage verlangt vorerst grundlagentheoretische Darlegungen. Anschliessend werden wie beim Kompensationsprinzip anwendungsorientierte Befunde vorgebracht. Designtools möglicher Lernumwelten werden wie in Abb. 3-7 wiederum Annahmen zu den Voraussetzungen der Schülerinnen und Schüler und zum Curriculum vorangestellt.

9.1 Grundannahmen: Pädagogische Interessetheorie

In der pädagogischen Psychologie liegt inzwischen ein Grundbestand von Annahmen vor, die im Folgenden erläutert werden.
(1) Interesse ist das Produkt einer besonderen Beziehung zwischen Person und Gegenstand (Hidi & Renninger, 2006; Schiefele, Krapp, Wild & Winteler, 1993). Dieser Gegenstand hat für die Person eine herausgehobene subjektive Bedeutung (Lankes, 2007). Interessant können ein Objekt, ein Thema, eine Tätigkeit oder auch ein Kontext sein (Prenzel, Lankes & Minsel, 2000). Sport zum Beispiel kann tätigkeitsintrinsisch sein. Man übt ihn aus, weil er als selbstbelohnend erlebt wird. Gleichermassen kann man aber auch lustvoll mit Inhalten umgehen oder Freude

haben, in einem bestimmten Lernkontext aktiv zu sein (z.b. mit anderen etwas einüben, obwohl das Üben mühevoll sein kann).

(2) Interesse beinhaltet beides, affektive und kognitive Komponenten, und zwar als separate aber einander gegenseitig beeinflussende Grössen. Es sind angenehme Gefühle, welche die Beschäftigung mit dem Gegenstand begleiten (Hidi, 2006). Schülerinnen und Schüler lesen beispielsweise lieber und lernen mehr mit Texten, die kohärent strukturiert, aber auch stilistisch lebhaft geschrieben sind und manchmal auch anregende Details beinhalten wie Liebe, Intrigen, Romantik, Tod, usw. (Brophy, 2004).

(3) Interesse ist epistemisch orientiert (= mehr erfahren wollen). Die Beschäftigung mit dem Gegenstand ist intensiv und erfolgt über eine längere Zeitspanne. Einerseits möchte man mehr darüber erfahren und andererseits sein Wissen auf dem aktuellen Stand halten. Durch die Erweiterung des dabei entstehenden Wissens und Könnens verändert sich die Beziehung zwischen Person und Gegenstand ständig (Prenzel et al., 2000).

(4) Jemand, der Interesse hat, beschäftigt sich aus eigenem Antrieb mit dem Gegenstand. Sein Handeln ist selbstintentional und mit dem sich entwickelnden Selbst verträglich.

(5) Die meisten Autorinnen und Autoren unterscheiden zwischen einem individuellen, über längere Zeit andauernden und einem situationalen Interesse. Lehrpersonen können eher das situationale Interesse beeinflussen (Lankes, 2007). Eine differenziertere Beschreibung zur Genese dauerhaften individuellen Interesses haben Hidi und Renninger (2006) vorgelegt. Sie haben vier Phasen unterschieden:

Phase 1: Ausgelöstes situationales Interesse (Triggered Situational Interest): Es handelt sich dabei um kurzfristige Änderungen affektiver und kognitiver Prozesse. Entfacht werden sie durch Anreize der Umwelt (überraschende Informationen, bedeutsame Personen, etc.). Diese Phase lässt sich als eine Vorstufe ansehen zur späteren Absicht, sich mit einem Inhalt möglicherweise wieder zu beschäftigen. Solche Auslöser sind in späteren Phasen nicht mehr notwendig.

Phase 2: Konstantes situationales Interesse (Maintained Situational Interest): Die Aufmerksamkeit gegenüber einem Gegenstand bleibt für eine bestimmte zeitliche Phase erhalten. Sie kann auch später wieder auftauchen und fortbestehen. Dies kann geschehen durch sinnvolle Aufgaben und persönliches Einbezogensein. Es ist aber nicht zwingend, dass dies zu elaborierteren Formen von Interesse führen muss.

Phase 3: Aufkommendes individuelles Interesse (Emerging Individual Interest): Man ist geneigt, Gelegenheiten aufzusuchen, sich mit einzelnen Aspekten des Inhaltes erneut auseinander zu setzen. Es handelt sich um einen psychologischen Zustand, der relativ dauerhaft ist. Positive Gefühle tauchen auf, Kenntnisse und Wertvorstellungen über den Inhalt werden kognitiv gespeichert, eine Fragehaltung kann entstehen. Konstantes situationales Interesse ist nicht ausschliesslich selbst generiert. Externe Stützen durch Modelle, Peers, Experten können die Entwicklung begünstigen.

Phase 4: Gut ausgebildetes individuelles Interesse (Well-developed Individual Interest): Es handelt sich um einen stabilen psychischen Zustand, der sich dadurch auszeichnet, dass man sich mit einem Gegenstand auf Dauer beschäftigen möchte. Auch kommt Neugier auf, immer mehr zu wissen.

Die vier Phasen verdeutlichen die Schwierigkeit, in der Schule dauerhaftes Interesse zu wecken, weil dieses in hohem Masse von den Voraussetzungen der Schülerinnen und Schüler bestimmt wird. Ein zentrales Merkmal von Interesse ist somit sein intrinsischer Charakter. Dieser kann aber von aussen nicht direkt beeinflusst werden. Wenn Lehrpersonen Interesse dennoch nicht nur punktuell auslösen, sondern auch längerfristig fördern möchten, dann sind Bedingungen zu beachten, die für intrinsisch motiviertes Lernen generell gelten.

An dieser Stelle kann der Bezug zur Selbstbestimmungstheorie von Deci und Ryan (1993) hergestellt werden. Lernende entwickeln danach ein situationales und vielleicht auch ein sogar über die Zeit andauerndes individuelles Interesse, wenn die folgenden drei angeborenen organismischen Bedürfnisse (basic needs) befriedigt werden können:
(1) Kompetenzwahrnehmung ist das Gefühl, etwas erfolgreich bewältigt zu haben („Ich kann das!" Ich habe etwas erreicht!").
(2) Autonomieerleben bezeichnet die Wahrnehmung, sich für etwas freiwillig selbst entscheiden zu können. Lernende benötigen somit Spielräume bei der Auswahl und Bearbeitung eines Lerngegenstandes. Dabei geht es nicht um die Realisierung „totaler Freiheit" (Krapp, 1999). Das Bedürfnis nach Autonomieerleben ist auf das persönliche Kompetenzniveau bezogen. Menschen wünschen nur dort Handlungsfreiheit, wo sie glauben, anstehende Aufgaben erfolgreich bewältigen zu können.
(3) Soziale Einbindung meint das Bedürfnis zu einer Gruppe zu gehören, die ähnliche Ziele und Interessen wie ich verfolgt. Dabei müssen die Ziele wichtig und bedeutsam sein. Das Bedürfnis nach Zugehörigkeit bildet eine Grundlage, auf welcher Menschen ihre soziale Identität herausbilden können.

Wirksamkeit und Autonomie wirken als primäre Verstärker. Sie versorgen eine Vielzahl von Verhaltensweisen und psychischen Prozessen mit Energie. Die hinreichende Befriedigung dieser drei grundlegenden psychologischen Bedürfnisse ist eine notwendige Voraussetzung für die optimale Funktionsweise des psychischen Systems.

Zusammenfassend können für die Unterrichtspraxis folgende Schlüsse gezogen werden. Eine Person setzt sich unter folgenden Voraussetzungen dauerhaft und aus innerer Neigung mit einem Unterrichtsgegenstand auseinander:
- Sie muss ihn auf der Basis rationaler Überlegungen für sich als bedeutsam einschätzen;
- Lernhandlungen mit dem Gegenstand müssen positiv erlebt werden können.

Möchte man im Unterricht Interesse fördern, dann sollten somit nicht nur Vorgaben gemacht werden. Auch aktuelle Wertbezüge wie im Kontext der in Kap. 2 erwähnten inneren und äusseren Autonomie wären zu aktivieren. Die Forderung nach einem interessanten Unterricht ist jedoch leichter formuliert als umgesetzt (Hasselhorn & Gold, 2006, 104). Zwar existieren vielfältige fachdidaktische Vorschläge und Konzepte, Unterricht interessant zu machen. Interessantheit ist aber nur in einem begrenzten Masse herstellbar. „Lernende unterscheiden sich darin, ob sie eine Lernsituation für interessant halten oder nicht. Ein und dieselbe Unterrichtssituation kann von manchen Lernenden als interessant, von anderer aber als uninteressant empfunden werden" (a. a. O. 104). Diese Tendenz nimmt mit steigendem Alter der Schülerinnen und Schüler zu. Zudem ist in Betracht zu ziehen, dass die Genese von Interesse wie oben erwähnt einen relativ langwierigen Prozess darstellt, der über unterschiedliche Phasen verlaufen kann, die zudem nicht notwendigerweise in eine nächste übergehen müssen. An dieser Stelle ist es angezeigt, auch einige Argumente der Schulkritik aufzugreifen und in ein kritisches Licht zu rücken.

9.2 Exkurs über Interesse und Schulkritik

Eine oftmals geäusserte Kritik an der Schule liesse sich in die folgende These fassen:
„Zu Beginn der Schulzeit gehen alle Kinder mit Freude zur Schule. Später verlieren sie das Interesse, weil es ihnen in der Schule zu langweilig wird."

Einer solchen Schulkritik liegt nicht selten die Vorstellung zugrunde, dass intrinsische Motivation Ausgangspunkt allen Lernens sei. Damit verbunden ist die Hoffnung, dass spontane Neugier, Entdeckungslust und Interesse über längere Zeit Grundlage des Unterrichts sein könnten. Am Anfang der Schulzeit mag dies zwar noch plausibel sein. Im Laufe der Schulzeit jedoch gerät diese Sicht mit der Entwicklungslogik menschlicher Motivationssysteme und schliesslich auch mit dem Zweck der Schule selbst immer mehr in Konflikt.
Zur Beleuchtung dieser Zusammenhänge hat Weinert (2001c) eine Klassifikation menschlicher Lernfähigkeiten und Lernprozesse aufgegriffen, die der Evolutions-

biologe Geary (1995) vorgenommen hat. Er unterscheidet zwischen primären und sekundären biologischen Fähigkeiten. Zu den primären Fähigkeiten zählt er die artspezifisch vererbten Voraussetzungen zum Erwerb der Muttersprache, die elementaren numerischen Kompetenzen, die intuitiven, in der Regel bereichsspezifischen Fähigkeiten zum handlungswirksamen Verständnis der Welt (z.b. lokale Orientierung), Verständnis des Menschen (z.b. einander helfen) und der eigenen Person sowie viele konkrete intellektuelle Operationen wie zählen, ordnen, vergleichen. Charakteristisch für diese primären Fähigkeiten ist es, dass praktisch alle Menschen – unabhängig vom Entwicklungsstand der jeweiligen Kultur – diese grundlegenden Kompetenzen bis zum 5., 6. oder 7. Lebensjahr auf geradezu naturwüchsige spontane Weise erwerben.

Das ist jenseits dieser Altersstufe völlig anders. Ob es sich um Kulturtechniken des Lesens und Schreibens, um höhere Formen des mathematischen Verständnisses oder um wissenschaftliche Kenntnisse handelt – stets ist der Erwerb dieses Wissens und Könnens vom Entwicklungsstand der jeweiligen Kultur und von der Verfügbarkeit von schulähnlichen Institutionen abhängig. Geary (a.a.O.) spricht in diesem Fall von sekundären biologischen Fähigkeiten. Vor diesem Hintergrund ist es nicht unproblematisch, wenn sich die Kritik an der traditionellen Schule am Modell des freien, in der Regel selbstorganisierten vorschulischen Lernens orientiert. „Intrinsisch motiviert und von spontaner Neugier und Entdeckungslust getrieben, das Erleben eigener Wirksamkeit geniessend, aus Erfolgen und Misserfolgen nicht nur wichtige Erfahrungen, sondern auch neue Einsichten gewinnend, zwar ohne Lehrer, aber in einer Gemeinschaft von Erwachsenen und Gleichaltrigen agierend und im Erwerb vielfältiger Kompetenzen überaus erfolgreich! Ein wunderbares Szenario, das Erwachsene begeistert und beglückt!" (vgl. Weinert, 2001c, 97). Ob dieses naturwüchsige Lernen allerdings auch für sekundäre Anforderungen kultureller Systeme tauglich ist, scheint aufgrund der von Geary vorgetragenen empirischen und theoretischen Befunde zweifelhaft.

Die Entwicklung der von der jeweiligen Kultur geforderten Fähigkeiten kann vielmehr als zunehmender Erwerb von Expertise in bestimmten Bereichen angesehen werden. Notwendig ist kumulatives Lernen und planvolles Üben. Im Laufe des Lebens entwickeln sich daraus selbstbezogene Fähigkeiten und Interessen, und zwar durch Kompetenzrückmeldungen und deren Bewertung im sozialen und intraindividuellen Vergleich. Wenn ich beispielsweise feststelle, dass ich in sprachlichen Leistungen erfolgreicher abschneide als in handwerklich-praktischen und in meiner Umwelt damit positive Erfahrungen mache, dann werde ich mehr Interesse an diesen sprachlichen Leistungen entwickeln und entsprechende Gelegenheiten nutzen. Handwerklich-praktische Tätigkeiten werde ich hingegen nur ausführen, wenn sich dies als notwendig erweist. Im Gegensatz zu den primären biologischen Fähigkeiten führt ein Vergleich bei sekundären Kompetenzen damit zu einer bereichsspezifischen Differenzierung von Motivation und Interesse: Personen investieren dort, wo sie bereits Stärken besitzen. Für die Schule folgt daraus, dass Lehrpersonen mit zunehmendem Alter ihrer Schülerinnen und Schüler immer weniger von gleichmässiger Motivation und Neugier für die Sache ausgehen können. Es gilt nämlich das folgende Gesetz: Nimmt die Differenzierung der Interessen zu, dann sinkt das mittlere Niveau des Interesses an einem Fachgebiet innerhalb einer Lerngruppe. Dafür werden die Motive der verschiedenen Schülerinnen und Schüler immer heterogener. Dies ist ein „Indikator für gelungene individuelle Entwicklungsprozesse und kein Grund für pädagogische Klagelieder" der Schulkritik (vgl. Baumert & Kunter, 2006, 475).

Gemäss Baumert und Kunter (2006) kann diese Entwicklung von Kindern und Jugendlichen jedoch mit dem Selbstverständnis der Schule in Konflikt geraten. Theorien moderner Allgemeinbildung gehen davon aus, dass die Schule allen Angehörigen der nachwachsenden Generation jene Basisqualifikationen zu vermitteln habe, die Voraussetzung für gesellschaftliche Teilhabe und für das Weiterlernen sei. Hält man an dem verpflichtenden Charakter der Allgemeinbildung fest und lässt Abwahlen von Themen, Fächern oder ganzen Fächergruppen während der obligatorischen Schulpflicht nicht zu, dann wird die Sicherung der Motivation zunehmend zu einem Dauerproblem. Wo dispositionales Interesse (Beispielsweise Freude am Fach Englisch) vorhanden ist, löst ein herausforderndes didaktisches Arrangement das Problem von selbst. Kritisch sind jene Fälle, wo trotz Abneigung an Fach und Inhalten aufgrund des schulischen Auftrages Teilnahmemotivation am Unterricht zu sichern ist. Je nachdem, wie es Lehrerinnen und Lehrern gelingt, sich mit diesem Dilemma zu arrangieren, kann sich eine Stabilisierung der Teilnahmemotivation entwickeln, die für gelingende Lernprozesse ausreichend ist, ohne dass dies jemals zu wirklich intrinsischer Motivation und dispositionalem Interesse führen müsste. Ob dies gelingt, ist eine Frage der sorgfältigen Unterrichtsplanung und einer erfahrungsgesättigten pädagogischen und fachdidaktischen Kompetenz, die sich auch der Mittel extrinsischer Motivierung bedient. Auch eine Öffnung des Unterrichts im Hinblick auf eine stärkere Berücksichtigung von heterogenen Interessenlagen, d.h. eine Lockerung starrer kanonischer Prinzipien, dürfte mit zunehmender Klassenstufe unumgänglich sein. Beliebigkeit braucht sich deshalb noch lange nicht einzustellen.

9.3 Handlungsleitende Orientierung zur Differenzierung nach Interessen

Nach den theoretischen Grundlagen kann Interesse der Schülerinnen und Schüler nicht intentional erzeugt werden. Es kann indirekt (a) angestossen (b) aufgegriffen oder (c) gefördert werden (Hartinger & Fölling-Albers, 2001). Diese Strategien werden im Folgenden erläutert. Die ersten beiden lassen sich auch im konventionellen Unterricht mit der Klasse verwirklichen. Wie bei den in Kap. 3.2.3 aufgeführten adaptiven Massnahmen zum Kompensationsprinzip beschränkt sich auch das Eingehen auf Interessen der Schülerinnen und Schüler nicht auf die organisatorische Öffnung.

9.3.1 Interessen auslösen

In der didaktischen Tradition haben sich zwei Grundprinzipien bewährt, wie man Interesse auslösen kann: Neugier provozieren und Phantasie anregen (vgl. Brophy, 2004). Die beiden Massnahmenpakete lassen sich auch kombinieren. Hauptsächlich werden folgende Massnahmen empfohlen.

Ein Inhalt oder eine Tätigkeit müssen nicht neu sein, damit Neugier ausgelöst werden kann. Wenn Informationen mit unseren *bisherigen Vorstellungen zum Thema in Konflikt* geraten, dann kann dies Neugierde auslösen. Viele Menschen stellen sich Grundwasservorkommen beispielsweise in Höhlen, Grundwasserseen oder Wasseradern vor, die auch nicht annähernd der Wirklichkeit entsprechen. In einer durchsichtigen Wanne mit Kies und Sand kann die wirkliche geologische Situation damit konfrontiert werden. Ein Beispiel aus der Mathematik erwähnt Messner (2004). Ein Lehrer fragte die Schülerinnen und Schüler, was passieren würde, wenn ein straff um die Erde gespanntes Seil (40'000 km) um einen Meter verlängert würde. Was geht dann unten durch: Ein Blatt Papier, eine Maus oder mehr? Vorerst sind die Schülerinnen und Schüler verblüfft und letzten Endes erstaunt, weil das Ergebnis 16 cm beträgt, was durchaus ausreichend ist, dass eine Katze hindurchschlüpfen kann.

- *Startfragen,* die den Schülerinnen und Schülern, das Gefühl vermitteln, sie seien gefordert, Vieldeutigkeit aufzulösen oder nach zusätzlichen Informationen zu suchen, machen in der Regel neugierig. So könnte man sie herausfinden lassen, über wie viele Zeitzonen sich Russland erstreckt oder warum gerade die Besetzung der Schweiz durch eine fremde Armee (Frankreich) viel dazu beigetragen hat, dass sich das Land zu einem modernen Rechtsstaat entwickeln konnte.
- Eine kleiner *Vortest* zu Beginn eines Themas kann dazu beitragen, das Interesse am Gegenstand zu wecken. Die Fragen sollten den Kerninhalt des Stoffes betreffen.
- Die Erzeugung von *Ungewissheit,* kann ein Bedürfnis nach zusätzlicher Information wecken. Fragen wie: Warum sind die Dinosaurier verschwunden? oder wie ernährt sich ein Skorpion in der Wüste? können dazu anregen, es richtig wissen zu wollen.
- Man kann auch *gegensätzliche Meinungen* provozieren und sich anschliessend auf die Suche nach Fakten machen, die Klärung bringen.
- Anregend können wie erwähnt auch *Fantasietätigkeiten* sein. So liesse sich ein eigenes Säugetier kreieren und seine Lebensfähigkeit abschätzen. Mit Hilfe des

Computers ist es möglich, eine Fantasiereise zu konzipieren und zu beschreiben. Fantasie ist auch notwendig, wenn beispielsweise eine eigene Hörsendung über ein historisches Ereignis produziert werden soll.

• Sogar bei Aktivitäten, die auf den ersten Blick als uninteressant gelten können, ist es möglich zumindest durch *Begründungen und Rechtfertigungen* interessiertes Engagement und Lernen auszulösen (Jang, 2008).

9.3.2 Interessen aufgreifen

Auch in konventionellen Formen des Unterrichts lassen sich Interessen aufgreifen. Dies ist dann der Fall, wenn Inhalte in Kontexte eingebettet werden, die Kinder und Jugendliche ansprechen. Ferner besteht die Möglichkeit, dass Schülerinnen und Schüler motivierende Tätigkeiten ausführen können.

Einen überraschenden Effekt für *kontexteingebettete Massnahmen* berichten Hoffmann und Haussler (1998) für den Physikunterricht. Mädchen hatten überhaupt kein Interesse daran, wie Pumpen mechanisch funktionieren. Konnten sie Pumpen jedoch in einem biologischen Kontext analysieren, dann änderte sich diese Haltung deutlich. Auch Mädchen begannen, sich plötzlich für Pumpen zu interessieren, wenn es darum ging, wie sie während einer Herzoperation künstlich Blut durch den Kreislauf befördern. Bei Mädchen führen biologische und medizinische Kontexte oftmals dazu, dass physikalische Zusammenhänge eher als sinnvoll akzeptiert werden (Labbude, 2003). Eine vergleichbare Einbettungsstrategie wurde auch im Projekt „Chemie im Kontext" eingeschlagen (Gräsel, Nentwig, & Parchmann, 2005; Gräsel, 2006). Die Stoffumwandlung am Beispiel der Oxydation lässt sich etwa in den Kontext von Verbrennungen stellen. Stoffgemische können auch mit der Analyse von Ketchup in Verbindung gebracht werden. Das Bereitstellen von geeigneten oder individuell wählbaren Sach-Kontexten gilt nicht nur für naturwissenschaftliche Phänomene, sondern auch für sprachliche Leistungen wie beispielsweise beim Lesen (Wigfield, 2005). Schülerinnen und Schüler zeigten eine höhere Motivation und bessere Leistungen, wenn sie Texte nach ihren Interessen auswählen konnten. Sie sollten dabei aber auch ermuntert werden, bei schwierigeren Texten nicht aufzugeben. Dasselbe Prinzip kann auch im Fach Mathematik verfolgt werden. Gelingt es beispielsweise, mathematische Probleme in einen sportlichen Zusammenhang zu stellen (z.B. ein Snowboard kaufen und Rabatte vergleichen), dann kann diese Problemstellung bei sportlichen Schülerinnen und Schülern eher Interesse hervorrufen. In all diesen Fällen dürfte es sich jedoch lediglich um ausgelöstes situationales (*triggered*) Interesse handeln und somit Phase 1 der Interessegenese betreffen. Diese Phase kann als Vorbedingung für spätere Phasen betrachtet werden. Auch sie ist unverzichtbar.

Neben anregenden Kontexten können auch unterschiedliche *Tätigkeiten* (s. „performing acts", Hidi, 2006) einen bedeutsamen Beitrag zur Entwicklung von Interesse leisten. Praktisch-konstruktive Aktivitäten sind anregender als passiv-rezeptive Anforderungen. Auch existieren Präferenzen hinsichtlich unterschiedlicher Gestaltungsmedien (Sprache, Spiel, Malen, ICT). Insbesondere Grundschulkinder definieren ihre Interessen eher durch die beim Lernen auftretenden Tätigkeiten als durch Inhalte (Hartinger & Fölling-Albers, 2001, 138).

Bei der Bearbeitung von Lernaufgaben werden offene Bearbeitungsfragen gegenüber geschlossenen Fragen generell als interessanter eingestuft. Tätigkeiten wie beispielsweise ein Rollenspiel zu spielen, in welchem nur Fragen vorkommen dürfen oder einen Dialog zu spielen, in dem die Rollen kippen (Herr wird zu Knecht, usw.) animieren Schülerinnen und Schüler ihr kreatives Potenzial zur Darstellung zu bringen. In der Regel wird die Kooperation mit Peers ohnehin bevorzugt.

9.3.3. Interessen fördern

Neben der Bereitstellung von unterschiedlichen Kontexten für gegebenen Lernstoff können auch Inhalte selbstständig weiter bearbeitet werden. In der Regel handelt es sich um längere Phasen, in denen an einem selbst gewählten Thema gearbeitet wird. Die Aspekte der Selbstregulation werden dabei deutlich ausgeweitet (Sansone & Smith, 2000). Wenn Schülerinnen und Schüler länger selbstständig arbeiten, dann müssen notwendige Grundvoraussetzungen vorhanden sein. Im Idealfall geht es daher um Weiterlernen, bzw. Profilbildung in einem Gebiet, in dem man bereits gewisse Stärken besitzt (Lüders & Rauin, 2004). Dieses Lernverständnis unterscheidet sich von den Vorstellungen, die dem Kompensationsprinzip zugrunde lagen. Das Vorgehen orientiert sich am *horizontalen Lerntransfer* (s. Kap. 3.2.2). Bestehendes Wissen wird flexibel genutzt. Der Aufbau systematischen Grundwissens ist weniger zentral.

Im Folgenden werden zwei Varianten unterschieden: *(1) Wahldifferenzierter Unterricht* und *(2) Recherchearbeiten*. Es handelt sich dabei um Möglichkeiten mit zunehmend ausgeprägter Selbstbestimmung. Auf der organisatorischen Makroebene lassen sich eine *Moderationsphase* im Klassenunterricht und eine nachfolgende *selbstständige Arbeitsphase* unterscheiden.

Variante (1): Wahldifferenzierter Unterricht

Beim *wahldifferenzierten Unterricht* beinhaltet die Moderationsphase eine Erarbeitung von Basiskenntnissen im Unterricht mit der Klasse. Der Lernstoff ist curriculumsnah, weil er von der Lehrperson festgelegt wird. Er kann jedoch nach interessierenden Aspekten individuell oder in Gruppen weiter bearbeitet und vertieft werden. Die Lehrperson moderiert diesen Differenzierungsprozess. Von Profilbildung kann in diesem Fall streng genommen noch nicht gesprochen werden.

Tab. 9-1: Design der Lernumgebung zum wahldifferenzierten Unterricht.

Grundlagen / Moderationsphase (Klassenunterricht)	Selbstständige Arbeitsphase
1. Grundlagen zu einem Thema erarbeiten	Auswahlthema 1
2. Übersicht gewinnen	Auswahlthema 2
3. Wahl der anschliessenden Themen moderieren	Auswahlthema 3
	Auswahlthema 4
	Auswahlthema 5
	Usw.
Evaluation der Lernergebnisse / Rückblick	

Für die Wahl des Themas durch die Schülerinnen und Schüler gilt folgender Zusammenhang: Der *Fachbereich* des Lernstoffs ist *festgelegt, Einzelthemen* sind *variabel.*

> Beispiel 1: Im Unterricht mit der Klasse wird eine bestimmte Gattung (Bsp. Säugetiere oder Frühblüher) vorgestellt und exemplarisch erarbeitet. Kinder und Jugendliche können entscheiden, mit welchen Tieren und Pflanzen sie sich weiter beschäftigen möchten.
>
> Beispiel 2: Im Fach Deutsch werden Unterschiede von Poesie und Prosa erarbeitet. Anschliessend können die Schülerinnen und Schüler je nach Interesse Gedichte zu unterschiedlichen Themen und in verschiedenen Formen verfassen.

Wahldifferenzierte Formen sind ein Mix zwischen vertikalem und horizontalem Lerntransfer. Das organisatorische Vorgehen ist dem Beispiel ähnlich, das in Kap. 6 zum Erwerb von Lesestrategien dokumentiert worden ist. Dennoch besteht ein Unterschied. Im vorliegenden Fall werden in der selbstständigen Phase die Themen ausgewählt. Beim Erwerb von Lesestrategien ging es hingegen um den systematischen Aufbau prozeduralen Wissens ohne thematische Wahlmöglichkeiten. Diese Kompetenzen konnten lediglich an unterschiedlichen Texten trainiert werden. Dennoch zeigt das Beispiel, dass die Trennung zwischen vertikalem und horizontalem Lerntransfer, insbesondere dann nicht immer eindeutig vorzunehmen ist, wenn die Vorgaben durch die Lehrperson einen dominierenden Einfluss haben. Eindeutiger präsentiert sich die Situation bei den folgenden Recherchearbeiten.

Variante (2): Recherchearbeiten
Bei den *Recherchearbeiten* können Themen selbst gewählt und bearbeitet werden. Infolgedessen ist die Distanz zum Curriculum grösser als beim wahldifferenzierten Unterricht. Insofern können individuelle Präferenzen unmittelbar wirksam werden. Profilbildung ist möglich. In der Vorphase erstellt die Lehrperson gegebe-

nenfalls eine Diagnose vorhandener Interessen, moderiert den Wahlprozess und organisiert mit den Schülerinnen und Schülern das Vorgehen.

Tab. 9-2: Design der Lernumgebung für Recherchearbeiten.

Grundlagen / Moderationsphase (Klassenunterricht)	Selbstständige Arbeitsphase
Recherchearbeiten mit oder ohne festgelegtem thematischen Bereich:	Selbst gewähltes Thema 1
	Selbst gewähltes Thema 2
1. Inventar von Interessen erstellen 2. Themenwahl moderieren	Selbst gewähltes Thema 3
3. Vorgehen moderieren	Usw.
Evaluation der Lernergebnisse / Rückblick	

Beim Wahlprozess sind zwei Kombinationen denkbar. Die Konzentration auf einen thematischen Bereich begrenzt die Wahl innerhalb eines breit gefächerten Feldes. Demgegenüber können auch Wahlen zugestanden werden, die vollständig aus eigenem Interesse zustande kommen. Im ersten Fall, der *themengebundenen Recherche,* kann der Lernstoff aus unterschiedlichen Fächern stammen, das thematische Feld ist jedoch mehr oder weniger festgelegt. Innerhalb eines offen formulierten Rahmenthemas können somit unterschiedliche Fächer betroffen sein. Im folgenden Beispiel 1 ist dies in ausgeprägterem Maße der Fall als im Beispiel 2.

Beispiel 1: In Fachbereichen, in denen Schülerinnen und Schüler talentiert sind oder Interessen entwickelt haben (Sport, Musik, Gestalten) könnten sie Portraits über berühmte Persönlichkeiten gestalten (=thematisches Feld), die in diesem Gebiet wesentliche Leistungen erbracht haben.

Beispiel 2: Schülerinnen und Schüler tragen Beispiele zusammen, wie Kinder in unterschiedlichen Weltgegenden und Kulturen leben.

Im zweiten Fall, *der freien Recherche,* erarbeiten sich Schülerinnen und Schüler ein Thema vollständig selbst. Die Lehrperson begleitet den Prozess. Sowohl das *Thema* wie auch der *Fachbereich* sind in diesem Fall *variabel.*

Auch die Darstellungsformen und die Gestaltung der jeweiligen Produkte können festgelegt sein oder variieren (Vortrag, Video, Ausstellung, Wandzeichnung, Plakat, Computerpräsentation, etc.). In all diesen Fällen können Tätigkeiten ausgeführt werden, die die Schülerinnen und Schüler für sich bevorzugen.

Zwischenbemerkung
Es ist zweifellos eine Aufgabe der Schule, interesseorientiert zu arbeiten. Der Anspruch ist jedoch hoch gesteckt. Einzelne Tipps und Rezepte vermögen unter Umständen zwar punktuelle situative Aufmerksamkeit zu erregen. Die Genese von Interesse verlangt jedoch nach einer längerfristig ausgelegten Förderstrategie. Sie kann einerseits gekennzeichnet sein durch kontinuierliches Aufgreifen von Interesse, indem nach angemessenen Kontexten und Tätigkeiten gesucht wird. Da sich Schülerinnen und Schüler in ihren Interessen aber auch deutlich unterscheiden, wird es andererseits unumgänglich sein, auch Inseln zu schaffen, auf denen selbstbestimmt gelernt werden kann.

9.4 Voraussetzungen der Schülerinnen und Schüler: Inventare zur Bestimmung subjektiver Interessen beim Profilprinzip

In den vorangehenden Kapiteln wurde Interesse als erklärungsmächtige motivationale Determinante für schulisches Lernen und dessen Output angesehen (vgl. Köller, Baumert & Schnabel, 2000). Trautwein et al. (2009) konnten sogar aufzeigen, dass die Leistungen von Schülerinnen und Schülern mit unterdurchschnittlicher Gewissenhaftigkeit ansteigen, wenn der Unterricht von ihnen als interessant erlebt wird. Weil Interesse jedoch nicht direkt initiiert werden kann, ist es notwendig, sich im Unterricht auf vorhandene Interessen zu stützen, bzw. sie weiter zu entwickeln und zu fördern. Etwas verkürzt würde dies heissen: Unterricht ist dann interessant, wenn er Interessen aufgreift. Den Schülerinnen und Schülern könnte daher die Möglichkeit zugestanden werden, Entscheidungen über Unterricht nach eigenen Vorstellungen mitzubestimmen. Dieses partizipative Mitwirken hat Lenzen (2004) auf unterschiedlichen Niveaus angeordnet. Für diese gegenseitigen Absprachen ist es notwendig, dass sich die Schülerinnen und Schüler über ihre Interessen im Klaren sind und dass die Lehrperson diese ebenfalls kennt. Zu diesem Zwecke werden im Folgenden Ideen für ein Interesseinventar gegeben, nach denen Lehrerinnen und Lehrer Partizipationsmöglichkeiten im Rahmen der Interessedifferenzierung ausloten können. Unterschieden werden drei Bereiche: Interessen zur Themenfindung, Interessen zu bestimmten Fachbereichen und Interessen über bevorzugte Tätigkeiten.

Interesseinventar zur Themenfindung
Mitbestimmungsmöglichkeiten müssen sich nicht auf methodische Entscheidungen beschränken. Sie können auch die Inhalte des Unterrichts betreffen (Hartinger, 2006). Das folgende Beispiel enthält Vorschläge, denen man geeignete Fragen entnehmen kann.

Beispielfragen zum Finden interessanter Themen:
1. Was machst du am liebsten in der Schule? Warum?
2. Womit beschäftigst du dich am liebsten in der Schule?
3. Was machst du am wenigsten gern?
4. Wenn du irgendwas lernen möchtest, das du selbst bestimmen kannst, was würdest du wählen?
5. Mache möglichst genaue Angaben wie (Science-fiction-Geschichten schreiben, Wetterkunde, Afrika, Architektur).
6. Wenn du einen Buchclub gründen würdest, welche Bücher würdet ihr zusammen lesen?
7. Bei welchem Thema kommst du so gut draus, dass du jemanden darüber gut Auskunft geben könntest?
8. Wenn du irgendwohin reisen könntest, wohin würdest du gehen? Warum würdest du diesen Ort wählen?
9. Wenn du eine Expertin oder einen Experten zu einem Thema interviewen könntest, welches Thema würdest du wählen?
10. Wenn du eine berühmte Person von heute und eine von früher interviewen könntest, mit wem würdest du das Gespräch führen? Warum gerade diese Personen?
11. Blättere das Jugendlexikon durch. Bei welchen Stichworten/Themen möchtest du gerne mehr wissen?

Im Anschluss an die Antworten, die auf einzelne Fragen geliefert werden, können mit Schülerinnen und Schülern geeignete Themen besprochen werden.

Interesse für Fächer und Aktivitätsbereiche einschätzen
Manchmal möchten Lehrpersonen wissen, in welchen Fachbereichen Kinder und Jugendliche am meisten Interessen haben. Auf der Basis dieser Informationen lassen sich Fachschwerpunkte bestimmen, in denen Interessen entgegengekommen werden kann.

Schreibe zu den folgenden Tätigkeiten und Fächern eine 1, 2 oder 3, je nachdem, wie stark sie dich interessieren! 1 = sehr interessiert / 2 = ein wenig interessiert / 3 = nicht interessiert

__ Tanz   __ Musik

__ Theater spielen   __ Sport

__ Mathematik   __ Bildnerisches Gestalten

__ Computer   __ Mensch und Umwelt / Naturlehre

__ Geographie   __ Geschichte

__ Deutsch (Schreiben)   __ Deutsch (Lesen)

__ Französisch   __ Englisch

__ Technisches Gestalten   __ Textiles Gestalten

Abb. 9-1: Fragebogen zum Interesse am Fachunterricht.

Inventar zur Feststellung bevorzugter Tätigkeiten
Kinder und Jugendliches sind nicht ausschliesslich an Themen interessiert. Sie führen auch bestimmte Tätigkeiten unterschiedlich gerne aus. Die folgenden, von Heacox (2002) aufgelisteten Aktivitäten orientieren sich an der populären Theorie der multiplen Intelligenzen von Gardner (1994). Der Autor hat jedoch keine substanziellen empirischen Belege zur Klärung seiner Annahmen liefern können. Von pädagogischen Psychologen werden sie deshalb in jüngster Zeit nicht mehr ganz ernst genommen (Perleth, 2008). Die von Gardner propagierten Bereiche dienen im Folgenden lediglich dem Zweck, Interessen an möglichen Tätigkeiten, in einem systematischen Rahmen zu setzen.

Liste 1: Sprachliche Tätigkeiten
Liste 2: Logisch-mathematische Tätigkeiten
Liste 3: Räumlich orientierte Tätigkeiten
Liste 4: Körperlich - kinästhetische Tätigkeiten
Liste 5: Musikalische Tätigkeiten
Liste 6: Interpersonale Tätigkeiten
Liste 7: Intrapersonale Tätigkeiten

Die folgenden Listen bieten eine Auswahl, die nach eigenen Prioritäten verändert werden kann.

Was machst du gerne?

Umkreise in den folgenden acht Listen, welche Dinge du gerne machst.

Liste 1:

Debattieren	Einen Zeitungsartikel schreiben	Eine Schülerzeitung schreiben	Ein Märchen oder eine Sage schreiben
Ein Gedicht verfassen	Etwas Freies schreiben	Eine Zusammenfassung schreiben	Einen Brief schreiben
Einen Vortrag halten	Ein Rätsel verfassen	Ein Flugblatt schreiben	Einen Bericht schreiben
Eine Geschichte erfinden	Eine Biographie über einen Menschen schreiben	Eine Reportage schreiben	Ein Tondokument erstellen
Einen Dialog schreiben	Werbetexte verfassen	Ein Kreuzworträtsel schreiben	Einen Sketch verfassen

Liste 2:

Ein Labyrinth zeichnen	Ein Diagramm machen	Ein Zahlenproblem lösen	Mathematische Darstellungen zeichnen
Eine Untersuchung planen	Ein kleines Computerprogramm machen	Ein Problem untersuchen	Eine Gliederung machen
Informationen sammeln und aufnehmen	Berechnungen machen	Eine wenn-dann-Vermutung aufstellen	Einen Geheimcode erfinden

Liste 3:

Zeichnen	Eine Karte herstellen	Ein Modell konstruieren	Ein Brettspiel erfinden
Malen	Ein Poster gestalten	Einen Ablaufplan skizzieren	Ein Wandbild machen
Ein Gebäude entwerfen	Eine Postkarte machen	Eine Grusskarte gestalten	Kulissen für ein Spiel machen
Eine Website gestalten	Einen Comic texten und zeichnen	Eine Skulptur aus Papiermaché machen	Fotografieren
Eine Collage machen	Eine Folienpräsentation gestalten	Ein Mobile machen	Eine Werbeanzeige illustrieren

Abb. 9-2: Liste 1-3 zur Feststellung beliebter Aktivitäten.

Liste 4:

Ein Rollenspiel machen	Eine Pantomime gestalten	Ein Experiment machen	Einen Videofilm drehen
Einen Sketch darstellen	Etwas im Tanz darstellen	Ein Modell konstruieren	Im Spiel etwas darstellen

Liste 5:

Etwas musikalisch ausdrücken	Einen Liedtext vertonen	Einen Rap schreiben und präsentieren	Ein Sprechen im Chor durchführen
Klimpergeräusche produzieren und darstellen	In einer Gruppe singen	Ein Instrument spielen	Mit Rhythmusinstrumenten spielen

Liste 6:

Bei einer Gruppentätigkeit mitmachen	Ein Interview führen	Zusammen mit einer Gruppe ein Problem lösen	Bei einem freiwilligen Projekt mitmachen
In einer Diskussion mitmachen	Mit andern gemeinsam für etwas werben	Eine Veranstaltung organisieren	Helfen beim Konflikte lösen

Liste 7:

Ein Tagebuch führen	Ein persönliches Protokoll verfassen	Sich selbst Ziele setzen	Eigene Ideen und Meinungen ausdrücken

Abb. 9-3: Liste 4-7 zur Feststellung beliebter Aktivitäten.

Derartige Befragungen werden nicht zu oft gemacht. Sie geben jedoch wichtige Hinweise, wo die Bedürfnisse der Schülerinnen und Schüler liegen.

9.5 Curricularer Umgang beim Profilprinzip

Basis für eine Etablierung des Profilprinzips sind im vorliegenden Fall subjektive Interessen der Schülerinnen und Schüler. Zentrales Merkmal von Interesse ist die Selbstintentionalität des Handelns. Die Förderung des Interesses kann aus diesen Gründen somit keine rein „technologische" Angelegenheit sein. Es geht auch darum, die Lernumgebung und damit auch die Curricula so weit zu öffnen, dass Spielräume entstehen, die es gestatten, eigenen Interessen tatsächlich nachzugehen. Betts (2004) hat festgehalten, dass im Curriculum drei Niveaus zu unterscheiden seien: (a) das verbindliche Curriculum und (b) das von der Lehrperson differenzierte Curriculum (vgl. Kap. 3 und 5). Schliesslich könne (c) eine zusätzliche partizipative Stufe als Differenzierung durch Lernende bestimmt werden. Mit der Unterstützung durch die Lehrperson könnten Lernende ihr eigenes Wissen entwickeln.

Dieses Lernen nach eigenen Präferenzen muss nicht zur Folge haben, dass gängige Lehrpläne bzw. die Stufen (a) und (b) nach Betts (2004) dekonstruiert werden.

Unterricht braucht in solchen Fällen noch lange nicht beliebig auszufallen. Im Gegenteil: Die Verfolgung selbst gesetzter Ziele ist in der Moderne ein nicht hintergehbares Bildungsanliegen. Unsere Welt ist komplexer und unübersichtlicher geworden. Solcher Kulturwandel heisst immer auch Lern- oder Bildungswandel. Wir sind deshalb gehalten, auch Relevanzen zu prüfen, Prioritäten zu setzen und auszuwählen, was für uns persönlich wichtig ist. „Nicht zwischen wichtig und unwichtig unterscheiden können, ist das Wesen der Dummheit" (Bolz, 2009). „Louis Pasteur war für die Menschheit wichtiger als Pelé, die Erfindung des Buchdrucks und der Glühbirne folgenreicher als diejenige des Rasierapparats und des Lippenstifts" (Bieri, 2005, 1). Im Zuge dieser Entwicklung haben Aspekte der *Selbstsozialisation* zunehmend an Bedeutung gewonnen (Heinz, 1995). Eigene Weltorientierung durch eine *exemplarische Auswahl* persönlich relevanter Sachgegenstände die Orientierung an *universellen Fragen* und die Anleitung zum *kritischen Vernunftgebrauch* (vgl. Heymann, 1996) können Maximen sein, die den Lernprozess zu einer solchen Profilbildung begleiten und der möglichen Tendenz, Beliebiges zu rezipieren, entgegenwirken. Exemplarisch bedeutet, dass dieses Wissen und Können nicht beliebig sein kann, sondern auch für anderes stehen muss, das über meinen Wirkungskreis hinaus gültig ist. Wenn mich beispielsweise ein bestimmtes Land fasziniert, dann hat dies Gründe, die auch für andere Menschen gelten können. An derartigen Inhalten liesse sich auch der kritische Gebrauch der Vernunft erproben. Er umfasst die Fähigkeit zu unterscheiden, zu folgerichtigem Denken, zum Werten und Entscheiden lernen. Das Prinzip der Universalität weist ferner auf den umfassenden Charakter hin, der einzelnen Bildungsinhalten zugeschrieben werden kann. Fragen der Gerechtigkeit beispielsweise beschäftigen die meisten Menschen und Kulturen, ohne dass diese Wertvorstellungen von allen in derselben Weise beantwortet werden müssen.

Beispiele:
Portraits berühmter Persönlichkeiten können nicht nur aufgrund persönlicher Präferenzen, sondern auch auf dem Hintergrund gemeinsam herausgearbeiteter typischer Merkmale *kritisch beleuchtet* werden. Solche Menschen sind meist kreativ, gehen Risiken ein oder leisten Beiträge zur Weiterentwicklung in ihrem Wirkungsbereich. Vielfach wurden sie zu Beginn ihrer Karriere zurückgewiesen. Erst später fanden sie Anerkennung. Sie mussten Niederlagen einstecken, feierten Erfolge, gaben aber nie auf. Diese Prinzipien liessen sich aus den verschiedenen Beispielen herausschälen. Die kritische Sicht könnte zudem in eine Diskussion einmünden, dass Menschen aus guten oder auch aus zweifelhaften Gründen berühmt geworden sind.
Bei frei gewählten Themen lassen sich dieselben Prinzipien verfolgen. Ein Schüler, der beispielsweise von grossen Trucks fasziniert ist, könnte sich unter anderem auch mit den Arbeitsbedingungen der Fahrer auseinandersetzen und abschätzen, mit welchen Vor- und Nachteilen dieser Berufsalltag verbunden ist.

Auch Tätigkeiten, die einen *expressiven Ausdruck* oder gestalterische Fertigkeiten verlangen, leisten einen Beitrag zu entdecken, in welchen Feldern man sich gerne betätigen möchte. Dabei kann es sich um sportliche, musisch-ästhetische oder auch handwerkliche Erfahrungen handeln, die einem selbstbezogene Rückmeldungen über eigene Vorlieben gestatten.

Massgebliche Didaktiker konzipierten Unterricht immer schon als Zusammenspiel zwischen dem Erwerb bedeutsamer Kenntnisse und der Entfaltung der Fähigkeit von Schülerinnen und Schülern, selbst zu denken (Musolff, 2006). Ein pragmatisches Bildungsverständnis, das sich auf die Erfüllung notwendiger Basisqualifikationen konzentrieren würde, wäre nach dieser Sicht nicht hinreichend. In Ergänzung dazu ist anzuerkennen, dass auch die Förderung von Kreativität, ästhetischem Empfinden und gestalterischen Fähigkeiten und die Beschäftigung mit Inhalten, die persönlich Sinn machen, nicht lediglich eine schulische Draufgabe sein können. Es handelt sich dabei um grundlegende Anliegen der Schule, wenn sie ihrerseits einen Beitrag zur *Identitätsbildung* der heranwachsenden Generation leisten möchte.

9.6 Lernumgebungen zum Profilprinzip

Die drei Lernumgebungen zur Interesseförderung, die im Folgenden skizziert werden, orientieren sich an Tab. 9-1 (Wahldifferenzierter Unterricht) und Tab. 9-2 (Recherchearbeiten). Sie unterscheiden sich durch eine zunehmende Autonomie der Schülerinnen und Schüler bei der Bearbeitung und damit der Möglichkeit zur Profilbildung. Aufgeführt werden planerische Vorüberlegungen und Stichworte zu möglichen Lernaufgaben, die von Studierenden in praktischen Einsätzen erprobt worden sind. Wo angezeigt, werden auch einzelne Materialien beigefügt, auf die im Text verwiesen wird.

9.6.1 Lernumgebung zum wahldifferenzierten Unterricht: „Poesie und Prosa" (Gedichte schaffen)

Curriculare Legitimation: Schülerinnen und Schüler sollen mit Sprachformen konfrontiert werden, die über ihren alltäglichen, privaten Lebenskontext hinausreichen. Die Auswahl der Texte soll deshalb exemplarisch sein für den Unterschied zwischen Alltagssprache und lyrischer Sprache. Alltagssprache ist nützlich. Poetische Sprache eröffnet Einblicke in eine andere Welt, die einen Eigenwert besitzt, der über den praktischen Nutzen hinausgeht und zusätzliche Lebensbereiche erschliesst.

Methodische Überlegungen: Methodisch soll Eigentätigkeit so angeregt werden, dass sich die Schülerinnen und Schüler als Autorinnen und Autoren erfahren können (Autonomie- und Kompetenzmotiv). Fachlich bedeutet dies, dass Texte ausgewählt werden, die nicht in erster Linie nach inhaltlichen Kriterien zu analysieren sind. Vielmehr sollten Möglichkeiten für den *expressiven Umgang* mit Gedichten geschaffen werden. Auf der organisatorischen Makroebene wird darauf geachtet, dass die Lernenden in einer ersten Phase Möglichkeiten offeriert erhalten, unterschiedliche lyrische Formen kennenzulernen, die sie nutzen können, ihre vorhandenen Potenziale zu entwickeln und ihre Bedürfnisse zu artikulieren. In der selbstständigen Arbeitsphase können anschliessend alle Schülerinnen und Schüler persönliche Schwerpunkte setzen. Diese Intention kommt im Übrigen auch fremdsprachigen Schülerinnen und Schülern entgegen. Sie können Ausdrucksformen wählen, die ihren sprachlichen Kompetenzen entsprechen. Dabei ist auch die Verwendung von Wörtern möglich, die sie in ihrer Erstsprache verwenden. Eine Begegnung mit unterschiedlichen Sprachen, die im Klassenverband gesprochen werden, kann als Aufwertung der internen Mehrsprachigkeit gesehen werden. Voraussetzung dazu ist allerdings, dass dieser Prozess achtsam eingeleitet und begleitet wird, so wie es etwa Konzepte der *language awareness* nahe legen (Hawkins, 1984; Schader, 2004).

Bei der präsentierten methodischen Variante des wahldifferenzierten Unterrichts ist eine deutliche Steuerung durch die Lehrperson nach wie vor gegeben. In der selbständigen Phase werden Aspekte vertieft, die thematisch eng an den zuvor durchgeführten Klassenunterricht gekoppelt sind. Das Grunddesign aus Tab. 9-3 wird im Folgenden an einem Beispiel konkretisiert.

Tab. 9-3: Grunddesign zum wahldifferenzierten Unterricht.

Grundlagen / Moderationsphase (Klassenunterricht)	Selbstständige Arbeitsphase
1. Grundlagen zum Thema Poesie und Prosa erarbeiten 2. Übersicht gewinnen 3. Wahl der anschliessenden Themen moderieren	Auswahlthema 1
	Auswahlthema 2
	Auswahlthema 3
	Auswahlthema 4
	Auswahlthema 5
	Usw.

Dargestellt wird zuerst der Klassenunterricht der linken Spalte von Tab. 9-3. Anschliessend werden die Wahlmöglichkeiten für die selbstständige Phase aufgeführt. Die Lernaktivitäten im Klassenunterricht werden in einzelne Artikulationsphasen aufgeteilt. Es geht vorerst darum, eine Basis für den poetischen Ausdruck zu legen.

Tab. 9-4: Dokumentation einer Lernumgebung zur Thematik Poesie und Prosa (Lernschritte 1 und 2).

Klassenunterricht: Grundlagen erarbeiten und Wahl moderieren

Lernschritt 1: *Voreinstellungen aktivieren / Hinführung*

Die Schülerinnen und Schüler bringen Lieblingsgedichte in den Unterricht mit. Es kann sich dabei auch um Songtexte handeln. Sie lesen ihr Gedicht vor und begründen, weshalb ihnen das mitgebrachte Gedicht gefällt. Eine Liste der Gründe wird erstellt und nach Kategorien geordnet. Aufgeführte Gründe werden im Gespräch gewichtet: Was gefällt mir an Gedichten? Womit habe ich Mühe?

Lernschritt 2: *Neue Kenntnisse und Ausdrucksweisen erarbeiten*

- Anhand von füf Texten diskutieren die Schülerinnen und Schüler in Partnerarbeit, ob es sich bei den Texten um Gedichte handelt oder nicht. Argumente der Gruppen werden im Plenum ausgetauscht.
- Sie vergleichen einen Prosatext von Hermann Hesse über den Nebel mit seinem Gedicht "Im Nebel". Sie halten Unterschiede auf Papierstreifen fest. Die Lehrperson ergänzt die Feststellungen, anschliessend wird ein Hefteintrag gestaltet.
- Wahlmöglichkeit Variante 1: Angeregt durch ein Gedicht schreiben die Schülerinnen und Schüler einen Prosatext. Dabei achten Sie insbesondere auf die Verszeilen. Variante 2: Die Schülerinnen und Schüler erhalten eine Prosafassung eines Gedichtes Sie sollen die plausibel erscheinende Versform rekonstruieren.
- Die Schülerinnen und Schüler äussern sich zur Wirkung der lyrischen Sprache und der Prosatexte.
- Die Schülerinnen und Schüler suchen aus einer Sammlung von SMS-Lyriktexten Gedichte, die ihnen gefallen. Sie werden umgeschrieben und können versandt werden. Sie erhalten Tipps zum Ändern, z. B.: Verben durch selbst erfundene ersetzen oder andere Nomen verwenden. Auch SMS-Gedichte mit nur einem Vokal können geschrieben werden.
- Gedichte können auch thematisch variieren. Es können Kurzgedichte geschrieben werden, die traurig beginnen und lustig enden, freundlich anfangen und dann unfreundlich werden. Auch Gedichte zu einem ungewöhnlichen Thema können geschaffen werden, z. B. der Papierkorb oder die Bushaltestelle.
- Die Schülerinnen und Schüler erstellen ein Reim-Wörterbuch. Sie verwenden auch Quellen, die Sie im Internet finden. Dabei gilt die Regel, je unüblicher die Wortgruppe und der Reim, desto besser. „Kühlschrank – Öltank" ist auffälliger als „Sonne – Wonne".
- Die Lehrperson verweist darauf, dass Gedichte oftmals durch einzelne Wörter bestimmt sind und demonstriert das an einem Wortgitter eines Gedichtes. Die Schülerinnen und Schüler erhalten Wortgitter für eine ähnliche Vorübung, anschliessend erstellen sie Wortgitter für ein eigenes, nicht reimendes ca. sechszeiliges Gedicht (Materialien 1). Die Gedichte werden aufgehängt und begutachtet. Neben dem Wortgitter kreieren die Schülerinnen und Schüler auch Wortfelder und Mindmaps, die zu einem bestimmten Thema passen. Kriterien sind Verwandtschaften, Gegensätze, Ergänzungen. Auch fremdsprachliche Wörter werden zugelassen. Zu diesen Stichwortsammlungen werden Gedichte verfasst.
- Die Schülerinnen und Schüler erhalten ein Informationsblatt über Betonungen. Sie schreiben Wörter auf, die auf der ersten oder zweiten Silbe betont werden; deren Varianten ein zweisilbiges, dann ein zweisilbiges, dann ein dreisilbiges Wort enthalten. Es können auch Wörter einer Fremdsprache verwendet werden.
- Die Schülerinnen und Schüler hören als Vorübung einen Rap an. Sie lesen den Text und können zum Original alle zusammen mitrappen. Verwendete Stilmittel wie Reimformen, Assonanz, Spit werden bezeichnet und die Jugendlichen suchen selbst Texte, stellen diese vor und vergleichen sie mit klassischen Reimformen.
- Die Schülerinnen und Schüler erarbeiten mit der Lehrperson die Rhythmik eines Rap-Textes. Zu vorgegebenen Zeilen versuchen Sie, eine zweite Zeile zu schreiben. Bestehende Prosatexte werden rhythmisch umgearbeitet. Die Lehrperson unterstützt und gibt Tipps. Anschliessend werden in Wortfeldern und Mindmaps Stichworte gesammelt, zu denen ein Rap entstehen soll. Es werden Reime gesucht und ein gemeinsamer Text hergestellt.

Tab. 9-5: Dokumentation einer Lernumgebung zur Thematik Poesie und Prosa (Lernschritt 3).

Lernschritt 3: *Strukturieren des Wissens*

- Die Lehrperson fasst die wichtigsten Inhalte zu den Unterschieden zwischen Prosa und Poesie zusammen. Die Schülerinnen und Schüler kommentieren in Gruppen Aussagen auf Aussagekarten (Behauptung Vorderseite / Antwort auf Rückseite). Die Lehrperson vermittelt Informationen über klassische Versmasse und teilt dazu ein Merkblatt aus. Dieses enthält u. a. auch ein rhythmisches Gerüst für einen Rap.
- Die Schülerinnen und Schüler dokumentieren ihre bisherigen Erfahrungen in einer Sammlung. Auch ihre Texte, die sie bereits geschaffen haben, werden darin gesammelt.

Anschliessend stellt die Lehrperson den Schülerinnen und Schülern Wahlmöglichkeiten vor, eigene Gedichte zu schreiben. Aus dem Formen, die sie m Klassenunterricht kennengelernt haben, wird nach eigenen Präferenzen eine Selektion vorgenommen. Nicht alles, was gelernt worden ist, soll angewandt werden. Auf einem Kontrollblatt werden Themen und Anzahl der Gedichte vereinbart (s. Materialien 1).

Im Folgenden werden Angaben zur rechten Spalte von Tab. 9-3 gemacht, die ein Wahlangebot für die Schülerinnen und Schüler beinhaltet. Es handelt sich dabei um den horizontalen Lerntransfer zuvor erworbenen Grundwissens. Die Lehrperson begleitet die Arbeit durch Tipps und Coaching.

Tab. 9-6: Dokumentation einer Lernumgebung zur Thematik Poesie und Prosa (selbstständige Arbeitsphase).

Selbstständige Arbeitsphase zum Thema „Poesie und Prosa"

Lernphase: *Komplexe Anwendungsaufgaben*

- Die Schülerinnen und Schüler wählen aus einer vorgelegten Sammlung einen Prosatext aus und übertragen ihn in eine lyrische Form.
- Den Schülerinnen und Schüler werden verschiedene Anregungen vorgegeben, eigene reimende oder nicht-reimende Gedichte zu verfassen und dabei Verse, Betonungen oder Schlüsselwörter zu verwenden.
  - Die Schülerinnen und Schüler erhalten eine Übersetzung von „Imagine" von John Lennon. Sie verfassen eigene Texte zu „Stell dir vor ...".
  - Die kreieren ein eigenes Gedicht mit Werbenamen und Slogans.
  - Die Schülerinnen und Schüler schaffen ein Gedicht zu einer menschlichen Verhaltensweise (Lachen, Weinen, sich ärgern, etc).
  - Die Schülerinnen und Schüler schaffen Gedichte zu offenen, selbst gewählten Themen. Sie können sich dabei auf Wortgitter, Wortfelder und Mindmaps stützen, die sie dazu kreieren.
  - Die Schülerinnen und Schüler wählen aus der im Klassenunterricht erstellen Stichwortsammlung einzelne Wörter aus, mit deren Hilfe sie in Kleingruppen eine thematische Mindmap für einen Rap kreieren. Sie orientieren sich am Schema Strophe, Chorus, Strophe, Chorus. Der Chorus wird gemeinsam geschrieben, die Strophen einzeln. Sie verwenden dazu auch das Reimwörterbuch, die entsprechende Website oder die analysierten Rapsongs.
  - Die Schülerinnen und Schüler verfassen lyrische Kurztexte, die sie als SMS verschicken können. Sie umfassen max.160 Zeichen.

Anmerkung: Bei der Hip-Hop-Kultur handelt es sich um künstlerische Ausdrucksformen einer lebendigen Jugendkultur. Dies erfordert einen sensiblen Umgang der Lehrpersonen mit dem Thema. Eine Einbeziehung der Schülerinnen und Schüler in die Planung wäre möglicherweise wünschenswert. In jeder Klasse wird es auch Jugendliche geben, die Rap-Musik ablehnen. Diesen Jugendlichen muss somit erläutert werden, dass gerade deshalb unterschiedliche Formen besprochen worden seien. Bei der Setzung von eigenständigen Inhalten werden in der Hip-Hop-Kultur auch Regelverstösse und Grenzüberschreitungen in Kauf genommen. Deshalb gilt bei der Herstellung von Texten in der Schule die Regel, dass niemand verletzt, angegriffen oder beleidigt werden darf.

Materialien zur Unterrichtseinheit „Poesie und Prosa"

1) Kontraktblatt zu den Auswahlthemen

Prosatext umwandeln	Imagine	Verhaltensweise
Freies Thema	Rap	SMS-Reime
Computerkunst	Etwas über mich	Wortgedicht
Slogans	Eigene Idee	Eigene Idee

Abb. 9-4: Materialien zur Unterrichtseinheit „Poesie und Prosa": Kontraktblatt zu den Auswahlthemen.

Es können mehrere Werke zu einem Produkte-Feld gemacht werden. Allerdings sollten mindesten drei Felder berücksichtigt werden.

9.6.2 Lernumgebung zur einer Recherchearbeit zum Rahmenthema „Kinder, die in anderen Weltgegenden leben"

Curriculare Legitimation: Die Beschäftigung mit unterschiedlichen globalen Lebensformen und -bedingungen kann das Bewusstsein für die Relativität der eigenen Erfahrungswelt schärfen. Sie vermittelt einen Eindruck von der Mannigfaltigkeit kultureller Ausdrucksformen und regt dazu an, den Umgang mit Differenz zu erproben. Auf der einen Seite lässt sich durchdenken, was den meisten Menschen gemeinsam ist (z.B. Bildungsbedürfnisse oder Nutzung von Waren und Produkten der globalen Welt). Auf der anderen Seite lassen sich auch kulturelle Verschiedenheiten in den Blick nehmen wie etwa Feste, Wertvorstellungen oder ökonomische Zusammenhänge. Auf den Weg gebracht wird diese Absicht durch exemplarische Auswahl treffender Beispiele, wie Kinder in unterschiedlichen Ländern, Gebieten und Kulturen leben. Es lassen sich Vergleiche anstellen Gemeinsamkeiten und Unterschiede zur eigenen Lebenswelt festhalten, wobei die Verschiedenheiten der jeweiligen kulturellen Ausdrucksformen als Bereicherung gewertet werden sollen. Gleichzeitig lernen die Kinder, auf relevante Merkmale zu achten, sie auszuwählen, zu bearbeiten, zu ordnen und in passender Form darzustellen, so dass sie auch anderen zugänglich werden.

Methode: Im Gegensatz zum obigen Beispiel „Gedichte schaffen" wird nicht mehr von Grundlagen ausgegangen, die zuvor mit der Klasse erarbeitet worden sind. Im Zentrum steht ein offen formuliertes Thema, das in unterschiedlichen Facetten selbstständig bearbeitet werden kann. Infolgedessen kann sich die Lehrperson in der vorausgehenden Plenumsphase auf ihre moderierende Rolle beschränken und sich mit der thematischen Entscheidungsfindung und anschliessend mit der Strukturierung des Vorgehens befassen (s. linke Spalte in Tab. 9-7).

Tab. 9-7: Grunddesign zur themengebundenen Recherche.

Grundlagen / Moderationsphase (Klassenunterricht)	Selbstständige Arbeitsphase
Recherchearbeiten zu einem festgelegtem thematischen Bereich	Selbst gewähltes Thema 1
	Selbst gewähltes Thema 2
1. Themenwahl moderieren 2. Vorgehen moderieren	Selbst gewähltes Thema 3
	Usw.

In der Vorphase geht es darum, die Schülerinnen und Schülern mit dem Thema vertraut zu machen. Anschliessend wird der Bearbeitungsprozess eingeleitet und begleitet.

Tab. 9-8: Dokumentation einer Lernumgebung zum Rahmenthema „Kinder, die in anderen Weltgegenden leben" (Klassenunterricht).

Klassenunterricht: Themenwahl und Vorgehen moderieren

Lernschritt 1: *Voreinstellungen aktivieren / Hinführung*

- Die Lehrperson erzählt den Kindern die Geschichte von „furchtlosen Zwillingen", die auf einem Bauernhof in Australien leben. Dieser ist so gross, dass ihr Vater ein Flugzeug braucht, um die Schafe einzufangen. Im Kreis versetzen sich die Kinder in die Welt der beiden Zwillinge und überlegen, was ihnen an einem solchen Leben gefallen und was sie vermissen würden. Sie erzählen selbst Beispiele von besonderen Lebenssituationen aus anderen Ländern, die sie kennen.
- In der Folge sehen die Schülerinnen und Schüler Videoauszüge, wie Kinder in unterschiedlichen, europäischen Ländern leben. Im gemeinsamen Gespräch stellen sie fest, dass auch zwischen europäischen Ländern bedeutende Unterschiede bestehen können. Die Lehrperson arbeitet darauf hin, dass die Schülerinnen und Schüler dabei ein Gefühl entwickeln, dass Lebensumstände mit der Umwelt, in der man lebt, zusammenhängen und nicht universell sind. Sie stellt die Bedeutung unterschiedlicher Lebensformen ins Zentrum und betont dabei vor allem den Vorteil der kulturellen Vielfalt. In der Folge leitet sie dazu über, dass die Schülerinnen und Schüler die Möglichkeit haben, nun selbst zu untersuchen, wie Kinder in verschiedenen Ländern leben.

Lernschritt 2: *Prozess einleiten*

- An der Weltkarte können sich die Kinder orientieren, aus welchen Weltgegenden sie das Leben einzelner Kinder interessieren würde. Die Lehrperson hat auch ein entsprechendes Buch aufgelegt, in dem die Kinder während einer bestimmten Zeitspanne blättern können. Zugleich hat sie Skizzen an die Wand gehängt, wie die Informationen präsentiert werden könnten (Dokumentenmappe, gebundenes Heft, Wandzeitung, Poster, etc.). Unterschiedliche Formen sind erwünscht.
- Die Kinder entscheiden sich für eine Weltgegend und überlegen sich, wie sie ihre Informationen darstellen möchten. Sie füllen dazu einen Themenbogen aus, der mit der Lehrperson besprochen wird (Materialien 1). Auf einer Weltkarte wird mit einem Hinweiszettel markiert, welches Kind zu welchem Land Informationen aufbereitet.

Tab. 9-9: Dokumentation einer Lernumgebung zum Rahmenthema „Kinder, die in anderen Weltgegenden leben" (selbstständige Arbeitsphase).

Selbstständige Arbeitsphase - Horizontales Lernen - Prozessbegleitung durch die Lehrperson

---

- Die Lehrperson unterstützt die Kinder bei der Suche nach Möglichkeiten, wie sie zu ihren Informationen kommen können. Einzelne Bücher liegen auf oder werden noch über den Bibliotheksdienst bestellt. Auch internationale oder nationale Organisationen liefern Grundlagenmaterialien.
- Die Lehrperson unterstützt die Kinder in der Bearbeitungsphase durch Hinweise, Tipps und wenn notwendig auch durch umfangreichere Hilfestellungen. Letzteres dürfte insbesondere bei lernschwächeren Schülerinnen und Schülern in vermehrtem Masse erforderlich sein.
- Bei der Sammlung von Informationen regt sie an, ein Stichwortheft zu verwenden. Was war interessant und wichtig. Wo habe ich es gefunden (z. B. Buch, Seite, Url-Adresse …).
- Wenn die Kinder über genügend Informationen verfügen, wird vor Beginn ein Ideenblatt erstellt, wie das Produkt aussehen soll (Materialien 2).
Formative Assessmentmassnahmen: Zwischenergebnisse der Bearbeitungsprodukte werden von der Lehrperson eingesehen. Die Schülerinnen und Schüler erhalten Feedback für die Weiterarbeit.

Lernschritt: *Präsentation und Evaluation*

- Die Präsentation der Arbeiten richtet sich nach den gewählten Produkten.
- Der Lehrperson geht es dabei auch darum, Gemeinsamkeiten und Unterschiede zwischen den verschiedenen Lebenswelten herauszuarbeiten.
- Die Arbeiten werden nach den zuvor festgelegten Kriterien von der Lehrperson beurteilt. Auch eine Selbstevaluation der Schülerinnen und Schüler wird durchgeführt (Materialien 3).

Anmerkungen:
Im Folgenden werden drei Prinzipien angeführt, die bei solch eher offenen Recherchen zu beachten sind.

Hohe Qualitätskriterien: Qualitätskriterien können bereits zu Beginn des Vorhabens auf dem Ideenblatt aufgeführt werden. Dadurch werden die Schülerinnen und Schüler frühzeitig mit Ansprüchen konfrontiert, die an die Qualität ihrer Arbeit gestellt werden. Es sollten Erwartungen gesetzt werden, die zwar hoch sind, aber die einzelnen Kinder nicht überfordern.

In der Schule arbeiten: Manche Lehrpersonen verlagern Anteile von Recherchen und von selbstständigem Arbeiten in den Bereich der Hausaufgaben. Dies sollte nur in begründeten Fällen stattfinden, beispielsweise als Vorarbeit für den anschliessenden Unterricht und die übliche Hausaufgabenzeit nicht zusätzlich belasten. Im Allgemeinen ist es jedoch notwendig, dass Kinder und Jugendliche bei ihrer Arbeit in der Schule gecoacht werden. Die Lehrperson ist bei Fragen und Schwierigkeiten jederzeit verfügbar und kann passende Hilfen geben. Eltern und Familienmitglieder sollten auch deshalb nur in Ausnahmefällen beansprucht werden, weil sich Kinder und Jugendliche bei hohem elterlichem Engagement nicht mehr als Verursacher des Produktes erleben.

Quellen: Ausserschulische Arbeiten bergen die Gefahr in sich, dass unbesehen Informationen übernommen werden, über deren Qualität man geteilter Meinung sein kann. Quellen mit stereotypen Vorstellungen über bestimmte Länder und Kulturen sind beispielsweise ungeeignet, eine vertretbare Sichtweise über die jeweiligen Gegebenheiten zu entwickeln. Zudem besteht die Tendenz, dass bei ausserschulischen Aktivitäten Texte unbesehen übernommen werden, insbesondere aus dem Internet und keine eigenständige Verarbeitung erfolgt.

Materialien zur Unterrichtseinheit „Wie Kinder in anderen Weltgegenden leben"

Materialien 1

Ein eigenes Beispiel zu einem Thema wählen
Welches Land oder Gebiet hast du ausgewählt?
Was möchtest du über diese Menschen berichten?
Wie möchtest du darstellen, was du über sie herausgefunden hast?
Dein Produkt werden wir nach den folgenden Kriterien beurteilen: ❑ Deine Informationen sind sorgfältig und richtig dargestellt. ❑ Deine Informationen sind klar und verständlich, so dass die Leserinnen und Leser über dein Thema etwas lernen können. ❑ Du verwendest auch Bilder, Tabellen oder Skizzen. ❑ Du hast mindestens zwei verschiedene Quellen (Bücher, Internetseiten, Artikel aus Zeitschriften) verwendet. ❑ Deine Darstellung ist schön gemacht und gut aufgebaut.

Abb. 9-5: Materialien (1) zur Unterrichtseinheit „Wie Kinder in anderen Weltgegenden leben".

Materialien 2

Ideen für mein Produkt	
Ideen zum Thema: Was soll alles drin stehen?	Ideen zum Aufbau: Was kommt zuerst, was nachher, was am Schluss? Finde ich für die verschiedenen Sachen eine Überschrift?

Ideen zur Darstellung
Verwende ich Text, Bilder, Zeichnungen?
Wie mache ich die Titel? Gibt es Untertitel?

Abb. 9-6: Materialien (2) zur Unterrichtseinheit „Wie Kinder in anderen Weltgegenden leben".

9.6.3 Lernumgebung einer Recherchearbeit zu einem selbst gewählten Thema

Da die Lehrperson kein offenes Thema und auch keinen Fachbereich vorgibt, kann ein Interesse-Inventar als Ausgangspunkt für die individuelle Themenwahl dienlich sein. Tab. 9-7 veranschaulicht das Vorgehen. Das hinzugefügte Inventarelement ist in Tab. 9-10 unterstrichen. Die Lehrperson kann dabei einen Fragenkatalog zu Rate ziehen, wie er im Kap. 9.3 erstellt worden ist.

Tab. 9-10: Design für selbst gewählte Recherchethemen.

Grundlagen / Moderationsphase (Klassenunterricht)	Selbstständige Arbeitsphase
Recherchearbeiten ohne festgelegtem thematischen Bereich 1. Inventar von Interessen erstellen 2. Themenwahl moderieren 3. Vorgehen moderieren	Selbst gewähltes Thema 1
	Selbst gewähltes Thema 2
	Selbst gewähltes Thema 3
	Usw.

Die Schülerinnen und Schüler vergegenwärtigen sich ihre Interessen und stellen Überlegungen zu möglichen Themen an. Dabei konzentrieren sich nicht auf den ersten Einfall, sondern sind gehalten, sich auch über die Bedeutung möglicher Themen Gedanken zu machen (Materialien 1). Die endgültige Festlegung des Themas wird mit der Lehrperson in einer Absichtsskizze vereinbart. Die Schülerinnen und Schüler vergegenwärtigen sich dabei zusätzlich, was sie selbst zum Thema lernen möchten. Da formale und arbeitstechnische Kompetenzen ebenfalls bedeutsam sind, werden die Schülerinnen und Schüler dazu angehalten, sich auch darüber zu äussern. Diese Massnahme liegt nahe, weil bei selbstständig recherchierten Themen vor allem auch fachübergreifende oder arbeitstechnische Kompetenzen erworben werden sollten (Materialien 2). In der Folge wird ein Arbeitsplan zum Vorgehen erstellt, mit der Lehrperson besprochen und von dieser genehmigt. Damit ist der sehr individualisiert verlaufende moderierende Teil mit der Klasse abgeschlossen. Die selbstständige Arbeit verläuft ähnlich wie im vorangehenden Beispiel. Auch die Selbstevaluation am Schluss kann in vergleichbarer Weise erfolgen (Materialien 3).

Materialien zu einem selbst gewählten Thema

Materialien 1

Mögliche Kriterien bei einer offenen Themenwahl
<u>Ich wähle ein Thema,</u>
... mit dem ich anderen etwas, was mir wichtig ist, mitteilen kann;   oder   ... das für manche von uns Bedeutung hat;   oder   ... das interessante Fragen enthält.

Abb. 9-7: Mögliche Kriterien bei einer offenen Themenwahl (Materialien 1).

Es sollten nicht zu viele Kriterien genannt werden, da ansonsten die Wahl zu stark eingeschränkt werden könnte. Wenn den positiv formulierten Kriterien Rechnung getragen wird, dann ist es weniger wahrscheinlich, dass Trivialthemen der Massenkultur vorgeschlagen werden.

Materialien 2

Abmachung für ein selbst gewähltes Profilthema

Name:

Mein Thema:

Themen, Stichworte, die ich behandeln werde:

Wie ich das Thema präsentieren werde:

Mündlich:

Schriftlich:

Sonstige Möglichkeiten:

Wann?

Unterschrift Schüler(in)   Unterschrift Lehrer(in)

Was ich dabei für mich auch noch lernen möchte:

Zum Thema:

Arbeitstechniken:

Unterschrift Schüler(in)   Unterschrift Lehrer(in)

Abb. 9-8: Abmachung für ein selbst gewähltes Profil (Materialien 2).

Materialien 3

Rückblick
Was sich alles gemacht habe:
So war es für mich …
Wie habe ich mich angestrengt?
Habe ich geschafft, was ich wollte?
Warum, weil …
Wie fühle ich mich jetzt?
Name: Datum:

Vgl. Schönknecht, Ederer & Klenk (2006)

Abb. 9-9: Rückblick (Materialien 4).

10 Die Gruppenrecherche als kooperative Differenzierungsform zum Profilprinzip

Recherchearbeiten, wie sie im vorangegangenen Kap. 9 beschrieben und dokumentiert worden sind, können als Einzelarbeit oder in kleineren Gruppen bewältigt werden. Für ähnliche Zwecke existiert mit der Gruppenrecherche eine elaboriertere Form. Sie verbindet Aspekte der Projektmethode (vgl. Frey, 1993) mit grundlegenden Voraussetzungen kooperativen Lernens gemäss Kap. 7.2. Gruppenrecherchen sind geeignet, ein breites Themenfeld, das in zahlreiche Unterthemen aufgefächert werden kann, zu erkunden. Teams zu vier bis sechs Schülerinnen und Schülern bearbeiten mögliche Problemstellungen.

Die folgende Charakteristik der Gruppenrecherche (*Group Investigation*) folgt den Ausführungen von Hasselhorn & Gold (2006, 292f.). Sie wurde von Sharan und Sharan (1992) für Kleingruppen bis zu sechs Teilnehmenden entwickelt und lässt sich bereits in der Grundschule einsetzen, wenn geeignete Themen zur Verfügung stehen und die Kinder ausreichend unterstützt werden. Graphisch kann das Vorgehen, bei dem sich individuelle und Gruppenphasen ablösen, wie folge veranschaulicht werden:

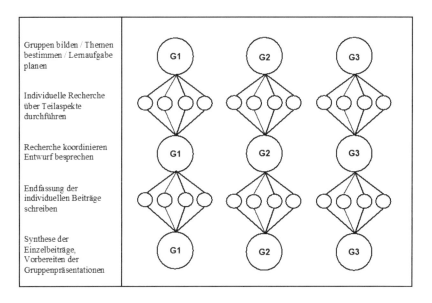

Abb. 10-1: Grobstruktur einer Gruppenrecherche (vgl. Duvoisin, 2013, 31).

Die Gruppenarbeit beginnt damit, dass die Lehrperson einer grösseren Gruppe von Schülerinnen und Schülern (in der Regel der gesamten Schulklasse; manchmal auch einem Teil der Schulklasse, z.b. bei Enrichmentaufgaben für schneller Lernende) Unterthemen innerhalb eine Rahmenthemas zur Auswahl anbietet. Teilgruppen der Lernenden sollen dann in Gruppenarbeit diese unterschiedlichen Unterthemen bearbeiten. Die Mitglieder einer solchen Teilgruppe einigen sich untereinander, welchen Beitrag sie mit welchen Hilfsmitteln und in welcher Weise (wiederum arbeitsteilig) leisten wollen. Jedes Gruppenmitglied arbeitet dann innerhalb eines Unterthemas weitgehend selbstständig an einem speziellen Teilaspekt dieses Unterthemas. Durch organisatorische Vorkehrungen wird gewährleistet, dass die Zugänglichkeit zu Lernmaterialien und Informationen und die Möglichkeit zu Kommunikation und Informationsaustausch stets gegeben sind. Die individuellen Erarbeitungen werden später in den einzelnen Teilgruppen wieder zusammengetragen und präsentiert. Jede der Teilgruppen bereitet abschliessend eine Teampräsentation in der Gesamtgruppe, der Schulklasse, vor. Gruppenbelohnungen sind nicht vorgesehen. Es bleibt offen, ob die Lehrperson eine Bewertung der Arbeiten vornehmen will oder nicht.

10.1 Theoretische Bezüge und Wirksamkeit

Das projektartige Vorgehen stützt sich auf reformpädagogische Ansätze, die der Tradition von John Dewey verpflichtet sind (Borsch, 2010). Nach dieser Sichtweise beruht Lernen auf Primärerfahrungen, die durch entdeckendes Lernens zustande kommen. Die Schülerinnen und Schüler lernen vor allem durch eigenes Handeln, wenn sie gemeinsam eine anregende Lernumwelt erkunden. Essentiell ist dabei die Qualität der Interaktionen, indem sich die Lernenden gegenseitig unterstützen und durch Klärungen und Aushandeln ihr Wissen selbst konstruieren. Die positive Interdependenz (vgl. Kap. 7.2) wird bei der Gruppenrecherche durch die Aufgabeninterdependenz, d.h. durch die individuellen Verantwortlichkeiten für die Teilbeträge hergestellt. Allein die Prozesse der sozialen Kohäsion sichern die Wirksamkeit der Methode. Die erfahrene Wertschätzung durch die Zusammenarbeit mit den Mitlernenden und die Zufriedenheit über das gemeinsam erstellte Produkt gelten als entscheidende Wirkmechanismen
Für die Methode werden positive Effekte berichtet, wenn sie durch die Lehrperson sorgfältig vorbereitet worden war (Sharan S. & Shachar, H., 1988; Johnson et al., 2000). Unstrittig ist, dass die Lernerfolge der einzelnen Teilgruppen positiv sind. Strittig ist, inwieweit diese Lernerfolge durch die abschliessende Gesamtpräsentation auch in die Klasse einfliessen. Infolgedessen ist sehr darauf zu achten, welche Globalthemen für das Arrangement ausgewählt werden. Soll im Sinne von „Kennenlernen von Welt" (Kratochwil, 1992) ein Überblick über ein Thema (z.B.

ein Land oder eine Kultur) vermittelt werden, dann ist das Vorgehen gerechtfertigt. Ein weiteres Kriterium besteht darin, dass es bei einem Thema ausreichend sein, kann über einen exemplarischen Teilbereich gründlicher als über die gesamten Zusammenhängen Bescheid zu wissen (s. untenstehendes Beispiel „Anpassung von Tieren und Pflanzen").

10.2 Unterrichtsfigur: Sechs-Stufenmodell der Gruppenrecherche

Das folgende Stufenmodell in Abb. 10-2 folgt dem Ansatz von Slavin (1995). Diese sechs Stufen werden nicht chronologisch durchlaufen. Basisanliegen des Konzeptes können auf unterschiedliche Art und Weise realisiert werden. Teilweise muss man auf vorgängige Stufen zurückkommen oder auch vorausblicken. Die sechs Stufen werden im Folgenden erläutert.

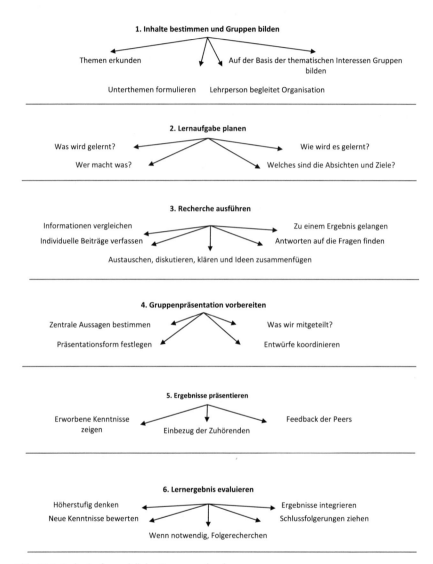

Abb. 10-2: Sechs-Stufenmodell der Gruppenrecherche.

Die sechs Stufen werden im Folgenden anhand eines thematischen Beispiels erläutert. Weil es sich um ein projektartiges Vorgehen handelt, wird die Planung teilweise rollend erfolgen. Der Prozess kann somit in unterschiedliche Phasen ablaufen und ist vorausplanend nicht in klare chronologische Schritte zu zwingen.

Phase 1: Gruppen bilden und Themen bestimmen
Die Lehrperson hat folgenden Themenbereiche vorgeschlagen und erläutert: *Dorf und Stadt, Lebensraum für Tiere und Pflanzen*. Sie informiert über die Artenvielfalt, ihre Lebensräume in der Nähe des Menschen und weist auch auf bedrohte Gattungen hin. Nicht eingeschlossen sind Haustiere und Zimmerpflanzen. Generell sollten Themen gewählt werden, die eine *mehrperspektivische Bearbeitung* zulassen und sich nicht einfach in einer Sammlung von Fakten erschöpfen.
Als Hausaufgabe haben die Schülerinnen und Schüler eine Liste über Pflanzen und Tiere erstellt, die in Menschennähe vorkommen und die sie interessieren. Sie haben Gelegenheit erhalten, sich dazu in ihrer Umgebung zu erkundigen. Für auffällige Pflanzen stehen Bestimmungsbücher zur Verfügung. Auch die Lehrperson steuert Ideen bei. Alle Ideen werden in der Schule auf Karten geschrieben. Nach Möglichkeit werden auch Bilder der ausgewählten Tiere und Pflanzen gezeigt. Die Karten und Bilder werden anschliessend nach verschiedenen Kriterien gruppiert. Es handelt sich dabei um übergeordnete Perspektiven, denen die einzelnen Exemplare zugeordnet werden (z.B.: Lebewesen passen sich an menschliche Lebensräume an. Welche Tiere können dafür typisch sein?). Diese Kategorisierung wird von der Lehrperson wirksam unterstützt. Vor allem jüngere Schülerinnen und Schüler können diese Analyse nicht vollständig selbstständig leisten. Es sollten später nicht einfach Fakten über bestimmte Arten genannt, sondern exemplarische Zusammenhänge erkannt werden. Auf diese Weise ist eine Bearbeitung aus verschiedenen Blickwinkeln möglich. Aufgrund der Ideensammlung wurden folgende Perspektiven bestimmt: (1) Tiere als Anpassungskünstler (Spatzen, Igel, Fledermäuse, Sonnenanbeter, Molche, etc.); (2) Wilde Pflanzen im Dorf und in der Stadt (Königskerzen, Disteln, Brennnesseln Mauerflechten, Wegerich, etc.); (3) Wildtiere erobern das Dorf und die Stadt (Beispiele Ameisenlöwe, Sandlaufkäfer, Schwebefliege (die aussieht wie eine Wespe), Pfauenauge, Fuchs, Amsel, Marder, Spinnenarten, etc.).
Jeder Schüler und jede Schülerin wählt anschliessend ein oder zwei Lebewesen aus, die er oder sie bearbeiten möchte. Nach diesen Interessen werden die Gruppen zusammengesetzt. Gleichzeitig bestehen die Gruppen aus Mitgliedern, deren Tiere oder Pflanzen zum gleichen übergeordneten Thema passen. Wenn die Schülerzahl pro Kategorie zu hoch ist, können innerhalb eines Oberthemas auch mehrere Gruppen gebildet werden. Dabei ist darauf zu achten, dass innerhalb der Gruppe eine gewisse Heterogenität erreicht wird. Einzelne Schülerinnen und Schüler können das erste oder das zweite Thema, das sie gewählt haben, bearbeiten.

Phase 2: Lernaufgabe planen
In der Planungsphase formuliert jede Gruppe ihr Thema als Frage. Die Umformung des Themas als *Frage* schafft einen Ausgangspunkt für künftige Nachfor-

schungen (Sharan & Sharan, 1992). Beispiel: Warum können wilde Tiere an Orten überleben, wo vor allem Menschen wohnen? In diesem Beispiel ist die Fragestellung relativ einfach zu formulieren. Hätte man jedoch beispielsweise die Thematik „Die Schule im 19 Jahrhundert" zu bearbeiten, dann würden wohl mehr Fragevarianten möglich sein. Die Gruppe weist dann den Mitgliedern entsprechende *Teilfragestellungen* zu, beispielsweise: Wie ernähren sich Füchse, die in der Stadt leben? Ein Mitglied wird bestimmt, das als verantwortlich zeichnet, die Arbeit zu organisieren und zu koordinieren. Diese Gruppenverantwortlichen treffen sich mit der Lehrperson zu Sitzungen, die das Vorgehen begleiten. Sie erstellen mit ihrer Gruppe einen *Vorgehensplan*. Dieser enthält die Fragestellung, die Unterthemen, die die einzelnen Mitglieder bearbeiten und eine Liste von Hilfsmitteln wie: Ideen zum Thema (inhaltliche Struktur), Meinungen, Lösungen, Quellen und vor allem die inhaltlichen Schwerpunkte, die von den Einzelnen zu recherchieren und zu bearbeiten sind.

Phase 3: Recherche durchführen
Diese Phase beansprucht den grössten zeitlichen Anteil des Vorhabens. Sie wird in verschiedene Schritte zerlegt und endet zu einem bestimmten von der Lehrperson mit den Gruppenverantwortlichen vereinbarten Zeitpunkt. Die ersten beiden Schritte beinhalten u.a. auch Prozesse individueller Verantwortung und positiver Interdependenz, wie sie für kooperatives Lernen unerlässlich sind.
Schritt 1: Den Schülerinnen und Schülern wird Zeit zugestanden (z.B. zwei Wochen), Recherchen zu ihrem Thema anzustellen und eine Disposition, bzw. ein stichwortartiges Inhaltsverzeichnis ihrer individuellen „Reports" zu erstellen. Diese Dispositionen werden in der Gruppe ausgetauscht und besprochen. Die Mitglieder unterstützen sich gegenseitig. Sie tauschen Ideen für weitere Quellen aus und suchen wenn notwendig nach Wegen, die Untersuchung auszuweiten oder einzugrenzen.
Wenn Daten im Internet recherchiert werden, ist die Qualität der Quelle zu prüfen (vgl. Koch & Neckel, 2001):
- Ist die Quelle glaubwürdig, eine renommierte Tageszeitung, ein wissenschaftliches Informationsangebot oder ein kommerzielles Informationsangebot?
- Gibt es Angaben zu den Autoren (Beruf, Position)?
- Wann wurde die Quelle letztmals überarbeitet?
- Werden die Resultate durch Forschungsergebnisse oder durch Hinweise auf originäre Quellen belegt?
- Verweisen andere Websites häufig auf diese Quelle?
- Wie ist die Sprache? Gibt es Ungenauigkeiten oder logische Fehler?
- Wann war das letzte Update?
- ...

Auch sollten unterschiedliche Quellen konsultiert und bearbeitet werden. Es reicht nicht, einfach einen beliebigen Text herunterzuladen und zusammenzufassen. Ferner sollte nicht nur das Internet konsultiert werden. Auch Bücher oder Zeitschriften sollten zwingend verwendet werden. Im Weiteren können Expertenpersonen kontaktiert werden.

Schritt 2: Im nun folgenden zeitlichen Abschnitt schreibt jede Schülerin und jeder Schüler einen *ersten Entwurf* zu seiner individuellen Teilfragestellung. Nach deren Fertigstellung wird für jedes Mitglied der Gruppe eine Version kopiert. Jeder Entwurf wird in der Gruppe besprochen und überprüft. Die Verfasserinnen und Verfasser erhalten ein Feedback der Gruppe.

Schritt 3: Die einzelnen Mitglieder überarbeiten ihren Entwurf. Wer noch Hilfe benötigt, kann sich diese auch ausserhalb der Unterrichtszeit über seine Gruppenmitglieder beschaffen. Die Gruppenverantwortlichen koordinieren diese Unterstützung.

Mit den Massnahmen, die in Schritt 2 und 3 veranlasst worden sind, wird u.a. auch beabsichtigt, die Gruppenproduktivität zu steigern, und zwar weil sie durch eine ausgeprägte face-to-face-Interaktion gekennzeichnet ist und weil sich die einzelnen Mitglieder bedeutsames, Aufgaben bezogenes Feedback geben können (vgl. Johnson, Johnson & Smith. 1995, 16). Die Lehrperson wird die Gruppen in diesen Phasen coachen. Sie achtet darauf, auch selbst die Übersicht zu behalten, wo die Gruppen stehen (Materialien 1) und greift auch bei Problemen ein (Materialien 2).

Schritt 4: Die Lehrperson benotet die überarbeitete Version der individuellen Beiträge. Die Kriterien sind zu Beginn der Gruppenrecherche mit der Klasse besprochen worden. Die Note wird mit Kommentaren versehen (zur Problematik der Benotung s. weiter unten). Im Anschluss an diese Kommentierung haben die Schülerinnen und Schüler Zeit, Korrekturen an ihrer Arbeit anzubringen. Dann wird die endgültige Version erstellt.

Phase 4: Vorbereiten der Gruppenpräsentation
Slavin (1995) schlägt vor, dass alle Gruppenmitglieder über je eine schriftliche Zusammenfassung der Einzelbeiträge verfügen sollten. Anhand dieser Unterlagen informiert sich die Gruppe über die erarbeiteten Inhalte der einzelnen Mitglieder, analysiert die Schwerpunkte und fragt sich, wie daraus eine Synthese für eine Klassenpräsentation geschaffen werden kann (Materialien 3). Die Präsentation soll attraktiv und instruktiv sein. Dabei sind etwa folgende Fragen zu klären: Was ist der Inhalt? Wie wird er präsentiert? Wie werden die Schülerinnen und Schüler der übrigen Klasse einbezogen? Die Gruppenverantwortlichen strukturieren diesen Gruppenprozess. Wenn notwendig, kann man sich dazu auch mal ausserhalb der Unterrichtszeit treffen. In einer Besprechung mit der Lehrperson wird das Vorgehen koordiniert. Als Bedingung kann dabei vereinbart werden, dass die

Gruppen unterschiedliche Präsentationsformen verwenden müssen. Beispielsweise darf in solchen Fällen nur eine Gruppe eine Powerpoint-Präsentation einsetzen. Diese Massnahme fördert die Kreativität der Gruppen und bringt Abwechslung in die Klasse. Als Resultat der Zusammenkunft mit dem Steuerausschuss der Gruppenverantwortlichen könnten etwa die folgenden Leitvorstellungen für eine Präsentation formuliert werden:

- Zu betonen sind Hauptgedanken und Schlussfolgerungen der Recherche.
- Die Klasse wird über die benutzten Quellen informiert und auch über die Strategien, wie man an die Informationen gelangt ist.
- Angeregt werden sollen Fragen und Antworten.
- Die Mitglieder der Klasse sollen in die Präsentation einbezogen werden.
- Alle Mitglieder der Gruppe müssen bei der Präsentation eine wichtige Rolle spielen.
- Die notwendige Ausrüstung muss rechtzeitig reserviert werden und bereitstehen.

Phase 5: Durchführung der Präsentation
Die Durchführung gibt den Schülerinnen und Schülern nicht nur Gelegenheit, ihre Fähigkeiten zur Synthese und zum Vortragen zu demonstrieren. Gefragt ist auch Kreativität und Flexibilität. Die Präsentation kann beispielsweise durch Rollenspiele angereichert werden. Auch könnten selbst hergestellte Videoclips aufgenommen und für die Darstellung verwendet werden. So könnte ein Gespräch zwischen einem Fuchs, der im Wald lebt, und einem Tier in einer städtischen Umgebung erfunden und auf Video aufgezeichnet werden. Im Fach Geschichte kann ein Rollenspiel die Situation der Schule im 19 Jahrhundert darstellen. Auch die zuhörende Schulklasse kann einbezogen werden, indem etwa Diskussionen zwischen konträren Meinungsgruppen organisiert werden, etc..

Phase 6: Das Erreichte evaluieren
Die Evaluation kann auf verschiedene Weise erfolgen:
a) Die individuellen schriftlichen Skripte können benotet werden (s. oben; mögliche Kriterien: Richtigkeit der Aussagen, Klarheit der Darstellung, höherstufiges Denken, Rechtschreibung, Suche und Umgang mit den verwendeten Quellen, etc.).
b) Die Gruppenpräsentation kann benotet werden (Mögliche Kriterien: Relevanz der Inhalte, Präsentationsstil, Einbezug aller Mitglieder der Gruppe, Verständlichkeit, Visualisierungen, etc.).

Die Massnahme, beide Komponenten zu beurteilen, wirkt sich aus folgenden Gründen günstig auf die Leistung aus (Slavin 1996): Weil (a) die individuelle Verantwortung und (b) auch die Resultate, die die Gruppe erreicht hat, evaluiert werden. Wie bereits erwähnt, wurden Beurteilungskriterien zu Beginn der Gruppenrecherche bekannt gemacht. Die beiden Noten können anschliessend für jeden Schüler und jede Schülerin zu einer Gesamtnote verrechnet werden. Es ist aber auch möglich, auf eine Bewertung zu verzichten. Eine externe Bewertung der Produkte von aussen kann nicht unproblematisch sein, wenn man sich auf das entdeckende Recherchieren der Schülerinnen und Schüler stützen möchte. Sind die Kriterien jedoch zum vorneherein geklärt, dann sollte diese Massnahme wenig negative Nebenwirkungen zur Folge haben. Schülerinnen und Schüler möchten für eine Arbeit, bei der sie sich angestrengt haben, in der Regel auch beurteilt werden. In der Schule wird generell über die Leistungsbeurteilung honoriert. Wenn eine Beurteilung unterbleibt, kann der Fall eintreten, dass die Schülerinnen und Schüler solche Arbeiten weniger ernst nehmen und sich auf Lerninhalte konzentrieren, die für sie „lohnenswerter" sind (Traub, 2012, 154). Die Motivation wird damit von der Recherche abgezogen. Darüber hinaus sollte man in jedem Fall auf formativen Rückmeldungen bestehen. Diese sind auch bei einer summativen Beurteilung vorzunehmen, damit ein Dialog zwischen Lehrpersonen sowie den Schülerinnen und Schüler über die Qualitätskriterien einsetzen kann.

a) Die Gruppen können ihre Arbeit selbst einschätzen. Auch die sozialen Prozesse der Gruppe können beurteilt und besprochen werden. Dazu muss kein umfangreicher Fragebogen eingesetzt werden. In der Regel genügen zwei Items wie: „Wir haben als Gruppe gut zusammen gearbeitet" und „Alle haben zum Ergebnis beigetragen". Die Beantwortungsskala lautet dann etwa wie folgt: stimmt nicht / stimmt eher nicht / stimmt eher / stimmt genau. Zu diesem Zweck können auch Lernjournale genutzt werden (s. Materialien 4 und 5).

b) Die einzelnen Schülerinnen und Schüler können auch eine Selbstevaluation ihrer individuellen Arbeit vornehmen. Diese ist abhängig von den Zielen, die sie zu erreichen haben, beispielsweise Informationen zu einem Gesamtbild strukturieren, kritisches Denken praktizieren, neu erworbene Kenntnisse vergegenwärtigen.

c) Die Klasse kann die Präsentationen ihrerseits bewerten. Je nach Inhalt können folgende Kriterien eine Rolle spielen: Hauptideen ausgewählt und wichtige Schlussfolgerungen gezogen; Klasse miteinbezogen; Verständlichkeit; Umgang mit Medien.

d) Die Gruppenrecherche kann auch als Methode selbst beurteilt werden. Was hat die Schülerinnen und Schüler angesprochen? Was sollte geändert werden? Dabei handelt es sich um eine Rückmeldung für die Lehrperson über den Verlauf der Recherche insgesamt (Materialien 5).

Diese Form kooperativen Lernens kann in allen Fachbereichen angewandt werden, wo Inhalte selbstständig recherchiert werden können. Sie wird mit fortgeschrittenen Schülerinnen und Schülern auch im Fremdsprachenunterricht eingesetzt, wenn es darum geht, sich mit Inhalten der jeweiligen Sprachkultur zu beschäftigen (Quinn Allen, 2006). Bei der Wahl des Themas ist von der Lehrperson auch die Zugänglichkeit zu geeigneten Quellen abzuschätzen. Eine Gruppe Studierender hat dies an folgenden Themen mit Erfolg erprobt: (1) Jugendkulturen, (2) Nachhaltigkeit mit den Unterthemen Konsum, Mobilität, Energie; (3) Frankophone Länder ausserhalb Europas; (4) Antarktis mit Fauna und Flora, Entdeckern, Klimatische Bedingungen, Topographie, Bedrohung des Ökosystems. (5) Politische Parteien. Über gewisse Quellen sollte sich die Lehrperson im Voraus Klarheit verschaffen, damit sie bei ausbleibenden Erfolgen unterstützend einwirken kann.

Bei einer Gruppenrecherche handelt es sich um ein Vorhaben, das als spezielle themengebundene Recherche gelten kann (s. Tab. 9-7: Grunddesign zur themengebundenen Recherche.). Sie ist methodisch jedoch reichhaltiger konzipiert. Vor allem Aspekte des Projektunterrichts und des kooperativen Lernens werden explizit in das methodische Arrangement eingebunden. Den Schülerinnen und Schülern werden Freiräume eröffnet, nach Interesse Unterthemen auszuwählen. Allerdings sind diese Freiheitsgrade durch die Aushandlungsprozesse, die in der Gruppe stattfinden, eingeschränkt. Bedingt durch die zugelassenen Recherchen, ist der Lernstoff allerdings nicht zum vorneherein festgelegt. Von den Schülerinnen und Schülern können autonome Entscheidungen getroffen werden. Es dürften diese Aspekte der Selbstbestimmung sein, die vor allem motivierend sind. Durch den intensiven Austausch in den Gruppen hat die Methode ferner auch adaptives Potenzial. Insbesondere schwächere Schülerinnen und Schüler können durch die Anregungen der Gruppenmitglieder Impulse erhalten. Allerding wird die Stütze der Lehrperson unentbehrlich sein. Auch sie kann Ihren Einfluss durch angepasstes Coaching und Scaffolding adaptiv steuern.

Materialien 1

Tab. 10-1: Übersichtstabelle zu Schritt 3: Recherche ausführen (Materialien 1).

Übersichtstabelle zu Schritt 3: Recherche ausführen

Ich habe erste Informationen gefunden	Ich habe schon viele Informationen gefunden	Ich muss keine Informationen mehr suchen	Ich bin am Schreiben	Ich bin mit den Schreiben schon gut vorangekommen

Kommentar: Die Schülerinnen und Schüler notieren ihren Namen in die Spalte, die ihrem momentanen Arbeitsstatus entspricht. Wenn sich noch viele Schülerinnen und Schüler in der ersten Kolonne befinden, dann wird noch mehr Zeit für die Recherche benötigt. Wenn sich die meisten in den letzten Kolonnen befinden, dann kann mit der Klasse in die nächste Phase gewechselt werden. Darüber hinaus behält die Lehrperson den Überblick, wo die einzelnen Schülerinnen und Schüler stehen und kann wenn notwendig eingreifen und den einzelnen Gruppen Impulse vermitteln.

Materialien 2

Problembehandlung	
Mögliches Problem	*Möglicher Lösungsansatz*
Ein Mitglied dominiert die Gruppe. Die Ideen der anderen werden nicht wahrgenommen.	• Eine Regel zum Abwechseln geben • Ein „Blitzlicht" durchführen und die verschiedenen Mitglieder veranlassen, ihre Meinung zu äussern • Pro Sitzung ein anderes Mitglied bestimmen, das die Gruppe leitet
Zwei Schüler/innen möchten dasselbe Thema behandeln.	• Zettel ziehen mit dem Thema • Eine Münze werfen • Besprechen und darauf hoffen, dass sich eine der beiden Personen entscheiden kann, das Thema dem/der anderen zu überlassen
Ein Schüler oder eine Schülerin engagiert sich zu wenig.	• Ein „Blitzlicht" veranlassen • Sich vergewissern, wie die Mitglieder darüber denken • Klare Rollen zuteilen
Die Gruppe beschäftigt sich mit anderen Dingen.	• Eine Gruppensitzung ansetzen • Sich vergewissern, ob alle wissen, was sie zu tun haben

Abb. 10-3: Problembehandlung (Materialien 2).

Es wurden Lösungsansätze aufgelistet, die sich auf die Sache konzentrieren und nicht langwierige Gespräche provozieren.

Materialien 3

Präsentationsplan

Gruppe _____ Thema: _____

Einleitung:

Teil I / Verantwortliches Mitglied:

Hauptgedanken:

Überleitung zum nächsten Teil:

Teil II / Verantwortliches Mitglied:

Hauptgedanken:

Überleitung zum nächsten Teil:

Teil III, Teil IV, etc.

Schlussteil:

Abb. 10-4: Präsentationsplan (Materialien 3).

Materialien 4

Erhebung zum Gruppenstatus

Thema: _____

Gruppe: _____

Was läuft gerade jetzt gut mit unserer Recherche?

Was können wir besser machen?

Was werden wir als nächstes tun?

Abb. 10-5: Erhebung zum Gruppenstatus (Materialien 4).

11 Abschliessende Bemerkungen

Einleitend wurde der Anspruch erhoben, das Überangebot an didaktischen Vorschlägen zur Individualisierung und Differenzierung auf wesentliche Prinzipien und Strategien zu reduzieren. Abschliessend sollen die unterbreiteten Vorschläge in einer komprimierten Gesamtbetrachtung nochmals vor Augen geführt werden (s. Abb. 11-1). Man kann somit abschätzen, inwieweit der gesetzte Anspruch eingelöst worden ist.

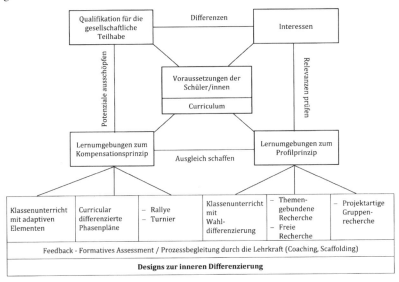

Abb. 11-1: Gesamtbetrachtung der Vorschläge zur Inneren Differenzierung.

Ausgangspunkt des Modells ist die allseits geteilte Annahme, dass zwischen Schülerinnen und Schülern kognitive und motivationale Differenzen bestehen, so dass von ihnen unterschiedliche Leistungen erbracht werden. Kognitive Unterschiede werden vor allem dann problematisch, wenn durch offenkundige Defizite die künftige gesellschaftliche Teilhabe in Frage gestellt ist. In diesem Fall gilt es, kompensierende Vorkehrungen zu treffen, die garantieren, dass kein Schüler und keine Schülerin unter ein Minimalniveau zurückfällt. Dieses Kompensationsprinzip ist ein wegleitendes Anliegen der vorliegenden Konzeption. In motivationaler Hinsicht sollte die Schule aber auch den Interessen von Kindern und Jugendlichen entgegenkommen und ihnen Raum geben, eigene Profile zu entwickeln. Sowohl das unterrichtliche Handeln nach dem Kompensations- wie auch nach dem Profilprinzip bewegen sich im Spannungsfeld zwischen den Voraussetzungen der Lernenden und den Festlegungen eines zeitgemässen Curriculums. So gilt es beispielsweise zu definieren, was ein Kernbestand ist und welche Kompetenzen in unserer Gesellschaft durchschnittlich erwartet werden. Im Weiteren geht es auch darum, individuelle Zielsetzungen der Schülerinnen und Schüler zu rechtfertigen oder ihren Potenzialen gerecht zu werden.

Das Design von Lernumgebungen zur inneren Differenzierung orientiert sich in erster Linie an den beiden genannten Prinzipien. Für das Kompensationsprinzip wurden adaptive Massnahmen im Klassenunterricht sowie Phasenpläne vorgeschlagen, die durch die beiden bewährten kooperative Arrangements des Gruppenrallyes und des Gruppenturniers ausgeweitet werden können. Als adaptive Strategien im Klassenunterricht gelten das Ausgehen von den Voraussetzungen der Lernenden, Tempo- und Schwierigkeitsdifferenzierung, passende Methoden für Stärkere und Schwächere sowie Kooperationsformen in Kleingruppen und als Tutoring. Kooperative Skripts, die in der Gruppenrallye oder im Turnier gelernt werden, können auch im übrigen Unterricht eingesetzt werden, damit kooperatives Lernen optimiert werden kann. In Abgrenzung zum Kompensationsprinzip steht im Profilprinzip die Berücksichtigung der Schülerinteressen im Zentrum. Sowohl die Themenwahl als auch das Vorgehen bei der Verfolgung eigener Interessen erfahren schrittweise eine grössere Öffnung. Unterschieden werden Wahldifferenzierung sowie Recherchearbeiten, die innerhalb eines Rahmenthemas stattfinden oder eine freie Wahl zulassen. Als spezielle Form wurde die Gruppenrecherche aufgenommen. Damit soll angedeutet werden, dass sich individuelle Interessen auch in gemeinschaftliche Unternehmungen einbinden lassen. Mit dem Kurzprojekt wurde diesem Gedanken zusätzlich Nachdruck verschafft. Begleitet werden diese organisatorisch-methodischen Massnahem durch Feedbacks, die im Kontext des formativen Assessments ein strukturierendes Moment bilden und durch ein passendes und aufmerksames Betreuungsverhalten der Lehrperson. Bei der Wahl der aufgeführten Methoden und Organisationsformen wird die Lehrperson begründete Wahlen treffen, bezogen auf das Fach und auf die Gegebenheiten in der jeweiligen Klasse. Sie kann sich dabei auch von den praxisorientierten Entwurfsmustern anregen lassen. Die aufgeführten aufgeführten Methoden sind als Wahlofferten zu verstehen, die je nach didaktischen Prioritäten ausgewählt werden können.

Die berücksichtigten Entwurfsmuster können im Weiteren verdeutlichen, dass es die Lehrpersonen sind, welche die Voraussetzungen schaffen, damit organisiertes Lernen, so wie es hier vorgeschlagen worden ist, positive Wirkungen zur Folge hat. Die fraglichen Massnahmen sind jedoch nur dann effektiv, wenn sie grundsätzliche Bedingungen für wirksamen Unterricht einschliessen. Klieme et al. (2006) haben drei Basisdimensionen postuliert, die bei jeder Form von Unterricht unverzichtbar sind. Gewährleistet sein sollte eine kognitive Aktivierung, die eine angemessene Bearbeitungstiefe gestattet. Durch eine konsequente Klassenführung ist ferner eine hohe Aufgabenorientierung (time on task) anzustreben. Schliesslich trägt ein unterstützendes Unterrichtsklima dazu bei, dass durch das Erleben von Autonomie, Kompetenz und sozialer Einbettung Selbstbestimmung erlebt wird. Innere Differenzierung allein schafft all dies nicht! Nach der hier vertretenen Auffassung können Differenzierungs- bzw. adaptive Massnahmen die folgenden spezifischen Auswirkungen haben: Schwächere Schülerinnen und Schüler sollten weniger Defizite bei fundamentalen Kernkompetenzen aufweisen. Schülerinnen und Schüler mit unterschiedlichen Voraussetzungen sollten es eher gewohnt sein zu kooperieren. Sie sollten sich nicht auf ihre individuellen Möglichkeiten beschränkt sehen. Die Schülerinnen und Schüler sollten vermehrt auch nach ihren eigenen Interessen lernen können. Nach diesen drei Hauptkriterien wäre die Wirksamkeit von Differenzierungsmassnahmen zu beurteilen.

Literatur

Achtenhagen, F., Bendorf, M., Getsch, U. & Reinkensmeier, S. (2000). Mastery Learning in der Ausbildung von Industriekaufleuten. *Zeitschrift für Pädagogik, 46*(3), 373 - 394.

Ackermann, P. L. (1988). Determinants of individual differences during skill acquisition: Cognitive abilities and information processing. *Journal of Experimental Psychology: General, 117*(3), 288-318.

Aebli, H. (1961). *Grundlagen des Lehrens. Eine Allgemeine Didaktik auf psychologischer Grundlage.* Stuttgart: Klett-Cotta.

Aeschbacher, U., Carlò, C. & Wehrli, R. (2001). «Die Ursache des Treibhauseffektes ist ein Loch in der Atmosphäre»: Naives Denken wider besseres Wissen. *Zeitschrift für Entwicklungspsychologie, 33*(4), 230-241.

Affolter, W., Amstag, H., Doebeli, M., & Wieland, G. (2009). *Schweizer Zahlenbuch 5.* Zug: Klett und Balmer.

Affolter, W., Beerli, G., Hurschler, H., Jaggi, B., Jundt, W., Krummenacher, R. et al. (2002). *Mathbu. ch 7.* Zug: Klett und Balmer.

Ahrbeck, B. (2011). *Der Umgang mit Behinderung.* Stuttgart: Kohlhammer.

Ahrbeck, B. & Willmann, M. (2009). *Pädagogik bei Verhaltensstörungen.* Stuttgart: Kohlhammer.

Alton-Lee, A. (2006). How teaching influences learning: Implications for educational researchers, teachers, teacher educators and policy makers. *Teaching and Teacher Education, 22*(5), 612-626.

Anderman, E. M. (2002). School effects on psychological outcomes during adolescence. *Journal of Educational Psychology, 94*(1), 646-648.

Apel, H. J. & Knoll, M. (2001). *Aus Projekten lernen. Grundlagen und Anregungen.* München: Oldenbourg.

Atkinson, J. W. (1964). *An introduction to motivation.* Princeton: Van Nostrand.

Baeriswyl, F. (2003). *Der Funktionsrhythmus als Strukturierungshilfe beim Lernprozess.* Freiburg (Schweiz): Universität Freiburg. Departement Erziehungswissenschaften.

Baeriswyl, F. & Bertschy, B. (2010). Schulische Leistungen kohärent beurteilen - auch bei Inklusion. *Schweizerische Zeitschrift für Heilpädagogik, 16*(9), 12-19.

Baeriswyl, F. & Kovatsch-Guldimann, V. (2006). Das Kohärenzmodell der schulischen Beurteilung als Ergänzung zu Aeblis Psychologischer Didaktik. In M. Baer, M. Fuchs, P. Füglister, K. Reusser & H. Wyss (Hrsg.), *Didaktik auf psychologischer Grundlage. Von Hans Aeblis psychologischer Didaktik zur modernen Lehr- und Lernforschung* (S. 227-239). Bern: h.e.p.

Barnard, W. M. (2004). Parent involvement in elementary school and educational attainment. *Children and Youth Services Review, 26*(1), 39-62.

Bauer, K. O. & Kanders, M. (2000). Unterrichtsentwicklung und professionelles Selbst der Lehrerinnen und Lehrer. In H. G. Rolff, W. Bos, K. Klemm, H. Pfeiffer & R. Schulz-Zander (Hrsg.), *Jahrbuch der Schulentwicklung Band 11* (S. 297-325). Weinheim: Juventa.

Baumert, J., Artelt, C., Klieme, E., Neubrand, M., Prenzel, M., Schiefele, U. et al. (2002). *PISA - 2000 - Die Länder der Bundesrepublik Deutschland im Vergleich.* Opladen: Leske + Budrich.

Baumert, J. & Kunter, M. (2006). Stichwort professionelle Kompetenz von Lehrkräften. *Zeitschrift für Erziehungswissenschaft, 9*(4), 469-520.

Baumert, J., Stanat, P. & Demmrich, A. (2001). PISA 2000: Untersuchungsgegenstand, theoretische Grundlagen und Durchführung der Studie. In Deutsches PISA-Konsortium (Ed.), *PISA 2000.* Opladen: Leske + Budrich.

Beck, E., Baer, M., Guldimann, T., Bischoff, S., Brühwiler, C., Müller, P. et al. (2008). *Adaptive Lehrkompetenz.* Münster: Waxmann.

Bennett, N. (1979). *Unterrichtsstil und Schülerleistung.* Stuttgart: Klett.

Berger, N., Küspert, P., Lenhard, W. & Marx, P. (2009). *WorT Würzburger orthographisches Training: Band 2: 2.-4. Schuljahr - Rechtschreiberegeln befolgen*. Berlin: Cornelsen.

Berger, N., Küspert, P., Lenhard, W. & Marx, P. (2009). *Würzburger orthographisches Training: Band 1: 1. - 4. Schuljahr - Verschriften lautgetreuer Wörter*. Berlin: Cornelsen.

Berger, N. & Schneider, W. (2011). *Verhaltensstörungen und Lernschwierigkeiten in der Schule*. Paderborn: Schöning UTB.

Bertschi-Kaufmann, A. & Schneider, H. (2007). Entwicklung von Lesefähigkeit: Massnahmen - Messungen - Effekte. Ergebnisse und Konsequenzen aus dem Forschungsprojekt «Lese- und Schreibkompetenzen fördern». *Schweizerische Zeitschrift für Bildungswissenschaften, 28*(3), 393-424.

Betts, G. (2004). Fostering autonomous learners through levels of differentiation. *Roeper Review, 26*(4), 190-191.

Bieri, P. (2005). Wie wäre es gebildet zu sein. *Festrede an der Pädagogischen Hochschule Bern*. Zugriff am 22. 4. 2012, von http://www.hwr-berlin.de/fileadmin/downloads_internet/publikationen/Birie_Gebildet_sein.pdf

Blum, W. (2006). Die Bildungsstandards Mathematik. In W. Blum, C. Drüke-Noe, R. Hartung & O. Köller (Hrsg.), *Bildungsstandards Mathematik: konkret. Sekundarstufe I: Aufgabenbeispiele, Unterrichtsanregungen, Fortbildungsideen*. Berlin: Cornelsen Scriptor.

Bohl, T. (2001). *Prüfen und Bewerten im offenen Unterricht*. Neuwied: Luchterhand.

Bohl, T. (2009). Weiterentwicklung des offenen Unterrichts. *Pädagogik, 61*(4), 6-10.

Böhnel, E., & Svik, g. (1993). Modellbeschreibung und Evaluation des Schulversuchs «Innere Differenzierung und Individualisierung im Mathematikunterricht». *Unterrichtswissenschaft, 21*(1), 66-89.

Bolz, N. (2009). Ich will einen Unterschied machen. *APuZ-Beilage zur Wochenzeitung das Parlament, 41*, 3-6.

Bönsch, M. (1991). *Variable Lernwege*. Paderborn: Schöningh.

Borsch, F. (2010). *Kooperatives Lehren und Lernen im schulischen Unterricht*. Stuttgart: Kohlhammer.

Bos, W., Hornberg, S., Arnold, K. H., Faust, G., Fried, L., Lankes, E.-M. et al. (2006). *IGLU 2006. Lesekompetenzen von Grundschulkindern in Deutschland im internationalen Vergleich*. Münster: Waxmann.

Bos, W. & Pietsch, M. (2006). *KESS 4 - Kompetenzen und Einstellungen von Schülerinnen und Schülern am Ende der Jahrgangsstufe 4 in Hamburger Grundschulen*. Münster: Waxmann.

Bosch, K. (2006). *Planning classroom management. A five step process to creating a positive learning environment* (2 ed.). Thousand Oaks: Corwin Press.

Bräu, K. (2005). Individualisierung des Lernens. In K. Bräu & U. Schwerdt (Hrsg.), *Heterogenität als Chance. Vom produktiven Umgang mit Gleichheit und Differenz in der Schule* (S. 129-149). Münster: LIT-Verlag.

Brickenkamp, R., Schmidt-Atzert, L. & Liepmann, D. (2010). *Test d2 - Revision. Aufmerksamkeits-Belastungs-Test*. Göttingen: Hogrefe.

Briggs, J. & Peat, F. D. (1990). *Die Entdeckung des Chaos*. München: Hanser.

Brophy, J. (2004). *Motivating students to learn*. Mahwah, New Jersey: Lawrence Erlbaum Associates.

Brophy, J. E. & Good, T. L. (1976). *Die Lehrer-Schüler-Interaktion*. München: Urban & Schwarzenberg.

Brown, A., Cocking, R. R. & Bransford, I. (2000). *How people learn. Brain, mind, experience and school: Expanded Edition*. Washington, D.C.: National Academy Press.

Brügelmann, H. (1992). *Kinder auf dem Weg zur Schrift. Eine Fibel für Lehrer und Laien*. Konstanz: Libelle.

Bruner, J. (1969). *The process of education*. Cambridge: Harvard University Press.

Brunner, M. (2005). *Mathematische Schülerleistung: Struktur, Schulformunterschiede und Validität*. Dissertation, Humboldt-Universität zu Berlin, Berlin. Zugriff am 10.4.2013, von http://edoc.hu-berlin.de/dissertationen/brunner-martin-2006-02-08/HTML/front.html

Carroll, J. B. (1963). A model of school learning. *Teachers College Record, 64*(8), 723-733.

Carroll, J. B. (1972). Lernerfolg für alle. *Westermanns Pädagogische Beiträge, 24*(1), 7-12.

Cerwenka, E. & Krenn, S. (2007). *Durchstarten*. Linz: Veritas-Verlag.

Chall, J. (2000). *The academic achievement challenge*. New York: The Guilford Press.

Collins, A., Brown, J. S. & Newman, S. E. (1989). Cognitive apprenticeship: Teaching the crafts of reading, writing and mathematics. In L. B. Resnick (Ed.), *Knowing, learning and instruction. Essays in the honour of Robert Glaser* (pp. 453-494). Hillsdale, NJ: Erlbaum.

Corno, L. & Snow, R. E. (1986). Adapting teaching to individual differences among learners. In C. Wittroch (Ed.), *Handbook of research on teaching* (pp. 605 - 629). New York: Macmillan Publishing Company.

Cronbach, L. J. & Snow, R. W. (1977). *Aptitudes and instructional methods: A handbook for research on interactions*. New York: Irvington.

Cuban, L. (1993). *How teachers taught: Constancy and change in American classrooms, 1890 - 1990*. New York: Teachers College Press.

Deci, E. L. & Ryan, R. M. (1993). Die Selbstbestimmungstheorie der Motivation und ihre Bedeutung für die Pädagogik. *Zeitschrift für Pädagogik, 39*(2), 223-238.

DeVries, D., Edwards, K. & Wells, E. (1974). *Team competition effects on classroom group process* (Vol. Tech. Rep. N. 174). Baltimore: John Hopkins University, Center for Social Organization of Schools.

DeVries, D. & Mescon, I. T. (1975). *Teams-games-tournament: An effective task and reward structure in the elementary grades* (Vol. Tech. Rep. No. 189). Baltimore: John Hopkins University, Center for Social Organization of Schools.

Ditton, H. & Arnoldt, B. (2004). Wirksamkeit von Schülerfeedback zum Fachunterricht. In J. Doll & M. Prenzel (Hrsg.), *Bildungsqualität von Schule* (S. 152-172). Münster: Waxmann.

Dorow, S., Breidenstein, G., Menzel, C. & Rademacher, S. (2012). Anstellen statt Melden - Die Warteschlange im individualisierten Unterricht. In F. Hellmich, S. Förster & F. Hoya (Hrsg.), *Bedingungen des Lehrens und Lernens in der Grundschule*. Wiesbaden: Springer VS.

Doyle, W. (1986). Classroom organisation and management. In M. C. Wittrock (Ed.), *Handbook of research on teaching* (Vol. 3rd ed., pp. 392 - 397). New York: Macmillan.

Drieschner, E. (2007). *Erziehungsziel «Selbstständigkeit»*. Wiesbaden: VS Verlag für Sozialwissenschaften.

Dubs, R. (1993). *Bildungspolitik, Schule und Unterricht*. St. Gallen: Universität St. Gallen: Institut für Wirtschaftspädagogik.

Duit, R. (2004). Schülervorstellungen und Lernen von Physik. *Piko Brief Nr. 1/2004*, 23.2.2010, from http://www.uni-kiel.de/piko/downloads/piko_Brief_01_Schuelervorstellungen.pdf

Duvoisin, R. (2013). *Gruppenrecherche auf der Sekundarstufe I. Konzeption und Evaluation einer Unterrichtseinheit zu den politischen Parteien im Fach Geschichte*. Freiburg: Masterarbeit Universität Freiburg: Departement Erziehungswissenschaften - Abteilung Lehrerinnen- und Lehrerbildung für die Sekundarstufe I.

Eccles, J. S., Midgley, C., Wigfield, A., Miller Buchanan, C., Reumann, D., Flanagan, C. & Mac Iver, D. (1993). Development during adolescence. The impact of stage-environment fit on young adolescents' experiences in schools and in families. *American Psychologist, 48*(2), 90-101.

Eckhart, M. (2008). Zwischen Programmatik und Bewährung - Überlegungen zur Wirksamkeit des offenen Unterrichts. In K. Aregger & E. M. Waibel (Hrsg.), *Entwicklung der Person durch offenen Unterricht. Das Kind im Mittelpunkt: Nachhaltiges Lernen und Persönlichkeitserziehung* (S. 77-110). Augsburg: Pädagogik-Verlag.

Einsiedler, W. (1997). Unterrichtsqualität und Leistungsentwicklung. Literaturüberblick. In F. E. Weinert & A. Helmke (Hrsg.), *Entwicklung im Grundschulalter* (S. 223-240). Weinheim: Beltz/PVU.

Einsiedler, W. (2001). *Ergebnisse und Probleme der Unterrichtsforschung im Primarbereich*: IfG Institut für Grundschulforschung der Universität Erlangen-Nürnberg.

Elbaum, B., Vaughn, S., Hughes, M. T. & Moody, W. (1999). Grouping practices and reading outcomes for students with disabilities. *Exceptional Children, 65*(3), 399-415.

Ellis, R. (2005). *Instructed language acquisition*. Wellington: Ministery of Education.

Ellis, S. S. & Whalen, S. F. (1990). *Cooperative learning. Getting started*. New York: Scholastic.

Enders, W. (2010). *Methoden Magazin. Lesen und Schreiben in der Sekundarstufe I*. Weinheim: Beltz.

Esslinger-Hinz, I., Unseld, G., Reinhard-Hauck, P. R., Röbe, E., Fischer, H. J., Kist, T. & Däschler-Seiler, S. (2007). *Guter Unterricht als Planungsaufgabe. Ein Studien- und Arbeitsbuch zur Grundlegung unterrichtlicher Basiskompetenzen*. Bad Heilbrunn: Klinkhardt.

Europarat, (Hrsg.). (1997). *Common European framework of reference for language learning and testing*. Strassburg: Council of Europe.

Feige, B. (2005). Differenzierung. In W. Einsiedler, M. Götz, H. Hacker, J. Kahlert, R. W. Keck & U. Sandfuchs (Hrsg.), *Handbuch Grundschulpädagogik und Grundschuldidaktik* (S. 430-439). Bad Heilbrunn: Klinkhardt.

Felten, M., & Stern, E. (2012). *Lernwirksam unterrichten*. Berlin: Cornelsen.

Fend, H. (2006). *Neue Theorie der Schule. Einführung in das Verstehen von Bildungssystemen*. Wiesbaden: VS Verlag für Sozialwissenschaften.

Fenstermacher, G. D. & Richardson, V. (2005). On making determinations of quality in teaching. *Teachers College Record, 107*(1), 186-213.

Finn, J. D. (1989). Withdrawing from school. *Review of Educational Research, 59*, 117-142.

Fivian, R. & Hartmann, L. (2007). *Theoriegeleitetes Konzept zur Leseförderung für die Praxis*. Freiburg: Pädagogische Hochschule.

Floden, R. E. & Clark, C. M. (1988). Preparing teachers for uncertainty. *Teachers College Record, 89*(4), 505-524.

Frerichs, V. (1999). Schülervorstellungen und wissenschaftliche Vorstellungen zu den Strukturen und Prozessen der Vererbung: ein Beitrag zur Didaktischen Rekonstruktion. Diss. Carl-von-Ossietzky-Universität Oldenburg. Oldenburg: Didaktisches Zentrum.

Frey, K. (1993). *Die Projektmethode*. Weinheim: Beltz.

Fuchs, D., Fuchs, L. S., Mathes, P. G. & Simmons, D. C. (1997). Peer-assisted learning strategies: Making classrooms more responsive to diversity. *American Educational Research Journal, 34*(1), 174-206.

Fuchs, H.-W. (2003). Auf dem Weg zu einem Weltcurriculum? Zum Grundbildungskonzept von PISA und der Aufgabenzuweisung an die Schule. *Zeischrift für Pädagogik, 49*(2), 161-179.

Gage, N. L., & Berliner, D. C. (1996). *Pädagogische Psychologie*. Weinheim: Beltz: Psychologie Verlags Union.

Galton, M., Simon, B. & Croll, P. (1980). *Inside the primary classroom*. London: Routledge and Kegan Paul.

Gardner, H. (1994). *Abschied vom IQ. Die Rahmentheorie der vielfachen Intelligenzen*. Stuttgart: Klett-Cotta.

Gaudig, H. (1963, orig. 1911). Der Begriff der Arbeitsschule. In H. Gaudig (Ed.), *Die Schule der Selbsttätigkeit* (S. 8-25). Bad Heilbrunn: Klinkhardt.

Geary, D. C. (1995). Reflections of evolution and culture in children's cognition. *American Psychologist, 50*(1), 24 - 37.

Giacona, R. M. & Hedges, L. V. (1982). Identifying features of effective open education. *Review of Educational Research, 52*(4), 579-602.

Giesinger, J. (2006). Paternalismus und Erziehung. *Zeitschrift für Pädagogik, 52*(2), 265-284.

Gold, A., Mokhlesgerami, J., Rühl, K., Schreblowski, S. & Souvignier, E. (2005). *Wir werden Textdetektive - Lehrermanual und Arbeitsheft*. Göttingen: Vandenhoeck & Ruprecht.

Good, T. L. & Brophy, J. E. (1987). *Looking in classrooms*. New York: Harper & Row.

Götz, T., Lohrmann, K., Ganser, B. & Haag, L. (2005). Einsatz von Unterrichtsmethoden - Konstanz oder Wandel? *Empirische Pädagogik, 19*(4), 342-360.

Gräsel, C. (2006). Chemie im Kontext - Transfer auf die Grundschule. In P. Nentwig & S. Schanze (Hrsg.), *Es ist nie zu früh für naturwissenschaftliche Bildung in jungen Jahren* (S. 125-138). Münster: Waxmann.

Gräsel, C., Nentwig, P. & Parchmann, I. (2005). Chemie im Kontext: Curriculum development and evaluation strategies. In J. Bennett, J. Holman, R. Milar & D. Waddington (Eds.), *Making a difference: Evaluation as tool for improving science education* (pp. 53-66). Münster: Waxmann.

Graumann, O. (2008). Förderung und Heterogenität. Die Perspektive der Schulpädagogik. In K. H. Arnold, O. Graumann & A. Rakhkochkine (Hrsg.), *Handbuch Förderung* (Vol. 16-25). Weinheim/ Basel: Beltz.

Green, N. & Green, K. (2005). *Kooperatives Lernen im Klassenraum und im Kollegium. Das Trainingsbuch.* Seelze-Velber: Kallmeyer.

Gruehn, S. (2000). *Unterricht und schulisches Lernen.* Münster: Waxmann.

Grunder, H.-U. (2009). Heterogenität und Innere Differenzierung des Unterrichts. In H.-U. Grunder & A. Gut (Hrsg.), *Zum Umgang mit Heterogenität in der Schule.* Hohengehren: Schneider.

Gudjons, H. (2006). *Neue Unterrichtskultur - veränderte Lehrerrolle.* Bad Heilbrunn: Klinkhardt.

Günther-Arndt, H. (2006). Conceptual Change Forschung: Eine Aufgabe für die Geschichtsdidaktik? In H. Günther-Arndt & M. Sauer (Hrsg.), *Geschichtsdidaktik empirisch. Untersuchungen zum historischen Denken und Lernen* (S. 23-47). Berlin: LIT.

Haager, D. & Klingner, J. K. (2005). *Differentiation instruction in inclusive classrooms.* Boston: Pearson.

Halldén, O. (1999). Conceptual change and contextualization. In W. Schnotz (Ed.), *New perspectives on conceptual change* (pp. 53-65). Amsterdam u. a.: Pergamon.

Hancock-Dawson, R., Nichols, W. D., Jones, J., Mayring, P. & Glaeser-Zikunda, M. (2000). The impact of teachers' instructional strategies und students' anxiety levels on students' achievement in eight grade German and U.S. classrooms. *Journal of Research and Development in Education, 33*(4), 232-240.

Handwerker, B. & Madlener, K. (2009). *Chunks für DaF. Theoretischer Hintergrund und Prototyp einer multimedialen Lernumgebung.* Hohengehren: Schneider Verlag.

Hanke, P., Brockmann, J. & Schwippert, K. (2001). *Schriftspracherwerb unter den Bedingungen unterschiedlicher (fach)didaktischer Unterrichtskonzeptionen. Bericht Nr. 6 zum DFG-Projekt «Schrift-Spracherwerb».* Münster: Institut für Schulpädagogik und Allgemeine Didaktik.

Hänze, M., Schmidt-Weigand, F. & Blum, S. (2007). Mit gestuften Lernhilfen im naturwissenschaftlichen Unterricht selbständig lernen und arbeiten. In K. Rabenstein & S. Reh (Hrsg.), *Kooperatives und selbstständiges Arbeiten von Schülern. Zur Qualitätsentwicklung von Unterricht* (S. 197-208). Wiesbaden: VS Verlag.

Harackiewicz, J. M., Barron, K. E., Tauer, J. M. & Elliot, A. J. (2002). Predicting success in college: A longitudinal study of achievement goals and ability measures as predictors of interest and performance from freshman year through graduation. *Journal of Educational Psychology, 94*(3), 562 - 575.

Hardy, I., Jonen, A., Möller, K. & Stern, E. (2006). Effects of instuctional support within constructivist learning environment for elementary school students' understanding of "Floating and Sinking". *Journal of Educational Psychology, 98*(2), 307-326.

Harley, B. (1992). Patterns of second language development in French immersion. *Journal of French Language Studies, 2,* 159-183.

Hartinger, A. (2005). Verschiedene Formen der Öffnung von Unterricht und ihre Auswirkungen auf das Selbstbestimmungsempfinden von Grundschulkindern. *Zeitschrift für Pädagogik, 51*(3), 397-414.

Hartinger, A. (2006). Interesse durch Öffnung des Unterrichts - wodurch? *Unterrichtswissenschaft, 34*(3), 272-288.

Hartinger, A. & Fölling-Albers, M. (2001). Interesseorientiertes Lernen als Aufgabe der Schule. In W. Melzer & U. Sandfuchs (Hrsg.), *Was Schule leistet. Funktion und Aufgabe der Schule* (S. 125-148). Weinheim/München: Juventa.

Hascher, T. (2008). Diagnostische Kompetenz im Lehrberuf. In C. Kraler & M. Schratz (Hrsg.), *Modelle zur kompetenzorientierten Lehrerbildung* (S. 71 - 86). Münster: Waxmann.

Hasselhorn, M. & Gold, A. (2006). *Pädagogische Psychologie*. Stuttgart: Kohlhammer.

Hasselhorn, M. & Labuhn, A. S. (2008). Metakognition und selbstreguliertes Lernen. In W. Schneider & M. Hasselhorn (Hrsg.), *Handbuch Pädagogische Psychologie* (S. 2l8-37). Göttingen: Hogrefe.

Hattie, J. (2002). Classroom composition and peer effects. *International Journal of Educational Research, 37*(5), 449-481.

Hattie, J. (2009). *Visible learning: A synthesis of over 800 meta-analyses relating to achievement*. London & New York: Routledge.

Hattie, J. (2012). *Visible learning for teachers. Maximizing impact on learning*. London & New York: Routledge.

Hawkins, E. (1984). *Awareness of languages: An introduction*. Cambridge: Cambridge University Press.

Heacox, D. (2002). *Differentiating instruction in the regular classroom: How to reach and teach all learners*. Minneapolis: Free Spirit Publishing.

Heckhausen, H. (1965). Leistungsmotivation. In H. Thomae (Hrsg.), *Motivation* (S. 602-702). Göttingen: Hogrefe.

Heckt, D. H. (2008). Das Prinzip Think - Pair - Share. Über die Wiederentdeckung einer wirkungsvollen Methode. *Friedrich Jahresheft: Individuell lernen - kooperativ arbeiten*, 31.

Heid, H. (2007). Was vermag die Standardisierung wünschenswerter Lernoutputs zur Qualitätsverbesserung des Bildungswesens beizutragen? In D. Benner (Ed.), *Bildungsstandards. Chancen und Grenzen. Beispiele und Perspektiven* (S. 29-48). Paderborn: Schöningh.

Heinz, W. R. (1995). *Arbeit, Beruf und Lebenslauf*. Weinheim: Juventa.

Helmke, A. (1988). Leistungssteigerung und Ausgleich von Leistungsunterschieden in Schulklassen: unvereinbare Ziele? *Zeitschrift für Entwicklungspsychologie und Pädagogische Psychologie, 10*(1), 45-76.

Helmke, A. (2003). *Unterrichtsqualität*. Seelze: Kallmeyer.

Helmke, A. (2007). Lernprozesse anregen und steuern. *Pädagogik, 59*(6), 44-47.

Helmke, A. (2009). *Unterrichtsqualität und Lehrerprofessionalität*. Seelze-Verber: Klett - Kallmeyer.

Herber, H.-J. (1998). Innere Differenzierung. *Pädagogisches Handeln, 2*(1), 69 - 81.

Heritage, M. (2007). Formative assessment: What do teachers need to know and do? *Phi Delta Kappan, 89*(2), 140-145.

Hesse, I. & Latzko, B. (2009). *Diagnostik für Lehrkräfte*. Opladen & Farmington Hills: Verlag Barbara Budrich.

Heymann, H. W. (1996). *Allgemeinbildung und Mathematik*. Weinheim: Beltz.

Heymann, H. W. (1997). *Allgemeinbildung und Fachunterricht*. Hamburg: Bergmann + Helbig.

Heymann, H. W. (2010). Binnendifferenzierung - eine Utopie? *Pädagogik, 62*(11), 6-11.

Hidi, S. (2006). Interest: A unique motivational variable. *Educational Research Review, 1*(2), 69 - 82.

Hidi, S. & Renninger, K. A. (2006). The four phase model of interest development. *Educational Psychologist, 4*(2), 111-127.

Hofer, M. (2007). Goal conflicts and self-regulation: A new look at pupil's off-task behavior in the classroom. *Educational Research Review, 2*(1), 28-38.

Hoffmann, L. & Haussler, P. (1998). An intervention project promoting girls' and boys' interest in physics. In L. Hoffmann, A. Krapp, K. Renninger & J. Baumert (Eds.), *Interest and learning: Proceedings of the Seeon Conference on interest and gender* (pp. 301-316). Kiel, Germany: IPN.

Hogan, K. & Pressley, M. (1997). Scaffolding scientific competencies within classroom communities of inquiry. In K. Hogan & M. Pressley (Eds.), *Scaffolding student learning*. Cambridge MA: Brookline.

Höke, J., Hille, K. & Kansteiner-Schänzlin, K. (2012). Lehrerzentrierter versus schülerzentrierter Unterricht. *Unterrichtswissenschaft, 40*(4), 371-384.

Horvath, P. (2003). *Das Controllingkonzept. Der Weg zu einem wirkungsvollen Controllingsystem.* München: dtv Bd 5812: Deutscher Taschenbuchverlag.

Houtveen, A. A. M., Booij, N., de Jong, R. & Van de Grift, W. J. C. M. (1999). Adaptive instruction and pupil achievement. *School Effectiveness and School Improvement, 10*(2), 172 - 192.

Huber, A., Haag, L., Huber, G. L., Konrad, K., Rotering-Steinberg, S. & Wahl, D. (2008). *Kooperatives Lernen - Kein Problem.* Leipzig: Klett.

Huber, G. L. (1985). *Lernen in Schülergruppen. Studienbrief 1 des Fernstudiums Erziehungswissenschaft: Pädagogisch psychologische Grundlagen des Lernens in Gruppen.* Tübingen: Deutsches Institut für Fernstudien.

Huber, G. L. (1997). Neue Formen der Gruppenarbeit. In K. Kunert (Ed.), *Neue Lehrmethoden für pädagogische Berufe* (S. 123-146). Hohengehren: Schneider.

Huf, C. (2002). Aber das steht doch gar nicht auf dem Wochenplan. Paradoxien des Lehrerhandelns bei der Arbeit mit dem Wochenplan. In F. Heinzel & A. Prenzel (Hrsg.), *Heterogenität, Integration und Differenzierung in der Primarstufe. Jahrbuch Grundschulforschung 6* (S. 584-593). Opladen: Leske + Budrich.

Huf, C. (2010). Kooperationspraktiken von Schulanfängerinnen in leistungshomogenen und leistungsheterogenen Schülergruppen. *Zeitschrift für Grundschulforschung, 3*(1), 114-127.

Huf, C. & Breidenstein, G. (2009). Schülerinnen und Schüler bei der Wochenplanarbeit. *Pädagogik, 61*(4), 20-23.

Hugener, I., Krammer, K. & Pauli, C. (2008). Kompetenzen der Lehrpersonen mit Heterogenität: Differenzierungsmassnahmen im Mathematikunterricht. In M. Gläser-Zikuda & J. Seifried (Hrsg.), *Lehrerexpertise. Analyse und Bedeutung unterrichtlichen Handelns* (S. 47-66). Münster: Waxmann.

Hurrelmann, B. (2004). Informelle Sozialisationsinstanz Familie. In N. Groeben & B. Hurrelmann (Hrsg.), *Lesesozialisation im Medienzeitalter. Ein Forschungsüberblick* (S. 169-201). Weinheim/ München: Juventa.

Huschke, P. (1982). Wochenplan-Unterricht - Entwicklung, Adaptation, Evaluation. Kritik eines Unterrichtskonzepts und Perspektiven für seine Weiterentwicklung. In W. Klafki, U. Scheffer, B. Koch-Prieve, H. Stöcker, P. Huschke & H. Stang (Hrsg.), *Schulnahe Curriculumentwicklung und Handlungsforschung.* Weinheim: Beltz.

Huschke, P. (1996). *Grundlagen des Wochenplanunterrichts.* Weinheim und Basel: Beltz.

Ifenthaler, D., Pirnay-Dummer, P. & Spector, J. M. (2008). *Understanding models for learning and instruction. Essays in honor of Norbert M. Seel.* New York: Springer.

Ingenkamp, K. H. (1997). *Lehrbuch der pädagogischen Diagnostik.* Weinheim & Basel: Beltz.

Jang, H. (2008). Supporting students' motivation, engagement, and learning during an uninteresting activity. *Journal of Educational Psychology, 100*(4), 798-811.

Johnson, D. W. & Johnson, R. T. (1992). Positive interdependence: Key to effective cooperation. In R. Hertz Lazarowitz & N. Miller (Eds.), *Interaction in cooperative groups: The theoretical anatomy of group learning* (pp. 174-199). New York: Cambridge University Press.

Johnson, D. W., Johnson, R. T. & Maruyama, G. (1983). Interdependence and interpersonal attraction among heterogeneous and homogeneous individuals: A theoretical formulation and a meta-analysis of research. *Review of Educational Research, 54*(1), 5 - 54.

Johnson, D. W., Johnson, R. T. & Smith, K. A. (1995). Cooperative learning and individual student achievement in secondary schools. In J. E. Pederson & A. D. Digby (Eds.), *Secondary schools and cooperative learning: Theories, models, and strategies* (pp. 3-54). New York: Garland Publishing.

Johnson, D. W., Johnson, R. T. & Stanne, M. B. (2000). Cooperative learning methods: A meta analysis.

Kaiser, E. (1991). Unterrichtsformen, Differenzierung und Individualisierung. In L. Roth (Ed.), *Pädagogik. Handbuch für Studium und Praxis* (S. 730-741). München: Ehrenwirth.

Kammermeyer, G. & Kohlert, C. (2002). Selbstständiges Arbeiten beim Lernen an Stationen. *Berichte und Arbeiten aus dem Institut für Grundschulforschung Universität Erlangen Nürnberg, 99.*

Kargl, R. & Purgstaller, C. (2010). *MORPHEUS. Morphemunterstütztes Grundwortschatz-Segmentierungstraining.* Göttingen: Hogrefe.

Keller, G. & Thiel, R.-D. (1998). *LAVI Lern- und Arbeitsinventar für die Klassen 5 - 10.* Göttingen: Hogrefe.

Kirschner, P. A., Sweller, J. & Clark, R. E. (2006). Why minimal guidance during instruction does not work: An analysis of the failure of constructivist discovery, problem-based, experiential and inquiry based learning. *Educational Psychologist, 41*(2), 75 - 86.

Klafki, W. (1994). *Neue Studien zur Bildungstheorie und Didaktik.* Weinheim: Beltz.

Klafki, W. & Stöcker, H. (1985). Innere Differenzierung des Unterrichts. In W. Klafki (Ed.), *Neue Studien zur Bildungstheorie und Didaktik* (S. 173-208). Weinheim: Beltz.

Klieme, E., Avenarius, H., Blum, W., Döbrich, P., Gruber, H., Prenzel, M. et al. (2003). *Zur Entwicklung nationaler Bildungsstandards. Eine Expertise.* Bonn: Bundesministerium für Bildung und Forschung.

Klieme, E., Lipowsky, F., Rakoczy, K. & Ratzka, N. (2006). Qualitätsdimensionen und Wirksamkeit von Mathematikunterricht. In M. Prenzel & L. H. Allolio-Näcke (Hrsg.), *Untersuchungen zur Bildungsqualität von Schule. Abschlussbericht des DFG-Schwerpunktprogramms* (S. 127 - 146). Münster: Waxmann.

Klieme, E. & Priebe, B. (2007). Auf dem Weg zu schuleigenen Curricula. *Lernende Schule, 37/38,* 9-13.

Klieme, E. & Warwas, J. (2011). Konzepte der Individuellen Förderung. *Zeitschrift für Pädagogik, 57*(6), 805-818.

Klingberg, L. (1995). *Lehren und Lernen Inhalt und Methode.* Oldenburg: Carl von Ossietzky Universität. Zentrum für Pädagogische Berufspraxis (ZpB).

Klippert, H. (2001). *Eigenverantwortliches Arbeiten und Lernen.* Weinheim: Beltz.

Kluger, A. N. & DeNisi, A. (1996). The effects of feedback interventions on performance: A historical review, a meta-analysis, and a preliminary feedback intervention theory. *Psychological Bulletin, 119*(2), 254-284.

Kobarg, M. & Seidel, T. (2007). Prozessorientierte Lernbegleitung - Videoanalysen im Physikunterricht der Sekundarstufe I. *Unterrichtswissenschaft, 35*(2), 148 - 168.

Koch, H. & Neckel, H. (2001). *Unterricht mit Internet & Co.* Berlin: Cornelsen.

Koch, L. (2004). Allgemeinbildung und Grundbildung, Identität oder Alternative. *Zeitschrift für Erziehungswissenschaft, 7*(2), 182-191.

Köller, O., Baumert, J. & Schnabel, K. (2000). Zum Zusammenspiel von schulischem Interesse und Lernen im Fach Mathematik. Längsschnittanalysen in den Sekundarstufen I und II. In U. Schiefele & K. P. Wild (Hrsg.), *Interesse und Lernmotivation* (S. 163 - 182). Münster: Waxmann.

Krapp, A. (1999). Intrinsische Lernmotivation und Interesse. *Zeitschrift für Pädagogik, 45*(3), 387-406.

Kratochwil, L. (1992). *Erziehen und Unterrichten auf handlungstheoretischer Grundlage.* Donauwörth: Auer.

Krause, U.-M. (2007). *Feedback und kooperatives Lernen.* Münster: Waxmann.

Krause, U.-M. & Stark, R. (2006). Vorwissen aktivieren. In M. H. & H. F. Friedrich (Hrsg.), *Handbuch Lernstrategien* (S. 38-49). Göttingen: Hogrefe.

Kulik, J. A. & Kulik, C. (1992). Meta-analytic findings on grouping programs. *Gifted Child Quarterly, 36*(2), 73-77.

Kunze, I. & Solzbacher, C. (2008). *Individuelle Förderung in der Sekundarstufe I und II.* Hohengehren: Schneider.

Künzli, R. (1991). Didaktik zwischen Lehrplan und Unterricht. In B. Adl Amini & R. Künzli (Hrsg.), *Didaktische Modelle und Unterrichtsplanung* (S. 180 - 209). Weinheim und München: Juventa.

Kyriakides, L. & Creemers, P. M. (2008). Using a multidimensional approach to measure the impact of classroom-level factors upon student achievement: a study testing the validity of the dynamic model. *School Effectiveness and School Improvement, 19*(2), 183 - 205.

Labbude, P. (2003). Fächer übergreifender Unterricht in und mit Physik: Eine zu wenig genutzte Chance. *Physik und Didaktik in Schule und Hochschule, 4*(1), 48-66.

Landrum, T. J. & McDuffie, K. A. (2010). Learning styles in the age of differentiated instruction. *Exceptionality, 18*(1), 6-17.

Lankes, E.-M. (2007). Interesse wecken. *Pädagogik, 59*(7-8), 76 - 79.

Laus, M. & Schöll, G. (1995). Aufmerksamkeitsverhalten von Schülern in offenen und geschlossenen Unterrichtskontexten. *Institut für Grundschulforschung der Universität Nürnberg-Erlangen, Nr. 78.*

Lazarides, R. & Ittel, A. (2012). *Differenzierung im mathematisch-naturwissenschaftlichen Unterricht.* Bad Heilbrunn: Klinkhardt.

Lehmann, R. H., Peek, R. & Poerschke, J. (2006). *Hamlet 3-4. Hamburger Lesetest für 3. und 4. Klassen.* Göttingen: Hogrefe.

Lenhard, W., Hasselhorn, M. & Schneider, W. (2011). *Klasse 4: Kombiniertes Leistungsinventar zur allgemeinen Schulleistung und für Schullaufbahnempfehlungen in der vierten Klasse.* Göttingen: Hogrefe.

Lenhard, W. & Lenhard, H. (2006). *Trainingsprogramm zur Förderung des Leseverständnisses für Schüler der 1. bis 6. Klasse (ELFE-T).* Göttingen: Hogrefe.

Lenhard, W. & Schneider, W. (2006). *ELFE 1-6. Ein Leseverständnistest für Erst- bis Sechstklässler.* Göttingen: Hogrefe.

Lenzen, D. (2004). Partizipation in Unterricht und Schulleben. In D. Bosse (Ed.), *Unterricht der Schülerinnen und Schüler herausfordert* (S. 139 - 158). Bad Heilbrunn: Klinkhardt.

Lersch, R. (2007). Unterricht und Kompetenzerwerb. *Die Deutsche Schule, 99*(4), 434-446.

Leuders, T. (2008). Wege zu einem schulinternen Fach-Curriculum. Erfahrungen mit dem Fach Mathematik. *Pädagogik, 60*(4), 20 - 24.

Leutner, D. (1992). Adaptive Lehrsysteme. Instruktionspsychologische Grundlagen und experimentelle Analysen *Handwörterbuch Pädagogische Psychologie.* Weinheim: Beltz.

Lipowsky, F. (1999). *Offene Lernsituationen im Grundschulunterricht.* Frankfurt/M: Peter Lang.

Lipowsky, F. (2002). Zur Qualität offener Lernsituationen im Spiegel empirischer Forschung – Auf die Mikroebene kommt es an. In U. Drews & W. Wallrabenstein (Hrsg.), *Freiarbeit in der Grundschule.* Frankfurt/M: Grundschulverband.

Lipowsky, F., Rakoczy, K., Pauli, C., Reusser, K. & Klieme, E. (2007). Gleicher Unterricht - gleiche Chancen für alle? Die Verteilung von Schülerbeiträgen im Klassenunterricht. *Unterrichtswissenschaft, 35*(2), 125 – 147.

Löffler, I. & Meyer-Schepers, U. (1992). *DoRA: Dortmunder Rechtschreibfehler-Analyse zur Ermittlung des Schriftsprachstatus rechtschreibschwacher Schüler.* Dortmund: ILT-Verlag.

Long, M. H. (1991). Focus on form: A design feature in language teaching methodology. In K. DeBot, R. B. Ginsberg & C. Kramsch (Eds.), *Foreign language research in cross-cultural perspective* (Vol. 39-52). Amsterdam: John Benjamins.

Lou, Y., Abrami, P. C., Spence, J. C., Poulsen, C., Chambers, B. & d' Apollonia, S. (1996). Within-class grouping. A meta-analysis. *Review of Educational Research, 66*(4), 423-458.

Lüders, M. & Rauin, U. (2004). Unterrichts- und Lehr-Lernforschung. In W. Helsper & J. Böhme (Hrsg.), *Handbuch der Schulforschung* (S. 691-720). Wiesbaden: VS Verlag für Sozialwissenschaften.

Maag-Merki, K. (2005). Wissen worüber man spricht. *Friedrich Jahresheft 23,* 12-13.

Macintyre, H. & Ireson, J. (2002). Within-class ability grouping: placement of pupils in groups and self-concept. *British Educational Research Journal, 28*(2), 249 - 263.

Maier, U. (2010). Formative Assessment. Ein erfolgversprechendes Konzept zur Reform von Unterricht und Leistungsmessung? *Zeitschrift für Erziehungswissenschaft, 13*(2), 293-308.

Maier, U. (2010). Formative und summative Aspekte testbasierter Schulreform. In A. Gehrmann, U. Hericks & M. Lüders (Hrsg.), *Bildungsstandards und Kompetenzmodelle* (S. 47-54). Hohengehren: Schneider.

Maradan, O. & Mangold, M. (2005). Bildungsstandards in der Schweiz. Das Projekt HARMOS. *ph akzente* (2), 3-7.

May, P. (2010). *HSP Handbuch 1-9: Hamburger Schreibprobe. Diagnose orthographischer Kompetenz zur Erfassung der grundlegenden Rechtschreibstrategien.* Stuttgart: Verlag für pädagogische Medien im Ernst Klett Verlag.

May, P., Vieluf, U. & Malitzky, V. (2005). Hamburger Schreibprobe (HSP 1 - 9). Zugriff am 22. 4. 2008, von www.peter-may.de/Komponenten/hsp.htm

Mayer, R. E. (2004). Should there be a three-strikes rule against pure discovery learning? The case of guided methods of instruction. *American Psychologist, 59*(1), 14-19.

McCaffrey, D. F., Hamilton, L. S., Stecher, B. M., Klein, S. P., Bugliari, D. & Robin, A. (2001). Interactions among instructional practices curriculum and student achievement: The case of stan-dard-based high school mathematics. *Journal for Research in Mathematics Education, 32*(5), 493-517.

Meier-Rust, K. (2008, 26.Oktober). Von Wasseradern, Höhlen und Eisklumpen, *NZZ am Sonntag,* 80-81.

Meijnen, G. W. & Guldemond, H. (2002). Grouping in primary schools and reference processes. *Educational Research and Evaluation, 8*(3), 229 - 248.

Merkens, H. (2010). *Unterricht. Eine Einführung.* Wiesbaden: VS Verlag für Sozialwissenschaften.

Messner, H. & Reusser, K. (2000). Berufliches Lernen als lebenslanger Prozess. *Beiträge zur Lehrerbildung, 18*(2), 277-294.

Messner, R. (2004). Selbstständiges Lernen und PISA - Formen einer neuen Aufgabenkultur. In D. Bosse (Ed.), *Unterricht der Schülerinnen und Schüler herausfordert* (S. 49 - 68). Bad Heilbrunn: Klinkhardt.

Mevarech, Z. & Kramarski, B. (1997). IMPROVE: A multidimensional method for teaching mathematics in heterogeneous classrooms. *American Educational Research Journal, 34*(2), 365-394.

Meyer, H. (2004). *Was ist guter Unterricht?* Frankfurt/M: Cornelsen Verlag Scriptor.

Meyer, H. (2007). *Leitfaden Unterrichtsvorbereitung.* Berlin: Cornelsen (Scriptor).

Meyer-Schepers, U. & Löffler, I. (2008). Gutschrift/diagnose. Zugriff am 21.4. 2011, von www. gutschrift-institut.de/Information_zum_Testprogramm_gutschrift_diagnose.html

Moll, K. & Landerl, K. (2010). *SLRT-II Lese- und Rechtschreibtest.* Göttingen u. a.: Hogrefe.

Möller, J. & Bonerad, E. M. (2007). Fragebogen zur habituellen Lesemotivation. *Psychologie in Erziehung und Unterricht, 54*(4), 259-267.

Moreno, R. (2004). Decreasing cognitive load in novice students: Effects of explanatory versus corrective feedback in discovery-based multimedia. *Instructional Science, 32*(1-2), 99-113.

Moser, U. (2006). *Stellwerk: ein computergestütztes adaptives Testsystem. Testtheoretische Grundlagen und erste Erfahrungen.* Zürich: Kompetenzzentrum für Bildungsevaluation und Leistungsmessung an der Universität Zürich, KBL.

Moser, U. & Rhyn, H. (2000). *Lernerfolg in der Primarschule. Eine Evaluation der Leistungen am Ende der Primarschule.* Aarau: Sauerländer.

Muijs, D., Campbell, R. J., Kyriakides, L. & Robinson, W. (2005). Making the case for differentiated teacher effectiveness: An overview of research in four key areas. *School Effectiveness and School Improvement, 16*(1), 51 - 70.

Musolff, H. U. (2006). Stichwort: Säkularisierung der Schule in Deutschland. *Zeitschrift für Erziehungswissenschaft, 9*(2), 155-170.

Naumann, K. & Lauth, G. W. (2008). Konzentrations- und Aufmerksamkeitsförderung. In W. Schneider & M. Hasselhorn (Hrsg.), *Handbuch der Pädagogischen Psychologie* (S. 404-415). Göttingen: Hogrefe.

Nerowski, C. (2012). Handlungen der Lehrkräfte zwischen Diffusität und Spezifität. In C. Nerowki, T. Hascher, M. Lunkenbein & D. Sauer (Hrsg.), *Professionalität im Umgang mit Spannungsfeldern der Pädagogik* (S. 141-154). Bad Heilbrunn: Klinkhardt.

Neubauer, A. & Stern, E. (2007). *Lernen macht intelligent. Warum Begabung gefördert werden muss.* München: Deutsche Verlags-Anstalt.

Niedermann, A., Schweizer, R. & Steppacher, J. (2007). Förderdiagnostik im Unterricht. Grundlagen und kommentierte Darstellung von Hilfsmitteln für die Lernstandserfassung in Mathematik und Sprache. Luzern: Edition SZH/CSPS.

Niggli, A. (2000). *Lernarrangements erfolgreich planen.* Aarau: Sauerländer.

Niggli, A. (2003). *Vorlesung Didaktik II: Binnendifferenzierte und adaptive Lernformen.* Freiburg: Vorlesungsskript: Universität, Departement Erziehungswissenschaften, Ausbildung Lehrkräfte SEK I.

Niggli, A. (2007). *Erweiterte Lernformen.* Freiburg: Vorlesungsskript, Pädagogische Hochschule Freiburg.

Niggli, A. & Kersten, B. (1999). Lehrerverhalten und Wochenplanunterricht. Wirkungen auf Mathematikleistungen und nicht-kognitive Merkmale von Erzogenen. *Bildungsforschung und Bildungspraxis, 21*(3), 272-290.

Noelle Parks, A. (2010). Explicit versus implicit questioning: Inviting all children to think mathematically. *Teachers College Record, 112*(7), 1871-1896.

O'Donnel, A. M. (2006). The role of peers and group learning. In P. A. Alexander & P. H. Winne (Eds.), *Handbook of Educational Psychology* (pp. 781-802). New York, London: Routledge.

OECD (2001). *Lernen für das Leben. Erste Ergebnisse der Internationalen Schulleistungsstudie PISA 2000.* Paris: OECD Publications.

Oelkers, J. & Reusser, K. (2008). Qualität entwickeln - Standards sichern - mit Differenzen umgehen. Berlin: Bundesministerium für Bildung und Forschung.

Oser, F. & Baeriswyl, F. (2001). Choreographics of teaching: Bridging instruction to learning. In V. Richardson (Ed.), *Handbook of Research of Teaching* (4 ed., pp. 1031-1065). Washington: American Educational Research Association.

Paradies, L. & Linser, H. J. (2006). Lerngruppendifferenzierter Unterricht. In K. H. Arnold, U. Sandfuchs & J. Wiechmann (Hrsg.), *Handbuch Unterricht* (S. 345-351). Bad Heilbrunn: Klinkhardt.

Paradies, L., Wester, F. & Greving, J. (2009). *Leistungsmessung und -bewertung.* Berlin: Cornelsen Skriptor.

Patry, J. L. & Klaghofer, R. (1988). Zuviel des Guten - Das Bild vom idealen Lehrer. Ergebnisse der pädagogischen Rekrutenprüfungen. *Beiträge zur Lehrerbildung, 6*(2), 150-164.

Pauli, C., Reusser, K., Waldis, M. & Grob, U. (2003). «Erweiterte Lehr- und Lernformen» im Mathematikunterricht der Deutschschweiz. *Unterrichtswissenschaft, 31*(4), 291-320.

Perleth, C. (2008). Intelligenz und Kreativität. In W. Schneider & M. Hasselhorn (Hrsg.), *Handbuch der Pädagogischen Psychologie* (S. 15 - 27). Göttingen: Hogrefe.

Perry, N. E. & Rahim, A. (2011). *Studying self-regulated learning in classrooms.* New York and London: Routledge.

Petillon, H. & Flor, D. (1995). *Zwischenbericht zur wissenschaftlichen Begleitung «Lern- und Spielschule».* Landau: Universität, Institut für Grundschulpädagogik.

Petillon, H. & Flor, D. (1997). Empirische Studien zum Modellversuch Lern- und Spielschule. Unterrichtswissenschaft, 97 (4), S. 331-349. *Unterrichtswissenschaft, 97*(4), 331-349.

Poerschke, J. (1999). *Anfangsunterricht und Lesefähigkeit.* Münster: Waxmann.

Pong, S. L. & Pallas, A. (2001). Class size and eight-grade math achievement in the United States and abroad. *Educational Evaluation and Policy Analysis, 23*(3), 251-273.

Prenzel, A., Lankes, E.-M. & Minsel, B. (2000). Interessenentwicklung im Kindergarten und Grundschule: Die ersten Jahre. In U. Schiefele & K. P. Wild (Hrsg.), *Interesse und Lernmotivation. Untersuchungen zur Entwicklung, Förderung und Wirkung.* Münster/New York: Waxmann.

Quinn Allen, L. (2006). Investigating culture through cooperative learning. *Foreign Language Annals, 39*(1), 11-21.

Ramseger, J., Dreier, A., Kucharz, D. & Sörensen, B. (2004). *Grundschulen entwickeln sich. Ergebnisse des Berliner Schulversuchs Verlässliche Halbtagesschule.* Münster: Waxmann.

Rauin, U. (1987). Differenzierender Unterricht - Empirische Studien in der Bilanz. In U. Steffen & T. Bergel (Hrsg.), *Untersuchungen zur Qualität des Unterrichts* (Beiträge aus dem Arbeitskreis Qualität von Schule, Heft 3), S. 111-137). Wiesbaden: Hessisches Institut für Bildungsplanung und Schulentwicklung.

Reh, S. (2005). Warum fällt es Lehrerinnen und Lehrern so schwer, mit Heterogenität umzugehen? Historische und empirische Deutungen. *Die Deutsche Schule, 97*(1), 76-86.

Reichenbach, R. (1998). Zwischen Polisidyll und massendemokratischem Realismus. Bemerkungen anlässlich der Ergebnisse einer Expertenbefragung zur politischen Bildung in der Schweiz. In R. Reichenbach & F. Oser (Hrsg.), *Politische Bildung und staatsbürgerliche Erziehung in der Schweiz* (S. 17-36). Freiburg: Universitätsverlag.

Reichenbach, R. (2008). In der Concorde-Falle: Erfolgreiches Scheitern von Bildungsreformen (Eine «Replik» auf Walter Herzogs Kritik an der Reform). *Schweizerische Zeitschrift für Bildungswissenschaften, 30*(1), 53 - 63.

Reinmann, G. & Mandl, H. (2006). Unterrichten und Lernumgebungen gestalten. In A. Krapp & B. Weidenmann (Hrsg.), *Pädagogische Psychologie. Ein Lehrbuch* (S. 613-658). Weinheim: Beltz PVU.

Reis, S. M., McCoach, B. D., Little, C. A., Muller, L. M. & Kaniskan, R. B. (2011). The effects of differentiated instruction and enrichment pedagogy on reading achievement in five elementary schools. *American Educational Research Journal, 48*(2), 462-501.

Renkl, A. (1996). Vorwissen und Schulleistung. In J. Möller & O. Köller (Hrsg.), *Emotionen, Kognitionen und Schulleistung* (S. 175-190). Weinheim: Beltz.

Renkl, A. (2008). Lernen und Lehren im Kontext der Schule. In A. Renkl (Ed.), *Lehrbuch Pädagogische Psychologie* (S. 109-154). Bern: Hans Huber, Hogrefe AG.

Reusser, K. (1999). *KAFKA und SAMBA als Grundfiguren der Artikulation des Lehr- Lerngeschehens. Skript zur Vorlesung Allgemeine Didaktik.* Zürich: Universität: Pädagogisches Institut.

Reusser, K. (2008). Empirisch fundierte Didaktik - didaktisch fundierte Unterrichtsforschung. In M. A. Meier, A. Prenzel & S. Hellekamps (Hrsg.), *Perspektiven der Didaktik* (S. 219-239). Wiesbaden: VS Verlag für Sozialwissenschaften.

Reusser, K. (2011). Von der Unterrichtsforschung zur Unterrichtsentwicklung - Probleme, Strategien, Werkzeuge. In W. Einsiedler (Ed.), *Unterrichtsentwicklung und didaktische Entwicklungsforschung* (S. 11-40). Bad Heilbrunn: Klinkhardt.

Robinson, S. B. (1969). *Bildungsreform als Revision des Curriculums und ein Strukturkonzept für Curriculumentwicklung* (Vol. 4). Neuwied: Luchterhand.

Roeder, P. M. (1997). Binnendifferenzierung im Urteil von Gesamtschullehrern. *Zeitschrift für Pädagogik, 43*(2), 241-260.

Rogalla, M. & Vogt, F. (2008). Förderung adaptiver Lehrkompetenz: eine Interventionsstudie. *Unterrichtswissenschaft, 36*(1), 17- 36.

Rolff, H. G. (2010). Trugschlüsse in der Individualisierung. *Journal für Schulentwicklung, 14*(Heft 3).

Rollet, B. & Bartram, M. (1998). *Anstrengungsvermeidungstest (AVT).* Braunschweig: Westermann.

Rosebrock, C., Nix, D., Rieckmann, C. & Gold, A. (2011). *Leseflüssigkeit fördern. Lautleseverfahren für die Primar- und Sekundarstufe.* Seelze: Kallmeyer / Klett.

Rosenholtz, S. J. & Rosenholtz, S. H. (1981). Classroom organization and the perception of ability. *Sociology of Education, 54*, 132-140.

Rossbach, H. G. & Wellenreuther, M. (2002). *Empirische Forschungen zur Wirksamkeit von Methoden der Leistungsdifferenzierung in der Grundschule.* Opladen: Leske + Budrich.

Rost, D. H. & Schermer, F. J. (2001). Leistungsängstlichkeit. In D. H. Rost (Ed.), *Handwörterbuch Pädagogische Psychologie* (S. 405-413). Weinheim: Beltz.

Roth, H. (1968). *Pädagogische Psychologie des Lehrens und Lernens.* Hannover: Schroedel.

Ruthven, K., Laborde, C., Leach, J. & Tiberghien, A. (2009). Design tools in didactical research: Instrumenting the epistemological and cognitive aspects of the design of teaching sequences. *Educational Researcher, 38*(5), 329-342.

Saleh, M., Lazonder, A. W. & De Jong, T. (2005). Effects of within-class ability grouping on social interaction, achievement, and motivation. *Instructional Science, 33*(2), 105-119.

Sansone, C. & Smith, J. L. (2000). Self-regulated interest: When, why and how. In C. Sansone & J. M. Harackiewicz (Eds.), *Intrinsic and extrinsic motivation* (S. 343 - 372). New York: Academic Press.

Schader, B. (2004). *Sprachenvielfalt als Chance. Das Handbuch. Hintergründe und 101 Vorschläge für den Unterricht in mehrsprachigen Klassen.* Zürich/Troisdorf: Orell Füssli/Bildungsverlag Eins.

Scherer, P. & Moser Opitz, E. (2010). *Fördern im Mathematikunterricht der Primarstufe.* Heidelberg: Spektrum Akademischer Verlag.

Scheunpflug, A. (2001). *Biologische Grundlagen des Lernens.* Berlin: Cornelsen.

Schiefele, U. (1986). Interesse – Neue Antworten auf ein altes Problem. *Zeitschrift für Pädagogik, 32*(1), 153-162.

Schiefele, U., Krapp, A., Wild, K. P. & Winteler, A. (1993). Der Fragebogen zum Studieninteresse (FSI). *Diagnostica, 39*(4), 335-351.

Schittko, K. (1984). *Differenzierung und Schule und Unterricht: Ziele - Konzepte - Beispiele.* München: Ehrenwirth.

Schlagmüller, H. & Schneider, W. (2007). *Würzburger Lesestrategie-Wissenstest für die Klassen 7-12 (WLST 7-12).* Göttingen: Hogrefe.

Schnyder, I., Niggli, A. & Trautwein, U. (2008). Hausaufgabenqualität im Französischunterricht aus der Sicht von Schülern, Lehrkräften und Experten und die Entwicklung von Leistung, Hausaufgabensorgfalt und Bewertung der Hausaufgaben. *Zeitschrift für Pädagogische Psychologie, 22*(3-4), 233-246.

Scholz, I. (2008). *Der Spagat zwischen Fördern und Fordern.* Göttingen: Vandenhoeck & Ruprecht.

Schöne, C., Dickhäuser, O., Spinath, B. & Stiensmeier-Pelster, J. (2002). *Skala zur Erfassung des schulischen Selbstkonzeptes SESSKO.* Göttingen: Hogrefe.

Schönknecht, G., Ederer, B. & Klenk, G. (Hrsg.). (2006). *Sachunterricht. Pädagogische Leistungskultur: Materialien für Klasse 3 und 4.* (Vol. Band 121). Frankfurt a. M.: Grundschulverband, Arbeitskreis Grundschule.

Schrader, F. W. & Helmke, A. (2008). Unter der Lupe: Wie in deutschen Klassenzimmern differenziert wird. *Klexer, 20,* 3-5.

Schrader, F. W., Helmke, A. & Hosenfeld, I. (2008). Stichwort: Kompetenzentwicklung im Grundschulalter. *Zeitschrift für Erziehungswissenschaft, 11*(1), 7-29.

Schratz, M. & Westfall-Greiter, T. (2010). Das Dilemma der Individualisierungsdidaktik. Plädoyer für personalisiertes Lernen in der Schule. *Journal für Schulentwicklung, 14*(1), 18-31.

Seeber, S. (2009). Urteilsgenauigkeit von Lehrerinnen und Lehrern in der sonderpädagogischen Förderung. In R. Lehmann & E. Hoffmann (Hrsg.), *BELLA Berliner Erhebung arbeitsrelevanter Basiskompetenzen von Schülerinnen und Schülern mit Förderbedarf «Lernen»* (S. 197-208). Münster: Waxmann.

Seidel, T. & Shavelson, R. J. (2007). Teaching effectiveness research in the past decade: The role of theory and research design in disentangling meta-analysis results. *Review of Educational Research, 77*(4), 454-499.

Seifert, A., Zentner, S. & Nagy, F. (2012). *Praxisbuch Service Learning.* Weinheim: Beltz.

Sharan, S. & Shachar, H. (1988). *Language and learning in the cooperative classroom.* New York: Springer.

Sharan, Y. & Sharan, S. (1992). *Expanding cooperative learning through group investigation*. New York: Teachers College Press.

Shavelson, R. J., Young, D. B., Ayala, C. C., Brandon, P. R., Furtak, E. M. & Ruiz-Primo, M. A. (2008). On the impacts of curriculum-embedded formative assessment on learning: A collaboration between curriculum and assessment developers. *Applied Measurement in Education, 21*(4), 295-314.

Shute, V. J. (2008). Focus on formative feedback. *Review of Educational Research, 78*(1), 153-189.

Slavin, R. E. (1987). Ability grouping and student achievement in elementary schools: A best-evidence synthesis. *Review of Educational Research, 57*(3), 293-336.

Slavin, R. E. (1994). Student team-achievement divisions. In S. Sharan (Ed.), *Handbook of cooperative learning methods* (pp. 3-19). Westport CT: Greenwood Press.

Slavin, R. E. (1995). *Cooperative learning: Theory, research and practice*. Boston: Allyn & Bacon.

Slavin, R. E. (1996). Research on cooperative learning and achievement: What we know, what we need to know. *Contemporary Educational Psychology, 21*(1), 43-69.

Slavin, R. E. & Lake, C. (2008). Effective programs in elementary mathematics: A best-evidence synthesis. *Review of Educational Research, 78*(3), 427-515.

Slavin, R. E., Lake, C. & Groff, C. (2009). Effective programs in middle and high school mathematics: A best-evidence synthesis. *Review of Educational Research, 79*(2), 839-911.

Snow, R. E. (1989). Aptitude treatment interaction as a framework for research on individual differences in learning. In P. L. Ackerman, R. J. Sternberg & R. Glaser (Eds.), *Learning and individual differences: Advances in theory and research* (pp. 13-59). New York: Freeman & Co.

Sorrentino, R. M., Roney, C. J. R. & Hanna, S. E. (1992). Uncertainty orientation. In R. E. Smith (Ed.), *Motivation and personality. Handbook of thematic analysis* (pp. 428 - 439). Cambridge, MA: Cambridge University Press.

Speck, O. (1991). *Chaos und Autonomie in der Erziehung*. München/Basel: Reinhardt.

Spinath, B., Stiensmeier-Pelster, J., Schöne, D. & Dickhäuser, O. (2002). *Skalen zur Erfassung der Lern- und Leistungsmotivation (SELLMO)*. Göttingen: Hogrefe.

Spitzer, M. (2005). *Nervensachen*. Frankfurt/M: Suhrkamp.

Spychiger, M., Oser, F., Hascher, T. & Mahler, F. (1999). Entwicklung einer Fehlerkultur in der Schule. In W. Althof (Hrsg.), *Fehlerwelten* (S. 43-70). Opladen: Leske + Budrich.

Staub, F. (2004). Fachspezifisches Pädagogisches Coaching: Ein Beispiel zur Entwicklung von Lehrerfortbildung und Unterrichtskompetenz als Kooperation. *Zeitschrift für Erziehungswissenschaft, 7*(Beiheft 3), 113-141.

Stebler, R. & Reusser, K. (2000). Progressive, classical or balanced - a look at mathematical learning environments in Swiss-German lower-secondary schools. *Zentralblatt für die Didaktik der Mathematik, 32*(1), 1-10.

Stern, E. (2004). Schubladendenken, Intelligenz und Lerntypen. In G. Becker, K. D. Lenzen, L. Stäudel, K. J. Tillmann, R. Werning & F. Winter (Hrsg.), *Friedrich Jahresheft XXII: Heterogenität: Unterschiede nutzen - Gemeinsamkeiten stärken* (S. 36-39). Seelze: Friedrich-Verlag.

Straka, G. A. & Macke, G. (2002). *Lern-lehr-theoretische Didaktik. Bd. 3*. Münster: Waxmann.

Strobel-Eisele, G. & Prange, K. (2003). Vom Kanon zum Kerncurriculum. Anmerkungen zu einer Neufassung des Begriffs Grundbildung. *Pädagogische Rundschau, 57*(6), 631- 641.

Swanson, H. L. (1999). *Interventions for students with learning disabilities. A meta-analysis of treatment outcomes*. New York: The Guilford Press.

Tenorth, H. E. (1994). *«Alle alles zu lehren»: Möglichkeiten und Perspektiven allgemeiner Bildung*. Darmstadt: Wissenschaftliche Buchgesellschaft.

Tenorth, H. E. (2004). Stichwort «Grundbildung» und «Basiskompetenzen». *Zeitschrift für Erziehungswissenschaft, 7*(2), 169-182.

Terhart, E. (1997). *Lehr-Lern-Methoden. Eine Einführung in Probleme der methodischen Organisation von Lehren und Lernen*. Weinheim: Juventa.

Textor, A. (2010). Offener Unterricht - Versuch der theoretischen Rahmung eines schwer fassbaren Konstrukts. In A. Köker, S. Romahn & A. Textor (Hrsg.), Herausforderung Heterogenität. Ansätze und Weichenstellungen (S. 173-186). Bad Heilbrunn: Klinkhardt.

Thomé, G. & Thomé, D. (2004a). *Oldenburger Fehleranalyse OLFA. Instrument und Handbuch zur Ermittlung der orthographischen Kompetenz aus freien Texten ab Klasse 3 und zur Qualitätssicherung von Fördermassnahmen.* Oldenburg: Igel Verlag Wissenschaft.

Thomé, G. & Thomé, D. (2004b). Der orthographische Fehler zwischen Orthographietheorie und Entwicklungspsychologie. In A. Bremerich-Vos, C. Löffler & K. L. Herné (Hrsg.), *Neue Beiträge zur Rechtschreibtheorie und -didaktik* (S. 163-178). Freiburg im Breisgau: Fillibach.

Tieso, C. L. (2003). Ability grouping is not just tracking anymore. *Roeper Review, 26*(1), 29 - 36.

Tieso, C. L. (2005). The effects of grouping practices and curricular adjustments on achievement. *Journal of the Education of the Gifted, 29*(1), 60-89.

Tomlinson, B. (2006). A multi-dimensional approach to teaching English for the world. In R. Rubdy & M. Saraceni (Eds.), *English in the world: Global rules, global roles* (pp. 130-150). New York: Continuum.

Tomlinson, C. A. (2005). *The differentiated classroom. Responding to the needs of all learners.* Upper Saddle River / Columbus: Pearson / Merrill Prentice Hill.

Tomlinson, C. A., Brighton, C., Hertberg, H., Callahan, C. M., Moon, T. R., Brimijoin, K., Conover, L.A. & Reynolds, T. (2003). Differentiating instruction in response to student readiness, interest, and learning profil in academically diverse classrooms: A review of literature. *Journal of the Education of the Gifted, 27*(2/3), 119 - 145.

Traub, S. (2012). *Projektarbeit erfolgreich gestalten.* Bad Heilbrunn: Klinkhardt.

Trautmann, M. & Wischer, B. (2007). Individuell fördern im Unterricht. *Pädagogik, 59*(12), 44-48.

Trautmann, M. & Wischer, B. (2011). *Heterogenität in der Schule.* Wiesbaden: VS Verlag für Sozialwissenschaften

Trautwein, U. (2003). *Schule und Selbstwert.* Münster: Waxmann.

Trautwein, U. & Baeriswyl, F. (2007). Wenn leistungsstarke Klassenkameraden ein Nachteil sind: Referenzgruppeneffekte bei Übergangsentscheidungen. *Zeitschrift für Pädagogische Psychologie, 21,* 119-133.

Tuovinen, J. E. & Sweller, J. (1999). A comparison of cognitive load associated with discovery learning and worked examples. *Journal of Educational Psychology, 91*(2), 334-341.

Valtin, R., Bos, W., Buddeberg, I., Goy, M. & Potthoff, B. (2008). Lesekompetenzen von Schülerinnen und Schülern am Ende der vierten Jahrgangsstufe im nationalen und internationalen Vergleich. In W. Bos, S. Hornberg, K. H. Arnold, G. Faust, L. Fried, E.-M. Lankes, K. Schwippert & R. Valtin (Hrsg.), *IGLU-E 2006. Die Länder der Bundesrepublik Deutschland im nationalen und internationalen Vergleich* (S. 89-101). Münster: Waxmann.

van Buer, J. & Zlatkin-Troitschanskaia, O. (2009). Diagnostische Lehrerexpertise und adaptive Steuerung unterrichtlicher Entwicklungsangebote. In J. van Buer & C. Wagner (Hrsg.), *Qualität von Schule. Ein kritisches Handbuch* (S. 381-400). Frankfurt/M: Peter Lang.

Vaughn, S., Linan-Thomson, S., Kouzekanani, K., Pryant, D. P., Dickson, S. & Blozis, S. A. (2003). Reading instruction grouping for students with reading difficulties. *Remedial and Special Education, 24*(5), 301-315.

Vaupel, D. (1999). Wochenplanarbeit. In J. Wiechmann (Ed.), *Zwölf Unterrichtsmethoden* (S. 72 - 83). Weinheim: Beltz.

Villiger, C., Niggli, A., Wandeler, C., Watermann, R. & Kutzelmann, S. (2010). Multiple Ziele bei der Leseförderung: Befunde aus einer vergleichenden Interventionsstudie auf Klassenstufe 4. *Journal for Educational Research Online /Journal für Bildungsforschung Online 2*(1), 153-194.

Von der Groeben , A. (2008). *Verschiedenheit nutzen. Besser lernen in heterogenen Gruppen.* Berlin: Cornelsen Scriptor.

von Matt, P. (2012). *Das Kalb von der Gotthardpost*. München: Hanser.

Vygotsky, L. S. (1978). *Mind and society: The development of higher psychological processes*. Cambridge: Harvard University Press.

Wagenschein, M. (1992). *Verstehen lehren*. Weinheim: Beltz.

Wang, M. C. (1982). *Provision of adaptive instruction: Implementation and effects*. Pittsburg: University of Pittsburg. Learning Research and Development Center.

Wang, M. C., Rubenstein, J. L. & Reynolds, M. C. (1985). Clearing the road to success for students with special needs. *Educational Leadership, 43*(1), 62 - 67.

Webb, N. M. (1992). Testing a theoretical model of student interaction and learning in small groups. In R. Hertz-Lazarowitz & N. Miller (Eds.), *Interaction in cooperative groups: The theoretical anatomy of group learning* (pp. 102-119). New York: Cambridge University Press.

Weidenmann, B. (2001). Lernen mit Medien. In A. Krapp & B. Weidenmann (Hrsg.), *Pädagogische Psychologie* (S. 415-465). Weinheim: Beltz.

Weinert, F. E. (1997). Notwendige Methodenvielfalt: Unterschiedliche Lernfähigkeiten der Schüler erfordern variable Unterrichtsmethoden des Lernens. *Friedrich Jahresheft (1997), Lernmethoden, Lehrmethoden - Wege zur Selbstständigkeit*, 50-52.

Weinert, F. E. (1998). Psychologische Theorien auf dem pädagogischen Prüfstand. *Zeitschrift für Pädagogische Psychologie, 12*(4), 205 - 209.

Weinert, F. E. (2001a). Concepts of competence: a conceptual clarification. In R. D.S. & L. H. Salganik (Eds.), *Defining and selecting key competencies: theoretical and conceptual foundations* (pp. 45-65). Seattle: Hogrefe & Huber.

Weinert, F. E. (2001b). Qualifikation und Unterricht zwischen gesellschaftlichen Notwendigkeiten, pädagogischen Visionen und psychologischen Möglichkeiten. In W. Melzer & U. Sandfuchs (Hrsg.), *Was Schule leistet. Funktionen und Aufgaben der Schule* (S. 65 - 85). Weinheim und München: Juventa.

Weinert, F. E. (2001c). Der Einfluss der Schule auf die kognitive Entwicklung. *Beiträge zur Lehrerbildung, 19*(1), 93 - 102.

Weinert, F. E. & Helmke, A. (1996). Der gute Lehrer: Person, Funktion oder Fiktion? In A. Leschinsky (Hrsg.), *Die Institutionalisierung von Lehren und Lernen* (Vol. 34. Beiheft, S. 223-233): Zeitschrift für Pädagogik.

Wellenreuther, M. (2008). Wieweit lösen individualisierende Methoden Probleme der Heterogenität in Schulklassen? Eine Diskussion anhand empirisch-experimenteller Forschung. In R. Lehberger & U. Sandfuchs (Hrsg.), *Schüler fallen auf* (S. 178 - 190). Bad Heilbrunn: Klinkhardt.

Wellenreuther, M. (2009). *Forschungsbasierte Schulpädagogik*. Hohengehren: Schneider.

Weniger, E. (1971). *Didaktik als Bildungstheorie*. Weinheim: Beltz.

Wieczerkowski, W., Nickel, H., Janowski, A., Fittkau, B. & Rauer, W. (1981). *Angstfragebogen für Schüler*. Göttingen: Hogrefe.

Wigfield, A. (2005). Concept oriented reading instruction - CORI. *Unterrichtswissenschaft, 33*(2), 106-121.

Wild, E., Hofer, M. & Pekrun, R. (2001). Psychologie des Lernens. In A. Krapp & B. Weidenmann (Hrsg.), *Pädagogische Psychologie* (S. 207-267). Weinheim: Beltz.

Wild, E. & Möller, J. (2009). *Pädagogische Psychologie*. Heidelberg: Springer Verlag.

Wischer, B. (2007). Wie sollen Lehrerinnen mit Heterogenität umgehen? *Die Deutsche Schule, 99*(4), 422-433.

Wischer, B. (2009). Binnendifferenzierung ist ein Wort für das schlechte Gewissen des Lehrers. *Erziehung und Unterricht, 159*(9-10), 714-722.

Wittmann, E. C. (1998). Design und Erforschung von Lernumgebungen als Kern der Mathematikstruktur. *Beiträge zur Lehrerbildung, 16*(3), 329-342.

Wittmann, E. C. & Müller, G. N. (1992). *Handbuch produktiver Rechenübungen. Bd. 1: Vom Einspluseins zum Einmaleins. Bd. 2: Vom halbschriftlichen zum schriftlichen Rechnen.* Stuttgart: Klett Grundschulverlag.

Wittmann, G. (2005). Individuell fördern - Voraussetzungen und Möglichkeiten. *mathematik lehren, 131*, 4 - 8.

Wong, W. (2005). *Input enhancement. From theory and research to the classroom.* New York: McGraw Hill.

Yeh, S. S. (2010). Understanding and addressing the achievement gap through individualized instruction and formative assessment. *Assessment in Education: Principles, Policy & Practice, 17*(2), 169-182.

Zeitler, S., Köller, O. & Tesch, B. (2010). Bildungsstandards und ihre Implikation für Qualitätssicherung und Qualitätsentwicklung. In A. Gehrmann, U. Hericks & M. Lüders (Hrsg.), *Bildungsstandards und Kompetenzmodelle. Beiträge zu einer aktuellen Diskussion über Schule, Lehrerbildung und Unterricht* (S. 23-36). Bad Heilbrunn: Klinkhardt.

Zimmermann, B. (2008). Investigating self-regulation and motivation: Historical background, methodological developments, and future prospects. *American Educational Research Journal, 45*(1), 166-183.

Zimmermann, B., Bonner, S. & Kovach, R. (1996). *Developing self-regulated learners: Beyond achievement to self-efficacy.* Washington, DC: American Psychological Association.

Zutavern, M., Brühwiler, C. & Biedermann, H. (2002). Die Leistungen der verschiedenen Schultypen auf der Sekundarstufe I. In Bildungsmonitoring Schweiz (Hrsg.), *Bern, St. Gallen, Zürich: Für das Leben gerüstet? Die Grundkompetenzen der Jugendlichen - Kantonaler Bericht der Erhebung PISA 2000.* Neuchâtel: Bundesamt für Statistik (BFS) / Konferenz der kantonalen Erziehungsdirektoren (EDK).

Abbildungsverzeichnis

Tabellenverzeichnis

Stichwortverzeichnis